Bader/Koltermann/Stirnberg/Walkenhorst

Steuerberater-Prüfungsklausuren
Ausgabe 2014

Steuerfachkurs · Prüfung

Steuerberater-Prüfungsklausuren Ausgabe 2014

Von
Ltd. Regierungsdirektor i. R. Franz-Josef Bader
Steuerberater Jörg Koltermann
Prof. Dr. jur. Martin Stirnberg
Dipl.-Finanzwirt Ralf Walkenhorst

Mit Unterstützung des Studienwerks der Steuerberater
in Nordrhein-Westfalen e. V.

▶ nwb AUSBILDUNG

ISBN 978-3-482-63953-1

© NWB Verlag GmbH & Co. KG, Herne 2014
www.nwb.de

Alle Rechte vorbehalten.

Dieses Buch und alle in ihm enthaltenen Beiträge und Abbildungen sind urheberrechtlich geschützt. Mit Ausnahme der gesetzlich zugelassenen Fälle ist eine Verwertung ohne Einwilligung des Verlages unzulässig.

Satz: Griebsch & Rochol Druck GmbH & Co. KG, Hamm
Druck: Stückle Druck und Verlag, Ettenheim

VORWORT

Ein großer Vorteil der Berufe im Bereich des Steuerrechts ist der, dass man seine Karriere aktiv mitgestalten kann, zum Beispiel, indem man sich zum Steuerberater fortbildet. Wenngleich dieses Berufsexamen mit zu den anspruchsvollsten zählt, so kann man der Prüfung durch eine gezielte Vorbereitung einen Teil ihres Schreckens nehmen. Der vorliegende Band soll diejenigen, die sich entschlossen haben, an einer der nächsten Prüfungen teilzunehmen, unterstützen.

Zur Vorbereitung auf die Steuerberaterprüfung sollten Sie möglichst viele Klausuren selbständig lösen. Es bedarf nämlich schon einiger Klausurerfahrung, um mit den ziemlich umfangreichen Sachverhalten in der vorgesehenen Zeit von sechs Zeitstunden fertig zu werden.

Nur wer die notwendige Erfahrung in der Bearbeitung prüfungsnaher Klausuren besitzt, kennt die zahlreichen kleinen Hürden, die neben den eigentlichen Klausurproblemen in jeder Klausur zu bewältigen sind. Können Sie diese Hürden schnell nehmen, haben Sie genügend Zeit, sich den eigentlichen Klausurproblemen zu widmen. Darüber hinaus sind Sie darin geübt, sich die sogenannten „Standardpunkte" zu sichern. Die meisten Prüfungsklausuren können allein mit Hilfe dieser Bewertungspunkte mit einem ausreichenden Ergebnis gelöst werden, ohne dass die Spitzenprobleme der Klausur gelöst wurden.

Die Autorenlösungen in diesem Band fallen gleichwohl mitunter ausführlicher aus, um die Leser auf diese Weise beim Nacharbeiten des Stoffes zu unterstützen.

Dieses Buch enthält die Klausuren der Steuerberaterprüfung 2013 und die Klausuren der Steuerberaterprüfung 2008, jeweils fortgeschrieben auf die für die Prüfung 2014 maßgebende Rechtslage und einschließlich der Lösungen.

Die Klausuren der Prüfung 2013 sollen Aufschluss geben über die derzeitigen Prüfungsanforderungen, ferner über den Aufbau der Steuerberater-Prüfungsklausuren und deren Prüfungsschwerpunkte. Die Klausuren der Prüfung 2008 sind als Übungsmaterial gedacht. Erfahrungsgemäß wird bei der Abfassung von Prüfungsklausuren auf Sachverhalte älterer Klausuren zurückgegriffen, so dass die Bearbeitung älterer Klausuren im Vorbereitungsprogramm auf die Steuerberaterprüfung nicht fehlen sollte.

Im Rahmen der schriftlichen Steuerberaterprüfung sind bekanntlich drei Klausuren zu schreiben, nämlich je eine aus dem

- Gebiet des Verfahrensrechts und anderer Steuerrechtsgebiete (AO, USt und zumeist Bewertung, ErbSt),
- Gebiet der Ertragsteuern (ESt, KSt, GewSt) sowie aus dem
- Gebiet der Buchführung und des Bilanzwesens.

Informationen zu den zugelassenen Hilfsmitteln für die Steuerberaterprüfung finden Sie auf Seite 1 dieser Ausgabe.

VORWORT

Um zur mündlichen Prüfung zugelassen zu werden, darf der Durchschnitt der drei Klausuren die Zahl 4,5 nicht übersteigen. Zwei **Beispiele**:

- Klausur 1: **5**; Klausur 2: **5**; Klausur 3: **3,5** = ⌀ **4,5**
  schriftlicher Prüfungsteil **bestanden**, aber

- Klausur 1: **4,5**; Klausur 2: **5**; Klausur 3: **4,5** = ⌀ **4,66**
  schriftlicher Prüfungsteil **nicht** bestanden.

Wie sich die Noten der einzelnen Klausuren errechnen, zeigt folgende Tabelle:

Punkte	Note der Klausur		Punkte	Note der Klausur	
95 – 100	sehr gut	1	50 – 58,5	ausreichend	4
88 – 94,5	sehr gut	1,5	40 – 49,5	ausreichend	4,5
81 – 87,5	gut	2	30 – 39,5	mangelhaft	5
74 – 80,5	gut	2,5	20 – 29,5	mangelhaft	5,5
67 – 73,5	befriedigend	3	0 – 19,5	ungenügend	6
59 – 66,5	befriedigend	3,5			

Wir hoffen sehr, dass Ihnen dieses Buch die Vorbereitung auf Ihre Steuerberaterprüfung erleichtert, und wünschen Ihnen dabei den verdienten Erfolg.

Für Hinweise und Anregungen sind wir dankbar.

Nordkirchen/Münster/Herne
im März 2014

Verfasser, Studienwerk, Verlag

HINWEIS

Dieses Buch wurde mit Unterstützung des Studienwerks der Steuerberater in Nordrhein-Westfalen e.V., Geschäftsstelle Münster, Hüfferstraße 73, 48149 Münster, erstellt.
(www.studienwerk.de)

INHALTSVERZEICHNIS

	Seite
Vorwort	V
Gleich lautende Erlasse der obersten Finanzbehörden der Länder über den Termin der schriftlichen Steuerberaterprüfung 2014 und die hierfür zugelassenen Hilfsmittel	1

Steuerberaterprüfung 2013/2014

Prüfungsaufgabe aus dem Verfahrensrecht und anderen Steuerrechtsgebieten	3
Lösung der Prüfungsaufgabe aus dem Verfahrensrecht und anderen Steuerrechtsgebieten	19

Steuerberaterprüfung 2008/2014

Prüfungsaufgabe aus dem Verfahrensrecht und anderen Steuerrechtsgebieten	50
Lösung der Prüfungsaufgabe aus dem Verfahrensrecht und anderen Steuerrechtsgebieten	64

Steuerberaterprüfung 2013/2014

Prüfungsaufgabe aus dem Gebiet der Ertragsteuern	96
Lösungshinweis zur Prüfungsaufgabe aus dem Gebiet der Ertragsteuern	127

Steuerberaterprüfung 2008/2014

Prüfungsaufgabe aus dem Prüfungsgebiet der Ertragsteuern	165
Lösungshinweis zur Prüfungsaufgabe aus dem Gebiet der Ertragsteuern	173

Steuerberaterprüfung 2013/2014

Prüfungsaufgabe aus dem Gebiet der Buchführung und des Bilanzwesens	215
Lösung der Prüfungsaufgabe aus dem Gebiet der Buchführung und des Bilanzwesens	228

Inhalt

Steuerberaterprüfung 2008/2014

Prüfungsaufgabe aus dem Gebiet der Buchführung und des Bilanzwesen	248
Lösung der Prüfungsaufgabe aus dem Prüfungsgebiet der Buchführung und des Bilanzwesens	257

Gleich lautende Erlasse der obersten Finanzbehörden der Länder über den Termin der schriftlichen Steuerberaterprüfung 2014 und die hierfür zugelassenen Hilfsmittel

vom 9. 12. 2013 (BStBl 2013 I S. 1618)

Der schriftliche Teil der Steuerberaterprüfung 2014 findet bundeseinheitlich vom

7. bis 9. Oktober 2014

statt. Für die Zulassung zur Prüfung, Befreiung von der Prüfung und die organisatorische Durchführung der Prüfung sind die Steuerberaterkammern zuständig. Entsprechende Anträge sind an die zuständigen Steuerberaterkammern zu richten. Näheres regeln die Bekanntmachungen der Steuerberaterkammern, die in den Kammermitteilungen und auf den Internetseiten der Steuerberaterkammern veröffentlicht werden.

Für den schriftlichen Teil der Steuerberaterprüfung 2014 werden als Hilfsmittel Textausgaben (Loseblatt-Sammlung oder gebunden) beliebiger Verlage zugelassen. Mindestens benötigt werden die Texte folgender Gesetze einschließlich ggf. hierzu erlassener Durchführungsverordnungen und Richtlinien:

- Abgabenordnung, Finanzgerichtsordnung, Verwaltungszustellungsgesetz,
- Erbschaftsteuer- und Schenkungsteuergesetz, Bewertungsgesetz,
- Umsatzsteuergesetz,
- Einkommensteuergesetz , Körperschaftsteuergesetz, Gewerbesteuergesetz,
- Umwandlungsgesetz, Umwandlungssteuergesetz,
- Außensteuergesetz,
- Investitionszulagengesetz,
- Grunderwerbsteuergesetz, Grundsteuergesetz,
- Bürgerliches Gesetzbuch, Handelsgesetzbuch, Aktiengesetz, GmbH-Gesetz,
- Steuerberatungsgesetz.

Es liegt in der Verantwortung der Bewerber, dafür Sorge zu tragen, dass ihnen neben dem aktuellen Rechtsstand des Prüfungsjahres 2014 die vorgenannten Vorschriften auch in der für das Kalenderjahr 2013 geltenden Fassung zur Verfügung stehen. Sofern bei der Lösung einzelner Aufgaben ein anderer Rechtsstand maßgeblich ist, werden die entsprechenden Rechtsvorschriften dem Aufgabentext als Anlage beigefügt.

Die Textausgaben dürfen weitere Gesetzestexte, Verwaltungsanweisungen der Finanzbehörden, Leitsatzzusammenstellungen, Fußnoten und Stichwortverzeichnisse enthalten. Fachkommentare sind ausdrücklich nicht zugelassen.

Die jeweiligen Textausgaben sind von den Bewerbern selbst zu beschaffen und zur Prüfung mitzubringen. Sie dürfen außer Unterstreichungen, Markierungen und Hilfen zum schnelleren Auffinden der Vorschriften (sog. Griffregister) keine weiteren Anmerkungen oder Eintragungen enthalten. Die Griffregister dürfen Stichworte aus der Überschrift und Paragraphen enthalten. Eine weitere Beschriftung ist nicht zulässig.

Die Benutzung eines nicht programmierbaren Taschenrechners ist zulässig.

Steuerberaterprüfung 2013/2014
Prüfungsaufgabe aus dem Verfahrensrecht und anderen Steuerrechtsgebieten
Teil I: Abgabenordnung und Finanzgerichtsordnung

Sachverhalt 1

Am 11.6.2013 schildert Dorothea Dorn, wohnhaft in der Schwanthalerstr. 5 in 82256 Fürstenfeldbruck (Finanzamtsbezirk Fürstenfeldbruck Bayern), im Rahmen einer Besprechung mit Steuerberater Leopold Bayern in Dachau (Finanzamtsbezirk Dachau Bayern), Ludwigstraße 5, folgenden Sachverhalt:

„Ich bin am 12.3.2013 mit einem akut durchgebrochenen Zwölffingerdarmgeschwür im Koma ins Universitätskrankenhaus „Rechts der Isar" in München eingeliefert und dort notoperiert worden. Erst am Abend des 2.5.2013 bin ich aus dem Krankenhaus entlassen worden. Als ich dann am 3.5.2013 meinen überquellenden Hausbriefkasten geöffnet habe, ich lebe nämlich allein, habe ich eine Überraschung erlebt:

In meinem Briefkasten in der Schwanthalerstr. 5 in Fürstenfeldbruck, befand sich der Einkommensteuerbescheid 2011 des Finanzamtes Dachau vom 18.3.2013 (Bescheiddatum), adressiert an, „Frau Dorothea Dorn, Badstraße 33, 85221 Dachau". Ich war kurz vor dem Notfall von Dachau nach Fürstenfeldbruck in die Schwanthalerstr. 5 umgezogen. In dem Bescheid wurde eine Einkommensteuer i. H. v. 38 028 € festgesetzt.

Ich betreibe seit Jahren in Fürstenfeldbruck, Schwanthalerstr. 4, meine Physiotherapiepraxis. Als nun im Nachbargebäude, Schwanthalerstr. 5, eine Wohnung zum 15.2.2013 frei geworden war, habe ich diese Chance genutzt, um endlich nicht mehr pendeln zu müssen. Im Rahmen meines Umzuges war ich noch nicht dazu gekommen, die Behörden, insbesondere die betroffenen Finanzämter zu informieren, allerdings hatte ich bei den Postdienstleistern bereits einen Nachsendeauftrag ab 1.3.2013 erteilt, da ich bis zum 1.3. meine alte Wohnung räumen musste.

Auf dem Kuvert des besagten Bescheides war vom Postbediensteten vermerkt: „Zustellversuch in Dachau, Badstraße 33, am 19.3.2013, aber verzogen – Nachsendung". Darunter stand: „Zustellung Fürstenfeldbruck, Schwanthalerstr. 5, am 28.3.2013".

Ich habe dann gegen diesen Steuerbescheid vorgehen müssen, denn der darin festgestellte Gewinn 2011 aus der von mir selbständig betriebenen Physiotherapiepraxis (Krankengymnastik) i. H. v. 120 000 € ist zu hoch. Ich habe leider fälschlicher Weise in meiner Gewinnermittlung 2011 (Einnahme-Überschussrechnung nach § 4 Abs. 3 EStG) die Begleichung einer Honorarforderung über 2 380 € gegen einen Privatpatienten als Betriebseinnahme erfasst. Die Bezahlung war mit Scheck erfolgt, dieser war am 28.12.2011 ausgestellt und mir am gleichen Tag übergeben worden, aber beim Einlösungsversuch am 3.1.2012 war keine Deckung vorhanden. Erst im Februar 2012 war dann der Betrag von dem Patienten bar bezahlt worden. Trotzdem habe ich in der Gewinnermittlung 2011 die „Scheckzahlung" als Betriebseinnahme erfasst, dies ist zu korrigieren, da der Scheck ja nicht gedeckt war, also keine Erfüllung eingetreten ist.

Dann habe ich eine zweite Überraschung erlebt: Als ich am Sonntag, 5. 5. 2013, noch einmal zu meiner mittlerweile ab 15. 3. 2013 neu vermieteten früheren Wohnung in Dachau gefahren bin, um noch einige Angelegenheiten mit dem Vermieter zu regeln, hat mir meine Nachbarin aus der Badstraße 31 einen an mich gerichteten Brief in die Hand gedrückt, der schon vor längerer Zeit vom Postboten aus Versehen in ihren Briefkasten eingelegt worden war. Sie hätte den Brief schon längst an mich weitergeben wollen, es dann aber vergessen, nachdem wir uns wegen meines Umzuges und Krankenhausaufenthaltes nicht mehr getroffen hätten.

Der Brief ist gerichtet an „Frau Dorothea Dorn, Badstraße 33, 85221 Dachau". Im Kuvert ist ein „Bescheid für 2011 über die gesonderte Feststellung von Grundlagen für die Einkommensbesteuerung" vom Finanzamt Fürstenfeldbruck enthalten. Festgestellt ist ein Gewinn 2011 aus selbständiger Tätigkeit i. H. v. 120 000 €. Als Datum ist auf dem Bescheid der 14. 2. 2013 aufgedruckt. Diese Gewinnfeststellung ist natürlich genauso falsch wie der Gewinn im Einkommensteuerbescheid. Immerhin widersprechen sich die beiden Finanzämter nicht in der Höhe des festgestellten Gewinns.

Mein Hauptproblem ist aber, dass dieser Bescheid überhaupt nicht mehr hätte ergehen dürfen, er ist doch völlig sinnlos, wo ich jetzt auch in Fürstenfeldbruck wohne, allein deshalb wünsche ich schon dessen Aufhebung. Ich habe dies alles bereits dem Finanzamt mitgeteilt, hier ist die Kopie des Schreibens, das ich an das Finanzamt Dachau per Einschreiben mit Rückschein gesandt habe und das dort am 3. 6. 2013 (Datum auf dem Rückschein angegeben) eingegangen ist:

„Dorothea Dorn 29. 5. 2013
Schwantalerstr. 5
82256 Fürstenfeldbruck

An Finanzamt Dachau
Bügermeister-Zauner-Ring 2 85221 Dachau

Betrifft Einkommensteuer 2011

Sehr geehrte Damen und Herren,

ich bin mit dem Einkommensteuerbescheid 2011 des Finanzamtes Dachau vom 18. 3. 2013 und mit dem Gewinnfeststellungsbescheid 2011 des Finanzamtes Fürstenfeldbruck vom 14. 2. 2013 nicht einverstanden..

Der darin jeweils festgestellte Gewinn aus der von mir selbständig betriebenen Physiotherapiepraxis (Krankengymnastik) i. H. v. 120 000 € ist leider zu hoch."

(Im Folgenden ist genau dasselbe geschildert, was auch dem Steuerberater in der Besprechung mitgeteilt worden ist, deshalb ist es hier nicht erneut abgedruckt).

Das Schreiben an das Finanzamt Dachau endet mit dem Satz:

„Ich bitte Sie, überprüfen Sie alle von mir angesprochenen finanzamtlichen Maßnahmen, wenn ich zu spät dran sein sollte, üben Sie bitte Nachsicht aufgrund meiner schweren Erkrankung."

Das Schreiben war nicht unterschrieben.

Aufgaben:

1. Sie erhalten von Steuerberater Bayerl den Auftrag, ein Gutachten zu erstellen, ob Frau Dorn bereits zulässige Einsprüche gegen die angesprochenen Maßnahmen der Finanzämter Dachau und Fürstenfeldbruck eingelegt hat, oder ob von der Steuerkanzlei noch etwas veranlasst werden muss, damit letztlich zulässige Einsprüche vorliegen

2. In dem Gutachten sollen Sie dann weiter prüfen, ob die Einwendungen von Frau Dorn Erfolg haben werden.

Alle Verwaltungsakte waren mit einer zutreffenden Rechtsbehelfsbelehrung versehen.

Die Angaben von Frau Dorn entsprechen der Wahrheit.

Sachverhalt 2

Kai Hundertmark betreibt in Ingolstadt (Finanzamtsbezirk Ingolstadt/Bayern) in der Industriestraße 71-75 als Alleininhaber einen Groß- und Einzelhandel mit Elektro-Küchengeräten aller Art mit der Bezeichnung „Küchentechnik Hundertmark e. K.". Der Betrieb ist als Mittelbetrieb i. S. d. § 3 BpO eingestuft. Der Gewinn wird durch Betriebsvermögensvergleich, §§ 4 Abs. 1, 5 EStG ermittelt, das Wirtschaftsjahr ist mit dem Kalenderjahr identisch. Kai ist ledig und wird seit 1993 vom örtlich zuständigen Finanzamt Ingolstadt zur Einkommensteuer veranlagt.

Der Betrieb von Kai Hundertmark war im Jahr 2011 zur turnusmäßigen Betriebsprüfung vorgesehen. Steueramtmann Thomas Bartl bereitete am 12. 9. 2011 in seinem Büro im Finanzamt Ingolstadt die Betriebsprüfung vor und ermittelte aus den Veranlagungsakten folgende Eckpunkte:

	2006	2007	2008
Festgesetzte ESt	100 000 €	170 000 €	190 000 €
unanfechtbar	ja	ja	ja
Festsetzung	uVdN	uVdN	endgültig

Für alle Veranlagungszeiträume lagen von Kai Hundertmark eigenhändig unterschriebene Einkommensteuererklärungen vor. Diese waren beim Finanzamt Ingolstadt formgerecht jeweils in dem Kalenderjahr eingegangen, das dem jeweiligen Veranlagungszeitraum folgte. Die jeweiligen Unterlagen für die Ermittlung des Gewinns aus Gewerbebetrieb, G. u. V. – Rechnung und Bilanz, waren in der gesetzlich vorgeschriebenen Weise mit den Steuererklärungen abgegeben worden. Kai war jeweils zeitnah erklärungsgemäß zur Einkommensteuer veranlagt worden, die Einkommensteuerbescheide waren wirksam ihm gegenüber bekannt gegeben worden.

Das Finanzamt Ingolstadt, Betriebsprüfungsstelle, gab am 4.10.2011 folgendes Schreiben zur Post:

„An Herrn Kai Hundertmark
Industriestraße 71- 75
93059 Ingolstadt

Prüfungsanordnung 4.10.2011

Es wird gegen Sie die Duldung einer Außenprüfung für ESt 2006 bis 2008 angeordnet. Die Außenprüfung ist gem. § 193 Abs. 1 AO bei Ihnen zulässig.

Als Prüfungsbeginn wird der 7.11.2011 bestimmt, StA Thomas Bartl ist für die Durchführung der Außenprüfung in ihrem Betrieb in der Industriestraße 71-75 vorgesehen.

Karl Speckner
(RR Karl Speckner) SL Bp"

Mit Schreiben vom 2.11.2011, Eingang beim Finanzamt Ingolstadt am Freitag, 4.11.2011, legte Kai Hundertmark „Einspruch gegen die Prüfungsanordnung vom 4.10.2011" ein. Er beantragte die ersatzlose Aufhebung der Prüfungsanordnung. Ein Antrag auf Aussetzung der Vollziehung der Prüfungsanordnung war nicht gestellt worden.

StA Bartl war am Montag, 7.11.2011, um 9.00 Uhr zur Prüfung in den Geschäftsräumen erschienen, er hatte sich bis 11.30 Uhr gerade einmal ein Bild über die vorgelegten Unterlagen gemacht, als sein Sachgebietsleiter telefonisch anordnete, er solle die Prüfung abbrechen und die Prüfung bis zur Entscheidung über den Einspruch gegen die Prüfungsanordnung unterbrechen.

Am 17.4.2012 wies das Finanzamt Ingolstadt in einer Einspruchsentscheidung den Einspruch von Kai Hundertmark gegen die Prüfungsanordnung vom 4.10.2011 als unbegründet zurück. Nach telefonischer Anmeldung nahm StA Bartl am 5.11.2012 die Prüfung wieder auf und prüfte sieben Arbeitstage in den Geschäftsräumen von Hundertmark. Zur Vorbereitung der Schlussbesprechung am 26.3.2013 teilte Bartl u.a. folgende Prüferfeststellung dem mittlerweile von Kai Hundertmark als Beistand bevollmächtigten Steuerberater Helmut Schönhuber mit:

Tz. 1 der Prüferfeststellungen:

Im März 2006 hat Kai Hundertmark das Grundstück Industriestr. 75 für den Bau eines modernen Hochregallagers erworben, da er in den Online-Handel eingestiegen war und dafür ein modernes Hochregallager errichten musste. Das auf dem erworbenen Grundstück befindliche alte Bürogebäude ist abgerissen und im gleichen Jahr durch einen zum 15.12.2006 fertiggestellten modernen Hochregallagerbau ersetzt worden. Die Abbruchkosten haben sich auf netto 200 000 € belaufen, da die Fassade der alten Halle mit Asbesteternitplatten verkleidet war, deren Entsorgung extreme Kosten verursacht hat. Die gesamten Abbruchkosten sind als sofortiger Betriebsaufwand gebucht worden.

Bei materiell-steuerrechtlich richtiger Würdigung des Vorganges hatten diese Kosten als Teil der Herstellungskosten für das neue Lagergebäude aktiviert und abgeschrieben werden müssen, da beim Kauf Abbruchabsicht für die alte Halle bestanden habe. Die zusätzliche jährliche AfA für das Gebäude nach § 7 Abs. 4 Nr. 1 EStG betrüge dann 3 % von 200 000 = 6 000 €. Dies führe zu folgenden Auswirkungen:

ESt	2006	2007	2008
Aktivierung	199 500 €		
AfA		6 000 €	6 000 €

Steuerberater Helmut Schönhuber bespricht mit dem zur Steuerberaterprüfung angemeldeten Steuerfachwirt Jens Fleischer diese Prüferfeststellung. Er ist der Ansicht, eine Änderung der betroffenen Einkommensteuerbescheide sei nicht mehr rechtmäßig, da die Festsetzungsverjährung schon eingetreten sei, die jegliche Änderung, zumindest jedoch eine steuererhöhende Änderung unzulässig mache, er möchte die Rechtslage von Jens Fleischer in einem Gutachten geprüft haben.

Aufgabe:

Erstellen Sie das Gutachten von Jens Fleischer, stellen Sie dar, wie die jeweiligen Einkommensteuerbescheide 2006—2008 hinsichtlich des festgestellten Gewinns aus Gewerbebetrieb aufgrund der im Sachverhalt angesprochenen Erkenntnisse aus der Außenprüfung korrigiert werden müssen.

Eine Steuerberechnung ist nicht vorzunehmen, es genügt die Darstellung der Korrektur des festzustellenden Gewinns aus Gewerbebetrieb bzw. des zu versteuernden Einkommens. Setzen Sie sich dabei mit den in Tz. 1 der Betriebsprüferfeststellungen dargestellten Rechtsmeinungen und der dazu geäußerten Ansicht des Steuerberaters auseinander. Benutzen Sie abweichend von § 52 EStG das EStG in der aktuellen Fassung für alle Veranlagungszeiträume.

Bearbeitungsanweisungen:

▶ Alle schriftlichen Verwaltungsakte waren mit zutreffender Rechtsbehelfsbelehrung versehen
▶ Die tatsächlichen Feststellungen des Außenprüfers Bartl sind als richtig zu unterstellen
▶ Kai Hundertmark ist hinsichtlich Fehlern in der Buchführung kein leichtfertiges oder vorsätzliches steuerschädliches Verhalten vorzuwerfen
▶ Gewerbesteuerliche Auswirkungen sind nicht darzustellen

(Anlage: Kalender 2011, 2012, 2013)

Steuerberaterprüfung 2013/2014

2011

	Januar					**Februar**					**März**				
Montag		3	10	17	24	31		7	14	21	28		7	14	21	28
Dienstag		4	11	18	25		1	8	15	22		1	8	15	22	29
Mittwoch		5	12	19	26		2	9	16	23		2	9	16	23	30
Donnerstag		**6**	13	20	27		3	10	17	24		3	10	17	24	31
Freitag		7	14	21	28		4	11	18	25		4	11	18	25	
Samstag	**1**	8	15	22	29		5	12	19	26		5	12	19	26	
Sonntag	**2**	**9**	**16**	**23**	**30**		**6**	**13**	**20**	**27**		**6**	**13**	**20**	**27**	
Woche	52	1	2	3	4	5	5	6	7	8	9	9	10	11	12	13
Arbeitstage					20/21					20					23	

	April				**Mai**					**Juni**				
Montag		4	11	18	**25**	2	9	16	23	30		6	**13**	20	27
Dienstag		5	12	19	26	3	10	17	24	31		7	14	21	28
Mittwoch		6	13	20	27	4	11	18	25		1	8	15	22	29
Donnerstag		7	14	21	28	5	12	19	26		**2**	9	16	**23**	30
Freitag	1	8	15	**22**	29	6	13	20	27		3	10	17	24	
Samstag	2	9	16	23	30	7	14	21	28		4	11	18	25	
Sonntag	**3**	**10**	**17**	**24**		**1**	**8**	**15**	**22**	**29**	**5**	**12**	**19**	**26**	
Woche	13	14	15	16	17	18	19	20	21	22	22	23	24	25	26
Arbeitstage				19					22					19/20	

	Juli				**August**					**September**				
Montag		4	11	18	25	1	8	**15**	22	29		5	12	19	26
Dienstag		5	12	19	26	2	9	16	23	30		6	13	20	27
Mittwoch		6	13	20	27	3	10	17	24	31		7	14	21	28
Donnerstag		7	14	21	28	4	11	18	25		1	8	15	22	29
Freitag	1	8	15	22	29	5	12	19	26		2	9	16	23	30
Samstag	2	9	16	23	30	6	13	20	27		3	10	17	24	
Sonntag	**3**	**10**	**17**	**24**	**31**	**7**	**14**	**21**	**28**		**4**	**11**	**18**	**25**	
Woche	26	27	28	29	30	31	32	33	34	35	35	36	37	38	39
Arbeitstage				21					22/23					22	

	Oktober				**November**					**Dezember**				
Montag		**3**	10	17	24	**31**	7	14	21	28		5	12	19	**26**
Dienstag		4	11	18	25	1	8	15	22	29		6	13	20	27
Mittwoch		5	12	19	26	2	9	**16**	23	30		7	14	21	28
Donnerstag		6	13	20	27	3	10	17	24		1	8	15	22	29
Freitag		7	14	21	28	4	11	18	25		2	9	16	23	30
Samstag	1	8	15	22	29	5	12	19	26		3	10	17	24	31
Sonntag	**2**	**9**	**16**	**23**	**30**	**6**	**13**	**20**	**27**		**4**	**11**	**18**	**25**	
Woche	40	41	42	43	44	44	45	46	47	48	48	49	50	51	52
Arbeitstage				19/20					21/22					21	

Bewegliche und nicht bundeseinheitliche* Feiertage: Heilige Drei Könige* 6. Januar, Karfreitag 22. April, Ostern 24. und 25. April, Christi Himmelfahrt 2. Juni, Pfingsten 12. und 13. Juni, Fronleichnam* 23. Juni, Friedensfest* 8. Aug., Mariä Himmelfahrt* 15. Aug., Reformationstag* 31. Oktober, Allerheiligen* 1. Nov., Buß- u. Bettag* 16. Nov.

Prüfungsaufgabe aus dem Verfahrensrecht und anderen Steuerrechtsgebieten

2012

	Januar	**Februar**	**März**
Montag	2 9 16 23 30	6 13 20 27	5 12 19 26
Dienstag	3 10 17 24 31	7 14 21 28	6 13 20 27
Mittwoch	4 11 18 25	1 8 15 22 29	7 14 21 28
Donnerstag	5 12 19 26	2 9 16 23	1 8 15 22 29
Freitag	**6** 13 20 27	3 10 17 24	2 9 16 23 30
Samstag	7 14 21 28	4 11 18 25	3 10 17 24 31
Sonntag	**1 8 15 22 29**	**5 12 19 26**	**4 11 18 25**
Woche	52 1 2 3 4 5	5 6 7 8 9	9 10 11 12 13
Arbeitstage	21/22	21	22

	April	**Mai**	**Juni**
Montag	2 **9** 16 23 30	7 14 21 **28**	4 11 18 25
Dienstag	3 10 17 24	**1** 8 15 22 29	5 12 19 26
Mittwoch	4 11 18 25	2 9 16 23 30	6 13 20 27
Donnerstag	5 12 19 26	3 10 **17** 24 31	**7** 14 21 28
Freitag	**6** 13 20 27	4 11 18 25	1 8 15 22 29
Samstag	7 14 21 28	5 12 19 26	2 9 16 23 30
Sonntag	**1 8 15 22 29**	**6 13 20 27**	**3 10 17 24**
Woche	14 15 16 17 18	18 19 20 21 22	22 23 24 25 26
Arbeitstage	19	20	20/21

	Juli	**August**	**September**
Montag	2 9 16 23 30	6 13 20 27	3 10 17 24
Dienstag	3 10 17 24 31	7 14 21 28	4 11 18 25
Mittwoch	4 11 18 25	1 8 **15** 22 29	5 12 19 26
Donnerstag	5 12 19 26	2 9 16 23 30	6 13 20 27
Freitag	6 13 20 27	3 10 17 24 31	7 14 21 28
Samstag	7 14 21 28	4 11 18 25	1 8 15 22 29
Sonntag	**1 8 15 22 29**	**5 12 19 26**	**2 9 16 23 30**
Woche	27 28 29 30 31	31 32 33 34 35	36 37 38 39
Arbeitstage	22	22/23	20

	Oktober	**November**	**Dezember**
Montag	1 8 15 22 29	5 12 19 26	3 10 17 24 31
Dienstag	2 9 16 23 30	6 13 20 27	4 11 18 **25**
Mittwoch	**3** 10 17 24 **31**	7 14 **21** 28	5 12 19 **26**
Donnerstag	4 11 18 25	**1** 8 15 22 29	6 13 20 27
Freitag	5 12 19 26	2 9 16 23 30	7 14 21 28
Samstag	6 13 20 27	3 10 17 24	1 8 15 22 29
Sonntag	**7 14 21 28**	**4 11 18 25**	**2 9 16 23 30**
Woche	40 41 42 43 44	44 45 46 47 48	49 50 51 52 1
Arbeitstage	21/22	21/22	19

Bewegliche und nicht bundeseinheitliche* Feiertage: Heilige Drei Könige* 6. Januar, Karfreitag 6. April, Ostern 8. und 9. April, Christi Himmelfahrt 17. Mai, Pfingsten 27. und 28. Mai, Fronleichnam* 7. Juni, Friedensfest* 8. Aug., Mariä Himmelfahrt* 15. Aug., Reformationstag* 31. Oktober, Allerheiligen* 1. Nov., Buß- u. Bettag* 21. Nov.

Steuerberaterprüfung 2013/2014

2013

	Januar	Februar	März
Montag	7 14 21 28	4 11 18 25	4 11 18 25
Dienstag	1 8 15 22 29	5 12 19 26	5 12 19 26
Mittwoch	2 9 16 23 30	6 13 20 27	6 13 20 27
Donnerstag	3 10 17 24 31	7 14 21 28	7 14 21 28
Freitag	4 11 18 25	1 8 15 22	1 8 15 22 **29**
Samstag	5 12 19 26	2 9 16 23	2 9 16 23 30
Sonntag	**6 13 20 27**	**3 10 17 24**	**3 10 17 24 31**
Woche	1 2 3 4 5	5 6 7 8 9	9 10 11 12 13
Arbeitstage	22	20	20

	April	Mai	Juni
Montag	1 8 15 22 29	6 13 **20** 27	3 10 17 24
Dienstag	2 9 16 23 30	7 14 21 28	4 11 18 25
Mittwoch	3 10 17 24	1 8 15 22 29	5 12 19 26
Donnerstag	4 11 18 25	2 **9** 16 23 **30**	6 13 20 27
Freitag	5 12 19 26	3 10 17 24 31	7 14 21 28
Samstag	6 13 20 27	4 11 18 25	1 8 15 22 29
Sonntag	**7 14 21 28**	**5 12 19 26**	**2 9 16 23 30**
Woche	14 15 16 17 18	18 19 20 21 22	23 24 25 26
Arbeitstage	21	19/20	20

	Juli	August	September
Montag	1 8 15 22 29	5 12 19 26	2 9 16 23 30
Dienstag	2 9 16 23 30	6 13 20 27	3 10 17 24
Mittwoch	3 10 17 24 31	7 14 21 28	4 11 18 25
Donnerstag	4 11 18 25	1 8 **15** 22 29	5 12 19 26
Freitag	5 12 19 26	2 9 16 23 30	6 13 20 27
Samstag	6 13 20 27	3 10 17 24 31	7 14 21 28
Sonntag	**7 14 21 28**	**4 11 18 25**	**1 8 15 22 29**
Woche	27 28 29 30 31	31 32 33 34 35	36 37 38 39 40
Arbeitstage	23	21/22	21

	Oktober	November	Dezember
Montag	7 14 21 28	4 11 18 25	2 9 16 23 30
Dienstag	1 8 15 22 29	5 12 19 26	3 10 17 24 31
Mittwoch	2 9 16 23 30	6 13 **20** 27	4 11 18 **25**
Donnerstag	3 10 17 24 **31**	7 14 21 28	5 12 19 **26**
Freitag	4 11 18 25	1 8 15 22 29	6 13 20 27
Samstag	5 12 19 26	2 9 16 23 30	7 14 21 28
Sonntag	**6 13 20 27**	**3 10 17 24**	**1 8 15 22 29**
Woche	40 41 42 43 44	44 45 46 47 48	49 50 51 52 1
Arbeitstage	21/22	20/21	20

Bewegliche und nicht bundeseinheitliche* Feiertage: Heilige Drei Könige* 6. Januar, Karfreitag 29. März, Ostern 31. März und 1. April, Christi Himmelfahrt 9. Mai, Pfingsten 19. und 20. Mai, Fronleichnam* 30. Mai, Friedensfest* 8. Aug., Mariä Himmelfahrt* 15. Aug., Reformationstag* 31. Oktober, Allerheiligen* 1. Nov., Buß- u. Bettag* 20. Nov.

Teil II: Umsatzsteuer

ALLGEMEINE HINWEISE:

Erforderliche Belege und Aufzeichnungen sind vorhanden. Die formellen Voraussetzungen des § 25b UStG sind gegebenenfalls erfüllt. Voranmeldungszeitraum ist der Kalendermonat. Liefer- und Erwerbsschwellen gelten gegebenenfalls als überschritten.

Soweit aus dem Sachverhalt nichts Gegenteiliges hervorgeht

- ▶ enthalten Rechnungen die nach §§ 14, 14a UStG bzw. §§ 33, 34 UStDV erforderlichen Angaben,
- ▶ versteuern alle angesprochenen Unternehmer ihre Umsätze nach den allgemeinen Vorschriften des UStG und nach vereinbarten Entgelten. Anträge nach § 19 Abs. 2 UStG wurden nicht gestellt,
- ▶ verwenden die Unternehmer im innergemeinschaftlichen Waren- und Dienstleistungsverkehr die Umsatzsteuer-Identifikationsnummer ihres Heimatlandes,
- ▶ wurden gemischt genutzte Wirtschaftsgüter dem Unternehmensvermögen zugeordnet,
- ▶ entspricht die geplante Verwendung der tatsächlichen,
- ▶ liegen alle angegebenen Orte im Inland.

Die Kalenderjahre bis einschließlich 2013 sind bestandskräftig veranlagt. Die steuerliche Beurteilung war jeweils zutreffend.

Aufgabe:

Beurteilen Sie die angeführten Sachverhalte in ihrer umsatzsteuerlichen Auswirkung auf die Terra GmbH, Anton Aigner, Berta Bruch und Claudius Cosinus im Besteuerungszeitraum 2014. Hierbei ist insbesondere auf die Umsatzart, die Steuerpflicht, die Bemessungsgrundlage für steuerpflichtige Umsätze und auf den Vorsteuerabzug einzugehen. Die Umsatzsteuer für steuerpflichtige Umsätze ist zu berechnen.

Wo der Sachverhalt es erlaubt, ist auch anzugeben, in welchem Voranmeldungszeitraum die Steuer entsteht bzw. zu berichtigen ist und die Vorsteuer abgezogen werden kann.

Gehen Sie auch kurz auf die Unternehmereigenschaft und den Umfang des Unternehmens der Terra GmbH, Berta Bruch, Claudius Cosinus und Anton Aigner ein.

Begründen Sie bitte Ihre Entscheidungen unter Angabe der gesetzlichen Bestimmungen.

Die Ermittlung der Bemessungsgrundlage für die private Wohnungsnutzung wird erlassen.

Sachverhalt:

Die Terra GmbH mit Sitz in München, Dachauer Str. 120, ist auf dem Immobiliensektor tätig. Sie betätigt sich als Maklerin, bietet Hausverwaltungsdienste an und besitzt im Inland und in Österreich einige Wohn- und Geschäftshäuser, die sie vermietet. Gesellschafter der im Jahre 2006 gegründeten Terra GmbH sind Anton Aigner mit 60 % und Berta Bruch und Claudius Cosinus mit jeweils 20 % der Anteile.

1. Anton Aigner ist als Geschäftsführer für die GmbH tätig. Zwischen den Parteien ist ein Arbeitsvertrag abgeschlossen, der u. a. den Urlaubsanspruch, feste Arbeitszeiten, die Lohnfortzahlung im Krankheitsfall und die Weisungsgebundenheit regelt. Für seine Tätigkeit als Geschäftsführer erhält Anton ein monatliches Gehalt von 6 000 €. Darüber hinaus ist im Arbeitsvertrag vereinbart, dass Anton den Firmenwagen, den ihm die GmbH zur Verfügung stellt, auch für private Fahrten und für Fahrten von der Wohnung zur Arbeitsstätte nutzen darf. Weiterhin stellt ihm die GmbH laut Arbeitsvertrag eine Dienstwohnung in dem ihr gehörenden Objekt in Starnberg, Uferpromenade 5, zur Verfügung (siehe unten Tz. 2). Sämtliche Aufwendungen für den Firmenwagen und die Dienstwohnung werden von der GmbH getragen. Anton zahlt der GmbH weder etwas für die Nutzung des Firmenwagens noch für die Nutzung der Dienstwohnung, verpflichtete sich jedoch, ein ordnungsgemäßes Fahrtenbuch zu führen.

Die GmbH hatte den Firmenwagen, einen BMW 525, im Jahr 2013 von der BMW-Niederlassung München erworben. Nach Abzug eines Rabatts bezahlte die GmbH 45 000 € zuzüglich 8 550 € USt. Das Fahrzeug wurde am 1.8.2013 ausgeliefert und sofort in Gebrauch genommen. Die Rechnung vom selben Tage beglich die GmbH umgehend. Der Kauf wurde zu 100 % von der Hausbank der GmbH finanziert. Der Pkw wird linear auf fünf Jahre abgeschrieben.

Im Jahre 2013 wurde der Pkw, wie von Anfang an geplant, zu 70 % für Dienstfahrten und zu 30 % von Anton für Privatfahrten und Fahrten von der Wohnung zur Arbeitsstätte genutzt. 10 % der Gesamtfahrleistung stand im Zusammenhang mit steuerfrei vermieteten Objekten im Inland.

Im Jahr 2014 legte Anton mit dem Pkw insgesamt 40 000 km im In- und Ausland zurück. 8 000 km entfielen auf Fahrten Wohnung – Arbeitsstätte und 7 000 km auf sonstige Privatfahrten. Von den Dienstfahrten entfielen 6 000 km auf Fahrten im Zusammenhang mit steuerfrei vermieteten Objekten im Inland.

Neben der AfA fielen im Jahr 2014 folgende Aufwendungen für den BMW an. Die Kosten verteilen sich gleichmäßig auf das ganze Jahr:

Treibstoff	5 200 €	+ 988 € USt
Wartung und Pflege	2 000 €	+ 380 € USt
Steuer und Versicherung	1 500 €	
Darlehenszinsen	1 350 €	

2. Das Grundstück in Starnberg, Uferpromenade 5, hatte die GmbH im Jahr 2006 im unbebauten Zustand für 500 000 € erworben. Verkäufer war der Angestellte Stefan Steiner aus Köln, der das Grundstück von seinem verstorbenen Onkel geerbt hatte.

In den Jahren 2007 und 2008 ließ die GmbH auf dem Grundstück ein dreigeschossiges Gebäude errichten. Die Herstellungskosten beliefen sich auf insgesamt 800 000 € zuzüglich 152 000 € USt. Das Gebäude wurde im August 2008 fertig gestellt und ab 1.9.2008 wie folgt genutzt:

EG (400 qm):

Vermietet an die Rechtsanwaltskanzlei Emsig und Partner für monatlich 4 000 €.

1. OG (400 qm):

Das 1. OG besteht aus zwei gleich großen Einheiten zu je 200 qm. Die eine Einheit ist an den Versicherungsmakler Mittler für monatlich 2 000 € vermietet. Die andere ist an Steuerberater Rührig für ebenfalls 2 000 € vermietet.

DG (200 qm):

Im DG befindet sich die Dienstwohnung von Anton Aigner (siehe oben Tz. 1).

Soweit möglich hatte die GmbH auf die Steuerbefreiung verzichtet und die Umsatzsteuer zusätzlich zu den oben genannten Beträgen in Rechnung gestellt.

Anfang 2014 entschloss sich Berta, ihre Anteile an der GmbH abzugeben. Mit den verbleibenden Gesellschaftern Anton und Claudius kam Berta überein, dass sie für ihre Anteile im Wert von 4 Mio. € von der GmbH das Grundstück in Starnberg, Uferpromenade 5, und eine Geldzahlung von 2,5 Mio. € erhalten sollte.

Im notariellen Vertrag vom 28. 2. 2014 wurde der Übergang von Besitz, Nutzen und Lasten zum 1. 3. 2014 vereinbart. Die Anteilsübertragung erfolgte gleichzeitig. Berta trat in die bestehenden Mietverträge ein. Das DG vermietete Berta ab 1. 3. 2014 für monatlich 2 000 € an die GmbH, die die Räume weiterhin ihrem Geschäftsführer Anton als Dienstwohnung zu den bisherigen Konditionen überließ.

Da sich Rührig in seinen wohlverdienten Ruhestand zurückziehen wollte, kündigte er mit Schreiben vom 14. 3. 2014 seine Räume im 1. OG fristgerecht zum 30. 6. 2014. Berta entschloss sich, die Räume künftig selbst als Wohnung zu nutzen. Im Juli wurden die Räume umfassend renoviert. Die beteiligten Handwerker stellten nach Abschluss ihrer Arbeiten Berta noch im Juli insgesamt 15 000 € zuzüglich 2 850 € USt in Rechnung. Pünktlich zum 1. 8. 2014 bezog sie ihre neue Wohnung.

3. Die GmbH ist stets bestrebt, ihre Immobilien in Schuss zu halten und bei Bedarf zu modernisieren. So fasste sie den Entschluss, in zwei Objekten, die zu Wohnzwecken vermietet waren, Parkett verlegen zu lassen. Ein Objekt liegt in Innsbruck (Österreich) und das andere in Starnberg.

Am 3. 4. 2014 kaufte die GmbH insgesamt 1 000 qm Parkett zum Preis von 20 € netto pro qm bei der Firma Boden aus Innsbruck (Österreich). Da Boden das Parkett nicht vorrätig hatte, bestellte sie es bei dem Hersteller Dubois aus Straßburg (Frankreich). Vereinbarungsgemäß holte die GmbH am 19. 4. 2014 das Parkett in Straßburg ab und brachte 600 qm zum Objekt nach Innsbruck und 400 qm nach Starnberg. Die Rechnung von Boden vom 25. 4. 2014 belief sich auf 1 000 qm Parkett zu 20 € pro qm insgesamt 20 000 €. Im Mai wurde das Parkett von der Firma Svoboda aus Pilsen (Tschechien) verlegt. Wie sich beim Verlegen herausstellte, war in Starnberg zu wenig, in Innsbruck aber zu viel Parkett angeliefert worden. Deshalb transportierte die GmbH am 13. 5. 2014 100 qm Parkett von Innsbruck nach Starnberg. Nach Fertigstellung und Abnahme seiner Arbeiten zum 21. 5. 2014 stellte Svoboda für die Arbeiten in Innsbruck und Starnberg am 22. 5. 2014 jeweils 3 000 € in Rechnung.

4. Claudius Cosinus war schon immer ein begeisterter Flieger. Nachdem er im April 2014 seinen Pilotenschein erworben hatte, erwarb er von dem Playboy und Partylöwen Paul Panter aus Kitzbühel (Österreich) im Mai 2014 eine gebrauchte Cessna. Panter hatte das Flugzeug mit der Starthöchstmasse von 1 650 kg zwar schon vor einem Jahr erworben; es war aber lediglich 30 Betriebsstunden genutzt worden. Am 23. 5. 2014 überführte Panter die Cessna persönlich vom Flughafen Salzburg (Österreich) nach München, wo Claudius sie in Empfang nahm. Den Kaufpreis von 100 000 € beglich Claudius umgehend.

5. Da die Immobilienvermittlungen in der letzten Zeit etwas stagnierten, entschloss sich die GmbH zu einer Werbeaktion. An alle in Betracht kommenden Kunden im Raum Starnberg wurde im April 2014 ein Fragenkatalog versendet. Unter den bis zum 30. 6. 2014 eingegangenen Rücksendungen wurden folgende Preise verlost:

1. Preis:

Ein Elektro-City-Roller. Die GmbH hatte den Roller im Mai 2014 von der Firma Lachner aus Starnberg erworben. Die Übergabe erfolgte am 14.5.2014. Die Rechnung vom selben Tag lautete über 3 000 € zuzüglich 570 € USt. Die GmbH überwies den Betrag eine Woche später.

2. Preis:

Ein Rundflug über das bayerische Alpenvorland vom Königsee bis zum Bodensee für zwei Personen. Die Firma Flugcharter stellte der GmbH dafür am 19.6.2014 1 000 € zuzüglich 190 € USt in Rechnung, die die GmbH umgehend beglich.

3. bis 20. Preis:

Je ein Bildband über die Sehenswürdigkeiten rund um den Starnberger See. Die Bildbände zum Stückpreis von 30 € zuzüglich 2,10 € USt bestellte die GmbH bei der Buchhandlung Bauer aus Starnberg. Bauer stellte die Bildbände am 29.5.2014 der GmbH zu. Die beiliegende Rechnung überwies die GmbH eine Woche später.

Die Gewinner, die alle aus Starnberg und Umgebung stammten, wurden Anfang Juli 2014 von ihrem Gewinn verständigt. Sie holten die Preise noch im Juli 2014 bei der GmbH in München ab. Der Voralpenrundflug fand am 27.7.2014 statt.

Teil III: Erbschaft- und Schenkungsteuer

Sachverhalt:

Der sehr vermögende ehemalige Unternehmer Robert Rundlich verstarb am 9.9.2013 in einem Seniorenheim in München nach dem Verzehr von giftigem Hühnerfleisch. Robert hatte im März 2010 seine 20 Jahre jüngere Ehefrau Carola in Italien geheiratet. Carola hatte aus einer früheren Ehe noch die Tochter Clara. Hans, der einzige Sohn von Robert, geboren am 29.3.1980, lebt in Dubai.

Ein Erbvertrag, welchen Robert mit Hans 2011 abgeschlossen hatte, regelt die Erbfolge. In diesem wirksamen Vertrag wurde folgendes bestimmt: Carola erhält aus dem Nachlass einen echten Picasso, der Kaufpreis des im Gutachterbüro des Robert hängenden Picasso betrug im Jahr 2012 800 000 €; der Marktwert des Bildes hingegen betrug nach einem überraschenden Preisrutsch 2013 im September 2013 600 000 €. Hans ist im Erbvertrag als der Alleinerbe des Robert bezeichnet.

1. Das Grundstück in Berlin

Robert Rundlich hatte am 9.9.2008 aufgrund eines notariellen Kaufvertrages ein unbebautes Grundstück mit einer Fläche von 990 qm in Berlin erworben. Am 12.12.2008 wurde er in das Grundbuch eingetragen.

Robert hatte in erheblichem Umfang sein Geld in Staatsanleihen von Staaten investiert, bei welchen die Rückzahlung sich mittlerweile als unsicher darstellte. Der Kaufvertrag mit dem Verkäuferehepaar Tobias (geb. 11.11.1967) und Dorothee Knopp (geb. 28.2.1968) sah deshalb für die Bezahlung folgende Regelung vor:

Der Käufer hat bei der notariellen Beurkundung eine Einmalzahlung i. H. v. 500 000 € geleistet.

Solange beide Ehegatten leben, war zudem ab 1.3.2013 eine monatliche Rente von 800 € zu zahlen, nach dem Tod des Erstversterbenden reduziert sich die Rente auf 750 €. Die Rente war jeweils am Ersten des Monats fällig.

Das Ehepaar Knopp hatte Robert noch ein weiteres Zugeständnis abverhandelt: Wenn sich die Situation der Staatsanleihen substantiell auf „A" bessert — maßgebend sollte, die Bonitätsnote einer bestimmten Ratingagentur sein — würde der bis dahin noch nicht gezahlte Restkaufpreis sofort fällig sein. Dabei vereinbarten die Parteien, dass die bis zur Fälligkeit des Restkaufpreises gezahlten Raten anzurechnen sind.

Am 3.9.2013 hob die Rating-Agentur die Bonitätsnote der in Frage stehenden Staatsanleihe auf „A" an. Robert hat den Restkaufpreis, der durch die Verbesserung der Bonitätsnote fällig wurde, bis zu seinem Tod an das Ehepaar Knopp nicht bezahlt.

Auf dem Grundstück hatte Robert ab Oktober 2008 ein Gebäude für 500 000 € errichten lassen. Jedes der beiden Stockwerke hatte eine Wohn/Nutz- Fläche von 112 qm. Das Haus war am 13.1.2009 im Großen und Ganzen bezugsfertig, lediglich die Holzvertäfelungen in einem Raum waren noch nicht vollständig angebracht.

Das Erdgeschoss des Hauses hatte er mit einem 20-Jahresvertrag mit Staffelmiete an eine deutsche „Bad-Bank" als Ladengeschäft mit Büroräumen vermietet. Die angemessene und ortsübliche monatliche Miete, welche jeweils am 15. des Monats fällig war, betrug ab 1.2.2009 2 500 €

zzgl. 600 € Nebenkostenpauschale. Ab 1.1.2013 betrug die (angemessene) Miete 2 900 € zuzüglich 650 € Nebenkostenpauschale. Die Bank hatte seit 1.9.2012 die Miete einschließlich Nebenkosten auf ein Treuhandkonto bei einem Notar überwiesen, weil Robert diverse Baumängel der Mietsache nicht behoben hatte. Robert musste nach Auskunft eines Rechtsanwaltes, welchen er mit der Sache beauftragt hatte, davon ausgehen, dass er auf einer effektiven berechtigten Mietkürzung von 3 000 € für die Monate September 2012 bis August 2013 sitzen bleiben würde.

Robert hat das gleichgroße und gleichwertige Obergeschoss an Clara, welche Betriebswirtschaft studiert, vermietet. Weil Clara nur ein Hochbegabtenstipendium erhält und sich die Wohnung zum Marktpreis (ab 1.1.2013: 13 €/qm zzgl. 200 € Nebenkosten für die ganze Wohnung) nicht leisten kann, hat Robert ihr die Wohnung für 1 000 € einschließlich 200 € Nebenkosten vermietet. Der Mietvertrag wurde am 1.3.2009 abgeschlossen. Clara musste in den Vorjahren regelmäßig etwa 400 € pro Jahr an Nebenkosten nachzahlen; Robert hat die Miete bis zum Todestag nicht erhöht. Nach dem Tod von Robert ist Carola bei ihrer Tochter eingezogen und bewohnt dort ein Zimmer.

Die an das Haus angebaute Doppelgarage (42 qm) hat Robert im Oktober 2011 zum Appartement umbauen lassen; der Anbau ist kein selbständig nutzbarer Gebäudeteil. Das Appartement steht seitdem leer. Üblicherweise wird für ein derartiges Appartement ab 1.1.2013 14 €/qm (nebst 130 € Nebenkosten für das ganze Appartement) bezahlt.

Das Grundstück des Robert liegt in einem Gebiet mit der Geschossflächenzahl 0,4; auf Grund von besonderen alten Rechten kann das Grundstück des Robert mit einer GFZ von 0,5 bebaut werden. Der Bodenrichtwert für gleichartige Grundstücke im Richtwertgebiet – mit einer Geschossflächenzahl von 0,4 – wurde vom Gutachterausschuss der Stadt Berlin zum 1.1.2013 auf 600 €/qm bestimmt.

Hans hat ein Sachverständigengutachten über den Wert des Grundstücks in Berlin erstellen lassen. Danach beträgt der Grundstückswert zum Todeszeitpunkt 1 Mio. €, weil in unmittelbarer Nähe ein U-Bahnhof errichtet wurde - ein Umstand der sich günstig auf den Wert auswirkt.

2. Die Einzelfirma

Robert hatte eine vorsteuerabzugsberechtigte bilanzierende Einzelfirma als Gutachter für antiquarische Bilder in München. Das Wirtschaftsjahr entspricht dem Kalenderjahr.

Hans hat festgestellt, dass die Firma in den vorangegangenen Jahren folgende Bilanzgewinne i. S. d. § 4 Abs. 1 Satz 1 EStG erzielt hatte:

Bilanzgewinn 2010:	220 000 €
Bilanzgewinn 2011:	230 000 €
Bilanzgewinn 2012:	240 000 €.

Der angemessene monatliche Unternehmerlohn für Robert betrug in allen drei Jahren 7 000 €, Robert hat die entsprechenden Beträge entnommen. Hans unterstützte Robert bei der Gestaltung des Internetauftritts ohne dafür Geld zu verlangen. Für einen fremden Dritten hätte Robert für diese Tätigkeit pro Jahr 2 000 € aufwenden müssen.

Im Jahr 2010 hatte Robert eine historische Grafik aus dem Jahr 1492, welche er im Betrieb als Ausstellungsstück hängen hatte, für 30 000 € teurer verkaufen können als er sie 2006 angeschafft hatte.

Robert hatte im Oktober 2011 ein ausschließlich betrieblich genutztes Patent zur Altersbestimmung von Bildern im Wert von 119 000 € in seinen Betrieb eingelegt. Auf dieses Patent hatte er zutreffend im Jahr 2011 4 000 € und im Jahr 2012 24 000 € normale Abschreibungen vorgenommen. Der gemeine Wert des Patents am Todestag betrug 99 000 €.

Im Zusammenhang mit dem im Jahr 2012 erworbenen im Betriebsvermögen befindlichen Picasso – welchen Robert einfach nur schön fand – hat er im Jahr 2012 2 500 € für fremde Gutachterkosten bezahlt.

Im Jahr 2011 hatte Robert eine Teilwertabschreibung an einem betrieblichen Mikroskop i. H.v. 17 000 € vorgenommen. Im Jahr 2013 liefen die Geschäfte des Robert als Gutachter wegen der Wirtschaftskrise atypisch schlecht. Der Substanzwert des Betriebes beträgt 1 500 000 €.

3. Das weitere Vermögen

a) Im Oktober 2012 hatte Robert bei einem Hersteller aus Stuttgart ein Elektroauto bestellt. Der Kaufpreis betrug 61 000 €. Im Kaufvertrag war bestimmt, dass der Gefahrübergang des Fahrzeugs auf den Käufer zwei Tage nach der Aufforderung des Händlers an den Käufer, den Wagen abzuholen, erfolgen sollte. Bei der Bestellung musste er 21 000 € anzahlen. Am 5.9 2013 ging Robert die Mitteilung zu, dass das Fahrzeug abzuholen sei. Robert hatte sein Fahrzeug bis zu seinem Tod nicht abgeholt. Am 8.9.2013 wurde über das Vermögen des Autohändlers das Insolvenzverfahren eröffnet. Der Insolvenzverwalter verlangt die Restzahlung von 40 000 € in die Insolvenzmasse und erklärt zugleich, dass er das Fahrzeug nicht liefern könne, da es am 9.9.2013 durch Blitzschlag ausgebrannt sei. Am 1.10.2013 wurde nach dem Auftauchen neuer Verbindlichkeiten das Insolvenzverfahren mangels ausreichender Masse eingestellt.

b) Robert hatte zum Todeszeitpunkt ein Bankguthaben von 1 Mio. € in der Form eines Sparbuchs im Ausland bei der Zeppelin-Bank. Die Bundesrepublik Deutschland hat mit diesem ausländischen Staat ein Quellensteuerabkommen geschlossen, welches am 1.10.2013 rechtswirksam wurde. Nach diesem Abkommen ist die ausländische Zeppelin-Bank verpflichtet, mit Fälligkeit zum 1.9.2013 373 000 € an die Bundesrepublik Deutschland zu Lasten des Kontos des Robert zu überweisen. Die Zeppelin-Bank hatte während der Verhandlungen mit der Bundesrepublik Deutschland, welche vom 1.5.2013 bis 1.10.2013 dauerten, eine Verfügungssperre für alle Kunden eingerichtet. Das Sparbuch wurde mit 1,5 % jährlich verzinst; die Zinsen waren jeweils zum 31.12. eines Jahres fällig.

Hans hat die Beerdigungskosten (9 900 €) für die Beerdigung von Robert übernommen, zudem rechnet er noch mit Pflichtteilansprüchen von Carola i. H.v. 200 000 €, nachdem sie bereits wenige Tage nach der Beerdigung des Robert das Geld verlangt hat.

Aufgabe:

Ermitteln Sie die zutreffende festzusetzende Erbschaftsteuer für Hans.

Gehen Sie dabei auf alle durch den Sachverhalt aufgeworfenen Rechtsfragen ein.

Steuerliche Wahlrechte sollten so ausgeübt werden, dass eine möglichst geringe erbschaftsteuerliche Belastung entsteht. Ggf. erforderliche Anträge gelten als gestellt.

Selbst ermittelte Geldbeträge und Prozentsätze sind ggf. auf zwei Nachkommastellen zu runden.

Basiszinssatz 2013: 2,04 %

Bei ggf. erforderlichen Interpolationen ist eine monatsscharfe Berechnung ausreichend.

Gehen Sie davon aus, dass der nach BGB ermittelte Wert des Nachlasses 1 200 000 € beträgt.

Begründen Sie Ihre Entscheidungen unter Angabe der maßgebenden Vorschriften.

Steuerberaterprüfung 2013/2014

Lösung der Prüfungsaufgabe aus dem Verfahrensrecht und anderen Steuerrechtsgebieten

Teil I: Abgabenordnung und Finanzgerichtsordnung
Verfasser: Prof. Dr. Martin Stirnberg

Sachverhalt 1, Aufgabe 1 (Prüfung der Zulässigkeitsvoraussetzungen eines Einspruchs):

Nach § 358 Satz 1 AO hat die zur Entscheidung über den Einspruch berufene Finanzbehörde zu prüfen, ob der Einspruch **insbesondere** in der vorgeschriebenen Form und Frist eingelegt ist.

1. Statthaftigkeit des Einspruchs

Gemäß § 347 Abs. 1 Satz 1 Nr. 1 AO ist gegen Verwaltungsakte (VAe) in Abgabenangelegenheiten, auf die die Abgabenordnung Anwendung findet, als Rechtsbehelf der Einspruch statthaft.

Frau Dorn (nachfolgend: D) erklärt in ihrem Schreiben an das Finanzamt (FA) Dachau, sie sei mit dessen Einkommensteuerbescheid 2011 vom 18. 3. 2013 und mit dem Gewinnfeststellungsbescheid 2011 des FA Fürstenfeldbruck vom 14. 2. 2013 nicht einverstanden. Die Erklärung „nicht einverstanden zu sein" ist analog § 133 BGB als Einspruch, und zwar, weil gegen zwei finanzamtliche Maßnahmen gerichtet, als zwei Einsprüche auszulegen. Ein Einspruch verpflichtet nämlich nach § 367 Abs. 2 Satz 1 AO die Finanzbehörde zu einer erneuten Prüfung der Sache in vollem Umfang und damit werden die Rechte des Steuerpflichtigen umfassender und wirkungsvoller gewahrt als durch einen bloßen Änderungsantrag (vgl. Nr. 2 Abs. 1 Satz 5 AE zu § 172 AO und Nr. 1 AE vor § 347 AO).

Dass es sich bei dem angegriffenen ESt-Bescheid ebenso wie bei dem den Gewinn der D aus ihrer selbständig betriebenen Physiotherapiepraxis – Einkünfte gemäß § 18 Abs. 1 Nr. 1 EStG (selbständige Berufstätigkeit der Krankengymnasten) – feststellenden Bescheid um VAe i. S. d. § 118 Satz 1 AO handelt, bedarf keiner näheren Begründung.

Auch steht außer Zweifel, dass es sich bei diesen Bescheiden um Abgabenangelegenheiten, gemäß § 347 Abs. 2 AO um mit der Verwaltung der Abgaben zusammenhängende Angelegenheiten handelt, auf die die Abgabenordnung Anwendung findet. Eine mit der Festsetzung als Maßnahme der Verwaltung der ESt zusammenhängende Angelegenheit stellt die Ermittlung der Besteuerungsgrundlagen dar, entweder als nicht selbständig anfechtbarer Teil des Steuerbescheids oder, wie vorliegend geschehen, mittels gesonderter Feststellung.

Nach § 1 Abs. 1 Satz 1 AO gilt die Abgabenordnung für alle Steuern, die durch Bundesrecht geregelt sind, soweit sie durch Landesfinanzbehörden verwaltet werden. Die ESt ist bundesrechtlich geregelt – EStG Ausfluss der konkurrierenden Gesetzgebung des Bundes gemäß Art. 105 Abs. 2 GG, weil Gemeinschaftsteuer nach Art. 106 Abs. 3 GG. Sie wird gemäß Art. 108 Abs. 2 Satz 1 GG von den Landesfinanzbehörden verwaltet.

Ein Ausschluss des Einspruchs gemäß § 348 AO ist weder bezüglich der Festsetzung der ESt noch bezüglich der gesonderten Feststellung der Besteuerungsgrundlage „Einkünfte aus freiberuflicher Tätigkeit" nach § 179 Abs. 1, 180 Abs. 1 Nr. 2 b AO gegeben.

2. formgerechte Einspruchseinlegung

Mit dem am 3.6.2013 beim FA Dachau eingegangenen Schreiben der D ist dem Formerfordernis des § 357 Abs. 1 Satz 1 AO genügt („Einspruch ist schriftlich oder ....").

Dass dieses Schreiben nicht unterschrieben war, steht der Zulässigkeit der Einsprüche nicht entgegen. Denn abweichend von § 126 Abs. 1 BGB ist nicht erforderlich, dass das Schriftstück eigenhändig durch Namensunterschrift unterzeichnet wird. Gemäß § 357 Abs. 1 Satz 2 AO genügt es, wenn aus dem Einspruch hervorgeht, wer ihn eingelegt hat. Dies ist hier schon durch die Absenderangabe zu Beginn des Schreibens „Dorothea Dorn, Schwantalerstr. 5, 82256 Fürstenfeldbruck" der Fall.

Auch führt die fehlende Verwendung des Begriffs „Einspruch" nicht zur Unzulässigkeit. Ebenso wie gemäß § 357 Abs. 1 Satz 4 AO die unrichtige Bezeichnung des Einspruchs, z.B. als Widerspruch, Beschwerde, nicht schadet, ist es unschädlich, dass die Eingabe nicht expressis verbis als Rechtsbehelf, wie auch immer benannt, bezeichnet worden ist. Es genügt, dass dem Schreiben – wie hier der Fall – ggf. auch im Wege der Auslegung zu entnehmen ist, dass der Verfasser den VA nicht für rechtmäßig hält und eine neue vollumfängliche Sachüberprüfung erstrebt.

3. zutreffende Anbringungsbehörde

a) Nach § 357 Abs. 2 Satz 1 AO ist der Einspruch bei der Behörde anzubringen, deren VA angefochten wird.

Den angefochtenen ESt-Bescheid 2011 hat das FA Dachau – örtliche Finanzbehörde gemäß § 6 Abs. 2 Nr. 5 AO – erlassen. Bei diesem FA ist der Einspruch angebracht worden. Ob das FA Dachau am 18.03.2013 – Bescheiddatum – für den Erlass des Bescheids 2011 angesichts des von D Ende Februar 2013 vollzogenen Umzugs nach Fürstenfeldbruck noch örtlich zuständig war, ist insoweit ohne Bedeutung. Entscheidend für die Beurteilung der zutreffenden Anbringungsbehörde ist, welche Behörde den angefochtenen VA tatsächlich erlassen hat.

b) Den angefochtenen Feststellungsbescheid 2011 hat das FA Fürstenfeldbruck erlassen. Angebracht wurde der Einspruch gegen diesen Bescheid aber ebenfalls beim FA Dachau. Gemäß § 357 Abs. 2 Satz 2 AO kann ein Einspruch, der sich gegen die Feststellung von Besteuerungsgrundlagen richtet – hier: Feststellung der Besteuerungsgrundlage „Einkünfte aus selbständiger Arbeit" i. S. d. § 2 Abs. 1 Satz 1 Nr. 3 EStG – aber **auch** bei der zur Erteilung des Steuerbescheids zuständigen Behörde, also bei dem den ESt-Bescheid erlassenden FA Dachau, angebracht werden.

4. fristgerechte Einlegung der Einsprüche

Gemäß §§ 355 Abs. 1 Satz 1, 356 Abs. 1 AO ist der Einspruch nach § 347 Abs. 1 Satz 1 AO innerhalb eines Monats nach Bekanntgabe des VA einzulegen (laut Bearbeitungshinweis beide Bescheide mit zutreffender Rechtsbehelfsbelehrung versehen).

Bedenken gegen die Wirksamkeit der Bekanntgabe der angefochtenen Bescheide (nicht wirksame Bekanntgabe lässt Einspruchsfrist nicht zu laufen beginnen) bestehen nicht. Frau D ist als Steuerschuldnerin gemäß § 43 Satz 1 AO i.V. m. § 36 Abs. 4 Satz 1 EStG Inhalts- und, weil die Bescheide auch ihr bekannt gegeben wurden, Bekanntgabeadressatin des ESt-Bescheids 2011 und des Gewinnfeststellungsbescheids dieses Jahres (vgl. zur Bezeichnung von Inhalts- und Bekanntgabeadressat Nr. 1.3. u. Nr. 1.4. AE zu § 122 AO). Ihr sind die Bescheide auch zugegangen; sie sind in ihren Machtbereich gelangt, so dass die Bekanntgabe wirksam ist.

a) Fristwahrung bezüglich des ESt-Bescheids 2011

aa) Zeitpunkt der Bekanntgabe

Die Aufgabe zur Post dieses Steuerbescheides durch das FA Dachau erfolgte am 18. 3. 2013 (laut SV das Bescheiddatum). Gemäß § 122 Abs. 2 Nr. 1 erster Halbs. AO gilt ein schriftlicher, durch die Post übermittelter VA bei einer Übermittlung im Inland am dritten Tag nach der Aufgabe zur Post als bekannt gegeben, außer wenn er nicht oder zu einem späteren Zeitpunkt zugegangen ist. Damit also der ESt-Bescheid 2011 am 21. 3. 2013 als bekannt gegeben gilt, muss er bis zum Ende dieses Tages der D zugegangen sein, also entsprechend der das Wirksamwerden einer gegenüber einem Abwesenden abgegebenen Willenserklärung behandelnden Vorschrift des § 130 BGB derart in den Machtbereich des Empfängers gelangt sein, dass dieser unter gewöhnlichen Umständen hiervon Kenntnis nehmen kann und dies von ihm auch nach Treu und Glauben erwartet werden muss. Durch den am 19. 3. 2013 erfolgten „Zustellversuch in Dachau, Badstraße 33" ist es nicht zu einem Zugang des Bescheids gekommen, weil die D zu diesem Zeitpunkt bereits nach Fürstenfeldbruck umgezogen, mithin das Schreiben an diesem Tag nicht in ihren Machtbereich gelangt war. Bei einem der Post erteilten Nachsendeauftrag erfolgt der Zugang erst mit der Nachsendung, hier also am 28. 3. 2013 durch Einwurf in den Briefkasten der Wohnung in Fürstenfeldbruck. Dass die D an diesen und den folgenden Tagen – weil bereits seit dem 12. 3. 2013 im Krankenhaus liegend – das Schreiben nicht zur Kenntnis genommen hat, steht dem Zugang nicht entgegen. Maßgebend ist insoweit nicht die tatsächliche Kenntnisnahme (s. in diesem Zusammenhang auch Nr. 2 S. 2 AE zu § 87a AO), sondern die Möglichkeit der Kenntnisnahme unter gewöhnlichen Umständen.

bb) Fristberechnung

Folglich begann die Monatsfrist gemäß § 355 Abs. 1 Satz 1 AO nach § 108 Abs. 1 AO i. V. m. § 187 Abs. 1 BGB am 29. 3. 2013 um 0.00 Uhr zu laufen.

Sie endete gemäß § 108 Abs. 1 AO i. V. m. § 188 Abs. 2 BGB und § 108 Abs. 3 AO mit Ablauf des 29. 4. 2013 = 24.00 Uhr; der 28. 4. 2013 war ein Sonntag.

Eingegangen beim FA Dachau ist der Einspruch aber erst am 3. 6. 2013, damit nach Ablauf der Einspruchsfrist.

cc) Wiedereinsetzung in den vorigen Stand

Trotz Einlegung des Einspruchs erst nach Ablauf der einmonatigen Einspruchsfrist ist der Einspruch gegen den ESt-Bescheid 2011 nicht gemäß § 358 Satz 2 AO als unzulässig zu verwerfen, wenn der Einspruchsführerin Wiedereinsetzung in den vorigen Stand zu gewähren ist.

(1) Voraussetzung ist gemäß § 110 Abs. 1 Satz 1 AO, dass die D ohne Verschulden verhindert war, die Einspruchsfrist einzuhalten.

Schuldhaft handelt, wer vorsätzlich oder fahrlässig die gesetzliche Frist nicht einhält. Für den Begriff der Fahrlässigkeit ist nicht auf die „im Verkehr erforderliche Sorgfalt" i. S. d. § 276 BGB abzustellen, sondern auf die Umstände des Einzelfalles und die persönlichen Verhältnisse (subjektiver Fahrlässigkeitsmaßstab). Die Fristversäumnis ist nur entschuldigt, wenn der Beteiligte (hier: D) die für einen gewissenhaften und sachgemäßen Verfahrensbeteiligten gebotene und auch ihm unter Berücksichtigung seiner konkreten Kenntnisse, Möglichkeiten und Fähigkeiten zumutbare Sorgfalt nicht verletzt hat.

Krankheit kann eine Wiedereinsetzung in die Einspruchsfrist nur rechtfertigen, wenn sie so schwer und unvorhersehbar ist, dass der Einspruchsführer die notwendige Erklärung nicht selbst oder durch Bestellung eines für ihn handelnden Vertreters fristgerecht abgeben konnte (geplanter und deshalb nicht unvorhersehbarer Krankenhausaufenthalt verlangt, Maßnahmen zur Fristwahrung zu treffen).

Das akut, also plötzlich durchgebrochene Zwölffingerdarmgeschwür, das eine sofortige Operation notwendig machte und dazu führte, dass Frau D während des gesamten Zeitraums der Einspruchsfrist – 29. 3. bis 29. 4. 2013 – im Krankenhaus lag, zwingt dazu, die Fristversäumung als unverschuldet anzusehen. Auch war es ihr nicht möglich, während des Krankenhausaufenthalts Maßnahmen zu ergreifen, damit durch eine andere Person für sie fristgerecht Einspruch eingelegt wird. Denn während der ganzen Zeit ihrer Erkrankung konnte sie – weil allein lebend – nicht wissen, ob und wenn ja, welche Post sich in ihrem Briefkasten befindet. Schließlich kann ihr nicht vorgeworfen werden, nicht von vornherein irgendjemand einen Schlüssel für ihren Briefkasten gegeben zu haben, damit diese(r) ihren Briefkasten öffnet und ihre Post daraufhin durchsieht, ob evtl. etwas zu veranlassen ist, falls sie eine Zeit lang abwesend sein sollte. Eine derartige, jeden Steuerpflichtigen obliegende Pflicht kennt das Verfahrensrecht nicht und wäre auch mit der grundrechtlich geschützten Privatsphäre nicht zu vereinbaren.

(2) Wiedereinsetzung in den vorigen Stand ist bei unverschuldeter Fristversäumung nur zu gewähren, wenn innerhalb eines Monats nach Wegfall des Hindernisses

- die versäumte Einspruchseinlegung nachgeholt worden ist (vgl. § 110 Abs. 2 Satz 3 AO),
- der Wiedereinsetzungsgrund dargelegt wurde (§ 110 Abs. 2 Satz 2), soweit er nicht für die Behörde ohnehin offenkundig oder amtsbekannt ist. Entscheidend ist, dass innerhalb dieser Monatsfrist der nach Ansicht des Einspruchsführers die Wiedereinsetzung rechtfertigende Gesichtspunkt im Kern schlüssig vorgetragen wird, wobei es auch noch nach Fristablauf möglich ist, unvollständige Angaben zu erläutern und zu ergänzen, jedoch ist das Nachschieben von Wiedereinsetzungsgründen nicht zulässig.
- der Antrag auf Wiedereinsetzung gestellt worden ist – dann **Anspruch** auf Wiedereinsetzung – (vgl. § 110 Abs. 1 Satz 1 u. Abs. 2 Satz 1); jedoch **kann** bei Vorliegen der vorstehenden Voraussetzungen gemäß § 110 Abs. 2 Satz 4 diese auch ohne entsprechenden Antrag gewährt werden.

Mit beim FA Dachau am 3. 6. 2013 eingegangenen Schreiben hat Frau D die versäumte Rechtshandlung – Einlegung des Einspruchs – nachgeholt und den Wiedereinsetzungsgrund – nicht vorhersehbare, schwere Erkrankung – dargelegt.

Dies ist auch noch innerhalb der Wiedereinsetzungsfrist geschehen. Diese Frist beginnt nach Wegfall des Hindernisses, d. h. mit Ablauf des Tages, an dem der Umstand, der zur Versäumung der Einspruchsfrist geführt hat, beseitigt ist.

- Stellt man diesbezüglich auf den 2. 5. 2013 ab, weil Frau D am Abend dieses Tages aus dem Krankenhaus nach Hause gekommen ist, so endete die Monatsfrist gemäß § 108 Abs. 1 AO i.V.m. §§ 187 Abs. 1, 188 Abs. 2 BGB und § 108 Abs. 3 AO mit Ablauf des 3.6.2013 – der 2.6.2013 war ein Sonntag.

▶ Geht man vom 3.5.2013 als Tag des Hinderniswegfalls aus, denn bei sachgerechter Betrachtung der gesamten Umstände (mehrwöchiger Krankenhausaufenthalt, Rückkehr erst am Abend) kann nicht erwartet werden, dass die D noch an diesem Abend „nicht Besseres zu tun hatte", als ihre Post der vergangenen Wochen zu sichten, um zu erkennen, dass die Einspruchsfrist verstrichen war, so endete die Wiedereinsetzungsfrist ebenfalls mit Ablauf des 3.6.2013, und zwar ohne auf § 108 Abs. 3 AO zurückgreifen zu müssen.

Da D mit ihrem Schreiben an das FA Dachau auch, zwar ohne der Terminus zu verwenden, den Antrag auf Wiedereinsetzung in den vorigen Stand gestellt hat, weil erkennbar ist, dass ihrer Ansicht nach Gründe vorliegen, ihr Anliegen nicht als verspätet zu behandeln, darf der Einspruch nicht wegen Versäumung der Einspruchsfrist als unzulässig verworfen werden.

Zum selben Ergebnis gelangt man, wenn man den letzten Satz ihres Einspruchs („..., wenn ich zu spät dran sein sollte, üben Sie bitte Nachsicht auf Grund meiner schweren Erkrankung") meint, nicht als Wiedereinsetzungsantrag auslegen zu können. Denn die Gewährung der Wiedereinsetzung ist vorliegend die einzig sachgerechte Ermessensentscheidung.

b) Fristwahrung bezüglich des Gewinnfeststellungsbescheids 2011

Die Einspruchsfrist gegen diesen Bescheid des FA Fürstenfeldbruck vom 14.2.2013 begann am 6.5.2013 um 0.00 Uhr zu laufen – keine Bekanntgabe gemäß § 122 Abs. 2 Nr. 1 erster Halbs. AO mangels Zugang bei der D in dem Drei-Tages-Zeitraum. Erst mit Aushändigung des Schreibens am 5.5.2013 durch die frühere Nachbarin in Dachau, in deren Briefkasten dieses schon vor längerer Zeit vom Postboten versehentlich eingelegt worden war, ist der für eine Bekanntgabe erforderliche Zugang erfolgt. Für eine wirksame Bekanntgabe ist nicht erforderlich, dass der Bescheid unmittelbar durch die Post in den Machtbereich des Empfängers gelangt; die Weiterleitung eines fehlgeleiteten VA durch einen „falschen Empfänger" ist unschädlich (vgl. § 8 VwZG für formstärkere Zustellungen; siehe auch Nr. 4.4.4. AE zu § 122 AO).

Die Einspruchsfrist von einem Monat gemäß §§ 355 Abs. 1 Satz 1, 356 Abs. 1 AO endete folglich nach § 108 Abs. 1 AO i.V.m. § 188 Abs. 2 BGB erst mit Ablauf des 5.6.2013.

Der Einspruch ist damit rechtzeitig – am 3.6.2013 – bei FA Dachau eingelegt worden.

5. Beschwer

Nach § 350 AO ist einspruchsbefugt nur, wer geltend macht, durch einen VA beschwert zu sein. Ob tatsächlich eine Rechtsverletzung vorliegt, ist eine Frage der Begründetheit.

a) Die D ist durch den angefochtenen ESt-Bescheid 2011 beschwert, weil hierdurch ihr gegenüber eine Steuer i.H.v. 38 028 € (belastende Wirkung einer jeden Steuerfestsetzung über Null) festgesetzt worden ist (zur Beschwer bei Nullfestsetzung vgl. Nr. 3 AE zu § 350 AO). Dass sie sich gegen die ESt-Festsetzung mit dem Argument zur Wehr setzt, der gesondert festgestellte Gewinn sei fehlerhaft, lässt die Beschwer nicht entfallen (§ 351 Abs. 2 AO Problem der Begründetheit). Mit dem Einspruch ist die Steuerfestsetzung insgesamt angegriffen, nicht nur die das konkrete Vorbringen betreffende Besteuerungsgrundlage – Steuer erwächst in Bestandskraft.

b) Auch der einen Gewinn feststellende, nach § 182 Abs. 1 Satz 1 AO Bindungswirkung für die Besteuerungsgrundlage „Einkünfte aus selbständiger Arbeit" der ESt-Festsetzung entfaltende Bescheid des FA Fürstenfeldbruck begründet eine Beschwer. § 351 Abs. 2 AO verlangt die Anfechtung eines Grundlagenbescheids, wenn eine hierin wirksam getroffenen Entscheidung angegriffen werden soll. Für die schlüssige Geltendmachung der Beschwer kommt es nicht einmal auf die Auswirkungen im Folgebescheid an (vgl. Nr. 4 AE zu § 350 AO); es genügt insoweit, dass D die Herabsetzung des festgestellten Gewinns begehrt – würde sich im Erfolgsfall sogar unzweifelhaft für sie bei der Folgesteuer positiv auswirken.

6. sonstige Zulässigkeitsvoraussetzungen

Andere der Zulässigkeit entgegenstehende Gesichtspunkte, wie mangelnde Einspruchsfähigkeit (vgl. hierzu §§ 365 Abs. 1, 79 Abs. 1 Nr. 1 AO) oder fehlendes Rechtsschutzinteresse, liegen nicht vor.

Ergebnis: Die Einsprüche gegen den ESt-Bescheid 2011 des FA Dachau und gegen den Gewinnfeststellungsbescheid 2011 des FA Fürstenfeldbruck sind zulässig.

Sachverhalt 1, Aufgabe 2 (Prüfung der Erfolgsaussichten der Einsprüche):

Das FA Fürstenfeldbruck hat über beide Einsprüche zu entscheiden,

▶ nach § 367 Abs. 1 Satz 1 AO über den Einspruch gegen den Gewinnfeststellungsbescheid, weil es diesen VA erlassen hat,

▶ nach § 367 Abs. 1 Satz 2 erster Halbs. AO über den Einspruch gegen den ESt-Bescheid, weil die Zuständigkeit nachträglich übergegangen ist.

Gemäß § 26 Satz 1 AO tritt der Zuständigkeitswechsel ein, wenn eine der beiden Finanzbehörden von der Veränderung der die örtliche Zuständigkeit begründenden Umstände erfährt. Nach § 19 Abs. 1 Satz 1 AO richtet sich die Zuständigkeit für die Einkommensbesteuerung nach dem Wohnsitz. Mit dem Umzug von Dachau nach Fürstenfeldbruck im Februar 2013 ist der Zuständigkeitswechsel noch nicht eingetreten, so dass der Bescheid am 18. 3. 2013 von der örtlich zuständigen Behörde erlassen worden ist. Aus dem beim FA Dachau eingegangenen Einspruch hat dieses von dem Umzug und damit von der Veränderung des Wohnsitzes Kenntnis erlangt. Seit dem 3. 6. 2013 ist das FA Fürstenfeldbruck zuständig geworden.

Der nach Erlass eines VA eintretende Zuständigkeitswechsel bewirkt auch eine Zuständigkeitsänderung im Einspruchsverfahren (vgl. hierzu Nr. 1 AE zu § 367 AO).

1. Einspruch gegen den Gewinnfeststellungsbescheid 2011

Frau D wird mit ihrem Einspruch Erfolg haben, wenn die Voraussetzungen für eine gesonderte Gewinnfeststellung gemäß §§ 179 Abs. 1, 180 Abs. 1 Nr. 2 b AO nicht vorliegen. Ist dies der Fall, kann das FA Fürstenfeldbruck den F-Bescheid nicht, wie von der Einspruchsführerin begehrt, ändern und den Gewinn um 2 380 € niedriger feststellen, sondern muss den angefochtenen Bescheid vom 14. 2. 2013 ersatzlos aufheben.

a) Gesondert festgestellt werden gemäß § 180 Abs. 1 Nr. 2b AO in anderen als den in Buchstabe a genannten Fällen (Beteiligung mehrerer Personen an den einkommensteuerpflichtigen Einkünften) die Einkünfte aus freiberuflicher Tätigkeit, wenn nach den Verhältnissen zum Schluss des Gewinnermittlungszeitraums das für die gesonderte Feststellung zuständige FA nicht auch für die Steuern vom Einkommen zuständig ist. Voraussetzung für die gesonderte Feststellung ist also das Auseinanderfallen von Wohnsitz und Tätigkeitsort zu diesem Zeitpunkt.

Zum Schluss des Gewinnermittlungszeitraums für 2011 (= 31. 12.) war das FA Fürstenfeldbruck nach § 18 Abs. 1 Nr. 3 AO für die gesonderte Feststellung der Einkünfte aus freiberuflicher Tätigkeit örtlich zuständig, weil die D im Bezirk dieses FA ihre Tätigkeit als Krankengymnastin ausübt(e). Für die Steuern vom Einkommen war hingegen nach § 19 Abs. 1 Satz 1 AO das FA Dachau örtlich zuständig, denn D hatte zu diesem Zeitpunkt dort – noch – ihren Wohnsitz.

b) Gemäß § 180 Abs. 3 Satz 1 Nr. 2 AO (vgl. Satz 2) gilt § 180 Abs. 1 Nr. 2b AO jedoch nicht, eine gesonderte Feststellung muss also unterbleiben, wenn es sich um einen Fall von geringer Bedeutung handelt. Ein solcher Fall ist anzunehmen, wenn dasselbe FA für die Veranlagung zur Einkommensteuer zuständig geworden ist, z. B. bei Verlegung des Wohnsitzes nach Ablauf des Feststellungszeitraums in den Bezirk des Tätigkeitsfinanzamts (vgl. Nr. 4 Abs. 2 AE zu § 180 AO; s. auch BFH v. 24. 3. 2011 IV R 13/09, BFH/NV 2011, 1826).

D hat im Jahr 2013, also nach Ablauf des Feststellungszeitraums für 2011 ihren Wohnsitz in den Bezirk des Tätigkeits-FA Fürstenfeldbruck verlegt. Zwar ist dieses FA erst mit Eingang der Einsprüche beim FA Dachau am 3. 6. 2013 gemäß § 26 Satz 1 AO für die ESt-Veranlagung zuständig geworden. Als der angegriffene Feststellungsbescheid am 14. 2. 2013 erlassen wurde, war die gesonderte Feststellung der Einkünfte aus freiberuflicher Tätigkeit nach § 180 Abs. 1 Nr. 2b AO noch zu Recht erfolgt. Das FA Fürstenfeldbruck war noch nicht für die Veranlagung zur ESt zuständig geworden, § 180 Abs. 3 Nr. 2 AO seinerzeit nicht einschlägig.

Für die Beurteilung, ob der F-Bescheid mangels Vorliegens der Voraussetzungen für die gesonderte Feststellung rechtswidrig und deshalb aufzuheben ist, ist aber auf den Zeitpunkt der Entscheidung über den Einspruch abzustellen (Einspruchsverfahren gegen einen Steuerbescheid auch als „verlängertes Festsetzungsverfahren", gegen einen F-Bescheid als „verlängertes Feststellungsverfahren" bezeichnet). Zum Zeitpunkt der Entscheidung über den Einspruch gegen den Gewinnfeststellungsbescheid ist auch die Zuständigkeit für die Entscheidung über den Einspruch gegen die ESt-Festsetzung auf das FA Fürstenfeldbruck übergegangen – kein Auseinanderfallen von Tätigkeits- und Wohnsitz-FA mehr, d. h. gesonderte Feststellung ausschließender Fall von geringer Bedeutung.

2. Einspruch gegen den ESt-Bescheid 2011

Mit Wirksamwerden der den F-Bescheid aufhebenden Entscheidung entfällt die Bindungswirkung, die dieser Bescheid bisher für den Folgebescheid entfaltet hat.

Im Einspruchsverfahren gegen den ESt-Bescheid hat nunmehr gemäß § 367 Abs. 2 Satz 1 AO eine vollständige Überprüfung aller für die Steuerfestsetzung relevanten Besteuerungsgrundlagen, damit auch der Besteuerungsgrundlage „Einkünfte i. S. d. § 18 Abs. 1 Nr. 1 EStG" zu erfolgen. § 351 Abs. 2 AO steht dem nicht mehr entgegen. Nur solange ein Grundlagenbescheid (noch) wirksam ist, können hierin getroffene Entscheidungen nicht durch Anfechtung des Folgebescheids angegriffen werden (vgl. in diesem Zusammenhang auch Nr. 1.3. AE zu § 175 AO, wonach die ersatzlose Aufhebung eines Grundlagenbescheids dem für den Erlass des Folgebescheids zuständigen FA die Möglichkeit eröffnet, den Sachverhalt, der bisher Gegenstand des Feststellungsverfahrens war, selbstständig zu beurteilen und (Aussage betrifft die Situation, dass gegen den Folgebescheid kein Einspruchsverfahren anhängig ist) den Folgebescheid insoweit nach § 175 Abs. 1 Satz 1 Nr. 1 AO zu ändern).

Als Ergebnis der vollumfänglichen neuen Prüfung der Sache ist der Gewinn aus freiberuflicher Tätigkeit auf 117 620 € und damit das zu versteuernde Einkommen um 2 380 € herabzusetzen mit einer daraus resultierenden niedrigeren ESt als im Bescheid vom 18. 3. 2013 festgesetzt.

Zwar ist bei Einnahme-Überschussrechnung nach § 4 Abs. 3 EStG die Entgegennahme eines Schecks als Zufluss anzusehen und damit als Einnahme zu erfassen (§§ 8 Abs. 1, 11 Abs. 1 Satz 1 EStG), der spätere Zeitpunkt der Einlösung ist nicht von Bedeutung (vgl. H 11 – Stichwort: Scheck – EStR 2012). Dies gilt jedoch nur, wenn das Konto Deckung aufweist (vgl. hierzu BFH v. 30. 10. 1980 IV R 97/78 BStBl 1981 II 305; v. 20. 3. 2001 IX R 97/97, BStBl 2001 II 482).

Da der von einem Patienten am 28. 12. 2011 zur Begleichung einer Rechnung der D übergebene Scheck nicht gedeckt war, stellte die Scheckhingabe keine Einnahme des Veranlagungszeitraums 2011 dar (Betrag erst wegen Barzahlung im Februar 2012 bei Gewinnermittlung dieses Veranlagungszeitraums zu erfassen).

Weitere bei der Festsetzung der ESt des Jahres 2011 unterlaufene Fehler sind dem Sachverhalt nicht zu entnehmen.

Ergebnis: Die Einwendung der D in ihrem an das FA Dachau gerichteten Schreiben wird Erfolg haben.

(1) Dem Einspruch gegen den Gewinnfeststellungsbescheid 2011 vom 14. 2. 2013 wird durch Aufhebung dieses Bescheids stattgegeben.

(2) Dem Einspruch gegen den ESt-Bescheid 2011 vom 18. 3. 2013 wird durch Änderung der Steuer von 38 028 € auf X €(Reduzierung des zvE. um 2 380 €) stattgegeben.

ERGÄNZENDER HINWEIS:
Die Richtigkeit dieses Ergebnisses zeigt auch folgende Sachverhaltsabwandlung: Hätte Frau D im Jahr 2013 ihren Wohnsitz nicht nach Fürstenfeldbruck verlegt, läge kein Fall von geringer Bedeutung i. S. d. § 180 Abs. 3 Nr. 2 AO vor. Das FA Fürstenfeldbruck müsste dann dem Einspruch gegen den Gewinnfeststellungsbescheid durch Änderung des festgestellten Gewinns von 120 000 € auf 117 620 € stattgeben (keine Aufhebung dieses Bescheids). Das FA Dachau müsste (1) den Einspruch gegen den ESt-Bescheid im Hinblick auf § 351 Abs. 2 AO als unbegründet zurückweisen, aber (2) nach Erlass des geänderten Grundlagenbescheids durch das FA Fürstenfeldbruck den Folgebescheid nach § 175 Abs. 1 Satz 1 Nr. 1 AO ändern. Der Umzug von Dachau nach Fürstenfeldbruck kann wohl verfahrensrechtlich nicht dazu führen, dass die ESt-Belastung höher ausfällt, als dies ohne den Umzug der Fall wäre.

Sachverhalt 2 (Änderung der ESt-Bescheide 2006, 2007 und 2008):

Die ESt-Bescheide der Veranlagungszeiträume (VZ) 2006, 2007 und 2008 sind nach der Schlussbesprechung Ende März 2013 zu korrigieren, wenn

- die ESt dieser Jahre materiell-rechtlich fehlerhaft festgesetzt worden ist, die wirksam bekannt gegeben Bescheide also rechtswidrig sind,
- eine Rechtsgrundlage für die Korrektur gegeben ist,
- noch keine Festsetzungsverjährung eingetreten ist, weil gemäß § 169 Abs. 1 Satz 1 u. S. 2 AO die Aufhebung/Änderung/Berichtigung einer Steuerfestsetzung nach Ablauf der Festsetzungsfrist (FF) nicht mehr zulässig ist.

1) Korrektur des ESt-Bescheids 2006

a) materiell-rechtliche Prüfung der Steuerfestsetzung

Die Kosten für den Abbruch des alten Bürogebäudes i. H. v. 200 000 € auf dem von dem eingetragenen Kaufmann Hundertmark (nachfolgend: H) erworbenen Grundstück durften nicht als Betriebsausgabe berücksichtigt werden.

Wird ein Gebäude in Abbruchabsicht erworben und ein neues Gebäude errichtet, gehören die Kosten des Abbruchs zu den Herstellungskosten (HK) des neuen Gebäudes (vgl. BFH v. 12.6.1977 GrS 1/77, BStBl 1978 II 620; v. 25.1.2006 I R 58/04, BStBl 2006 II 707; zur steuerlichen Behandlung der Kosten für den Abriss eines Gebäudes s. auch H 6.4 EStR 2012). In der Schlussbilanz 2006 hätten deshalb die HK des neuen Lagergebäudes als ein der Abnutzung unterliegendes Wirtschaftsgut des Anlagevermögens gemäß § 6 Abs. 1 Nr. 1 Satz 1 EStG um 199 500 € höher angesetzt werden müssen (plus 200 000 € HK vermindert um 500 € Absetzung für Abnutzung). Gemäß § 7 Abs. 4 Satz 1 Nr. 1 EStG beträgt die jährliche AfA für das neu errichtete Hochregallagergebäude 3 %, also Erhöhung der Jahres-AfA um 6 000 €. Im Jahr der Herstellung – Fertigstellung zum 15.12.2006 – des Lagergebäudes ist die AfA nach § 7 Abs. 1 Satz 4 EStG zeitanteilig vorzunehmen (Verminderung der Jahres-AfA um 5 500 € wegen 11 voller, dem Herstellungsmonat vorangehender Monate = 500 €).

Der materiell-rechtlich zutreffende Gewinn aus Gewerbebetrieb gemäß §§ 4 Abs. 1, 5 EStG ist um 199 500 € höher als von H erklärt und seiner Gewinnermittlung folgend vom FA Ingolstadt im ESt-Bescheid 2006 als Besteuerungsgrundlage angesetzt.

b) Prüfung von Korrekturvorschrift(en) und Festsetzungsverjährung

aa) § 164 Abs. 2 Satz 1 AO

Eine Änderung der im Jahr 2007 gemäß § 164 Abs. 1 Satz 1 AO unter Vorbehalt der Nachprüfung (VdN) festgesetzten ESt 2006 nach § 164 Abs. 2 Satz 1 AO setzt voraus, dass der Vorbehalt jetzt – im Jahr 2013 – noch wirksam ist.

Das FA Ingolstadt hat von seinem Recht gemäß § 164 Abs. 3 Satz 1 AO, jederzeit den VdN aufzuheben, keinen Gebrauch gemacht (zur VdN-Aufhebung vgl. Nr. 6 Satz 3 u. Satz 4 AE zu § 164 AO).

Der Vorbehalt könnte jedoch zwischenzeitlich kraft Gesetzes entfallen sein. Gemäß § 164 Abs. 4 Satz 1 AO ist dies der Fall, wenn die FF abläuft.

(1) Der H war nach § 149 Abs. 1 Satz 1 AO i.V. m. § 25 Abs. 3 EStG zur Abgabe einer ESt-Erklärung verpflichtet. Er ist dieser Verpflichtung für den VZ 2006 im Jahr 2007 auch nachgekommen (vgl. SV: „Die Erklärungen waren beim FA in dem Kalenderjahr eingegangen, das dem jeweiligen VZ folgte"). Folglich begann die FF nach § 170 Abs. 2 Satz 1 Nr. 1 erste Alt. AO mit Ablauf des 31.12.2007.

Gemäß § 169 Abs. 2 Satz 1 Nr. 2 AO beträgt die FF vier Jahre. Sie endete deshalb „regulär" mit Ablauf des 2.1.2012 (31.12.2011 = Samstag) mit der Folge des Entfallens des VdN zu diesem Zeitpunkt.

(2) Im Hinblick auf die bei H durchgeführte Außenprüfung (Ap) könnte aber die Ablaufhemmung nach § 171 Abs. 4 AO anwendbar sein mit der Folge, dass der VdN jetzt noch wirksam ist.

Zwar sind gemäß § 164 Abs. 4 Satz 2 AO bestimmte eine Ablaufhemmung beinhaltende Normen bei Ermittlung der sog. Vorbehaltswegfallfrist nicht anzuwenden. Der Ablaufhemmungstatbestand des § 171 Abs. 4 AO ist hier jedoch nicht erwähnt, so dass die auf Grund einer Ap sich ergebende Verlängerung der FF auch Auswirkung auf den Fortbestand des VdN hat.

Die Ap hat vorliegend aber **nicht** zu einer Hemmung der FF für die ESt 2006 über den 2. 1. 2012 hinaus geführt.

Gemäß § 171 Abs. 4 Satz 2 AO entfällt die Ablaufhemmung, wenn eine Ap unmittelbar nach ihrem Beginn für die Dauer von mehr als sechs Monaten aus von der Finanzbehörde zu vertretenden Gründen unterbrochen wird.

Der mit der Durchführung der Ap beauftragte StA Bartl (B) hatte mit der Prüfung am 7. 11. 2011 – also vor Ablauf der vierjährigen FF und damit grds. die Ablaufhemmung auslösend – begonnen, diese aber nach 2,5 Stunden auf Weisung seines Sachgebietsleiters wieder unterbrochen. Die Wiederaufnahme erfolgte erst am 5. 11. 2012, mithin nach einer Unterbrechung von fast einem Jahr und damit zu einem Zeitpunkt, zu dem die dann durchgeführten Prüfungshandlungen wegen bereits abgelaufener FF (keine Verlängerung auf 5 oder gar 10 Jahre laut Bearbeitungshinweis) nicht mehr erneut die Ablaufhemmung auslösen konnten.

Entscheidend für das rückwirkende Entfallen der zunächst im November 2011 ausgelösten Ablaufhemmung wegen der mehr als sechs Monate dauernden Unterbrechung ist, dass diese unmittelbar nach dem Beginn der Ap erfolgt ist und dass die Finanzbehörde die Unterbrechung für die Dauer von mehr als sechs Monaten zu vertreten hat (zur Rückwirkung des Wegfalls der bereits eingetretenen Hemmung vgl. BFH v. 17. 6. 1998 IX R 65/95 BStBl 1999 II 4; v. 17. 3. 2010 IV R 54/07 BStBl 2011 II 7).

Wird die begonnene Prüfung später als unmittelbar nach ihrem Beginn unterbrochen, greift § 171 Abs. 4 Satz 2 AO nicht ein, d. h. die Unterbrechung berührt dann die eingetretene Ablaufhemmung nicht (vgl. hierzu BFH v. 16. 1. 1979 VIII R 149/77 BStBl 1979 II 453 u. FG Nds. EFG 2001, 1389, wonach auch längere, sogar mehrjährige Unterbrechungen keinen Verwirkungseinwand des Stpfl. begründen).

Ob die Unterbrechung „unmittelbar nach Beginn der Ap" geschah oder ob sie erst später erfolgte, ist nach den Verhältnissen im Einzelfall zu beurteilen, wobei neben dem zeitlichen Umfang der bereits durchgeführten Prüfungsmaßnahmen alle Umstände hinzuziehen sind, die Aufschluss über die Gewichtigkeit der Prüfungshandlungen vor der Unterbrechung geben. Eine Ap ist nur dann nicht mehr unmittelbar nach Beginn unterbrochen, wenn die Prüfungshandlungen von Umfang und Zeitaufwand gemessen an dem gesamten Prüfungsstoff erhebliches Gewicht erreicht oder erste verwertbare Ergebnisse gezeigt haben (vgl. BFH v. 24. 4. 2003 VII R 3/02, BStBl 2003 II 739 – „relevante Unterbrechung anzunehmen nach Vornahme nur von bloßen Vorbereitungshandlungen wie allgemeinen Informationen über den Betrieb, das Rechnungswesen, die Buchführung"; s. hierzu auch BFH v. 1. 7. 2008 II R 38/07, BStBl 2008 II 876; v. 8. 7. 2009 XI R 69/07, BStBl 2010 II 4).

Das Merkmal der Unterbrechung „aus Gründen, die die Finanzbehörde zu vertreten hat", ist das Gegenstück zum Prüfungsaufschub auf Antrag des Stpfl. (vgl. BFH v. 17. 3. 1010 IV R 54/07,

BStBl 2011 II 7). Es kommt darauf an, ob die Gründe in der Sphäre der Finanzverwaltung liegen – Beispiele: fehlende Prüfungskapazität, anderweitiger Einsatz oder Urlaub, Krankheit des Prüfers. Nicht zu vertreten hat die Behörde die in der Sphäre des Stpfl. liegenden Gründe – Beispiele: Krankheit bzw. Urlaub des Stpfl. oder seines Bevollmächtigten, Verhinderung infolge anderweitiger Belastung wie Saisongeschäft, Betriebsverlegung, also all der Umstände, aus denen auch der Beginn einer Ap auf Antrag des Stpfl. nach § 197 Abs. 2 AO auf einen anderen Zeitpunkt verlegt werden kann (vgl. zu Vorstehendem Kruse in Tipke/Kruse – Lfg. 128 – § 171 Rdnr. 45, 46).

▶ B hat sich in den 2,5 Stunden seiner Anwesenheit im Betrieb des H nur ein Bild über die vorgelegten Unterlagen gemacht. Nennenswerte Prüfungshandlungen im Sinne von Ermittlung der für den gewerblichen Gewinn bedeutsamen Sachverhalte haben in dieser Zeit noch nicht stattgefunden. Die eigentliche Prüfung geschah erst ein Jahr später über einen Zeitraum von sieben Arbeitstagen. Dass B sich schon am 12. 9. 2011 in seinem Büro auf die Prüfung vorbereitet und deshalb die Veranlagungsakten gesichtet hatte, ist insoweit ohne Bedeutung. Dem Erlass der Prüfungsanordnung (PA) vorangehende Maßnahmen lösen nicht die Ablaufhemmung nach § 171 Abs. 4 Satz 1 AO aus, können also auch nicht im Rahmend des Satzes 2 bei der Frage, ob die Unterbrechung unmittelbar nach dem Prüfungsbeginn erfolgt ist, berücksichtigt werden.

Somit erfolgt die Unterbrechung unmittelbar nach Beginn der Ap.

▶ Die fast ein Jahr dauernde Unterbrechung ist auch von der Finanzbehörde zu vertreten.

Zum einen hätte die Prüfung nicht bis zur Entscheidung über den Einspruch gegen die PA unterbrochen werden müssen. Nach § 361 Abs. 1 Satz 1 AO wird durch die Einlegung des Einspruchs die Vollziehung des angefochtenen VA nicht gehemmt. Der Einspruch gegen die PA kann auch nicht mit einem zur Ablaufhemmung führenden Antrag des Stpfl. auf Hinausschieben des Prüfungsbeginns gemäß § 171 Abs. 4 Satz 1 zweite Alt. AO gleichgesetzt werden. Dies ist nur der Fall, wenn das FA einem – hier aber nicht gestellten – Antrag auf Aussetzung der Vollziehung der angefochtenen PA stattgibt (vgl. Nr. 3.4. AE zu § 171 AO).

Zum anderen ist nicht einzusehen, dass die Prüfung, wollte man sie schon unterbrechen, nicht sofort nach Erlass der Einspruchsentscheidung am 17. 4. 2012, also noch vor Ablauf der Sechsmonatsfrist, wieder aufgenommen worden ist.

Demnach ist die durch die im November 2011 begonnene Ap ausgelöste Ablaufhemmung gemäß § 171 Abs. 4 Satz 1 AO im Hinblick auf Satz 2 dieser Vorschrift wieder rückwirkend entfallen. Mit Ablauf der FF „regulären" FF (Ablauf 2. 1. 2012) ist deshalb auch der Vorbehalt der Nachprüfung entfallen. Eine Änderung der ESt-Festsetzung 2006 nach § 164 Abs. 2 Satz 1 AO scheidet im Jahr 2013 aus.

bb) § 173 Abs. 1 Nr. 1 AO

Zu den Tatsachen i. S. dieser Vorschrift gehören auch innere Tatsachen, die nur anhand äußerer Tatsachen – Hilfstatsachen – festgestellt werden können (vgl. Nr. 1.1. S. 2 AE zu § 173 AO). Um eine solche innere Tatsache handelt es bei der Feststellung des Prüfers, dass der H das alte Bürogebäude in der Absicht erworben hatte, es abzureißen und durch einen Neubau zu ersetzen.

Trotz des nachträglichen Bekanntwerdens (s. hierzu Nr. 2.1. AE zu § 173 AO) dieser zu einer höheren Steuer – Kosten für Gebäudeabbruch als HK des neuen Gebäudes anstatt des bisher in voller Höhe angesetzten Aufwands – führenden Tatsache kommt eine Korrektur nach § 173 Abs. 1 Nr. 1 AO wegen Eintritts der Festsetzungsverjährung nicht mehr in Betracht. Denn die vierjährige FF ist bereits abgelaufen. § 169 Abs. 2 Satz 2 AO ist nicht anwendbar, weil dem H hinsichtlich der fehlerhaften Behandlung der Kosten für den Gebäudeabbruch kein leichtfertiges oder sogar vorsätzliches steuerschädliches Verhalten vorzuwerfen ist.

Ergebnis: keine Änderung des ESt-Bescheids 2006

2) Korrektur des ESt-Bescheids 2007

a) materiell-rechtliche Prüfung der Steuerfestsetzung

Eine Aktivierung der Abbruchkosten als HK des neu errichteten Hochregallagergebäudes in der Schlussbilanz zum 31. 12. 2006 ist nicht möglich, der Steuerbescheid des Jahres 2006 kann nicht mehr geändert werden (s. hierzu H 4.4 erster Spiegelstrich EStR 2012).

Der Bilanzansatz für das neue Gebäude ist in der ersten Schlussbilanz richtig zu stellen, in der dies unter Beachtung der für den Eintritt der Bestandskraft und der Verjährung maßgebenden Vorschriften möglich ist, und zwar erfolgswirksam. Anzusetzen ist der Wert, mit dem das Wirtschaftsgut bei von vornherein zutreffender bilanzieller Behandlung – also bei Beachtung sämtlicher Gewinnermittlungsvorschriften – in dieser Bilanz erscheinen würde (s. H 4.4 – Stichwort: Richtigstellung eines unrichtigen Bilanzansatzes – EStR 2012).

Bei von Anfang an zutreffender bilanzieller Behandlung müsste das in 2006 fertiggestellte Gebäude in der Schlussbilanz zum 31. 12. 2007 gemäß §§ 6 Abs. 1 Nr. 1 Satz 1, 7 Abs. 4 Satz 1 Nr. 1 EStG mit einem Wert i. H. v. 193 500 € erscheinen (199 500 € abzüglich 6 000 € AfA).

Die Aktivierung von HK i. H. v. 193 500 € in der Bilanz zum 31. 12. 2007 und damit eine Erhöhung des Gewinns aus Gewerbebetrieb für den VZ 2007 um diesen Betrag setzt voraus, dass der ESt-Bescheid 2007 noch korrigiert werden kann.

b) Prüfung von Korrekturvorschrift und Festsetzungsverjährung

Eine Änderung des ebenfalls unter VdN ergangenen ESt-Bescheids 2007 hat nach § 164 Abs. 2 Satz 1 AO zu erfolgen.

Denn der Vorbehalt ist im Jahr 2013 noch wirksam; er ist weder vom FA Ingolstadt ausdrücklich aufgehoben worden noch ist er zwischenzeitlich gemäß § 164 Abs. 4 Satz 1 AO kraft Gesetzes entfallen.

aa) Die nach § 169 Abs. 2 Satz 1 Nr. 2 AO vier Jahre betragende FF endete mit Ablauf des Jahres 2012 (wegen Abgabe der ESt-Erklärung 2007 im Jahr 2008 Beginn der FF gemäß § 170 Abs. 2 Satz 1 Nr. 1 AO mit Ablauf des Jahres 2008).

bb) Die am 7. 11. 2011 begonnene und nach fast einjähriger Unterbrechung am 5. 11. 2012, also noch vor der Ende 2012 ablaufenden vierjährigen FF, wieder aufgenommene Ap hat zur Ablaufhemmung gemäß § 171 Abs. 4 Satz 1 AO geführt. Diese lässt die FF für die ESt 2007, auf die sich die Ap ausweislich der wirksamen Prüfungsanordnung (s. hierzu Nr. 3.1. S. 2 AE zu § 171 AO) erstreckt, bis zur Unanfechtbarkeit des auf Grund der Prüfung noch zu erlassenden Steuerbescheids laufen. Folge der Ablaufhemmung ist auch, dass der VdN nicht mit Ablauf der vierjährigen FF zum Ende des Jahres 2012 entfallen ist.

Ohne Bedeutung ist insoweit, dass die Wiederaufnahme der Prüfung im November 2012 erfolgt ist, ohne dass vorher eine erneute Prüfungsanordnung erlassen wurde.

Die PA vom 4.10.2011, die dem Prüfungsbeginn im November 2011 vorausgegangen ist, „verfällt" innerhalb der FF nicht durch bloßen Zeitablauf. Bedarf es schon bei längerer Unterbrechung einer zunächst nachhaltig begonnenen Ap keiner neuen PA, so ist kein Grund ersichtlich, warum eine neue PA erforderlich sein soll, wenn die Prüfung – wie hier geschehen – unmittelbar nach ihrem Beginn für mehr als sechs Monate unterbrochen, jedoch noch vor Ablauf der FF fortgesetzt wird (vgl. BFH v. 13.2.2003 IV R 31/01 BStBl 2003 II 552 – „Eine neue PA könnte, vorbehaltlich evtl. Erweiterungen oder Einschränkungen, die selbstverständlich ausdrücklich angeordnet werden müssten, keinen anderen Inhalt als die ursprünglich ergangene PA haben").

Ergebnis: Änderung des ESt-Bescheids 2007 auf Grund der Außenprüfung gemäß § 164 Abs. 2 Satz 1 AO (Erhöhung der Besteuerungsgrundlage „Einkünfte aus Gewerbebetrieb" und damit des zu versteuernden Einkommens um 193 500 €)

3. Korrektur des ESt-Bescheids 2008

a) materiell-rechtliche Prüfung der Steuerfestsetzung

Als Folge der Aktivierung zusätzlicher HK i. H. v. 193 500 € für das Hochregallagergebäude in der Bilanz zum 31.12.2007 muss das Wirtschaftsgut in der Bilanz zum 31.12.2008 um die AfA für das Jahr 2008 gemäß § 6 Abs. 1 Nr. 1 Satz 1, 7 Abs. 4 Satz 1 Nr. 1 EStG gemindert mit einem Betrag von 187 500 € angesetzt werden. Der Betriebsvermögensvergleich ergibt dann einen um 6 000 € niedrigeren gewerblichen Gewinn als im ESt-Bescheid 2008 zugrunde gelegt.

b) Prüfung von Korrekturvorschrift und Festsetzungsverjährung

aa) Die Steuer für den VZ 2008 ist endgültig festgesetzt, eine Bescheidkorrektur kann, weil § 129 AO hier ohne jeden Zweifel nicht einschlägig ist und § 164 Abs. 2 AO mangels VdN ausscheidet, nur nach §§ 172 ff. AO erfolgen.

Als Korrekturtatbestand greift § 175 Abs. 1 Satz 1 Nr. 2 AO ein. Die zur Grundlage einer Steuerfestsetzung gewordene Korrektur für das Wirtschaftsgut, das Teil des Betriebsvermögens am Schluss des Wirtschaftsjahres ist, stellt ein rückwirkendes Ereignis für die Steuerfestsetzung eines Folgejahres dar, bei der sich der Wertansatz gewinnerhöhend oder – wie hier der Ansatz der zusätzlichen HK – gewinnmindernd auswirkt. Bei der Korrektur eines Wertansatzes des Vorjahresendvermögens – hier: Erhöhung der HK des Lagergebäudes um 193 500 € – handelt es sich nicht lediglich um eine andere rechtliche Beurteilung. Das Betriebsvermögen am Schluss des vorangegangenen Wirtschaftsjahres ist gemäß § 4 Abs. 1 Satz 1 EStG materiell-rechtliches Tatbestandsmerkmal des Steueranspruchs für das Folgejahr und damit Teil des Sachverhalts, der auch dieser Steuerfestsetzung zugrunde liegt (vgl. BFH v. 19.8.1999 IV R 73/98 BStBl 2000 II 18; v. 30.6.2005 IV R 11/04 BStBl 2005 II 809 m.w.N. und Ausführungen, dass die Anpassung späterer Bilanzen an die Korrektur einer Vorjahresbilanz verfahrensrechtlich nicht über § 175 Abs. 1 Satz 1 Nr. 1 AO erreicht werden kann; s. auch Nr. 2.4. erster Spiegelstrich AE zu § 175 AO).

bb) Die FF steht einer Änderung des Steuerbescheids 2008 im Jahr 2013 nach Durchführung der Schlussbesprechung Ende März aus verschiedenen Erwägungen nicht entgegen.

Zum einen würde die FF schon ohne Berücksichtigung der Ablaufhemmung gemäß § 171 Abs. 4 Satz 1 AO erst mit Ablauf des Jahres 2013 enden. Zum anderen ist aber noch die Anlaufhemmung nach § 175 Abs. 1 Satz 2 AO zu beachten. Im Fall der Änderung wegen rückwirkenden Ereignisses beginnt hiernach die FF mit Ablauf des Kalenderjahres, in dem das Ereignis eintritt. Wegen der Aktivierung der Abbruchkosten als zusätzliche HK des Hochregallagergebäudes in der Schlussbilanz des Jahres 2007 als rückwirkendes Ereignis beginnt die FF für die Änderung nach § 175 Abs. 1 Satz 1 Nr. 2 AO wohl erst mit Ablauf des Jahres 2013, unterstellt in diesem Jahr wird die auf der Korrektur des Wertansatzes für das Hochregallagergebäude beruhende Änderungsfestsetzung für den VZ 2007 wirksam.

Ergebnis: Änderung des ESt-Bescheids 2008 auf Grund der Außenprüfung gemäß § 175 Abs. 1 Satz 1 Nr. 2 AO (Verminderung der Besteuerungsgrundlage „Einkünfte aus Gewerbebetrieb" und damit des zu versteuernden Einkommens um 6 000 €)

Teil II: Umsatzsteuer

Verfasser: Dipl.-Finanzwirt Ralf Walkenhorst, Ibbenbüren

I. Unternehmereigenschaft und Umfang des Unternehmens

Terra GmbH:

Die Terra GmbH ist Unternehmerin gem. § 2 Abs. 1 Satz 1 UStG, da sie eine gewerbliche Tätigkeit selbständig ausübt. Das Unternehmen umfasst gem. § 2 Abs. 1 Satz 2 UStG die gesamte gewerbliche oder berufliche Tätigkeit des Unternehmers. Zum Rahmen des Unternehmens der GmbH gehören danach die Maklertätigkeit, die Tätigkeit im Zusammenhang mit der Hausverwaltung und die Vermietungsleistungen.

Anton Aigner:

Anton Aigner ist kein Unternehmer i. S. d. § 2 Abs. 1 Satz 1 UStG. Die Geschäftsführungstätigkeit wird nicht selbständig ausgeübt, da Anton insoweit auf Grundlage eines Arbeitsvertrags tätig wird, der die Weisungsgebundenheit dokumentiert. Damit liegt gem. § 2 Abs. 2 Nr. 1 UStG keine unternehmerische Tätigkeit vor.

Das bloße Halten und Erwerben von Beteiligungen führt ebenfalls nicht zu einer unternehmerischen Tätigkeit (Abschn. 2.3 Abs. 2 UStAE).

Berta Bruch:

Ab dem 1. 3. 2014 ist Berta als Unternehmerin i. S. des § 2 Abs. 1 Satz 1 UStG anzusehen. Die ab diesem Zeitpunkt ausgeführten Vermietungsleistungen stellen eine gewerbliche Tätigkeit gem. § 2 Abs. 1 Satz 3 UStG dar.

Das bloße Halten und Erwerben von Beteiligungen führt indessen nicht zu einer unternehmerischen Tätigkeit (Abschn. 2.3 Abs. 2 UStAE).

Claudius Cosinus:

Claudius ist kein Unternehmer gem. § 2 Abs. 1 Satz 1 UStG.

Das bloße Halten und Erwerben von Beteiligungen führt nicht zu einer unternehmerischen Tätigkeit (Abschn. 2.3 Abs. 2 UStAE).

II. Geschäftsvorfälle:

1. GmbH: Pkw-Überlassung an Anton Aigner

Die GmbH erbringt mit der Überlassung des Pkw zur privaten Nutzung eine sonstige Leistung gem. § 3 Abs. 9 Satz 2 UStG. Diese sonstige Leistung wird im Rahmen eines tauschähnlichen Umsatzes gem. § 3 Abs. 12 Satz 2 UStG ausgeführt; die Gegenleistung des Anton besteht in einem Teil seiner Arbeitsleistung. Die Pkw-Überlassung erfolgt als Vergütung für geleistete Dienste. Es handelt sich um einen Sachlohn, dem eine arbeitsvertragliche Regelung zugrunde liegt.

Der Ort der sonstigen Leistung richtet sich, da es sich um eine langfristige Vermietung eines Beförderungsmittels handelt, nach § 3a Abs. 3 Nr. 2 Satz 3 UStG. Der Ort ist am Wohnsitz des Leistungsempfängers, also in Starnberg, und damit im Inland.

Da die Leistung auch gegen Entgelt ausgeführt wird, ist sie steuerbar gem. § 1 Abs. 1 Nr. 1 Satz 1 UStG.

Mangels Steuerbefreiung i. S. d. § 4 UStG handelt es sich um einen steuerpflichtigen Umsatz zum Steuersatz von 19 % gem. § 12 Abs. 1 UStG.

Als Bemessungsgrundlage ist gem. § 10 Abs. 2 Satz 2 UStG der Wert der nicht durch den Barlohn abgegoltenen Arbeitsleistung anzusetzen. Dieser kann auf der Grundlage der Ausgaben geschätzt werden; die nicht mit Vorsteuer belasteten Ausgaben dürfen nicht abgezogen werden. Danach ergibt sich folgende Bemessungsgrundlage:

Anschaffungskosten i. H. v. 45 000 € verteilt auf § 15a UStG-Zeitraum =	9 000 €
Treibstoff	5 200 €
Wartung und Pflege	2 000 €
Steuer und Versicherung	1 500 €
Darlehenszinsen	1 350 €
Summe	19 050 €

Unter Berücksichtigung einer Privatnutzung von 37,5 % (15 000 km von 40 000 km) ergibt sich eine Bemessungsgrundlage für die Pkw-Überlassung von 7 143,75 € für das Jahr und demzufolge von 595,31 € pro Monat. Dies führt zu einer Umsatzsteuer für das Jahr von 1 357,31 € bzw. zu einer monatlichen Umsatzsteuer von 113,11 €.

Da es sich um monatliche Teilleistungen handelt, entsteht die Steuer bei der GmbH mit Ablauf des jeweiligen Monats gem. § 13 Abs. 1 Nr. 1 Buchst. a Sätze 1 bis 3 UStG.

Vorsteuerabzug für GmbH:

Der Pkw gehört zum Unternehmensvermögen der GmbH. Die Vorsteuern aus den laufenden Aufwendungen des Jahres 2014 sind gem. § 15 Abs. 1 Satz 1 Nr. 1 UStG abzugsfähig.

Da der Pkw aber auch für steuerfreie Umsätze verwendet wird (Vermietungen) ist insoweit die Vorsteuer gem. § 15 Abs. 2 Satz 1 Nr. 1 UStG nicht abziehbar. Die Vorsteuer ist gem. § 15 Abs. 4 UStG aufzuteilen. Von den 40 000 km, die im Jahre 2014 mit dem Pkw zurückgelegt wurden, entfielen 6 000 km auf steuerfreie Umsätze; dies entspricht einem Anteil von 15 %. Demnach sind 1 162,80 € (1 368 € x 85 %) als Vorsteuern abziehbar und zwar in den Voranmeldungszeiträumen, in denen die Leistungen ausgeführt wurden und die Rechnungen vorgelegen haben.

Vorsteuerberichtigung:

Im Jahr 2013 konnte die GmbH 90 % der Vorsteuer aus der Anschaffung des Pkw abziehen; dies entsprach einem Wert von 7 695 €. Der Berichtigungszeitraum (§ 15a Abs. 1 Satz 1 UStG) für den Pkw beträgt 5 Jahre, beginnt am 1. 8. 2013 und endet am 31. 7. 2018. Im Jahr 2014 ist ein

Vorsteuerabzug in Höhe von 85 % möglich, d. h. die Verhältnisse für den Vorsteuerabzug haben sich um 5 % geändert.

Das Berichtigungsvolumen für das Jahr 2014 beträgt 1 710 € (8 550 € : 5 Jahre). Damit ergibt sich ein Änderungsbetrag von 5 % von 1 710 € = 85,50 €.

Eine Vorsteuerberichtigung gem. § 15a UStG ist für das Jahr 2014 nicht durchzuführen, da die Änderung nicht 10 % übersteigt und ein Betrag von 1 000 € nicht erreicht wird (§ 44 Abs. 2 UStDV).

2. GmbH: Vermietung Gebäude Uferpromenade 5 bis zum 28. 2. 2014:

In der Zeit vom 1. 1. 2014 bis zum 28. 2. 2014 führt die GmbH Vermietungsleistungen aus. Es handelt sich um sonstige Leistungen gem. § 3 Abs. 9 Satz 2 UStG, die im Rahmen von Teilleistungen (§ 13 Abs. 1 Nr. 1 Buchst. a Sätze 2 und 3 UStG) ausgeführt werden. Der Leistungsort bestimmt sich gem. § 3a Abs. 3 Nr. 1 Satz 2 Buchst. a UStG und ist dort, wo das Grundstück belegen ist; also in Starnberg und damit im Inland. Da die Vermietungsleistungen auch gegen Entgelt ausgeführt werden, sind sie steuerbar gem. § 1 Abs. 1 Nr. 1 Satz 1 UStG.

Die Vermietungsumsätze sind grundsätzlich steuerfrei gem. § 4 Nr. 12 Satz 1 Buchst. a UStG.

Da die GmbH soweit wie möglich auf die Steuerbefreiung verzichtet hatte, sind die Voraussetzungen für eine Option gem. § 9 Abs. 1 und 2 UStG zu prüfen.

Hinsichtlich des an die Rechtsanwaltskanzlei vermieteten Erdgeschosses ist eine Option gem. § 9 Abs. 1 UStG möglich, da an einen anderen Unternehmer für dessen Unternehmen vermietet wurde. Da die Rechtsanwaltskanzlei auch ausschließlich vorsteuerabzugsberechtigende Umsätze ausführt, kommt ein Ausschluss der Option gem. § 9 Abs. 2 UStG nicht in Betracht. Unter Anwendung eines Steuersatzes von 19 % (§ 12 Abs. 1 UStG) auf die monatliche Bemessungsgrundlage (§ 10 Abs. 1 Sätze 1 und 2 UStG) von 4 000 € ergibt sich für die Monate Januar und Februar 2014 (§ 13 Abs. 1 Nr. 1 Buchst. a Sätze 1 bis 3 UStG) jeweils eine Umsatzsteuer i. H. v. 760 €.

Hinsichtlich der Vermietung der einen Hälfte des 1. Obergeschosses an den Versicherungsmakler ist eine Option nicht möglich. Es wird zwar gem. § 9 Abs. 1 UStG an einen anderen Unternehmer für dessen Unternehmen vermietet, aber der Mieter ist aufgrund seiner steuerfreien Versicherungsumsätze gem. § 4 Nr. 11 UStG nicht vorsteuerabzugsberechtigt, so dass die Option gem. § 9 Abs. 2 UStG ausgeschlossen ist. Die Bemessungsgrundlage für die steuerfreien Umsätze beläuft sich in den Monaten Januar und Februar 2014 auf jeweils 2 000 €. Als Teilleistungen (§ 13 Abs. 1 Nr. 1 Buchst. a Sätze 1 bis 3 UStG) sind die Umsätze in den jeweiligen Voranmeldungen zu berücksichtigen.

Hinsichtlich der Vermietung der anderen Hälfte des 1. Obergeschosses an den Steuerberater Rührig ist eine Option möglich. Die Vermietung erfolgt gem. § 9 Abs. 1 UStG an einen anderen Unternehmer für dessen Unternehmen. Ein Ausschluss der Option gem. § 9 Abs. 2 UStG kommt nicht zur Anwendung, da der Steuerberater ausschließlich vorsteuerabzugsberechtigende Umsätze ausführt. Unter Anwendung eines Steuersatzes von 19 % (§ 12 Abs. 1 UStG) und einer monatlichen Bemessungsgrundlage (§ 10 Abs. 1 Sätze 1 und 2 UStG) von jeweils 2 000 € ergibt sich eine Umsatzsteuer von jeweils 380 €. Diese entsteht gem. § 13 Abs. 1 Nr. 1 Buchst. a Sätze 1 bis 3 UStG mit Ablauf des jeweiligen Voranmeldungszeitraums, also mit Ablauf Januar und Februar 2014.

Hinsichtlich der Vermietung des Dachgeschosses an Anton Aigner ist eine Option nicht möglich, da nicht an einen anderen Unternehmer vermietet wird (§ 9 Abs. 1 UStG). Die Bemessungsgrundlage für die steuerfreie Vermietungsleistung besteht in einem Teil der Arbeitsleistung (§ 10 Abs. 2 Satz 2 UStG), d. h. es liegt ein tauschähnlicher Umsatz gem. § 3 Abs. 12 Satz 2 UStG vor. Eine Ermittlung der Höhe der Bemessungsgrundlage ist nach Aufgabenstellung nicht durchzuführen. Es liegen auch insoweit monatliche Teilleistungen gem. § 13 Abs. 1 Nr. 1 Buchst. a Sätze 1 bis 3 UStG vor.

Ausscheiden der Gesellschafterin Bruch zum 1. 3. 2014:

Es handelt sich um einen tauschähnlichen Umsatz gem. § 3 Abs. 12 Satz 2 UStG. Für die Rückgabe der Gesellschaftsanteile erhält Berta das Grundstück Uferpromenade 5 und einen Barbetrag.

Für Berta liegt kein steuerbarer Umsatz vor, da sie insoweit keine Unternehmerin i. S. d. § 2 Abs. 1 Satz 1 UStG ist. Das bloße Halten einer Beteiligung führt nicht zur Unternehmereigenschaft. Damit ist der Vorgang aus der Sicht Bertas nicht steuerbar gem. § 1 Abs. 1 Nr. 1 Satz 1 UStG.

Für die GmbH liegt hinsichtlich der Übertragung des Grundstücks Uferpromenade 5 an Berta eine nicht steuerbare Geschäftsveräußerung im Ganzen gem. § 1 Abs. 1a UStG vor. Das Mietobjekt stellt einen in der Gliederung des Unternehmens gesondert geführten Betrieb dar und dieser wird auf einen Erwerber (Berta) übertragen. Berta führt auch das Vermietungsunternehmen fort; sie tritt in die bestehenden Mietverträge ein. Die Tatsache, dass Berta erst mit der Übertragung und Fortführung des Vermietungsunternehmens zur Unternehmerin wird, ist unerheblich. Berta tritt gem. § 1 Abs. 1a Satz 3 UStG als Einzelrechtsnachfolgerin an die Stelle der GmbH und hat u. a. auch den Berichtigungszeitraum für das Grundstück fortzuführen; dieser wird nicht unterbrochen (§ 15a Abs. 10 UStG).

Vermietung bzw. Nutzung ab dem 1. 3. 2014:

Hinsichtlich der Vermietung des Erdgeschosses an die Rechtsanwaltskanzlei vom 1. 3. 2014 bis 31. 12. 2014, der Vermietung des einen Teils des 1. Obergeschosses an den Versicherungsmakler vom 1. 3. 2014 bis 31. 12. 2014 und der Vermietung des anderen Teils des 1. Obergeschosses an den Steuerberater vom 1. 3. 2014 bis 30. 6. 2014 ergeben sich keine Änderungen zur Vermietung durch die GmbH.

Die Vermietung des Dachgeschosses an die GmbH stellt eine sonstige Leistung gem. § 3 Abs. 9 Satz 2 UStG dar, die in monatlichen Teilleistungen (§ 13 Abs. 1 Nr. 1 Buchst. a Sätze 1 bis 3 UStG) ausgeführt wird. Der Leistungsort bestimmt sich nach § 3a Abs. 3 Nr. 1 Satz 2 Buchst. a UStG und ist in Starnberg und damit im Inland. Da die Vermietung auch gegen Entgelt ausgeführt wird, handelt es sich um steuerbare Umsätze gem. § 1 Abs. 1 Nr. 1 Satz 1 UStG.

Die Vermietung ist steuerfrei gem. § 4 Nr. 12 Satz 1 Buchst. a UStG. Eine Option ist – obwohl die Voraussetzungen des § 9 Abs. 1 UStG vorliegen – nicht möglich, da die GmbH ihrerseits das Dachgeschoss für eine steuerfreie Vermietung an Anton Aigner nutzt und damit der Mieter vorsteuerabzugsschädliche Umsätze ausführt. § 9 Abs. 2 UStG kommt zur Anwendung, so dass eine Option nicht möglich ist.

Die Bemessungsgrundlage beläuft sich auf 2 000 € monatlich (§ 10 Abs. 1 Sätze 1 und 2 UStG) und ist in den monatlichen Voranmeldungen (§ 13 Abs. 1 Nr. 1 Buchst. a Sätze 1 bis 3 UStG) zu berücksichtigen.

Hinsichtlich der Eigennutzung des einen Teils des 1. Obergeschosses ab Juli 2014 ist zu berücksichtigen, dass das Grundstück nach dem 1.1.2011 erworben wurde und § 15 Abs. 1b UStG zur Anwendung kommt (§ 27 Abs. 16 UStG). Damit kommt ein Vorsteuerabzug – obwohl eine vollständige Zuordnung zum Unternehmen erfolgt ist (nach den Hinweisen) – nur hinsichtlich der unternehmerischen Nutzung in Betracht. Die Vorsteuer aus den Handwerkerrechnungen kann damit gem. § 15 Abs. 1b UStG nicht berücksichtigt werden.

Die Privatnutzung stellt keine unentgeltliche Wertabgabe gem. § 3 Abs. 9a Nr. 1 2. Halbsatz UStG dar. Es handelt sich insoweit um einen nicht steuerbaren Vorgang.

Vorsteuerberichtigung:

Durch die Geschäftsveräußerung im Ganzen wurde der Berichtigungszeitraum des § 15a Abs. 1 Satz 2 UStG nicht unterbrochen. Berta hat den Berichtigungszeitraum gem. § 15a Abs. 10 UStG fortzuführen.

Durch die nicht steuerbare Eigennutzung, die zur Vorsteuerbeschränkung nach § 15 Abs. 1b UStG führt, haben sich im Jahr 2014 die Verhältnisse für den Vorsteuerabzug geändert. Der ursprüngliche Vorsteuerabzug betrug bei der GmbH 60 % (600 qm : 1 000 qm). Durch die Nutzungsänderung ergibt sich für das Jahr 2014 ein Vorsteuerabzug i. H. v. 50 % (6 Monate 60 % und 6 Monate 40 % = 600 % : 12 Monate) und damit eine Änderung der Verhältnisse von genau 10 %.

Das Berichtigungsvolumen für das Jahr 2014 beträgt 1/10 von 152 000 € = 15 200 €.

Es errechnet sich ein Änderungsbetrag von 1 520 € (10 % von 15 200 €) und zwar zuungunsten von Berta. Ein Fall des § 44 Abs. 2 UStDV liegt nicht vor, da die Änderung nicht weniger als 10 %, sondern genau 10 % beträgt. Da der Änderungsbetrag weniger als 6 000 € beträgt, ist er in der Jahressteuererklärung für 2014 zu berücksichtigen (§ 44 Abs. 3 Satz 1 UStDV).

3. **Parkett**

Erwerb von Boden

Es liegt ein Reihengeschäft i. S. v. § 3 Abs. 6 Satz 5 UStG vor, da mehrere Unternehmer (Dubois, Boden, GmbH) über ein und denselben Gegenstand (Parkett) Umsatzgeschäfte abschließen und diese dadurch erfüllt werden, dass eine unmittelbare Warenbewegung vom Ersten (Dubois) an den Letzten (GmbH) erfolgt.

Die Warenbewegung ist gem. § 3 Abs. 6 Satz 5 UStG der Lieferung von Boden an die GmbH zuzuordnen, da die GmbH das Parkett abholt. Ein innergemeinschaftliches Dreiecksgeschäft gem. § 25b Abs. 1 UStG liegt nicht vor, da nicht der erste Lieferer oder der erste Abnehmer transportiert (§ 25b Abs. 1 Satz 1 Nr. 4 UStG).

Die Lieferung von Boden an die GmbH wird als bewegte Lieferung am Beginn der Beförderung, also in Frankreich, ausgeführt. Die Lieferung ist in Frankreich steuerbar und als innergemeinschaftliche Lieferung steuerfrei.

Die GmbH hat einen steuerbaren Umsatz, einen innergemeinschaftlichen Erwerb im Inland gegen Entgelt (§ 1 Abs. 1 Nr. 5 UStG) bewirkt und zwar in Bezug auf das nach Starnberg angelieferte Parkett (400 qm). Die Voraussetzungen des § 1a Abs. 1 UStG liegen vor, da

▶ eine tatsächliche Warenbewegung zwischen zwei EU-Staaten (Frankreich, Deutschland) stattgefunden hat,

▶ der Erwerber (GmbH) ein Unternehmer ist, der für sein Unternehmen erworben hat,

▶ und der Lieferer Boden ein Unternehmer ist, der im Rahmen seines Unternehmens geliefert hat, und in Österreich kein Kleinunternehmer ist.

Der Erwerbsort ist gem. § 3d Satz 1 UStG am Ende des Transports, also in Starnberg. Da der Erwerb auch gegen Entgelt ausgeführt wird, handelt es sich um einen steuerbaren Umsatz gem. § 1 Abs. 1 Nr. 5 UStG.

Mangels Steuerbefreiung i. S. d. § 4b UStG ist der Erwerb auch steuerpflichtig zum Steuersatz von 19 % gem. § 12 Abs. 1 UStG.

Ausgehend von der Bemessungsgrundlage von 8 000 € (400 qm x 20 €) ergibt sich eine Umsatzsteuer von 1 520 €.

Diese entsteht gem. § 13 Abs. 1 Nr. 6 UStG mit Ausstellung der Rechnung am 25. 4. 2014 und ist in die Voranmeldung April 2014 aufzunehmen.

Obwohl die Voraussetzungen des § 15 Abs. 1 Satz 1 Nr. 3 UStG vorliegen, kommt ein Vorsteuerabzug nicht in Betracht, da die Eingangsleistungen im Zusammenhang stehen mit steuerfreien Vermietungsleistungen gem. § 4 Nr. 12 Satz 1 Buchst. a UStG (§ 15 Abs. 2 Satz 1 Nr. 1 UStG).

Auch hinsichtlich des nach Innsbruck transportierten Parketts liegt ein innergemeinschaftlicher Erwerb vor (§ 1a Abs. 1 UStG). Der Erwerbsort liegt zum einen in Österreich, da der Transport in Österreich endet (§ 3d Satz 1 UStG) und zum anderen in Deutschland, da die GmbH mit deutscher Umsatzsteuer-Identifikationsnummer aufgetreten ist (§ 3d Satz 2 UStG). Da der Erwerb auch gegen Entgelt ausgeführt wird, ist der Umsatz auch in Deutschland steuerbar gem. § 1 Abs. 1 Nr. 5 UStG.

Mangels Steuerbefreiung gem. § 4b UStG ist der Erwerb auch steuerpflichtig zum Steuersatz von 19 % gem. § 12 Abs. 1 UStG.

Die Bemessungsgrundlage beträgt gem. § 10 Abs. 1 Sätze 1 und 2 UStG 12 000 € (600 qm x 20 €). Es entsteht eine Erwerbsteuer i. H. v. 2 280 € und zwar mit Ausstellung der Rechnung am 25. 4. 2014. Die Erwerbsteuer ist in der Voranmeldung für April 2014 anzumelden.

Die Steuer gem. § 3d Satz 2 UStG kann gem. § 15 Abs. 1 Satz 1 Nr. 3 UStG nicht als Vorsteuer abgezogen werden (Abschn. 15.10 Abs. 2 Satz 2 UStAE).

Verbringen von Innsbruck nach Starnberg:

Der Transport von 100 qm Parkett von Innsbruck nach Starnberg stellt einen innergemeinschaftlichen Erwerb im Inland gegen Entgelt und damit einen steuerbaren Umsatz gem. § 1 Abs. 1 Nr. 5 UStG dar.

Das Verbringen stellt im Abgangsmitgliedstaat Österreich eine Lieferung gegen Entgelt entsprechend § 3 Abs. 1a UStG dar. Im Ankunftsmitgliedstaat Deutschland wird ein innergemeinschaftlicher Erwerb gem. § 1a Abs. 2 UStG fingiert. Erwerbsort ist gem. § 3d Satz 1 UStG Starnberg und das Entgelt wird fingiert gem. § 1a Abs. 2 UStG.

Mangels Steuerbefreiung gem. § 4b UStG ist der Erwerb auch steuerpflichtig zum Steuersatz von 19 % gem. § 12 Abs. 1 UStG.

Ausgehend von der Bemessungsgrundlage von 2 000 € (100 qm x 20 €) gem. § 10 Abs. 4 Satz 1 Nr. 1 UStG ergibt sich eine Umsatzsteuer von 380 €. Diese Steuer entsteht gem. § 13 Abs. 1 Nr. 6 UStG mit Ablauf Juni 2014 und ist demzufolge in der Voranmeldung für Juni 2014 zu berücksichtigen.

Ein Vorsteuerabzug kommt nicht in Betracht, da die Steuer gem. § 15 Abs. 2 Satz 1 Nr. 1 UStG im Zusammenhang steht mit steuerfreien Vermietungsumsätzen gem. § 4 Nr. 12 Satz 1 Buchst. a UStG.

Einbau durch Svoboda:

Das tschechische Unternehmen erbringt eine sonstige Leistung, eine Werkleistung, gem. § 3 Abs. 9 Satz 1 UStG. Die sonstige Leistung wird gem. § 3a Abs. 3 Nr. 1 Satz 2 Buchst. c UStG teils in Österreich und teils in Deutschland ausgeführt.

Soweit die sonstige Leistung in Österreich ausgeführt wird, liegt im Inland kein steuerbarer Umsatz vor. Die steuerliche Behandlung richtet sich nach dem österreichischen Steuerrecht.

Soweit die sonstige Leistung in Deutschland ausgeführt wird, liegt ein steuerbarer Umsatz gem. § 1 Abs. 1 Nr. 1 Satz 1 UStG vor. Da eine Steuerbefreiung i. S. des § 4 UStG nicht in Betracht kommt, ist die sonstige Leistung auch steuerpflichtig zum Steuersatz von 19 %.

Ausgehend von der Bemessungsgrundlage von 3 000 € (§ 10 Abs. 1 Sätze 1 und 2 UStG) ergibt sich eine Umsatzsteuer von 570 €. Steuerschuldner ist die GmbH gem. § 13b Abs. 2 Nr. 1 UStG i. V. m. § 13b Abs. 5 Satz 1 UStG, denn es liegt eine sonstige Leistung vor, die von einem im Ausland ansässigen Unternehmer gem. § 13b Abs. 7 Satz 1 UStG an einen Unternehmer (§ 13b Abs. 5 Satz 1 UStG) ausgeführt wurde.

Die Steuer entsteht gem. § 13b Abs. 2 UStG mit Ausstellung der Rechnung, also am 22. 5. 2014, und ist in der Voranmeldung für Mai 2014 zu berücksichtigen.

Obwohl die Vorsteuer gem. § 15 Abs. 1 Satz 1 Nr. 4 UStG abzugsfähig ist, kommt ein Vorsteuerabzug nicht in Betracht, da die Vorsteuern im Zusammenhang stehen mit steuerfreien Vermietungsumsätzen (§ 15 Abs. 2 Satz 1 Nr. 1 UStG i. V. m. § 4 Nr. 12 Satz 1 Buchst. a UStG).

4. Erwerb Cessna durch Claudius:

Bei der Cessna handelt es sich um ein Fahrzeug i. S. d. § 1b Abs. 2 Satz 1 Nr. 3 UStG; denn es liegt ein Luftfahrzeug vor, dessen Starthöchstmasse mehr als 1 550 kg beträgt. Das Luftfahrzeug ist auch neu i. S. d. § 1b Abs. 3 Nr. 3 UStG, da es weniger als 40 Betriebsstunden genutzt worden ist.

Da es sich bei Claudius um einen Nichtunternehmer handelt und das Luftfahrzeug vom übrigen Gemeinschaftsgebiet in das Inland gelangt, handelt es sich um einen innergemeinschaftlichen Erwerb gem. § 1b Abs. 1 UStG i. V. m. § 1a Abs. 1 Nr. 1 UStG.

Der Erwerbsort ist München gem. § 3d Satz 1 UStG und der Erwerb wird auch gegen Entgelt ausgeführt. Demzufolge liegt ein steuerbarer Umsatz gem. § 1 Abs. 1 Nr. 5 UStG vor.

Dieser steuerbare Erwerb ist auch steuerpflichtig, da die Steuerbefreiung des § 4b UStG nicht zur Anwendung kommt.

Der Steuersatz beträgt 19 % gem. § 12 Abs. 1 UStG.

Ausgehend von der Bemessungsgrundlage von 100 000 € (§ 10 Abs. 1 Sätze 1 und 2 UStG) ergibt sich eine Umsatzsteuer i. H. v. 19 000 €. Diese entsteht gem. § 13 Abs. 1 Nr. 7 UStG am Tag des Erwerbs, also am 23. 5. 2014. Es ist eine Fahrzeugeinzelbesteuerung gem. §§ 16 Abs. 5a, 18 Abs. 5a UStG durchzuführen.

Ein Vorsteuerabzug steht Claudius nicht zu, da kein Erwerb für das Unternehmen ausgeführt wurde (§ 15 Abs. 1 Satz 1 Nr. 3 UStG).

5. Preisausschreiben:

Bei dem Preisausschreiben handelt es sich um eine Werbemaßnahme für das Unternehmen der GmbH. Nach ertragsteuerlichen Grundsätzen liegt keine nicht abzugsfähige Betriebsausgabe gem. § 4 Abs. 5 EStG vor, so dass der Vorsteuerausschluss nach § 15 Abs. 1a Satz 1 UStG nicht zur Anwendung kommt.

Hinsichtlich des Vorsteuerabzugs und der unentgeltlichen Abgabe ergeben sich folgende Konsequenzen:

1. Preis:

Für den Elektro-City-Roller kommt ein Vorsteuerabzug nicht in Betracht. Bereits beim Einkauf stand die Verwendungsabsicht fest. Da es sich um eine steuerbare unentgeltliche Wertabgabe gem. § 3 Abs. 1b Satz 1 Nr. 3 UStG handeln würde, ist der Vorsteuerabzug bei der Anschaffung zu versagen (§ 15 Abs. 1 Satz 1 Nr. 1 UStG; BMF-Schreiben vom 2. 1. 2012, BStBl 2012 I S. 60). Die unentgeltliche Wertabgabe ist nicht steuerbar, da es am Vorsteuerabzug fehlt (§ 3 Abs. 1b Satz 2 UStG).

2. Preis:

Ein Vorsteuerabzug ist i. H. von 190 € in der Voranmeldung Juni 2014 möglich. Da es sich nicht um eine steuerbare unentgeltliche Wertabgabe handelt (§ 3 Abs. 9a UStG kommt für die unentgeltliche Abgabe sonstiger Leistungen aus unternehmerischen Gründen nicht zur Anwendung) ist die Vorsteuer mit der allgemeinen Geschäftstätigkeit in Verbindung zu setzen. Das Preisausschreiben steht ausschließlich mit der Sparte Immobilienvermittlung in Zusammenhang. Die Immobilienvermittlungen stellen steuerpflichtige Umsätze dar, so dass ein Vorsteuerabzug möglich ist. Die GmbH kann die 190 € in der Voranmeldung Juni 2014 als Vorsteuer abziehen. Es handelt sich um eine Anzahlung, für die die Rechnung bereits vorliegt und die Zahlung erfolgt ist (§ 15 Abs. 1 Satz 1 Nr. 1 Satz 3 UStG). Ausschlussgründe liegen nicht vor.

3. bis 20. Preis:

Da es sich um Geschenke von geringem Wert (unter 35 € netto) handelt, liegt eine unentgeltliche Wertabgabe gem. § 3 Abs. 1b Satz 1 Nr. 3 UStG nicht vor. Damit sind die Vorsteuern im Zusammenhang zu sehen mit der allgemeinen Geschäftstätigkeit und zwar hier in der Sparte Immobilienverwaltung. Da es sich um eine steuerpflichtige Tätigkeit handelt, ist der Vorsteuerabzug zu gewähren. Die Vorsteuer ist abzugsfähig gem. § 15 Abs. 1 Satz 1 Nr. 1 UStG und auch abziehbar, da Ausschlussgründe nicht gegeben sind. Die Vorsteuer ist i. H. v. 37,80 € in der Voranmeldung Mai 2014 abzuziehen.

Teil III: Erbschaftsteuer

Verfasser: Steuerberater Jörg Koltermann

I. Steuerpflicht

Da der Erblasser Robert Rundlich mit Wohnsitz in München Inländer war, ist Hans Rundlich als Alleinerbe unbeschränkt steuerpflichtig mit dem gesamten Vermögensanfall (§ 2 Abs. 1 Nr. 1 ErbStG, § 20 Abs. 1 Satz 1 ErbStG). Es liegt ein Erwerb von Todes wegen vor durch Erbanfall (§ 1 Abs. 1 Nr. 1, § 3 Abs. 1 Nr. 1 ErbStG).

Ehefrau Carola ist keine Erbin; ihr Erwerb des Picasso-Gemäldes erfolgt durch Vermächtnis (§ 3 Abs. 1 Nr. 1 ErbStG). Der Erbe hat insoweit eine Nachlassverbindlichkeit (§ 10 Abs. 5 Nr. 2 ErbStG).

Die ErbSt entsteht mit dem Tod des Erblassers (§ 9 Abs. 1 Nr. 1a ErbStG). Das ist auch der Bewertungsstichtag (§ 11 ErbStG), hier also der 9.9.2013.

II. Bewertung des Grundvermögens

A. Grundstück in Berlin

Nach § 12 Abs. 3 ErbStG ist Grundbesitz i.S. von § 19 BewG mit dem nach § 151 Abs. 1 Satz 1 BewG festgestellten Grundbesitzwert anzusetzen. Die Bewertung selbst erfolgt nach den §§ 157 ff. BewG. Bei dem Grundstück in München handelt es sich um Grundbesitz in Gestalt von Grundvermögen, so dass die §§ 176-198 BewG anzuwenden sind. Zunächst ist zu prüfen, welche Grundstücksart vorliegt. Hierbei wird davon ausgegangen, dass die Räumlichkeiten im Erdgeschoss gewerblich und die Räume in der 1. Etage zu Wohnzwecken genutzt werden. Das Gebäude einschließlich Anbau hat eine Gesamtnutzfläche von (224 qm + 42 qm) 266 qm, davon entfallen auf die gewerbliche Nutzung 112 qm = 42 %. Damit ist es weder ein Mietwohngrundstück noch ein Geschäftsgrundstück (§ 181 Abs. 3 und 6 BewG). Somit handelt es sich um ein gemischt genutztes Grundstück (§ 181 Abs. 7 BewG).

Gemischt genutzte Grundstücke, für die sich auf dem örtlichen Grundstücksmarkt eine übliche Miete ermitteln lässt, sind im **Ertragswertverfahren** zu bewerten (§ 182 Abs. 3 Nr. 2 BewG).

Im Ertragswertverfahren ist vom **Bodenwert,** der wie bei einem unbebauten Grundstück zu ermitteln ist (§ 179 BewG), und dem **Gebäudeertragswert** (§ 185 BewG) auszugehen. Sonstige wertbeeinflussende Umstände, insbesondere Belastungen privatrechtlicher und öffentlich-rechtlicher Art, sind im Rahmen dieser typisierenden Wertermittlung nicht zu berücksichtigen. Es ist mindestens der Bodenwert anzusetzen. Sonstige bauliche Anlagen, insbesondere Außenanlagen, sind bereits durch den Ertragswert abgegolten.

Überblick über das Verfahren

Schema:

	Rohertrag (Jahresmiete bzw. übliche Miete)
	./. Bewirtschaftungskosten
	= Reinertrag des Grundstücks
	./. Bodenwertverzinsung
Bodenrichtwert	= Gebäudereinertrag (> oder = 0 €)
X Grundstücksfläche	x Vervielfältiger
= Bodenwert	= Gebäudeertragswert
Bodenwert + Gebäudeertragswert = Ertragswert (Grundbesitzwert)	

Zur Ermittlung des Rohertrags (§ 186 BewG) ist für das an die Bank vermietete Erdgeschoss von der vereinbarten Miete auszugehen (§ 186 Abs. 1 BewG). Von Mietern entrichtete Umlagen, die zur Deckung der Betriebskosten gezahlt werden, sind nicht einzubeziehen (§ 186 Abs. 1 Satz 2 BewG). Im Übrigen ist von der Miete auszugehen, die nach den am Bewertungsstichtag geltenden vertraglichen Vereinbarungen für den Zeitraum von zwölf Monaten zu zahlen ist (Sollmiete). Eventuelle Mietrückstände sind unbeachtlich (§ 186 Abs. 1 Satz 1 BewG). Weicht die tatsächliche Miete um mehr als 20 % von der üblichen Miete ab, ist die übliche Miete anzusetzen (§ 186 Abs. 2 Nr. 2 BewG). Für die zu gewerblichen Zwecken vermieteten Räume beträgt die geschuldete angemessene und übliche Miete lt. Sachverhalt monatlich 2 900 €. Die übliche Miete für die in der 1. Etage befindliche und an Tochter Clara vermietete Wohnung beträgt (112 qm x 13 €/qm =) 1 456 € monatlich. Die Abweichung von der tatsächlichen Miete i. H. v. 1 000 € beträgt 456 € = 31,32 %. Es ist somit die übliche Miete anzusetzen: 1 456 €. Bei dem leer stehenden Apartment ist von der üblichen Miete auszugehen: 42 qm x 14 €/qm = 588 €.

Tatsächliche Miete Erdgeschoss 12 x 2 900 €	34 800 €
Übliche Miete 1. Etage 12 x 1 456	17 472 €
Übliche Miete Apartment 12 x 588 €	7 056 €
Rohertrag	59 328 €

Vom Rohertrag sind die Bewirtschaftungskosten (§ 187 BewG i. V. m. Anl. 23 BewG) und der Liegenschaftszins (hier mit 5,5 % vom Bodenwert gem. § 188 Abs. 2 Nr. 2 BewG) abzuziehen. Es verbleibt dann der Gebäudereinertrag; auf diesen ist ein von der Gebäuderestnutzungsdauer abhängiger Vervielfältiger anzuwenden (§ 185 Abs. 3 i. V. m. Anl. 21 BewG). Die Restnutzungsdauer wird grundsätzlich aus dem **Unterschiedsbetrag zwischen der typisierten wirtschaftlichen Gesamtnutzungsdauer und dem Alter des Gebäudes** am Bewertungsstichtag ermittelt. Bei gemischt genutzten Grundstücken ist von einer wirtschaftlichen Gesamtnutzungsdauer von 70 Jahres auszugehen (R B 185.3 Abs. 2 Nr. 3 ErbStR). Das Alter eines Gebäudes beginnt mit seiner Benutzbarkeit. Diese beginnt mit der Bezugsfertigkeit des Gebäudes. Das ist nach § 178 Abs. 1 BewG der Fall, wenn es den zukünftigen Bewohnern oder sonstigen Benutzern nach objektiven Merkmalen zugemutet werden kann, die Wohnungen oder Räume des gesamten Gebäudes zu benutzen (hier erstmals 2009). Die nicht abgeschlossenen Arbeiten an der Holzvertäfelung sind unbeachtlich. Die zu einem Apartment umgebaute Doppelgarage teilt das Schicksal des Hauptgebäudes (RB 185.4 Abs. 5 Satz 1 ErbStR). Renovierungsarbeiten, die mehr als zehn Jahre zurückliegen, liegen nicht vor, so dass von einer verlängerten Nutzungsdauer nicht auszugehen ist. (§ 185 Abs. 3 Satz 2 BewG, R B 185.3 Abs. 4 ErbStR).

Das Alter des Gebäudes kann durch Abzug des Jahres der Bezugsfertigkeit vom Jahr des Bewertungsstichtages ermittelt werden (R B 185.3 Abs. 1 Satz 2 ErbStR).

Besteuerungsjahr	2013
Baujahr	2009
Alter im Besteuerungsjahr	4 Jahre
Gesamtnutzungsdauer	70 Jahre
Restnutzungsdauer	= 66 Jahre

Wird zu dem Bodenrichtwert eine Geschossflächenzahl bzw. wertrelevante Geschossflächenzahl angegeben, ist bei Grundstücken, deren Geschossflächenzahl von der des Bodenrichtwertgrundstücks abweicht, der Bodenwert nach der Formel in R B 179.2 Abs. 2 ErbStR i.V. mit HB 179.2 ErbStH zu ermitteln. Hiernach beträgt der Umrechnungskoeffizient bei einer Geschossflächen von 0,4 = 0,66 und bei 0,5 = 0,72. Die Anwendung der Formel führt zu folgenden Bodenwert: 0,72/0,66 x 600 €/qm = 654,545 €

Bodenwert

990 qm x 654,54 €	647 994,60 €	
Abgerundet auf volle € (RB 179.3 Abs. 2 ErbStR)		647 994,00 €

Gebäudeertragswert

Rohertrag	59 328,00 €	
Bewirtschaftungskosten lt. Anl. 23 BewG: 21 %	./. 12 458,88 €	
Reinertrag des Grundstücks	46 869,12 €	
Bodenwertverzinsung lt. § 188 Abs. 2 Nr. 2 BewG:		
5,5 % von 647 994 €	./. 35 639,67 €	
Gebäudereinertrag nach H B 184 ErbStH, mindestens	11 229,45 €	
Vervielfältiger lt. Anl. 21 BewG bei 5,5 % Liegenschaftszins und Restnutzungsdauer von 66 Jahren		
11.229,45 x 17,65 = Gebäudeertragswert		198 199,79 €
Grundbesitzwert nach §§ 184-188 BewG		846 193,79 €
Grundbesitzwert lt. Gutachten (§ 198 BewG)		1 000 000,00 €

Durch die standardisierte Bewertung kann es zu Über- oder Unterbewertungen kommen. Unterbewertungen infolge der Anwendung der Bewertungsregeln des BewG binden allerdings die Finanzverwaltung. Deshalb bestimmt § 198 BewG, dass bei (mutmaßlicher) Überbewertung durch das standardisierte Verfahren der Stpfl. berechtigt ist, einen niedrigeren gemeinen Wert nachzuweisen. Das ist hier nicht der Fall.

Im gesonderten Feststellungsverfahren werden folgende Feststellungen getroffen (§ 151 Abs. 1 und 2 BewG):

Wert: 846 193 €
Art: Bebautes Grundstück (Gemischt genutztes Grundstück)

Zurechnung: Hans Rundlich zu 1/1

Hinweis zur ErbSt:

Für vermietete Grundstücksteile, die zu Wohnzwecken vermietet werden, gilt ein verminderter Wertansatz. Dieser beträgt 90 % des Grundstückswerts (§ 13c Abs. 1 und 3 Nr. 1 ErbStG). Der verminderte Wertansatz gilt nicht für leer stehenden Wohnraum.

Grundstückswert insgesamt		846 193,00 €
Davon zu Wohnzwecken vermietet (112/266)	356 291,77 €	
Davon 10 %	35 629,17 €	./. 35 629,17 €
Ansatz des Grundstücks bei der ErbSt		810 563,83 €

III. Bewertung des Betriebsvermögens

Gem. § 12 Abs. 5 ErbStG erfolgt die Bewertung nach § 11 Abs. 2 BewG im Rahmen einer gesonderten Feststellung nach § 151 Abs. 1 Satz 1 Nr. 3 BewG.

Mit seiner Einzelfirma hat der Erblasser eine gewerbliche Tätigkeit ausgeübt. Gewerbliches Vermögen stellt Betriebsvermögen dar. Der Umfang des Betriebsvermögens wird von § 95 BewG bestimmt.

Die Bewertung hat mit dem gemeinen Wert zu erfolgen (§ 109 Abs. 1 BewG). Da lt. Sachverhalt eine Ableitung aus Verkäufen nicht möglich ist und Wertermittlungsgutachten nicht vorliegen, erfolgt die Bewertung nach § 109 Abs. 1 Satz 2 i.V. m. § 11 Abs. 2 Satz 2 und § 199 Abs. 2 BewG durch Anwendung des vereinfachten Ertragswertverfahrens nach §§ 200-203 BewG. Hierbei handelt es sich um eine Gesamtbewertung i. S. v. § 2 Satz 2 BewG. Dabei darf der Substanzwert (Mindestwert) nicht unterschritten werden (§ 11 Abs. 2 Satz 3 BewG). Zur Prüfung, ob das vereinfachte Ertragswertverfahren den Substanzwert nicht unterschreitet, ist somit zusätzlich eine Einzelbewertung aller betrieblichen Wirtschaftsgüter mit dem gemeinen Wert erforderlich. Lt. Sachverhalt beträgt der Substanz- bzw. Mindestwert 1 500 000 €.

Bei der Anwendung des vereinfachten Ertragswertverfahrens ist zunächst § 200 BewG zu beachten. Danach sind von der Gesamtbewertung bestimmte Wirtschaftsgüter ausgeschlossen, die separat bewertet und erfasst werden (§ 200 Abs. 2 bis 4 BewG). Dies trifft gem. § 200 Abs. 2 BewG auf das Picasso-Gemälde (600 000 €) und gem. § 200 Abs. 4 BewG auf das Patent (99 000 €) zu. Neben einem Unternehmerlohn, der abzuziehen ist, kann auch fiktiver Lohnaufwand für unentgeltlich tätige Familienangehörige berücksichtigt werden (§ 202 Abs. 1 Nr. 2 lit. d BewG.

Unter Berücksichtigung der gesetzlich gebotenen Hinzu- und Abrechnungen nach § 202 BewG ergeben sich Folgendes:

	2010 €	2011 €	2012 €
Gewinne (Ausgangswert)	220 000	230 000	240 000
Fiktiver Lohnaufwand	./. 86 000	./. 86 000	./. 86 000
Teilwertabschreibung Mikroskop		17 000	
Gutachterkosten Picasso (§ 202 Abs. 1 Nr. 1 lit. f BewG)			2 500
AfA Patent (§ 202 Abs. 1 Nr. 1 lit. f BewG)		4 000	24 000
Ertrag aus nicht betriebsnotwendiger Grafik (§ 202 Abs. 1 S. 2 Nr. 2f BewG)	./. 30 000		
Betriebsergebnisse	104 000	165 000	180 500
Abschlag 30 % (§ 202 Abs. 3 BewG)	./. 31 200	./. 49 500	./. 54 150
Jahresertrag	72 800	115 500	126 350

Summe der Betriebsergebnisse (72 800 € + 115 500 € + 126 350 €)	314 650
Durchschnittsertrag (1/3)	104 883,33
Nachhaltig erzielbarer Jahresertrag	104 883,33

Der Kapitalisierungsfaktor berechnet sich nach § 203 BewG wie folgt

Basiszins:	2,04 %
Zuschlag:	4,50 %
Kapitalisierungszins	6,54 %
Kapitalisierungsfaktor = Kehrwert (100/6,54)	15,2905

Der Kapitalisierungsfaktor ist auf vier Nachkommastellen abzurunden (H B 203 ErbStH)

15,2905 x 104 883,33 € =	1 603 718,50
Hinzurechnung Patent (§ 202 Abs. 4 BewG)	99 000,00
Hinzurechnung Picasso-Gemälde (§ 202 Abs. 2 BewG)	600 000,00
Ertragswert	2 302 718,50
Substanzwert lt. Sachverhalt (§ 11 Abs. 2 Satz 3 BewG)	1 500 000,00

Der Mindestwert ist nicht anzusetzen. Bei der ErbSt-Veranlagung ist von einem Wert des Betriebsvermögens der Einzelfirma von 2 302 718,50 € auszugehen.

<u>Nachrichtlich: Ansatz bei der ErbSt</u>

Es handelt sich vorstehend grundsätzlich um begünstigtes Betriebsvermögen i. S. von § 13b Abs. 1 Nr. 2 ErbStG. Zu prüfen ist jedoch, ob das Betriebsvermögen zu mehr als 50 % aus Verwaltungsvermögen besteht (§ 13b Abs. 2 Satz 1 ErbStG). Zum Verwaltungsvermögen gehören nach § 13b Abs. 2 Nr. 5 Kunstgegenstände, hier also das Picasso-Gemälde im Wert von 600 000 €.

Sein Anteil am Wert des Betriebsvermögens beträgt jedoch nur (600 000 €/2 302 718 € =) 26,05 %. Allerdings bleibt sog. junges Verwaltungsvermögen nicht verschont (§ 13b Abs. 2 Satz 3 Erb.StG). Das trifft auf das Picasso-Gemälde zu, weil es innerhalb der 2-Jahres-Frist eingelegt worden ist.

Wert des Betriebsvermögens		2 302 718 €
Junges Verwaltungsvermögen		./. 600 000 €
Verbleien		1 702 718 €
Abschlag nach § 13b Abs. 4 ErbStG 85 v. H.		./. 1 447 310 €
Verbleiben		255 407 €
Freibetrag nach § 13a Abs. 2 ErbStG	150 000 €	
1/2 von (255 407 € ./. 150 000 € =)	./. 52 703 €	
Verbleibender Freibetrag	97 297 €	./. 97 297 €
Verbleibendes begünstigtes Betriebsvermögen		158 110 €
Nicht begünstigtes junges Verwaltungsvermögen (Picasso-Gemälde)		600 000 €
Ansatz des BV bei der ErbSt		758 110 €

IV. Bewertung des weiteren Vermögens und der Nachlassverbindlichkeiten

Für die Bewertung des übrigen Vermögens und der Schulden gelten gem. § 12 Abs. 1 ErbStG die §§ 1-16 des BewG.

1. Elektroauto

Bei schwebenden Geschäften sind sowohl der Lieferanspruch (Sachleistungsanspruch) wie die Geldschuld gesondert anzusetzen unabhängig davon, ob Gleichwertigkeit vorliegt oder nicht. Dabei entstehen Anspruch und Verpflichtung mit dem Zeitpunkt des Vertragsabschlusses (R 92 Abs. 1 ErbStR). Der Lieferanspruch auf das Elektroautor wäre mit dem gemeinen Wert (§ 9 BewG) des Autos zu bewerten. Da hier jedoch der Gegenstand am Stichtag untergegangen ist, erfolgt kein Ansatz.

Es liegt eine Nachlassverbindlichkeit nach § 10 Abs. 5 Nr. 1 ErbStG vor. Die Bewertung erfolgt mit dem Nennwert nach § 12 Abs. 1 BewG i.V. m. § 12 Abs. 1 ErbStG): 40 000 €.

2. Sparbuch bei der Zeppelin-Bank

Es handelt sich um eine Geldforderung, die mit dem Nennwert zu bewerten ist (§ 12 Abs. 1 BewG i.V. m. § 12 Abs. 1 ErbStG). Dabei sind die bis zum 9.9.2013 entstandenen Zinsen zu berücksichtigen. Bei einem jährlichen Zins von 15 000 € entfallen 249 Tage auf die Zeit vom 1.1.2013 bis 9.9.2013: 15 000/360 x 249 = 10 375 €.

Der durch die Quellensteuer-Vereinbarung geschuldete Betrag von 373 000 € mindert die Einlage.

Sparguthaben Ausgangsbetrag	1 000 000 €
Zinsen bis 9. 9. 2013	10 375 €
Quellensteuerabzug	./. 373 000 €
Ansatz bei der ErbSt	637 375 €

3. Mietforderung

Am 9. 9. 2013 bestanden folgende Mietforderungen:

15. Sept. 2012 – 15. Dez. 2012: 4 x 3 100 €	12 400 €
15. Jan. 2013 – 15. Aug 2013: 8 x 3 550 €	28 400 €
Nennwert	40 800 €
Mietkürzung	./. 3 000 €
Ansatz bei der ErbSt (gemeiner Wert)	37 800 €

Die anwaltlich als berechtigt eingestufte Mietkürzung in Höhe von 3 000 € begründet einen geringeren Wertansatz (§ 12 Abs. 1 Satz 1 2. Halbsatz BewG).

4. Pflichtteilsanspruch und Vermächtnis

Ein Abzug des Pflichtteilanspruchs als Nachlassverbindlichkeit käme in Betracht, da Carola praktisch enterbt ist. Stattdessen wird hier allerdings der höhere Wert des Vermächtnisses (Picasso-Gemälde) angesetzt (§ 10 Abs. 5 Nr. 2 ErbStG). Dessen Bewertung erfolgt mit dem gemeinen Wert (§ 12 Abs. 1 ErbStG i. V. m. § 9 Abs. 1 und 2 BewG, R B 9.1 Abs. 2 ErbStR): 600 000 €

5. Leibrentenverpflichtung

Es ist von einer Nachlassverbindlichkeit nach § 10 Abs. 5 Nr. 1 ErbStG auszugehen. Es handelt sich um eine Leibrente, weil die Dauer der Rentenzahlungen vom Tod der Berechtigten abhängt. Für die Bewertung gilt § 14 Abs. 1 BewG i. V. m. der Anlage zu § 14 Abs. 1 BewG (BStBl 2012 I 951).

Alter Tobias Knopp am 9. 9. 2013: 45 Jahre. Vervielfältiger: 15,691

Alter Dorothee Knopp am 9. 9. 2013: 45 Jahre. Vervielfältiger: 16,328

Technisch wird so verfahren, dass unterstellt wird, dass monatlich 750 € bis zum Tod des zuletzt Versterbenden bezahlt werden (hier also an Dorothee) und dass die Mehrzahlung von 50 € auf die Lebenserwartung des Erstversterbenden entfällt.

Daraus folgt:

Rentenverpflichtung für Dorothee Knopp: 750 € x 12 x 16,328 =	146 952,00 €
Rentenverpflichtung: Tobias Knopp 50 € x 12 x 15,691 =	9 414,60 €
Kapitalwert und gleichzeitig Restverbindlichkeit	156 366,60 €

Nach dem Sachverhalt ist die Restschuld unter Anrechnung der geleisteten Zahlungen sofort fällig, wenn die Bonität des Staatsanleihenschuldners auf „A" angehoben wird. Das war hier am Bewertungsstichtag der Fall.

Kapitalwert der Leibrentenverpflichtung		156 366,60 €
Geleistete Zahlungen 7 x 800 €		./. 5 600,00 €
Verbleibende Restschuld		150 766,60 €

6. Beerdigungskosten

Für Erbfallkosten können pauschal 10 300 € abgezogen werden (§ 10 Abs. 5 Nr. 3 ErbStG).

V. Erbschaftsteuerveranlagung

Hans Rundlich ist als Alleinerbe Steuerschuldner (§ 20 Abs. 1 Satz 1 ErbStG). Der ErbSt-Bescheid richtet sich an ihn.

Ansätze im Einzelnen (nach Abzug der erbschaftsteuerlichen Begünstigungen):

Grundvermögen

Grundstück in Berlin		810 563,83 €

Betriebsvermögen

Einzelfirma		758 110,00 €

Übriges Vermögen

Elektroauto		0,00 €
Sparbuch Zeppelin-Bank		637 375,00 €
Mietforderung		37 800,00 €
Vermögensanfall nach Steuerwerten		**2 243 848,83 €**

Nachlassverbindlichkeiten

§ 10 Abs. 5 Nr. 1 ErbStG

Schuld für Elektroauto	40.000,00 €	
Restschuld Haus	150.766,60 €	

§ 10 Abs. 5 Nr. 2 ErbStG

Vermächtnis Picasso-Gemälde	600.000,00 €	

§ 10 Abs. 5 Nr. 3 ErbStG

Pauschale	10.300,00 €	./. 801 066,60 €
Bereicherung		**1 442 782,23 €**

Erbe Hans fällt in Steuerklasse I (§ 15 Abs. 1 Nr. 1 ErbStG)

Persönlicher Freibetrag nach § 16 Abs. 1 Nr. 1 ErbStG	./. 400 000,00 €
Steuerpflichtiger Erwerb (§ 10 Abs. 1 Satz 1 ErbStG)	**1 042 782,23 €**
Abgerundet (§ 10 Abs. 1 Satz 6 ErbStG)	**1 042 700 €**
ErbSt-Satz (§ 19 Abs. 1 ErbStG – StKl I) 19 %	**198 113 €**

Überprüfung Härteausgleich (§ 19 Abs. 3 ErbStG)

15 % von 600 000 €	90 000 €
½ von (1 042 700 € ./. 600 000 €)	221 350 €
ErbSt bei Härteausgleich	311 300 €
Da die Anwendung der Härteausgleichsregelung ungünstiger ist, verbleibt es bei einer ErbSt von	198 113 €

Steuerberaterprüfung 2008/2014

Prüfungsaufgabe aus dem Verfahrensrecht und anderen Steuerrechtsgebieten

Teil I: Abgabenordnung und Finanzgerichtsordnung

Joachim Loibl betreibt in Starnberg, Finanzamtsbezirk Starnberg, als eingetragener Kaufmann einen Internethandel mit „Samsonite" - Produkten unter der Firma Samsonite 4 U.

Im März des Jahres 08 hatte bei Loibl aufgrund einer wirksamen Prüfungsanordnung eine Umsatzsteuerprüfung durch das Finanzamt (FA) Starnberg stattgefunden, deren Prüfungsgegenstand die Umsatzsteuer der Veranlagungszeiträume 06 und 07 war.

Der im Rahmen der Außenprüfung neu beauftragte Steuerberater Florian Dederichs hatte dem Außenprüfer bei Prüfungsbeginn eine von Loibl unterschriebene Vollmachtsurkunde mit dem Inhalt „Vollmacht zur Vertretung in den Umsatzsteuerangelegenheiten von Joachim Loibl" übergeben. Diese war in der Veranlagungsakte abgeheftet worden.

Eine ausdrückliche Empfangsvollmacht für die Bekanntgabe von Verwaltungsakten war Steuerberater Dederichs nicht erteilt worden.

Loibl wurde der Prüfungsbericht bekannt gegeben. Darin ist u. a. festgehalten worden, dass Loibl und Steuerberater Dederichs bei der Schlussbesprechung am 27. 3. 08 die Prüferfeststellungen in **tatsächlicher** Hinsicht akzeptiert hatten, dass aber bezüglich der verfahrensrechtlichen Sachbehandlung keine Einigung erzielt worden war.

Sachverhalt 1:

Der Prüfungsbericht enthielt für den **Veranlagungszeitraum 07** folgende Feststellungen:

1. Ein Kunde von Loibl war im November 06 insolvent geworden, im Dezember 06 war die Eröffnung des Insolvenzverfahrens mangels Masse abgelehnt worden. Deshalb war die Forderung aus einer im September 06 an ihn getätigten Warenlieferung wegen kompletter Uneinbringlichkeit im Dezember 06 in voller Höhe von 9 520 € abgeschrieben worden. Nach der im Dezember zur Beurteilung anstehenden Lage war die Durchführung dieser Totalabschreibung in der Buchführung steuerlich gerechtfertigt.

   Durch Realisierung eines Haftungsanspruchs war ein Teil dieser Forderung i. H. v. 3 570 € im Mai 07 erfüllt worden.

   Der Umsatzsteueranteil dieser Forderung in Höhe von 19 % ist bei der Umsatzsteuerberechnung des Veranlagungszeitraumes 07 weder in den Voranmeldungen noch in der Jahreserklärung ausgewiesen worden.

2. Folgender Vorgang wurde vom Prüfer noch aufgegriffen:

   Die Rechnung über die Lieferung eines Hochregallagers wurde in 2 Raten bezahlt. Das Lager war im Oktober 07 geliefert worden und befindet sich seitdem im betrieblichen Einsatz. Die Rechnung trägt das Datum vom 13. 11. 07, der Umsatzsteueranteil ist korrekt ausgewiesen.

Wegen eines Kompensationsgeschäftes mit dem inländischen Lieferanten des Lagers durch eine Gegenlieferung von Samsonite-Koffern und Aktentaschen war ein Teil des Kaufpreises bis zum 3.1.08 gestundet worden. Der gestundete Betrag der Forderung belief sich auf 15 470 €.

Der Prüfer stellte fest, dass die aus dem gestundeten Teil der Forderung resultierende Vorsteuer nicht im Jahr der Lieferung abgezogen worden war. In der Buchführung für das Jahr 07 war diese Vorsteuer (19 %) nicht gebucht worden, sie war auch in den Voranmeldungen und der Jahresanmeldung für 07 nicht enthalten.

Loibl hatte diesen Vorsteuerbetrag nach Ablauf der Stundung im Rahmen der Umsatzsteuervoranmeldung für Januar 08 als Steuervergütung angesetzt.

Der Prüfer hat im Bericht vermerkt, dass diese steuerliche Behandlung zumindest formal falsch sei.

Bei der Auswertung dieser beiden Prüferfeststellungen ergab sich aus den Unterlagen der Veranlagungsstelle Folgendes:

Die Summe der Umsatzsteuerfestsetzungen aus den Voranmeldungen für den Zeitraum 07 hatte 481 680 € betragen. Die Umsatzsteuerjahreserklärung für 07, Eingang beim FA Starnberg am 27.2.08, lautete auf 481 600 €. Das Finanzamt hatte bisher die Jahreserklärung nicht weiter bearbeitet, auch Zahlungen sind nicht erfolgt, weil der Fall zur Umsatzsteuerprüfung anstand.

Aufgrund der Außenprüfung wurde die Umsatzsteuer 07 durch Bescheid auf 482 170 € festgesetzt. Dieser Bescheid ging laut Aktenausfertigung in der finanzamtlichen Veranlagungsakte am 28.4.08 zur Post.

Der ohne Nebenbestimmungen ergangene Bescheid enthielt eine zutreffende Rechtsbehelfsbelehrung, in der Begründung wurde erläutert, dass der Vorsteuerabzug aus der Tz. 2 der Prüferfeststellung hier nicht erfolge, weil er bereits in der Voranmeldung für Januar 08 enthalten sei.

Im Mai 08 wurde dann aber aufgrund der Tz. 2 des Prüfungsberichtes zur Umsatzsteuer 07 die Umsatzsteuervoranmeldung für Januar 08 durch Bescheid nach § 164 Abs. 2 AO korrigiert, es wurde der Vorsteuerabzug um 2 470 € aus dem gestundeten Kaufpreisteil des Hochregallagers gekürzt.

Daraufhin stellte Steuerberater Dederichs am 2.6.08 telefonisch beim FA Starnberg für seinen Mandanten Loibl den Änderungsantrag, die Umsatzsteuerschuld für 07 wegen des Vorsteuerabzugs aus der Anschaffung des Hochregals um 2 470 € zu mindern. Dies müsse möglich sein, weil sonst dieser Vorsteuerbetrag verloren sei.

Der Bearbeiter fertigte eine Gesprächsnotiz und sagte zu, den Antrag umgehend zu prüfen.

Mit Schreiben vom 2.7.08, versandt an die Steuerberaterkanzlei Dederichs für deren Mandanten Joachim Loibl, lehnte das Finanzamt eine Änderung der Umsatzsteuerfestsetzung 07 mit der Begründung ab, eine Änderung sei nicht möglich, weil der Bescheid vom 28.4.08 bestandskräftig sei.

Am 7. 8. 08 um 18.00 Uhr legt Steuerberater Dederichs seinem Angestellten Martin Schmidt den Sachverhalt wie oben beschrieben zur gutachtlichen Prüfung vor. Dabei äußert er folgende Überlegungen:

Gegen die Ablehnung des Änderungsantrages für den Umsatzsteuerbescheid 07 muss für Herrn Joachim Loibl Einspruch eingelegt werden, er hoffe, dies sei zeitlich noch möglich.

Er ist der Meinung, dass die im Bescheid vom 28. 4. 08 festgesetzte Umsatzsteuer 07 rechtswidrig ist, weil der zusätzliche Vorsteuerabzug wegen des gestundeten Teils der Rechnung für das Hochregallager durchzuführen ist.

Eine nachträgliche Berücksichtigung könne auch verfahrensrechtlich kein Problem darstellen, denn Umsatzsteuerfestsetzungen stünden immer unter Vorbehalt der Nachprüfung.

Außerdem müsse es sich um ein Versehen des Finanzamtes gehandelt haben, diesen Vorsteuerabzug nicht durchzuführen, wo doch jetzt die Voranmeldung für Januar 08 geändert worden ist. Es könne doch nicht angehen, dass der Vorsteuerabzug ausfällt.

Außerdem hätte er, Dederichs, den Änderungsbescheid 07 erhalten müssen, allein deswegen sei die falsche Festsetzung nicht einmal wirksam.

Dederichs und Schmidt stellten fest, dass alle Verwaltungsakte des FA Starnberg mit zutreffender Rechtsbehelfsbelehrung versehen waren.

Aufgaben:

Fertigen Sie das Gutachten von Martin Schmidt, in welchem Sie klären:

1) Kann der geforderte **Einspruch** am 7. 8. 08 zulässig eingelegt werden?

    Gehen Sie in Ihrer Lösung vor allem auch darauf ein, bis wann, mit welchem Inhalt und in welcher Form der Einspruch eingelegt werden kann (§ 358 AO).

2) Welche Aussichten auf Erfolg bestehen für den Einspruch (die Zulässigkeit unterstellt)?

    Gehen Sie vor allem auf die von Steuerberater Dederichs angesprochenen Punkte ein.

Sachverhalt 2:

Für den **Veranlagungszeitraum 06** war im Prüfungsbericht Folgendes enthalten:

1. Im November 06 hatte Loibl seinem Sohn einen betrieblich erworbenen und bisher nur betrieblich genutzten Transporter Marke „Sprinter" (der Erwerb hatte zum vollen Vorsteuerabzug berechtigt) geschenkt und den unbestrittenen Verkehrswert i. H. v. 9 520 € als Entnahme in einem Privatkonto ohne Umsatzsteuerbelastung verbucht. Im Anhang zur Bilanz waren die Geldentnahmen in einer Summe getrennt von der Summe aus den anderen Entnahmen dargestellt, die einzelnen Entnahmen waren nicht aufgeschlüsselt.

    Die in der Umsatzsteuererklärung aufgeführte Summe der Erlöse aus Lieferungen und Leistungen stimmt mit der Summe der Umsatzerlöse in der Gewinn- und Verlustrechnung überein, die Zeile „Lieferungen nach § 3 Abs. 1b UStG" ist in der Umsatzsteuererklärung nicht ausgefüllt, die Zeile „sonstige Leistungen nach § 3 Abs. 9a UStG" war mit den dazu gehörenden Beträgen richtig ausgefüllt worden.

    Alle Unterlagen waren zusammen mit den Steuererklärungen abgegeben worden.

Die Überprüfung im Rahmen der Umsatzsteuerprüfung hatte ergeben, dass die Umsatzsteuer aus der Entnahme des Transporters (= 1 520 €) nicht erklärt war.

Ob der Veranlagungsbeamte eine Umsatzsteuerverprobung durchgeführt hat, ist aus den Veranlagungsakten nicht erkennbar.

2. Der Prüfer hatte einen bisher von Loibl in der Umsatzsteuer-Anmeldung als steuerpflichtig erklärten Umsatz entdeckt, der jetzt nach Änderung der höchstrichterlichen Finanzrechtsprechung und der entsprechend angepassten Verwaltungsmeinung als steuerfrei zu qualifizieren ist.

Die Minderung der Umsatzsteuer beträgt 1 740 €, die Vorsteueraufteilung wird davon nicht tangiert.

Loibl war der damaligen Verwaltungsmeinung und einem Urteil des Finanzgerichtes München in einem gleich gelagerten Fall (veröffentlicht in der Zeitschrift „Entscheidungen der Finanzgerichte, EFG") gefolgt und hatte den Umsatz als steuerpflichtig behandelt.

Diese Entscheidung des FG München ist mittlerweile durch die gegenteilige Revisionsentscheidung des Bundesfinanzhofes aufgehoben worden.

Der Umsatz war in der Umsatzsteuererklärung in der Position „Umsätze zum allgemeinen Steuersatz" enthalten und nicht näher erläutert worden.

3. Ab Februar 06 war von Loibl ein Getränkeautomat (ohne Milchmixgetränke) für die Mitarbeiter aufgestellt worden. Die Getränke bezog er von einem örtlichen Getränkehändler, die Rechnung wurde monatlich von diesem an die Firma „Samsonite 4 U" gerichtet. Loibl verkaufte diese Getränke zum Bruttoeinkaufspreis i. H. v. 4 165 € (= 665 € Umsatzsteuer) an die Mitarbeiter weiter.

Loibl hatte den Ein- und Verkauf der Getränke als durchlaufenden Posten behandelt und in der Buchführung nicht erfasst. Auch in der Umsatzsteuererklärung wurden weder diese Umsätze noch Umsatzsteuer und Vorsteuer erklärt, weil sich die Beträge neutralisierten. Im Januar 07 hat er diese Praxis aufgegeben.

Der Prüfer hat im Bericht vermerkt, dass es sich insoweit nicht um durchlaufende Posten handele. Wie sich die richtige Qualifizierung im vorliegenden Fall der Korrektur steuerlich auswirke, könne man erst bei der Veranlagung im Rahmen einer Gesamtschau entscheiden.

Als der zuständige Veranlagungsbeamte im FA Starnberg den Prüfungsbericht auswertete, zeigte sich in der Veranlagungsakte des Veranlagungsjahres 06, dass das Finanzamt von der ursprünglich eingereichten Umsatzsteuerjahreserklärung 06 abgewichen war und einen Umsatzsteuerbescheid 06 (Bescheiddatum vom 10. 9. 07) mit einer Steuerfestsetzung i. H. v. 360 000 € wirksam bekannt gegeben hatte.

Der ohne Nebenbestimmungen ergangene Bescheid war mit zutreffender Begründung und Rechtsbehelfsbelehrung versehen.

Der Veranlagungsbearbeiter setzte nun in einem Umsatzsteuerbescheid 06 vom 28. 4. 08 die Tatsachenfeststellungen aus dem Prüfungsbericht um und änderte die Umsatzsteuerfestsetzung 06 auf 362 185 €, der Bescheid war an Joachim Loibl selbst gerichtet und adressiert.

Die Umsatzsteuer war zum einen wegen der Entnahme des Sprinters um 1 520 € und zum anderen wegen des Getränkeverkaufs an die Mitarbeiter um 665 € erhöht worden.

Steuerminderungen hatte der Bearbeiter nicht zugelassen, weil kein Korrekturtatbestand erfüllt sei.

Der Bescheid war laut Aktenausfertigung am 28. 4. 08 zur Post aufgegeben worden, er enthielt eine zutreffende Rechtsbehelfsbelehrung und war ausreichend begründet.

Am 25. 7. 08 erschien Herr Loibl in der Kanzlei von Dederichs und legte eine Mahnung der Finanzkasse vor, dass die Umsatzsteuerschuld i. H. v. 2 185 € aus dem Umsatzsteuerbescheid 06 vom 28. 4. 08 noch nicht bezahlt sei.

Loibl berichtete, dass er einen entsprechenden Bescheid bis jetzt noch nicht erhalten habe.

Ein Änderungsbescheid sei entweder überhaupt nicht erlassen worden oder zumindest auf dem Postweg abhanden gekommen.

Auch in der Kanzleipost von Dederichs war dieser Bescheid nicht eingegangen.

Dederichs hat daraufhin das Finanzamt telefonisch gebeten, ihm eine neue Ausfertigung dieses Bescheides zuzusenden.

Um nichts zu versäumen, hat Dederichs am 7. 8. 08 schriftlich „Einspruch gegen den Umsatzsteuerbescheid 06" eingelegt, Eingang beim FA Starnberg am 8. 8. 08, weil er aus dem angeforderten Betrag erkannt habe, dass in diesem „Phantom-Bescheid" etwas nicht stimme.

Am 19. 8. 08 geht in der Kanzlei von Dederichs der angeforderte **neue Ausdruck des ursprünglichen USt-Bescheides 06 vom 28. 4. 08 ein.**

Aufgabe:

Welche Aussichten auf Erfolg bestehen für den Einspruch vom 7. 8.08 gegen den Umsatzsteuerbescheid 06?

Prüfungsaufgabe aus dem Verfahrensrecht und anderen Steuerrechtsgebieten

08

	Januar		**Februar**		**März**	
Montag		2 9 16 23 30		6 13 20 27		6 13 20 27
Dienstag		3 10 17 24 31		7 14 21 28		7 14 21 28
Mittwoch		4 11 18 25	1	8 15 22	1	8 15 22 29
Donnerstag		5 12 19 26	2	9 16 23	2	9 16 23 30
Freitag		**6** 13 20 27	3	10 17 24	3	10 17 24 31
Samstag		7 14 21 28	4	11 18 25	4	11 18 25
Sonntag	**1**	**8 15 22 29**	**5**	**12 19 26**	**5**	**12 19 26**
Woche	52	1 2 3 4 5	5	6 7 8 9	9	10 11 12 13
Arbeitstage		21/22		20		23

	April		**Mai**		**Juni**	
Montag		3 10 **17** 24	**1**	8 15 22 29		**5** 12 19 26
Dienstag		4 11 18 25	2	9 16 23 30		6 13 20 27
Mittwoch		5 12 19 26	3	10 17 24 31		7 14 21 28
Donnerstag		6 13 20 27	4	11 18 **25**	1	8 **15** 22 29
Freitag		7 **14** 21 28	5	12 19 26	2	9 16 23 30
Samstag	1	8 15 22 29	6	13 20 27	3	10 17 24
Sonntag	**2**	**9 16 23 30**	**7**	**14 21 28**	**4**	**11 18 25**
Woche		14 15 16 17	18	19 20 21 22	22	23 24 25 26
Arbeitstage		18		21		20/21

	Juli		**August**		**September**	
Montag		3 10 17 24 31		7 14 21 28		4 11 18 25
Dienstag		4 11 18 25	1	8 **15** 22 29		5 12 19 26
Mittwoch		5 12 19 26	2	9 16 23 30		6 13 20 27
Donnerstag		6 13 20 27	3	10 17 24 31		7 14 21 28
Freitag		7 14 21 28	4	11 18 25	1	8 15 22 29
Samstag	1	8 15 22 29	5	12 19 26	2	9 16 23 30
Sonntag	**2**	**9 16 23 30**	**6**	**13 20 27**	**3**	**10 17 24**
Woche	27	28 29 30 31	31	32 33 34 35	35	36 37 38 39
Arbeitstage		21		22/23		21

	Oktober		**November**		**Dezember**	
Montag		2 9 16 23 30		6 13 20 27		4 11 18 **25**
Dienstag		**3** 10 17 24 **31**		7 14 21 28		5 12 19 **26**
Mittwoch		4 11 18 25	1	8 15 **22** 29		6 13 20 27
Donnerstag		5 12 19 26	2	9 16 23 30		7 14 21 28
Freitag		6 13 20 27	3	10 17 24	1	8 15 22 29
Samstag		7 14 21 28	4	11 18 25	2	9 16 23 30
Sonntag	**1**	**8 15 22 29**	**5**	**12 19 26**	**3**	**10 17 24 31**
Woche		40 41 42 43 44	44	45 46 47 48	48	49 50 51 52
Arbeitstage		20/21		21/22		19

Bewegliche und nicht bundeseinheitliche* Feiertage: Heilige Drei Könige* 6. Januar, Karfreitag 14. April, Ostern 16. und 17. April, Christi Himmelfahrt 25. Mai, Pfingsten 4. und 5. Juni, Fronleichnam* 15. Juni, Friedensfest* 8. Aug., Mariä Himmelfahrt* 15. Aug., Reformationstag* 31. Oktober, Allerheiligen* 1. Nov., Buß- und Bettag* 22. Nov.

Teil II: Umsatzsteuer

ALLGEMEINE HINWEISE:

Erforderliche Belege und Aufzeichnungen sind vorhanden. Rechnungen enthalten, soweit aus dem Sachverhalt nichts Gegenteiliges hervorgeht, die nach §§ 14, 14a UStG bzw. §§ 33, 34 UStDV erforderlichen Angaben.

Alle angesprochenen Unternehmer versteuern, soweit sich aus dem Sachverhalt nicht ausdrücklich etwas Gegenteiliges ergibt, ihre Umsätze nach den allgemeinen Vorschriften des UStG und nach vereinbarten Entgelten. Voranmeldungszeitraum ist der Kalendermonat. Soweit aus dem Sachverhalt nichts anderes ersichtlich ist, verwenden die Unternehmer im innergemeinschaftlichen Waren- und Dienstleistungsverkehr die Umsatzsteuer-Identifikationsnummer ihres Heimatlandes. Liefer- und Erwerbsschwellen gelten als überschritten.

Die Kalenderjahre bis einschließlich 2013 sind bestandskräftig veranlagt. Die steuerliche Beurteilung war jeweils zutreffend.

Aufgabe:

Beurteilen Sie die angeführten Sachverhalte in ihrer umsatzsteuerlichen Auswirkung auf Anton Amadeus im **Besteuerungszeitraum 2014**. Hierbei ist insbesondere auf die Umsatzart, die Steuerpflicht, die Bemessungsgrundlage für steuerpflichtige Umsätze und auf den Vorsteuerabzug einzugehen. Die Umsatzsteuer für steuerpflichtige Umsätze ist zu berechnen.

Wo es der Sachverhalt erlaubt, ist auch anzugeben, in welchem Voranmeldungszeitraum die Steuer entsteht bzw. zu berichtigen ist und die Vorsteuer abgezogen werden kann. Begründen Sie bitte Ihre Entscheidungen unter Angabe der gesetzlichen Bestimmungen.

Sachverhalt:

Anton Amadeus studierte an der Musikhochschule München das Fach Geige. Nach erfolgreichem Abschluss seiner Studien entschloss er sich, seine vielfältigen Kontakte nutzbringend einzusetzen und in das Geschäft mit dem Handel und der Vermittlung hochwertiger Musikinstrumente einzusteigen. Sein Büro richtete sich Amadeus in München, Briennerstraße 38, ein. Nach mehrjähriger erfolgreicher Tätigkeit hatte sich Amadeus in seiner Branche einen guten Ruf erworben.

Im Kalenderjahr 2014 kam es unter anderem zu folgenden Geschäftsvorfällen:

1. Am 17.1.2014 erhielt er von dem Multimillionär und Kunstliebhaber Georg Großmut aus Hamburg den Auftrag, ein geeignetes Musikinstrument zu erwerben. Großmut hatte sich entschlossen, als Mäzen junge aufstrebende Künstler dadurch zu fördern, dass er ihnen unentgeltlich erstklassige Musikinstrumente zur Verfügung stellt. Großmut sagte Amadeus für den Erfolgsfall eine Provision von 5 % des Einkaufspreises und die Erstattung anfallender Auslagen zu. Bereits einige Tage später teilte Amadeus dem Großmut mit, dass anlässlich einer Auktion in Düsseldorf eine Geige eines namhaften italienischen Geigenbauers der Barockzeit versteigert werden sollte. Angeboten wurde die Geige von Graf Wilhelm von Steinburg, der als Alleinerbe seines Großvaters das Instrument in dessen Nachlass vorgefunden hatte. Großmut, der sich diese Gelegenheit nicht entgehen lassen wollte, beauftragte Amadeus, die Geige zu ersteigern und stattete ihn mit den voraussichtlich dazu erforderlichen Geldmitteln aus (1 Mio. €). Es wurde vereinbart, dass Amadeus die Geige nach erfolgtem Zu-

schlag für Großmut in Besitz nehmen und sie umgehend zu ihm nach Hamburg bringen sollte. Bei der Auktion am 25.3.2014, bei der er wie abgesprochen im eigenen Namen auftrat, erhielt Amadeus tatsächlich den Zuschlag. Das Meistgebot lag bei 800 000 €. Nach Zahlung des Meistgebots und Aushändigung der Geige, brachte sie Amadeus noch am selben Tag zu Großmut nach Hamburg, der die Geige freudestrahlend in Empfang nahm.

Amadeus erteilte dem Großmut mit Datum vom 28.3.2014 folgende Abrechnung (Auszug):

Zur Verfügung gestellter Geldbetrag		1 000 000 €
Meistgebot	800 000	
Provision 5 %	40 000	
Spesen	5 000	./. 845 000 €
Sie erhalten:		165 000 €

2. Großmut, der von der Abwicklung des Erwerbs der Geige durch Amadeus sehr angetan war, beauftragte ihn auch damit, einen aufstrebenden jungen Musiker, dem er das Instrument zur Verfügung stellen wollte, ausfindig zu machen. Für den Erfolgsfall sagte er ihm ein Honorar von 5 000 € zu.

   Nach kurzer Suche stellte Amadeus dem Großmut am 25.5.2014 den aufstrebenden Geigenvirtuosen Paolo Puccini aus Verona (Italien) vor. Puccini hatte schon mehrere Preise bei namhaften Nachwuchsfestivals gewinnen können. Vollends überzeugte Puccini Großmut bei einem Konzert am 28.5.2014 in Verona, für das Großmut ihm bereits die Geige zur Verfügung gestellt hatte. Es wurde vereinbart, dass Puccini die Geige für die nächsten fünf Jahre unentgeltlich nutzen dürfe. Bei dieser Gelegenheit erhielt Amadeus das zugesagte Erfolgshonorar in bar ausbezahlt.

3. Wie jeder moderne und aufstrebende Unternehmer, so verfügt auch Amadeus über eine eigene Homepage. Auf diesem Weg trat der Hobbymusiker John Huber aus Chicago (USA) mit Amadeus in Kontakt. Da er von Auswanderern aus dem bayerischen Mittenwald abstamme, sei es sein sehnlichster Wunsch, eine Geige eines Mittenwalder Geigenbauers zu besitzen. Amadeus einigte sich mit Huber auf einen Verkaufspreis von 20 000 €. Er erklärte Huber, dass er nur gegen Vorkasse tätig werden könne, dafür aber die Gefahr und die Kosten des Transports inklusive aller Zollformalitäten übernehme. Huber erklärte sich damit einverstanden. Die 20 000 € wurden dem Konto des Amadeus am 30.6.2014 gut geschrieben. Daraufhin setzte sich Amadeus mit dem Geigenbauer Steiner aus Mittenwald in Verbindung und erstand eine Geige aus seinem Sortiment für 13 000 € zuzüglich gesetzlicher USt. Auch gegenüber Steiner verpflichtete sich Amadeus, Risiko und Kosten des Transports zu tragen. Da Amadeus ohnehin in die USA reisen musste, holte er auf dem Weg zum Flughafen die Geige am 3.7.2014 bei Steiner in Mittenwald ab und brachte sie direkt zu Huber nach Chicago. Die Rechnung des Steiner vom 3.7.2014 beglich Amadeus zwei Wochen später.

4. Aufgrund seiner profunden Sachkenntnis wurde Amadeus immer wieder mit der Erstellung von Expertisen betraut. So erhielt er vom Auktionshaus Aumüller aus Düsseldorf den Auftrag zwei Geigen zu begutachten. Eine der beiden Geigen wurde von der katholischen Kirche angeboten. Amadeus reiste deshalb Anfang August 2014 nach Rom, um im Vatikan die Begutachtung vorzunehmen. Eine Woche später reiste Amadeus nach Budapest (Ungarn), um die

andere Geige zu begutachten. Am 25. 8. 2014 erteilte er dem Auktionshaus Aumüller folgende Rechnung:

Begutachtung Vatikan	2 000 €
Reisespesen	1 000 €
Begutachtung Budapest	2 000 €
Reisespesen	1 000 €
Gesamt	6 000 €
zuzüglich 19 % USt	1 140 €
Zahlungsbetrag	7 140 €

Aumüller beglich die Rechnung eine Woche später.

Aufgrund der positiven Expertise des Amadeus wurden die Geigen noch im September zum Zwecke der Versteigerung nach Düsseldorf gebracht.

5. Anfang des Jahres 2014 konnte Amadeus sich einen lang gehegten Traum erfüllen und ein altes Bauernhaus (Nutzfläche 200 qm) in Herrsching am Ammersee erwerben.

Der Übergang von Besitz, Nutzen und Lasten erfolgte am 1. 3. 2014. Am selben Tag überwies Amadeus den Kaufpreis von 800 000 €. Die bisherige Eigentümerin, die verwitwete Bäuerin Resi Berghammer, hatte — nachdem sie die Bewirtschaftung des Bauernhofes nach dem Tod ihres Ehemannes schon vor Jahren eingestellt hatte — den Bauernhof ausschließlich für eigene Wohnzwecke genutzt. Die Rechnung des Notars in Höhe von 2 000 € zuzüglich 19 % USt 380 € vom 12. 3. 2014, sowie die Grundbuchgebühren in Höhe von 1 500 € beglich Amadeus umgehend. Amadeus hatte von Anfang an geplant, sich in dem Bauernhaus ein adäquates Arbeitszimmer einzurichten (Nutzfläche 25 qm). Im Übrigen wollte er das Gebäude als Privatwohnung nutzen. Nach Abgabe einer entsprechenden schriftlichen Erklärung gegenüber dem zuständigen Finanzamt nahm Amadeus mit der Umsatzsteuervoranmeldung März 2014 den anteiligen Vorsteuerabzug (25/200) in Anspruch. Das Büro in München, Briennerstraße 38, nutzte Amadeus weiterhin.

Bereits im Februar 2014 hatte Amadeus den Architekten Karl Kraus aus Innsbruck (Österreich) mit der Erstellung eines Planes für die Umbauarbeiten beauftragt. Am 15. 3. 2014 überreichte Kraus dem Amadeus den fertigen Plan zusammen mit seiner Honorarrechnung in Höhe von 10 000 € zuzüglich 19 % USt 1 900 €, die Amadeus am 2. 4. 2014 beglich. Laut Abrechnung entfielen 20 % des Honorars auf die Planung des Arbeitszimmers.

Die kompletten Umbauarbeiten fanden unter der Regie von Bauunternehmer Ernst Emsig aus Starnberg statt. Nach Abnahme der Arbeiten am 30. 4. 2014 erteilte Emsig eine Woche später folgende Rechnung:

Renovierung der Privaträume	30 000 €
19 % USt	5 700 €
Renovierung des Arbeitszimmers	5 000 €
19 % USt	950 €
Zahlungsbetrag	41 650 €

Am 9. 5. 2014 wurde schließlich die Einrichtung für sein Arbeitszimmer angeliefert. Die Rechnung vom selben Tage i. H. v. 20 000 € zuzüglich 19 % USt 3 800 € beglich Amadeus zusam-

men mit der Rechnung Emsig am 16.5.2014. Zum 1.6.2014 bezog Amadeus die Räume und nutzte sie wie vorgesehen.

Nachdem Amadeus' Ehefrau Aurelia einige Jahre als angestellte Innenarchitektin Erfahrungen gesammelt hatte, beschloss sie, sich zum 1.11.2014 selbständig zu machen. Als Jungunternehmerin rechnete sie für das Jahr 2014 höchstens noch mit einem Umsatz von 2 500 €.

Nach gutem Zureden erklärte sich Amadeus schließlich bereit, ihr sein Arbeitszimmer ab dem 1.11.2014 zu überlassen. Aurelia zahlte dafür monatlich 500 € an ihren Ehemann. Für die ebenfalls mietweise überlassenen Büromöbel bezahlte Aurelia monatlich 150 €. Die Mietpreise sind ortsüblich.

Teil III: Erbschaftsteuer und Schenkungsteuer

Der ehemalige Unternehmer Robert Rundlich verstarb am 5.1.2013 nach langer schwerer Krankheit. Robert hatte im Dezember 2002 zusammen mit seiner 20 Jahre jüngeren Ehefrau Carola Rundlich ein handschriftliches gemeinschaftliches Testament verfasst. Sowohl Carola als auch Robert hatten dieses Testament unterschrieben. In diesem Testament setzten sich die Ehegatten gegenseitig als Vorerben ein. Der gemeinsame Sohn Hans Rundlich, geboren am 8.8.1993 sollte Schlusserbe des jeweils Letztversterbenden sein. Aus Anlass des Todes von Robert Rundlich stehen Carola keine von der ErbSt befreiten Versorgungsbezüge zu.

Das Haus in München

Die Ehegatten Robert und Carola Rundlich lebten in einem Haus in München, Am Starenweg 7. Die Wohnfläche im Erdgeschoss des Hauses und die Nutzfläche im 1. Obergeschoss betragen jeweils 100 qm. Robert Rundlich war der alleinige Eigentümer des Hauses. Robert hatte das im September 1967 fertig gestellte Haus am 25.9.2004 von Heinrich und Walburga Spring gegen Zahlung einer monatlichen Leibrente erworben. Heinrich Spring (geboren am 13.11.1926) lebt zurzeit mit seiner Ehefrau Walburga (geboren 30.9.1927) in einem Altenheim in München. Die notarielle Urkunde sah hinsichtlich des Grundstückskaufvertrages folgende Regelung vor:

„Der Käufer verpflichtet sich, an das Ehepaar Spring eine monatliche Leibrente von 10 000 € zu bezahlen; nach dem Tod eines der (Verkäufer)Ehegatten ermäßigt sich die Leibrente auf 9 000 €. Die Rentenzahlungen sind jeweils am ersten eines Monats zu bezahlen; die erste Rentenzahlung am 1.2.2005. Rentenzahlungen werden auf keinen Fall über den 1.1.2022 hinaus geleistet.

Der Käufer hat jedoch auf jeden Fall eine Rente von 10 000 € pro Monat für die Dauer von 10 Jahren zu zahlen, d.h. die letzte Mindestrentenzahlung ist am 1.1.2015 fällig."

Das Haus steht laut notarieller Urkunde auf einem Grundstück mit einer Fläche von 990 qm. Im Rahmen einer Nachvermessung wurde am 20.12.2011 festgestellt, dass die tatsächliche Grundstücksgröße 998 qm betrug. Heinrich Spring und Walburga haben diesbezüglich auf entsprechende Nachfrage von Robert Rundlich erklärt, dass sie daraus keine Ansprüche geltend machen werden.

Carola betreibt – mit Unterbrechungen – ein Architekturbüro im Obergeschoss des Hauses.

Carola hat für das Obergeschoss im Jahr 2010 und 2011 eine Kaltmiete von 900 € pro Monat gezahlt; daneben musste sie noch monatlich Nebenkosten von 70 € für Heizung, 60 € für Strom und 20 € für Wasser bezahlen.

Vom 1.1.2012 bis 31.12.2012 stand das Obergeschoss – nach Beendigung des Mietverhältnisses durch Carola zum 31.12.2011 wegen Krankheit – leer. Zum 1.1.2013 mietete Carola erneut das Obergeschoss für 1 100 €, um dieses als Architekturbüro zu nutzen; die Nebenkosten blieben unverändert. Zum Todestag des Robert bestanden keine Mietrückstände.

Die ortsübliche Kaltmiete für einen qm Wohnfläche im Anwesen München, Am Starenweg 7 betrug im Jahr 2010 11 €, im Jahr 2011 11,50 €, im Jahr 2012 12 € und ab 2013 12,50 €. Auch für gewerbliche/freiberuflich genutzte Flächen war in den Jahren 2010 bis 2013 lediglich eine um 1 € höhere Miete pro qm zu erzielen.

Der Gutachterausschuss der Landeshauptstadt München hat für das Objekt München, Am Starenweg 7 den Wert des Grund und Bodens zum 31.12.2011 (letzter festgestellter Wert) auf 250 €/qm festgestellt.

Carola deutete nach einem Streit mit ihrem Sohn Hans im Jahr 2012 mehrfach an, sie würde dafür sorgen, dass dieser so wenig wie möglich erben würde. Daher hinterlegte Robert am 24.12.2012 bei einem befreundeten Notar für das Grundstück in München, Am Starenweg 7 ein notariell beurkundetes, unbefristetes Schenkungsangebot gegenüber Hans, in welchem er Hans die Schenkung des Hauses anbot.

Als Hans nach dem Tode seines Vaters von dem Schenkungsangebot erfuhr, nahm er dieses nicht an, da er sich noch überlegen wollte, ob er nicht lieber den Pflichtteil verlangen sollte. Bis jetzt hat Hans aber noch nicht seinen Pflichtteil geltend gemacht.

Ein von Hans beauftragter Gutachter hat zum Todestag von Robert einen reinen Grundstückswert (Grund und Boden nebst Gebäude und Außenanlagen) für die Immobilie in München, Am Starenweg 7 von 500 000 € festgestellt. Wegen einer unstreitigen atypischen Lärmbelastung der Immobilie hat er einen Wertabschlag von 20 % vorgenommen, so dass sich letztlich ein Wert von 400 000 € ergab.

Carola ist unmittelbar nach dem Tod ihres Mannes in ihre Eigentumswohnung nach Garmisch-Partenkirchen verzogen.

Die Bohrhammervermietung Rundlich e. K.

Robert Rundlich vermietete im Rahmen seines Gewerbebetriebes Bohrhammer an Bauunternehmen. Der Betrieb ist voll vorsteuerabzugsberechtigt und wird nach dem Erbfall von dem erbrechtlichen Rechtsnachfolger fortgeführt. Folgende Gewinne i. S. des EStG, bei deren Ermittlung die Gewerbesteuer als Betriebsausgabe berücksichtigt wurde, liegen vor:

	2010	2011	2012
Gewinn i. S. des § 4 Abs. 1 Satz 1 EStG	70 000 €	63 000 €	65 000 €
Als Betriebsausgabe behandelte Gewerbesteuer	9 000 €	7 000 €	8 000 €

Der Unternehmerlohn kann mit 24 000 € jährlich angenommen werden.

Zum Abschätzen der erbschaftsteuerlichen Belastung ließ Carola von dem steuerlich bewanderten Berater Gerhard German eine Vermögensaufstellung (VA) auf den Todestag von Robert erstellen. Nach dieser VA ergab sich ein Betriebsvermögen zum 5.1.2013 von 389 165 €. Dabei entsprechen die im Nachfolgenden nicht angesprochenen Werte zweifelsohne den zutreffenden gemeinen Werten. Unter anderem war die Position „Lagerhalle Kolkrabenweg 4 in München" in dieser VA mit dem Wert lt. Bilanz enthalten.

Lagerhalle Kolkrabenweg 4 in München

Das Grundstück im Kolkrabenweg 4 in München nebst aufstehender Lagerhalle hat Rundlich 1955 erworben. In dieser Halle lagert Rundlich seine Bohrhammer. Der Grundbesitzwert für das Grundstück Kolkrabenweg 4 in München zum Stichtag beträgt 320 000 €. In der speziell für die Erbschaftsteuer erstellten Bilanz zum Todestag wurde das Grundstück Kolkrabenweg 4 wie folgt erfasst:

- Grund und Boden zutreffend mit 176 024,70 €;
- Lagerhalle zutreffend mit 1 €.

Nachfolgende Wirtschaftsgüter wurden in der Bilanz zum 5.1.2013 nicht ausgewiesen:

Testfläche

Zum Testen der Bohrhammer vor Auslieferung an den Kunden hat Rundlich eine 6 Meter mal 6 Meter große Testfläche auf seinem Grundstück vor der Lagerhalle mit einer Mischung aus Beton und Metallresten ausgießen lassen.

Die Testfläche wurde im Juli des Jahres 2005 angelegt und hat 16 361 € zzgl. USt gekostet. Rundlich ging dabei von einer nicht zu beanstandenden Nutzungsdauer von 10 Jahren aus. Er hat die Testfläche in den letzten Jahren in seiner ertragsteuerlichen Bilanz linear abgeschrieben. German hat die Testfläche wegen der festen Verbindung mit dem Grund und Boden zum Todestag nicht ausgewiesen.

Schleifmaschine

Zum Nachschleifen der Bohrwerkzeuge hat er am 1.9.2012 eine Spezialschleifmaschine mit einem Gewicht von 2 Tonnen gekauft, welche im Boden der Lagerhalle mit Bolzen an Betonfundamenten verankert ist. Die Maschine hat 17 000 € zzgl. USt. gekostet und hat eine Nutzungsdauer von 5 Jahren. Die Maschine wurde ertragsteuerlich linear abgeschrieben. Die Schleifmaschine wurde wegen ihres Gewichtes und der Verbindung mit Bolzen am Boden der Halle zum Todestag nicht erfasst.

Geringwertige Wirtschaftsgüter

Rundlich hat am 1.9.2012 für 1 000 € zzgl. USt geringwertige Wirtschaftsgüter erworben. Ertragsteuerlich hat er diese – weil der Gewinn nicht sehr hoch war – entsprechend der tatsächlichen Nutzungsdauer – abgeschrieben. Der daraus fortgeführte Wert zum 5.1.2013 beträgt 760 €.

German hat in Abweichung von diesem Wert in seiner VA zum 5.1.2013 einen Betrag von 0 € angesetzt, weil für die Erbschaftsteuer das Abschreibungswahlrecht gem. § 6 Abs. 2 EStG erneut ausgeübt werden soll.

Die Landwirtschaft

Um sich von der anstrengenden Tätigkeit als Unternehmer zu erholen, war Rundlich noch Inhaber eines land- und forstwirtschaftlichen Betriebes im Allgäu. Der Betrieb hatte am Todestag des Robert Rundlich einen Grundbesitzwert von 135 000 €. In diesem Wert war der Wohnteil des Betriebsinhabers mit 30 000 € enthalten.

Die Anteile an der Bungee-Jump GmbH

Rundlich war an der 1999 gegründeten Bungee-Jump GmbH in München zu 35 % unmittelbar beteiligt. Er hatte die GmbH-Anteile in seinem Privatvermögen gehalten.

Die Anteile hatten am 5.1.2013 einen gemeinen Wert von 1 000 000 €.

Das Wertpapierdepot
Zum Nachlass gehört ein Wertpapierdepot mit börsennotierten in- und ausländischen Aktien im Kurswert am Bewertungsstichtag von 900 696 €.

Der Sportwagen
Robert Rundlich hatte am 31.12.2012 seinen Sportwagen „Chrysler Le Baron GTC Turbo II" an den Sammler Manfred Fahr verkauft und übereignet. Da der Erwerber gerade nicht liquide war, vereinbarten Erwerber und Verkäufer eine Ratenzahlung bezüglich des Kaufpreises. Die zinslosen Ratenzahlungen sollten über 3 Jahre laufen. Die ersten zwei Jahre sollte Fahr 700 € pro Monat zahlen, im letzten Jahr sollte dann die monatliche Rate auf 1 000 € pro Monat steigen. Die erste Rate war am 15.1.2013 fällig.

Der Communicator
Der Erblasser hat am 30.9.2012 bei der Firma Handyfix ein neues Handy, einen Nokia Communicator bestellt. Beim Abschluss des Kaufvertrags hatte der Erblasser die Hälfte des Kaufpreises von 800 €, also 400 € angezahlt. Am Todestag des Erblassers war das Gerät wegen Lieferproblemen noch nicht geliefert.

Aufgabe:
Ermitteln Sie die zutreffende festzusetzende Erbschaftsteuer für Carola Rundlich, falls Hans Rundlich seinen Pflichtteilsanspruch nicht geltend gemacht hat, aber sich auch weigert, eine entsprechende Verzichtserklärung abzugeben.

Gehen Sie dabei auf alle durch den Sachverhalt aufgeworfenen Rechtsfragen ein.

Basiszinssatz für 2013: 2,04.

Begründen Sie Ihre Entscheidungen unter Angabe der maßgebenden Vorschriften.

Steuerberaterprüfung 2008/2014

Lösung der Prüfungsaufgabe aus dem Verfahrensrecht und anderen Steuerrechtsgebieten

Teil I: Abgabenordnung und Finanzgerichtsordnung
Verfasser: Professor Dr. Martin Stirnberg

Sachverhalt 1 – Umsatzsteuer des Jahres 07 –

Aufgabe 1 (Prüfung der Zulässigkeit eines noch am 7. 8. 08 eingelegten Einspruchs):

Damit Steuerberater Dederichs (nachfolgend: Stb D.) für seinen Mandanten, den Kaufmann Joachim Loibl (nachfolgend: L.), am Abend des 7. 8. des Jahres 08 noch einen zulässigen Einspruch gegen die mit Schreiben des Finanzamts (FA) Starnberg vom 2. 7. 08 erfolgte Ablehnung des am 2. 6. 08 telefonisch gestellten Antrags, den USt-Bescheid 07 vom 28. 4. 08 zu ändern, einlegen kann, müssen die in §§ 347 ff. AO normierten Zulässigkeitsvoraussetzungen, insbesondere Statthaftigkeit des Einspruchs, Beschwer, Beachtung der vorgeschriebenen Form, Anbringung bei der zuständigen Behörde, Einhaltung der Einspruchsfrist, erfüllt sein.

1. Statthaftigkeit des Einspruchs

Nach § 347 Abs. 1 Satz 1 Nr. 1 i. V. m. Abs. 2 AO ist als Rechtsbehelf der Einspruch statthaft gegen einen Verwaltungsakt (VA) in Abgabenangelegenheiten, auf den die Abgabenordnung Anwendung findet.

Bei der Entscheidung des FA Starnberg, dem am 2. 6. des Jahres 08 gestellten Antrag, den USt-Bescheid 07 vom 28. 4. 08 zu ändern, nicht zu entsprechen, handelt es sich um die gemäß § 155 Abs. 1 Satz 3 AO durch Steuerbescheid erfolgte Ablehnung eines Antrags auf Steuerfestsetzung. Dass ein Steuerbescheid sämtliche Kriterien eines VA i. S. d. § 118 Satz 1 AO erfüllt, bedarf keiner weiteren Begründung. Auch handelt es sich bei der Festsetzung einer Steuer bzw. bei der Entscheidung, eine festgesetzte Steuer nicht zu ändern, unzweifelhaft um eine Abgabenangelegenheit gemäß § 347 Abs. 2 AO. Die Abgabenordnung findet auf den Ablehnungsbescheid des FA Starnberg vom 2. 7. 08 gemäß § 1 Abs. 1 Satz 1 AO Anwendung, weil die USt durch Bundesrecht geregelt ist – Art. 105 Abs. 2 i. V. m. Art 106 Abs. 3 GG – und durch die Landesfinanzbehörden verwaltet wird – Art 108 Abs. 2 Satz 1 GG.

Da ein Einspruchsausschluss nach § 348 AO nicht gegeben ist, ist die Statthaftigkeit des Einspruchs gegen den Ablehnungsbescheid vom 2. 7. 08 zu bejahen (vgl. insoweit auch Nr. 2 Satz 1 AE zu § 347 AO).

2. Beschwer

Nach § 350 AO ist einspruchsbefugt nur, wer geltend macht, durch einen VA beschwert zu sein. Ob tatsächlich eine Rechtsverletzung vorliegt, ist eine Frage der Begründetheit.

Vom Vorliegen der Beschwer ist stets auszugehen, wenn der angefochtene VA zu Lasten desjenigen ergangen ist, der Einspruch einlegt. Der L. ist durch den Ablehnungsbescheid vom 2. 7. 08

beschwert, weil ihm hierdurch eine Herabsetzung der festgesetzten USt 07, also eine für ihn günstigere Steuerfestsetzung verwehrt worden ist, damit diese Entscheidung für ihn belastenden Charakter hat.

3. Form des Einspruchs

a) § 357 Abs. 1 Satz 1 AO verlangt, dass der Einspruch schriftlich oder elektronisch eingereicht oder zur Niederschrift erklärt wird.

Ebenso wie das Schriftformerfordernis abweichend von § 126 Abs. 1 BGB keine Unterschrift erfordert, bedarf es im Fall der elektronischen Einspruchseinlegung keiner qualifizierten elektronischen Signatur nach dem Signaturgesetz (vgl. Nr. 1 AE zu § 357 AO). Denn gemäß § 357 Abs. 1 Satz 2 AO genügt es, dass erkennbar ist, wer den Einspruch eingelegt hat. Erforderlich ist also, dass dem Schriftstück zu entnehmen ist, dass der Unternehmer L. Einspruch einlegt und damit gemäß § 359 Nr. 1 AO Beteiligter des Einspruchsverfahrens wird, nicht hingegen Stb D. der Einspruchsführer ist.

b) Aus § 357 Abs. 1 Satz 4 AO, wonach die unrichtige Bezeichnung des Einspruchs nicht schadet, ergibt sich, dass das Schriftstück, mit dem sich L. gegen den Ablehnungsbescheid zur Wehr setzt, nicht expressis verbis als Einspruch bezeichnet werden muss. Es muss dem Schreiben/ elektronischem Dokument lediglich, ggf. im Wege der Auslegung entnommen werden können, dass L. eine vollumfängliche Überprüfung der eine Änderung der USt-Festsetzung 07 ablehnenden Entscheidung vom 2.7.08 wünscht.

c) Ob es noch möglich ist, fristwahrend bspw. durch ein dem FA per Post oder auf elektronischem Wege übermitteltes Schreiben oder gemäß § 357 Abs. 1 Satz 3 AO mittels Telegramm Einspruch einzulegen, hängt davon ab, wann die Einspruchsfrist endet (s. hierzu nachfolgende Ausführungen), wieviel Zeit also – vom 7.8.08 um 18.00 Uhr als dem Zeitpunkt an gerechnet, zu dem der Steuerberater seinen Angestellten Schmidt mit der gutachterlichen Prüfung beauftragt hat – noch bis zum Ablauf der Einspruchsfrist verbleibt.

d) Die Einspruchserklärung soll gemäß § 357 Abs. 3 AO die angegriffene Entscheidung und den Umfang der begehrten Nachprüfung erkennen lassen, auch soll sie die zur Begründung dienenden Tatsachen und die Beweismittel enthalten. Der Zulässigkeit des Einspruchs stehen jedoch weder eine fehlende Begründung noch das Fehlen eines „Einspruchsantrags" entgegen. Bei Unklarheiten ist die Behörde als Ausfluss des Amtsermittlungsgrundsatzes gehalten, den angegriffenen VA und den Umfang des Einspruchsbegehrens ggf. durch Rückfrage zu ermitteln.

e) Gemäß § 365 Abs. 1 i.V. m. § 80 Abs. 1 Satz 1 AO kann sich L. im Einspruchsverfahren von Stb D. vertreten lassen. Die Vollmacht, deren Erteilung Verfahrenshandlung ist mit der Folge der Anwendbarkeit von § 79 AO und durch einseitige empfangsbedürftige Willenserklärung gegenüber dem Bevollmächtigten oder der Finanzbehörde erfolgt (vgl. insoweit auch § 167 Abs. 1 BGB), muss, sofern keine Generalvollmacht vorliegt, einen hinreichend konkreten Bezug auf das konkrete Verfahren haben. Für dieses Verfahren umfasst die Vollmacht dann gemäß § 80 Abs. 1 Satz 2 AO alle Verfahrenshandlungen, sofern sich aus ihrem Inhalt nicht etwas anderes ergibt, also auch die Einlegung und Zurücknahme eines Einspruchs. Stb D. ist von dem Unternehmer L. während der USt-Prüfung im März 08 bevollmächtigt worden. Diese dem FA Starnberg durch Aushändigung der entsprechenden Vollmachtsurkunde zur Kenntnis gebrachte Vollmacht bezog sich auf die „Vertretung in den Umsatzsteuerangelegenheiten des L". Damit ist Stb D. berechtigt, für den L. Einspruch gegen den Ablehnungsbescheid vom 2. 7. 08 einzulegen.

4. Anbringungsbehörde

Anbringungsbehörde – zu unterscheiden von der gemäß § 367 Abs. 1 AO zur Entscheidung berufenen Finanzbehörde, auch wenn beide regelmäßig identisch sind (vgl. insoweit aber Nr. 3 AE zu § 357 AO u. Nr. 1 AE zu § 367 AO) – ist nach § 357 Abs. 2 Satz 1 AO die Behörde, die den angegriffenen VA erlassen hat, mithin das FA Starnberg.

5. Einhaltung der Einspruchsfrist

a) Der Einspruch muss noch vor Ablauf der Einspruchsfrist beim FA Starnberg eingehen. Nicht ausreichend ist es, dass das Einspruchsschreiben vor Ablauf der Frist zur Post gegeben wird. Wird der Einspruch mit Telefax oder mittels E-Mail am letzten Tag der Frist übermittelt, so erfordert die fristgerechte Einlegung, dass das Dokument bis 24.00 Uhr vom Empfangsgerät mit dem Mussinhalt des § 357 Abs. 1 AO vollständig ausgedruckt oder im „elektronischen Briefkasten" aufgezeichnet wird (vgl. BFH v. 28. 9. 2000 VI B 5/00, BStBl 2001 II 32; siehe hierzu auch Nr. 2 AE zu § 87a AO).

b) Die Einspruchsfrist beträgt nach §§ 355 Abs. 1 Satz 1, 356 Abs. 1 AO einen Monat, weil der angefochtene Bescheid – wie von Stb D. und seinem Angestellten festgestellt – mit einer ordnungsgemäßen Rechtsbehelfsbelehrung versehen war. Die Einspruchsfrist beginnt mit der wirksamen Bekanntgabe des Bescheides, mit dem das FA Starnberg den am 2. 6. 08 telefonisch gestellten Antrag auf Änderung des USt-Bescheides 07 vom 28. 4. 08 abgelehnt hat.

c) Dieser Ablehnungsbescheid wurde am 2. 7. 08 zur Post gegeben, er gilt deshalb am Montag, dem 7. 7. 08, gemäß §§ 122 Abs. 2 Nr. 1. Bei dem dritten Tag nach Aufgabe zur Post handelte es sich um Samstag, den 5. 7. 08 (vgl. hierzu Nr. 2 AE zu § 108 AO).

d) Der Wirksamkeit des Ablehnungsbescheides – der L. schuldet als Unternehmer gemäß § 43 Satz 1 AO i. V. m. § 13a Abs. 1 Nr. 1 UStG die USt 07 und ist damit sowohl Inhaltsadressat als auch Bekanntgabeadressat dieses Bescheides (zur Bezeichnung des Inhalts- und des Bekanntgabeadressaten vgl. Nr. 1.3 u. Nr. 1.4 AE zu § 122 AO) – steht nicht entgegen, dass das FA Starnberg den angefochtenen VA an Stb D. übermittelt hat.

Eine fehlerhafte Bekanntgabe hätte zur Folge, dass die Einspruchsfrist nicht ausgehend vom 7. 7. 08 zu berechnen wäre. Nur die ordnungsgemäße Bekanntgabe setzt den Lauf der Einspruchsfrist in Gang.

Zwar ist in der Regel der Inhaltsadressat auch „Empfänger" des VA. Als solcher wird derjenige bezeichnet, dem der VA tatsächlich zugehen soll, damit er dem Adressaten gegenüber wirksam wird (vgl. Nr. 1.5.1 AE zu § 122 AO). Nach § 122 Abs. 1 Satz 3 AO kann ein VA auch gegenüber einem Bevollmächtigten bekannt gegeben werden. Es lag demnach im Ermessen des FA Starnberg, den Ablehnungsbescheid dem L. als dem hiervon betroffenen Steuerschuldner oder Stb D. als seinem Bevollmächtigten zu übermitteln. Das Ermessen war vorliegend auch nicht durch eine von L. dem Stb erteilte Empfangsvollmacht eingeschränkt. Es besteht zwar grds. kein Wahlrecht mehr, wenn der Stpfl. dem FA ausdrücklich mitgeteilt hat, dass er den von ihm bestimmten Vertreter auch zur Entgegennahme von VAen ermächtige, wobei erforderlich ist, dass dieser eindeutig und unmissverständlich gerade auch als zum Empfang bevollmächtigt ist und dass sich dies unmittelbar aus der betreffenden Erklärung des Stpfl. ergibt, die er selbst oder der Bevollmächtigte der Behörde übermittelt hat. Eine derartige ausdrückliche Vollmacht zur Entgegennahme von Bescheiden mit Wirkung für und gegen den L. ist Stb D. jedoch nicht erteilt worden. Bei – wie hier der Fall – Fehlen einer schriftlichen Empfangsvollmacht entspricht es sachgerechter Ermessensausübung, Steuerbescheide und Einspruchsentscheidungen dem Stpfl. persönlich bekannt zu geben, es sei denn, besondere Umstände des Einzelfalles lassen das Interesse des Stpfl. an einer Bekanntgabe gegenüber dem Bevollmächtigten erkennen (i. d. S. BFH v. 9. 7. 1987 I R 37/83, BStBl 1988 II 242; v. 9. 12. 1998 II B 75/98, BFH/NV 1999, 1053). Da L. aber den Stb. durch eine dem FA ausgehändigte Urkunde ermächtigt hatte, ihn „in den Umsatzsteuerangelegenheiten zu vertreten", der D. auch in Vertretung seines Mandanten am 2. 6. 08 den Antrag auf Änderung des USt-Bescheides vom 28. 4. 08 gestellt hatte, war es nicht ermessensfehlerhaft, den Ablehnungsbescheid dem Steuerberater bekannt zu geben, sich also nicht an den Stpfl. selbst zu wenden, zumal die Behörde davon ausgehen konnte, dass dieser den Bescheid im Fall einer Bekanntgabe an ihn ohnehin zur Prüfung an den in umsatzsteuer- und verfahrensrechtlichen Angelegenheiten fachkompetenteren Steuerberater weiterleiten würde. Auch war für das FA Starnberg nicht ersichtlich, ob L. überhaupt Kenntnis von dem in seinem Namen gestellten Änderungsantrag hatte. In der Bekanntgabe des Ablehnungsbescheides an Stb D. ist auch kein widersprüchliches Verhalten der Behörde zu sehen. Zwar hat das FA Starnberg den USt-Bescheid 07 vom 28. 4. 08 dem L. selbst bekannt gegeben. Dass diese Bekanntgabe nicht gegenüber Stb D. erfolgt ist, hatte seine Ursache in dem Umstand, dass dieser Bescheid u. a. auf der am 27. 2. 08 beim FA eingegangenen Jahreserklärung des L. beruhte. Stb D. ist aber erst während der Außenprüfung im März 08 von L. mit der Wahrnehmung seiner Interessen beauftragt worden. Von einem Widerspruch der Behörde bei der Bekanntgabe von VAen zu früherem Verhalten ist aber nur bei gleich liegenden Verhältnissen auszugehen (vgl. insoweit Nr. 1.7.2 Abs. 3 AE zu § 122 AO). Dadurch dass Stb D. den Änderungsantrag am 2. 6. 08 gestellt hatte, er jedoch nicht bei der Erstellung der USt-Jahreserklärung 07 involviert war, haben sich die Verhältnisse geändert, die es für das FA Starnberg bei Klärung der Frage, wem der Ablehnungsbescheid vom 2. 7. 08 zu übermitteln ist, zu beachten galt.

e) Weil der Ablehnungsbescheid vom 2. 7. 08 am 7. 7. 08 als bekannt gegeben gilt, begann die Einspruchsfrist gemäß § 108 Abs. 1 AO i. V. m. § 187 Abs. 1 BGB am 8. 7. 08 um 0.00 Uhr.

Sie endet nach § 108 Abs. 1 AO i. V. m. § 188 Abs. 2 BGB am 7. 8. 08 um 24.00 Uhr.

Folglich kann Stb D. für seinen Mandanten L. bis zum Ablauf des 7. 8. 08 noch einen zulässigen Einspruch gegen den Ablehnungsbescheid vom 2. 7. 08 einlegen. Der Einspruch muss jedoch bis zu diesem Zeitpunkt das FA Starnberg erreichen.

aa) Da Stb D. seinen Angestellten erst um 18.00 Uhr mit der gutachtlichen Prüfung beauftragt hat, kommt weder eine Übersendung des Einspruchs durch die Post – das Schreiben würde das FA frühestens am 8. 8. 08, also nach Ablauf der Einspruchsfrist, erreichen – noch eine Erklärung des Einspruchs zur Niederschrift, die in der Protokollierung einer mündlich von einer körperlich anwesenden Person gegenüber einem Amtsträger abgegebenen Erklärung besteht – in den Abend- und Nachtstunden wird sich kein Amtsträger mehr im FA aufhalten –, in Betracht.

bb) Stb D. muss also entweder das Einspruchsschreiben noch bis Mitternacht in den Hausbriefkasten des FA Starnberg einwerfen bzw. durch einen Boten einwerfen lassen oder den Einspruch dem FA noch bis 24.00 Uhr mittels Telefax oder per E-Mail übermitteln.

Ergebnis: Bis zum Ablauf des 7. 8. 08 kann der Unternehmer Loibl, vertreten durch den Steuerberater Dederichs, noch einen zulässigen Einspruch gegen den Bescheid vom 2. 7. 08 betreffend die Ablehnung des Antrags vom 2. 6. 08 auf Änderung des USt-Bescheides 07 einlegen.

Aufgabe 2 (Prüfung der Erfolgsaussichten des Einspruchs):

Nach § 367 Abs. 2 Satz 1 AO hat das FA Starnberg die Sache in vollem Umfang erneut zu prüfen. Da sich der Einspruch gegen den Ablehnungsbescheid vom 2. 7. 08 richtet, ist unter Berücksichtigung des Grundsatzes der Vollüberprüfung zu klären, ob die Ablehnung der beantragten Änderung des USt-Bescheides 07 zu Recht erfolgt ist. D. h. das FA Starnberg muss dem Einspruch stattgeben, wenn L. einen Anspruch auf Erlass des beantragten Änderungsbescheides hat.

1) Anspruch auf Änderung des USt-Bescheides 07 nach § 172 Abs. 1 Satz 1 Nr. 2a AO

Nach § 172 Abs. 1 Satz 1 Nr. 2a AO darf ein Steuerbescheid, soweit er nicht unter dem Vorbehalt der Nachprüfung ergangen ist, nur geändert werden, soweit einem Antrag des Stpfl. der Sache nach entsprochen wird, wobei dies jedoch zugunsten des Stpfl. nur gilt, soweit er den Antrag vor Ablauf der Einspruchsfrist gestellt hat.

Eine Änderung des USt-Bescheides 07 nach dieser oder jeder anderen Korrekturvorschrift setzt zunächst voraus, dass dieser Bescheid wirksam geworden ist.

Bedenken gegen die Wirksamkeit könnten sich nur aus dem Umstand ergeben, dass das FA Starnberg den Bescheid vom 28. 4. 08 dem L. und nicht Stb D. bekannt gegeben hat. Die Übermittlung an den Stpfl. selbst stellte aber keine Verletzung des der Finanzbehörde in § 122 Abs. 1 Satz 3 AO eingeräumten Ermessens dar, weil dem D. von L. nicht ausdrücklich Empfangsvollmacht erteilt worden war. Die von L. während der Außenprüfung erteilte Vollmacht berechtigte Stb D. lediglich, diesen in den USt-Angelegenheiten zu vertreten, also etwa – wie auch geschehen – einen Änderungsantrag zu stellen. Hieraus konnte das FA Starnberg vielmehr den Schluss ziehen, dass L. den Wunsch hatte, dass ihm ein nach der Prüfung ergehender USt-Bescheid selbst zugeht. Auch ist insoweit zu berücksichtigen, dass Stb D. mit der Erstellung der bereits dem FA vorliegenden, aber von der Behörde noch nicht bearbeiteten USt-Jahreserklärung 07 auch nicht befasst war.

Die von Stb D. gegenüber seinem Angestellten geäußerte Ansicht, der USt-Bescheid vom 28. 4. 08 sei schon deshalb nicht wirksam geworden, weil er ihm hätte übermittelt werden müssen, geht fehl.

a) Der USt-Bescheid 07 vom 28. 4. 08 ist ohne Nebenbestimmung, also nicht unter dem Vorbehalt der Nachprüfung ergangen. Der VdN ist bei gebundenen VAen, z. B. Steuerbescheiden, eine gemäß § 164 Abs. 1 Satz 1 AO gesetzlich ausdrücklich zugelassene Nebenbestimmung (vgl. Nr. 1 Satz 2 AE zu § 120 AO).

aa) Kraft Gesetzes steht eine USt-Jahresfestsetzung nicht unter Nachprüfungsvorbehalt. Dies ist gemäß § 164 Abs. 1 Satz 2 AO der Fall bei Festsetzung einer Vorauszahlung.

Eine Vorauszahlung stellt jedoch nach § 18 Abs. 1 Satz 1 UStG nur die nach Ablauf eines Voranmeldungszeitraums vom Unternehmer selbst zu berechnende Steuer dar. Erfolgt eine Festsetzung der USt für den Voranmeldungszeitraum gemäß § 167 Abs. 1 Satz 1 AO, handelt es sich um eine unter VdN stehende Vorauszahlungsfestsetzung.

Die Festsetzung der USt-Jahressteuer 07 hätte hingegen – anders als Stb D. geäußert hat „Umsatzsteuerfestsetzungen stünden immer unter Vorbehalt der Nachprüfung" – nur dann unter VdN gestanden, wenn das FA Starnberg den Bescheid vom 28.4.08 ausdrücklich und eindeutig mit dieser Nebenbestimmung versehen hätte.

bb) Auch aus § 168 AO lässt sich nicht herleiten, dass der USt-Bescheid vom 28.4.08 unter VdN ergangen ist.

Hiernach steht zwar eine Steueranmeldung – um eine solche handelt es sich gemäß § 18 Abs. 3 Satz 1 UStG bei der USt-Jahreserklärung 07 – entweder mit Eingang bei der Finanzbehörde oder mit deren Zustimmung einer Steuerfestsetzung unter VdN gleich. Da die von L. eingereichte Jahreserklärung zu einer Herabsetzung der auf Grund der Summe der Voranmeldungen zu entrichtenden USt-Schuld 07 geführt hat, hätte es, um die Wirkung einer VdN-Festsetzung auszulösen, nach § 168 Satz 2 AO der Zustimmung des FA bedurft. Ausdrücklich hat die Behörde der Herabsetzung nicht zugestimmt. Die nach § 168 Satz 3 AO nicht formbedürftige Zustimmung ist auch nicht konkludent erfolgt, denn das FA hat den Erstattungsbetrag wegen der bevorstehenden USt-Prüfung nicht ausgezahlt. Die beim FA am 27.2.08 eingegangene Steuererklärung stellt nur einen Antrag auf Festsetzung der Jahressteuer dar.

Aber selbst wenn das FA Starnberg seine Zustimmung erklärt hätte mit der Folge, dass ab Bekanntwerden der Zustimmung von einer Festsetzung unter VdN auszugehen wäre, würde es sich bei dem später ergangenen USt-Bescheid vom 28.4.08 um eine endgültige Festsetzung der USt für 07 handeln. Denn bei Änderung einer kraft Gesetzes die Wirkung einer Vorbehaltsfestsetzung entfaltenden USt-Jahreserklärung bleibt der Vorbehalt nur bestehen, wenn in dem neuen Steuerbescheid vermerkt wird, dass dieser weiterhin unter VdN steht (vgl. Nr. 7 Satz 3 AE zu § 168 AO – kein Fall von Nr. 6 Satz 1 u. Satz 2 erster Halbs. AE zu § 164 AO).

b) Einem Antrag auf Änderung eines Steuerbescheides zugunsten des Stpfl. kann gemäß § 172 Abs. 1 Satz 1 Nr. 2a zweiter Halbs. AO nur entsprochen werden, wenn die Änderung vor Ablauf der Einspruchsfrist beantragt worden ist. Der Antrag auf sog. schlichte Änderung, der anders als ein Einspruch keiner Form bedarf (vgl. Nr. 2 Abs. 1 Satz 2 u. Satz 3 AE zu § 172 AO), also auch mündlich oder fernmündlich gestellt werden kann, hat Stb D. für seinen Mandanten am 2.6.08 telefonisch beim insoweit auch zuständigen FA Starnberg gestellt. Dieser Antrag, der nicht der Formvorschrift des § 357 Abs. 1 AO genügt und damit nicht als Einspruch zu werten ist – ein Telefonat erfüllt auch nicht die Anforderungen an eine Einspruchseinlegung durch Erklärung zur Niederschrift –, war auf Herabsetzung der USt-Schuld 07, mithin auf eine Änderung des USt-Bescheides vom 28.4.08 zugunsten des Stpfl. gerichtet.

Der USt-Bescheid 07 gilt gemäß §§ 122 Abs. 2 Nr. 1, 108 Abs. 3 AO am 2.5.08 als bekannt gegeben, weil der dritte Tag nach Aufgabe zur Post Donnerstag, der 1. Mai (= gesetzlicher Feiertag) war.

Die einmonatige Einspruchsfrist begann gemäß § 108 Abs. 1 AO i.V.m. § 187 Abs. 1 BGB am Samstag, den 3.5.08 um 0.00 Uhr – keine Anwendbarkeit von § 108 Abs. 3 AO, weil es bei diesem Datum nicht um das Ende einer Frist geht –, sie endete gemäß § 108 Abs. 1 AO i.V. m. § 188 Abs. 2 BGB mit Ablauf des 2. 6. 08 (= 24.00 Uhr).

Also hat Stb D. für den L. rechtzeitig den Antrag auf Änderung des USt-Bescheides 07 gestellt.

c) Eine Änderung nach § 172 Abs. 1 Satz 1 Nr. 2a AO setzt voraus, dass der rechtzeitig von Stb D. für seinen Mandanten gestellte Antrag wirksam ist. Das FA darf den USt-Bescheid 07 auf Grund des am 2. 6. 08 gestellten Antrags nur in dem Umfang zugunsten des Stpfl. ändern, als vor Ablauf der Einspruchsfrist eine genau bestimmte Änderung bezogen auf einen konkreten Lebenssachverhalt beantragt worden ist (vgl. hierzu Nr. 2 Abs. 2 AE zu § 172 AO). Denn unter dem Antrag „der Sache nach" ist der Lebenssachverhalt zu verstehen, der nach Ansicht des Stpfl. in dem Steuerbescheid nicht zutreffend gewürdigt worden ist und daher nunmehr bei der beantragten Änderung berücksichtigt werden soll. Dass zur Offenhaltung des Steuerbescheids im Wege des Antrags auf „schlichte" Änderung nicht die bloße Nennung eines betragsmäßigen Änderungsrahmens – hier: 2 470 € – genügt, sondern das Kenntlichmachen einzelner sachverhaltsbezogener Korrekturpunkte erforderlich ist, zeigt vor allem der gesetzessystematische Vergleich von § 172 Abs. 1 Satz 1 Nr. 2a AO mit den Vorschriften über den Einspruch. Anders als das Einspruchsverfahren soll der Antrag auf „schlichte" Änderung die Finanzbehörde nicht verpflichten, den gesamten Steuerfall neu aufzurollen. Hier hat die Behörde ausschließlich zu prüfen, ob sie dem Begehren des Antragstellers „der Sache nach" entsprechen kann. Um diese Aufgabe erfüllen zu können, muss für die Behörde erkennbar sein, auf welche sachverhaltsbezogenen Korrekturpunkte der Antrag zielt. Eine bloße betragsmäßige Benennung des Änderungsrahmens ohne Angabe der nach Ansicht des Antragstellers fehlerhaft gewürdigten Besteuerungsgrundlage würde die Behörde aber zwingen, den Steuerfall entgegen dem Sinn dieser Korrekturvorschrift doch in vollem Umfang erneut aufzugreifen.

Stb D. hat mit der Angabe „Vorsteuerabzug aus der Anschaffung des Hochregallagers" den Lebenssachverhalt hinreichend konkretisiert und damit einen wirksamen „schlichten" Änderungsantrag gestellt.

d) Unter materiell-rechtlichem Gesichtspunkt ist der USt-Bescheid vom 28. 4. 08 fehlerhaft. Weil das Hochregallager im Oktober 07 geliefert und die Rechnung im November 07 erteilt worden war, musste der Vorsteuerabzug in Höhe von 2 470 € gemäß § 15 Abs. 1 Satz 1 Nr. 1 UStG bereits von der USt des Jahres 07 in Abzug gebracht werden. Die Stundung eines Teils des Kaufpreises für das Hochregallager bis zum 31. 1. 08 ist für die Frage, in welchem Besteuerungszeitraum Vorsteuerbeträge abzusetzen sind, ohne Bedeutung, weil die Ausübung des Vorsteuerabzugs nicht vom Zeitpunkt der Rechnungsbezahlung abhängt.

Die von Stb D. im Gespräch mit seinem Angestellten geäußerte Ansicht, die festgesetzte USt des Jahres 07 sei rechtswidrig, weil der Vorsteuerabzug aus dem gestundeten Rechnungsteil durchzuführen sei, ist demnach zutreffend.

e) Zwar stellt § 172 Abs. 1 Satz 1 Nr. 2a AO die Änderung in das Ermessen der Finanzbehörde – „darf". Um aber dem auch in § 85 Satz 1 AO normierten Grundsatz der Gesetzmäßigkeit der Besteuerung gerecht zu werden, war das FA Starnberg verpflichtet, dem von Stb D. gestellten Antrag zu entsprechen und die im Bescheid vom 28. 4. 08 auf 482 170 € festgesetzte USt 07 um 2 470 € herabzusetzen.

2. Anspruch auf Berichtigung des USt-Bescheides 07 nach § 129 AO

Nach dieser auf alle wirksam bekannt gegebenen VAe, also selbstverständlich auch auf Steuerbescheide anwendbaren Vorschrift können bzw. müssen bei berechtigtem Interesse des Beteiligten Schreibfehler, Rechenfehler oder ähnliche offenbare Unrichtigkeiten, die beim Erlass des VA unterlaufen sind, jederzeit berichtigt werden.

Ähnliche offenbare Unrichtigkeiten – die Unrichtigkeit muss nicht unmittelbar aus dem Bescheid selbst ersichtlich sein, sondern für das Merkmal der Offenbarkeit genügt es, wenn sie bei Kenntnis aller Unterlagen für einen objektiven, unvoreingenommenen Dritten auf der Hand liegt (vgl. hierzu Nr. 3 AE zu § 129 AO) – sind Fehler, die wie Schreib- und Rechenfehler ihren Grund lediglich in einem mechanischen Versehen oder menschlichen Versagen haben. Eine falsche Rechtsanwendung bei der Willensbildung des den VA erlassenen Amtsträgers muss ausgeschlossen sein. Besteht auch nur die Möglichkeit eines Rechtsirrtums als Ursache für die Unrichtigkeit, greift § 129 AO nicht ein (sog. konkrete Fehlertheorie; vgl. hierzu BFH v. 5. 2. 1998 IV R 17/97, BStBl 1998 II 535; v. 13. 6. 2012 VI R 85/10, BStBl 2013 II 5; siehe auch Nr. 2 AE zu § 129 AO), wobei jedoch die nur rein theoretische Möglichkeit, dass dem Fehler auch rechtliche Überlegungen zugrunde liegen könnten, nicht ausreicht.

Vorliegend kann nicht von einer einem Schreib- und Rechenfehler vergleichbaren offenbaren Unrichtigkeit ausgegangen werden. Denn die Begründung zum USt-Bescheid vom 28. 4. 08, der Vorsteuerabzug sei bei der USt-Festsetzung 07 deshalb nicht erfolgt, weil er bereits in der Voranmeldung für Januar 08 enthalten sei, deutet darauf hin, dass der den Bescheid erlassende Veranlagungssachbearbeiter diesbezüglich sich Gedanken über eine Erfassung des Vorsteuerabzugs im Bescheid vom 28. 4. 08 gemacht, diese aber wegen der bereits erfolgten Berücksichtigung des Vorsteuerabzugs in 08 verworfen hat. Bei der Auswertung von Feststellungen eines Außenprüfers durch den für die Veranlagung organisatorisch zuständigen Amtsträger ist dieser nicht an die im Prüfungsbericht enthaltenen Rechtsauffassungen des Prüfers gebunden (vgl. in diesem Zusammenhang auch Nr. 1 Satz 1 AE zu § 201 AO u. § 12 Abs. 2 BpO).

Die von Stb. D. geäußerte Ansicht, es müsse sich um ein Versehen des FA gehandelt haben, den Vorsteuerabzug bei Festsetzung der USt 07 nicht vorzunehmen, was nur bedeuten kann, dass er eine Bescheidberichtigung nach § 129 AO für geboten erachtet, ist nicht zutreffend.

3. Anspruch auf Änderung des USt-Bescheides 07 nach § 174 Abs. 3 AO

Gemäß § 174 Abs. 3 Satz 1 AO kann die Steuerfestsetzung (hier: die USt-Festsetzung 07), bei der die Berücksichtigung des Sachverhalts unterblieben ist, insoweit geändert werden, als ein bestimmter Sachverhalt (hier: Lieferung des Hochregallagers und Rechnungserteilung bereits in 07 mit der Folge des Vorsteuerabzugs auch in diesem Jahr) in einem Steuerbescheid (hier: USt-Bescheid vom 28. 4. 08) erkennbar in der Annahme nicht berücksichtigt wurde, dass er in einem anderen Steuerbescheid (hier: USt-Voranmeldung für Januar 08) zu berücksichtigen sei, und sich diese Annahme als unrichtig herausstellt.

Diese Voraussetzungen als erfüllt anzusehen, ist jedoch aus folgenden Gründen zweifelhaft:

a) Die Formulierung in der Erläuterung zum USt-Bescheid 07, der Vorsteuerabzug aus Tz. 2 der Prüferfeststellung erfolge hier nicht, weil er bereits in der Voranmeldung für Januar 08 enthalten sei, legt den Schluss nahe, dass der den Bescheid erlassende Bearbeiter zwar – wie auch schon vom Prüfer in seinem Prüfungsbericht festgehalten – erkannt hat, dass der Vorsteuerabzug zwar den Besteuerungszeitraum 07 betrifft, aber eine Korrektur aus „pragmatischen" Gründen unterlassen hat, um nicht auch die kraft Gesetzes einer VdN-Festsetzung gleichstehende Anmeldung für Januar 08 ändern zu müssen.

Dann aber scheitert § 174 Abs. 3 AO zum einen daran, dass die Nichtberücksichtigung des Sachverhalts bei der USt-Festsetzung 07 nicht deshalb, also nicht in der Annahme geschehen ist, weil der Bearbeiter meinte, der Vorsteuerabzug habe materiell-rechtlich Bedeutung für einen anderen Besteuerungszeitraum.

Zum anderen hätte sich die Annahme, der Vorsteuerabzug sei erst im Januar 08 zu berücksichtigen, nicht erst nach Erlass des USt-Bescheides 07 als unrichtig herausgestellt. § 174 Abs. 3 AO verlangt, dass die ursprüngliche Annahme des FA **später** als **fehlerhaft erkannt** wird (vgl. insoweit Nr. 6 Abs. 2 Satz 2 AE zu § 174 AO). Dies ließe sich nur bejahen, wenn man die Erläuterung zum USt-Bescheid 07 – „bereits in der Voranmeldung für Januar 08 enthalten sei" – dahingehend auslegt, der Bearbeiter habe damit zum Ausdruck bringen wollen, der Vorsteuerabzug sei tatsächlich und müsse auch rechtlich im Voranmeldungszeitraum Januar 08 enthalten sein.

b) Außerdem ist zu berücksichtigen, dass nach § 174 Abs. 3 AO dem Betroffenen dann eine Änderungsmöglichkeit eingeräumt werden muss, wenn er auf eine irrige Rechtsansicht vertraut hat und ohne Änderungsmöglichkeit seine Rechte nicht weiter verfolgen könnte.

Vorliegend aber hatte L., als das FA im Mai 08 dann doch im Hinblick auf Tz. 2 des Prüfungsberichts eine Änderung der einer VdN-Festsetzung gleichstehenden Anmeldung für Januar 08 gemäß § 164 Abs. 2 AO durch Kürzung des Vorsteuerabzugs durchgeführt hatte, die Möglichkeit, sich gegen die Auffassung des FA laut USt-Bescheid vom 28. 4. 08, den Vorsteuerabzug nicht im Jahr 07 vorzunehmen, zur Wehr zu setzen. Dies ist, wie der Antrag vom 2. 6. 08 zeigt, auch rechtzeitig geschehen. Eine Konstellation anzunehmen, die zur Anwendung des § 174 Abs. 3 AO zwingt, ist nicht unbedenklich, weil die – auch wahrgenommene – Möglichkeit bestand, die fehlerhafte USt-Festsetzung 07 noch korrigieren zu lassen. Dieser Einwand käme unzweifelhaft nicht zum Tragen, wenn das FA Starnberg die Änderung der USt-Voranmeldung für Januar 08 erst nach Ablauf der Einspruchsfrist für den USt-Bescheid vom 28. 4. 08 durchgeführt hätte, damit für L. nicht mehr die Möglichkeit gegeben gewesen wäre, mittels Einspruchs oder Antrags auf „schlichte" Änderung gegen die Auffassung des FA, Nichtberücksichtigung des Vorsteuerabzugs bei der USt-Festsetzung 07, vorzugehen.

Ergebnis: Weil dem von Stb D. am 2. 6. 08 telefonisch gestellten Änderungsantrag hätte entsprochen werden müssen, ist der **Ablehnungsbescheid** vom **2. 7. 08 rechtswidrig**, der Einspruch damit begründet, so dass es nach § 367 Abs. 2 Satz 3 AO keiner Einspruchsentscheidung bedarf, und als Ergebnis des Einspruchs gemäß § 172 Abs. 1 Satz 1 Nr. 2a zweiter Halbs. letzte Alt. AO – „soweit die Finanzbehörde einem Einspruch abhilft" – dieser Bescheid **aufzuheben**.

Ferner ist der **USt-Bescheid 07** vom **28. 4. 08** nach § 172 Abs. 1 Satz 1 Nr. 2a AO – „soweit dem vor Ablauf der Einspruchsfrist gestellten Antrag der Sache nach entsprochen wird" – dahingehend zu **ändern**, dass die USt 07 von **482 170 €** auf **479 700 €** herabgesetzt wird.

Sachverhalt 2 – Umsatzsteuer des Jahres 06 –

Der Einspruch vom 7.8.08, eingegangen beim FA Starnberg am 8.8.08, wird erfolgreich sein, wenn er zulässig und begründet ist.

I: Prüfung der Zulässigkeit des Einspruchs

1. Keine Bedenken gegen die Zulässigkeit des von Stb D. für den L. eingelegten Einspruchs gegen die Festsetzung der USt 06 i. H. v. 362 185 € bestehen im Hinblick auf das Formerfordernis des § 357 Abs. 1 AO, die Einspruchseinlegung bei der zuständigen Behörde gemäß § 357 Abs. 2 AO und die Beschwer gemäß § 350 AO.

Der Einspruch ist schriftlich bei der Behörde angebracht worden, die den angefochtenen VA erlassen hat.

Die Beschwer ergibt sich aus dem Umstand, dass sich der Einspruch gegen eine (mittlerweile wirksam gewordene) steuererhöhende Festsetzung richtet.

2. Der Zulässigkeit des Einspruchs könnte jedoch entgegenstehen, dass der Bescheid vom 28.4.08, der mit dem am 8.8.08 beim FA Starnberg eingegangenen Einspruch angegriffen wird, zu diesem Zeitpunkt noch gar nicht wirksam geworden war.

Gemäß § 124 Abs. 1 AO wird ein VA mit der Bekanntgabe wirksam. Vor der Bekanntgabe liegt noch kein VA und – wie § 155 Abs. 1 Satz 2 AO ausdrücklich festschreibt – kein Steuerbescheid vor, sondern ein bloßes Internum, das ohne weiteres aufgehoben oder geändert werden kann. Fehlende oder fehlerhafte Bekanntgabe hat zur Folge, dass der VA dem Betroffenen gegenüber nicht existiert (vgl. BFH v. 25.11.2002 GrS 2/01, BStBl 2003 II 548; Nr. 3 AE zu § 124 AO).

Eine wirksame Bekanntgabe erfordert Zugang beim Empfänger, der dadurch erfolgt, dass der VA derart in dessen Machtbereich gelangt, dass diesem die Kenntnisnahme nach seinen Verhältnissen normalerweise möglich ist und von ihm nach den Gepflogenheiten des Verkehrs auch erwartet werden kann.

Der vom FA Starnberg am 28.4.08 im Anschluss an die Außenprüfung zur Post gegebene, an den L. gerichtete und adressierte Bescheid ist nach eigener Aussage gegenüber dem Steuerberater nie in seinen Machtbereich gelangt, mithin ihm nicht zugegangen und damit ihm gegenüber nicht wirksam geworden.

Wird vom Betroffenen der Zugang bestritten, so hat die Behörde die Feststellungslast, weil vom Empfänger eine Substantiierung dieses Bestreitens nicht erwartet werden kann. Die Behörde kann den ihr durch § 122 Abs. 2 zweiter Halbs. AO auferlegten Nachweis nicht nach den Grundsätzen über den Anscheinsbeweis führen, indem sie Tatsachen darlegt, die für einen typischen Geschehensablauf sprechen; es gelten vielmehr die allgemeinen Beweisregeln (std. Rspr, vgl. BFH v. 28.8.2003 VII R 22/01, BStBl 2003 II 933; v. 31.5.2005 I R 103/04, BStBl 2005 II 623; v. 26.1.2010 X B 147/09, BFH/NV 2010, 1081).

Den Nachweis des Zugangs des am 28.4.08 zur Post gegebenen USt-Bescheids 06 kann das FA Starnberg nicht führen.

a) Nach § 347 Abs. 1 Satz 1 Nr. 1 i.V. m. Abs. 2 AO ist der Einspruch statthaft gegen einen VA in Abgabenangelegenheiten, womit der durch Bekanntgabe wirksam gewordene VA gemeint ist. Auch lässt sich eine Beschwer gemäß § 350 AO nur aus einem ebensolchen VA begründen.

b) Das Einspruchsverfahren ist jedoch ebenfalls eröffnet, wenn ein nichtiger oder ein Schein-VA angegriffen wird (vgl. Nr. 1 Satz 1 AE zu § 347 AO). Dies ist aus Rechtsschutzgründen geboten, auch wenn hierdurch keinerlei Rechtswirkungen ausgelöst werden. In diesem Sinne von einem Schein-VA auszugehen, lässt sich zumindest nicht allein damit begründen, dass die Behörde einen Bescheid, der den Empfänger nicht erreicht, zur Post gegeben hat. Denn die Äußerung einer mit staatlicher Autorität ausgestatteten Behörde muss für den Betroffenen den Schein der Rechtswirksamkeit auslösen und damit aus seiner Sicht für ihn Nachteile und Unannehmlichkeiten entstehen können (vgl. hierzu BFH v. 25. 1. 1983 VIII R 54/79, BStBl 1983 II 543 betreffend Anschein der Bekanntgabe).

Vorliegend ist jedoch die Besonderheit zu beachten, dass L. eine Mahnung der Finanzkasse des FA Starnberg – diese ist kein VA, weil sie nur an eine Zahlungsverpflichtung erinnert, nicht aber unmittelbar auf Herbeiführung einer Rechtsfolge gerichtet ist (vgl. BFH v. 18. 10. 1994 VII R 20/94, BStBl 1995 II 42 zu § 259 AO) – erhalten hat, aus der sich ergab, dass er die Schuld i. H. v. 2 185 € aus dem am 28. 4. 08 zur Post gegebenen USt-Bescheid 06 noch nicht bezahlt hatte.

Dies lässt es gerechtfertigt erscheinen, ihn glauben zu lassen, er müsse sich gegen eine behördliche Maßnahme, die Festsetzung der USt, zur Wehr setzen, um keine Nachteile zu erleiden, zumal ihm aus der Schlussbesprechung vom 27. 3. 08 und aus dem ihm persönlich zugegangenen Prüfungsbericht bekannt war, dass die Außenprüfung eine entsprechende USt-Schuld zur Folge haben würde.

Dass im Zeitpunkt der Einspruchseinlegung noch kein auf Grund der Außenprüfung ergangener wirksamer USt-Bescheid 06 vorlag, steht demnach der Zulässigkeit des Rechtsbehelfs gegen den laut Stb D. „Phantom-Bescheid" nicht entgegen.

Auch ist der Einspruch nicht verspätet eingelegt worden. Denn die an die – wirksame – Bekanntgabe anknüpfende Monatsfrist des § 355 Abs. 1 Satz 1 AO hat durch den am 28. 4. 08 zur Post gegebenen, aber dem L. nicht zugegangenen Bescheid nicht zu laufen begonnen.

3) Gemäß § 365 Abs. 3 Satz 2 Nr. 2 AO wird ein VA, der an die Stelle eines angefochtenen unwirksamen VA tritt, Gegenstand des Einspruchsverfahren. Zwar kann streng begrifflich ein unwirksamer VA nicht ersetzt werden. Entscheidend ist aber, dass er zulässigerweise angefochten worden ist und somit als Anfechtungsgegenstand ersetzt werden kann.

Mit Übersendung der neuen Ausfertigung des USt-Bescheides 06 an Stb D. – in dessen Kanzlei eingegangen am 19. 8. 08 – ist dieser VA wirksam und damit Gegenstand des laufenden Einspruchsverfahrens geworden. Dem kann nicht entgegen gehalten werden, das FA hätte die Bescheidkopie dem L. selbst übermitteln müssen, es läge also wiederum keine wirksame Bekanntgabe vor. Zwar hatte Stb D. keine ausdrückliche Empfangsvollmacht, sondern „nur" eine allgemeine Verfahrensvollmacht. Im Rahmen der nach § 122 Abs. 1 Satz 3 AO zu treffenden Ermessensentscheidung war jedoch zu berücksichtigen, dass D. auf Grund der ihm erteilten Vollmacht bereits Einspruch gegen den „Phantom-Bescheid" eingelegt und das FA auch gebeten hatte, ihm eine neue Bescheidausfertigung zuzusenden.

ERGÄNZENDER HINWEIS:
Die Zulässigkeit des am 8. 8. 08 beim FA Starnberg eingegangenen Einspruchs lässt sich – geht man nicht auf den Aspekt des Schein-VA ein – auch wie folgt bejahen:

Ein bereits vor wirksamer Bekanntgabe des VA eingelegter Einspruch ist zwar grds. unzulässig. Dies orientiert sich am Wortlaut des § 355 Abs. 1 Satz 1 AO „innerhalb……nach Bekanntgabe". Jedoch kann hiervon eine Ausnahme gemacht werden, wenn der Inhalt des VA dem Stpfl. bekannt war, was vorliegend auf Grund der besonderen Umstände – Schlussbesprechung, Prüfungsbericht und Mahnung – der Fall gewesen ist (vgl. insoweit BFH v. 25. 1. 1983 VIII R 54/79, BStBl 1983 II 543; v. 26. 4. 1988 VIII R 292/82, BStBl 1988 II 855; siehe zur Problematik auch Tipke in Tipke/Kruse § 355 AO Rdnr. 8).

II: Prüfung der Begründetheit des Einspruchs

Der zulässige Einspruch ist – zumindest teilweise – begründet, wenn das FA Starnberg die USt 06 im Anschluss an die Außenprüfung nicht auf 362 185 € hätte festsetzen dürfen.

Der angefochtene Bescheid hat die eine USt für 06 ausweisende Festsetzung vom 10. 9. 07 in Höhe von 360 000 € geändert.

Wird ein Änderungsbescheid mit einem Einspruch angegriffen, ist die Sache ebenso wie bei einem Einspruch gegen einen Erstbescheid nach § 367 Abs. 2 Satz 1 AO in vollem Umfang zu überprüfen. Da es das Ziel eines jeden Einspruchsverfahrens ist, die nach materiell-rechtlichen Gesichtspunkten zutreffende Steuer festzusetzen, sofern dem nicht verfahrensrechtliche Aspekte entgegenstehen, ist zunächst festzustellen, in welcher Höhe die USt für das Jahr 06 entstanden ist.

Im Hinblick auf den Inhalt der Veranlagungsakte und die im Prüfungsbericht enthaltenen Feststellungen für 06 ergibt sich für diesen Besteuerungszeitraum folgende USt:

360 000 €	Festsetzung vom 10. 9. 07
+ 1 520 €	Steuererhöhung wegen der Schenkung des Transporters an den Sohn von L. (vgl. Tz. 1 des Prüfungsberichts)
./. 1 740 €	Steuerminderung wegen des bisher als steuerpflichtig behandelten Umsatzes (vgl. T. 2 des Prüfungsberichts)
+ 665 €	Steuererhöhung wegen des Getränkeverkaufs an die Mitarbeiter (vgl. Tz. 3 des Prüfungsberichts)
./. 665 €	Steuerminderung wegen des Einkaufs der Getränke (vgl. Tz. 3 des Prüfungsberichts)
359 780 €	kraft Gesetzes entstandene USt 06

(1) zu Tz. 1 des Prüfungsberichts

Die bilanzsteuerrechtlich als Entnahme anzusehende Schenkung des von L. für sein Unternehmen angeschafften Transporters an den Sohn stellt gemäß § 3 Abs. 1b UStG eine steuerpflichtige unentgeltliche Wertabgabe dar.

(2) zu Tz. 2 des Prüfungsberichts

Der von L. getätigte Umsatz ist entgegen seiner der Rspr. des FG München in einem gleich gelagerten Fall und der Auffassung der Verwaltung folgenden Behandlung in der USt-Jahreserklärung 06 und damit korrespondierend in der USt-Festsetzung vom 10. 9. 07 ausweislich der das FG-Urteil aufhebenden Revisionsentscheidung des BFH steuerfrei.

(3) zu Tz. 3 des Prüfungsberichts

Die Getränkeumsätze mit seinen Mitarbeitern stellen keinen durchlaufenden Posten dar, weil hierunter gemäß § 10 Abs. 1 Satz 6 UStG Beträge zu verstehen sind, die der Unternehmer im Namen und für Rechnung eines anderen vereinnahmt und verausgabt. Der L. hat aber im eigenen Namen und für eigene Rechnung Lieferungen bezogen und ebenso Lieferungen an seine Mitarbeiter ausgeführt.

Dies bedeutet, dass zum einen die entgeltliche Getränkeabgabe an die Mitarbeiter USt auslöst und dass zum anderen der Wareneinkauf mit Rechnungserteilung zum Vorsteuerabzug berechtigt.

Die materiell-rechtlich zutreffende USt 06 liegt mit 359 780 € unter der vom FA Starnberg in dem angefochtenen USt-Bescheid vom 19. 8. 08 festgesetzten Steuer von 362 185 €, aber auch unterhalb der im Bescheid vom 10. 9. 07 festgesetzten USt i. H. v. 360 000 €.

a) Damit steht fest, dass als Ergebnis des Einspruchs die USt 06 auf jeden Fall auf 360 000 €, also auf die bereits im Bescheid vom 10. 9. 07 festgesetzte Steuer herabgesetzt werden muss.

b) Ob aber auch eine Herabsetzung der USt 06 auf den materiell-rechtlich (= unter umsatzsteuerrechtlichen Gesichtspunkten) zutreffenden Betrag von 359 780 € erfolgen kann, hängt von der Anwendbarkeit des § 351 Abs. 1 AO ab. Nach dem ersten Halbsatz dieser Vorschrift kann auf Grund der Anfechtung eines Änderungsbescheides dieser nur in dem Umfang geändert werden, in dem er vom ursprünglichen Bescheid abweicht (vgl. Nr. 1 Satz 2 u. S. 4 erster Halbs. AE zu § 351 AO).

Hat aber der angefochtene Bescheid keinen unanfechtbaren VA geändert, greift mithin die Anfechtungsbeschränkung des § 351 Abs. 1 erster Halbs. AO nicht ein, oder ergibt sich im Fall der grds. Anwendbarkeit der Anfechtungsbeschränkung aus den Vorschriften über die Aufhebung und Änderung von VAen ein Rechtsanspruch auf Änderung des unanfechtbaren Bescheids im Umfang von zumindest 220 € – § 351 Abs. 1 zweiter Halbs. AO (vgl. hierzu Nr. 2 AE) –, muss die USt 06 auf 359 780 € herabgesetzt werden.

§ 351 Abs. 1 AO ist Ausfluss der Bestandskraft des geänderten Bescheides und will verhindern, dass der Stpfl. durch Erlass eines Änderungsbescheids eine mit Unanfechtbarkeit des ursprünglichen Bescheids verlorene günstige Rechtsposition zurück erlangt, jedoch nicht die allgemeinen Vorschriften über die Aufhebung und Änderung von Steuerbescheiden einschränken – der zweite Halbsatz der Vorschrift zieht das Korrekturverfahren mit in das Einspruchsverfahren gegen den Änderungsbescheid hinein.

1. § 351 Abs. 1 erster Halbs. AO

a) Die Anfechtungsbeschränkung setzt zunächst voraus, dass der angefochtene Bescheid – hier: USt-Bescheid 06 vom 19. 8. 08 – einen unanfechtbaren VA geändert hat.

Der USt-Bescheid vom 10. 9. 07, der durch den angefochtenen Bescheid im Anschluss an die Außenprüfung geändert worden ist, war im Zeitpunkt des Wirksamwerdens der USt-Festsetzung vom 19. 8. 08, aber auch schon im Zeitpunkt der Aufgabe zur Post am 28. 4. 08 des dann nicht zugegangenen Bescheids, nicht mehr anfechtbar. Weil der Bescheid vom 10. 9. 07 mit einer ordnungsgemäßen Rechtsbehelfsbelehrung versehen war, ist die Einspruchsfrist von einem Monat bereits am 13.10.07 um 24.00 Uhr abgelaufen; ab diesem Zeitpunkt war der geänderte Bescheid unanfechtbar (= formell bestandskräftig).

b) Darüber hinaus setzt die Anwendbarkeit von § 351 Abs. 1 AO voraus, dass der angefochtene Bescheid nicht eine Steuerfestsetzung geändert hat, die noch unter Nachprüfungsvorbehalt stand.

Denn Vorbehaltsfestsetzungen werden zwar, wenn sie nicht angefochten werden, mit Ablauf der Einspruchsfrist formell bestandskräftig, erwachsen aber nicht in materielle Bestandskraft, deren Schutz die Vorschrift bezweckt. VdN-Bescheide können, solange der Vorbehalt wirksam ist, also solange er nicht nach § 164 Abs. 3 Satz 1 AO ausdrücklich aufgehoben oder gemäß § 164 Abs. 4 AO kraft Gesetzes entfallen ist, jederzeit nach § 164 Abs. 2 Satz 1 AO geändert werden.

Der USt-Bescheid 06 vom 10.9.07 ist, weil nicht mit einer Nebenbestimmung, mithin nicht mit einem Vorbehalt der Nachprüfung versehen, endgültig ergangen.

Deshalb findet § 351 Abs. 1 erster Halbs. AO auf die Anfechtung des USt-Bescheides 06 vom 19.8.08 Anwendung mit der Folge, dass die USt als Ergebnis des Einspruchs grds. nur auf 360 000 € herabzusetzen ist.

2) § 351 Abs. 1 zweiter Halbs. AO

Eine Herabsetzung der USt 06 unter die Grenze des geänderten Bescheides (hier: unterhalb von 360 000 €) kommt nur in Betracht, soweit sich aus Korrekturvorschriften ein Anspruch auf Änderung dieser Steuerfestsetzung ergibt, jedoch maximal im Umfang von 220 €, weil als Ergebnis des Einspruchsverfahrens selbstverständlich keine Steuer festgesetzt werden darf, die unterhalb der zutreffenden USt i. H. v. 359 780 € liegt.

Deshalb sind nachfolgend nur die Tz. des Prüfungsberichts auf das Eingreifen von Korrekturvorschriften zu untersuchen, die zu einer Minderung der festgesetzten USt 06 führen (hier: Tz. 2 und Tz. 3 bezüglich des Vorsteuerabzugs aus den Rechnungen für den Getränkeeinkauf).

> **ERGÄNZENDER HINWEIS:**
>
> Eine Prüfung von steuererhöhenden Korrekturvorschriften bezüglich der in Tz. 1 des Prüfungsberichts enthaltenen Feststellung erübrigt sich, weil es für den Ausgang des Einspruchsverfahrens ohne Bedeutung ist, ob das FA Starnberg im Hinblick auf diese Prüferfeststellung berechtigt war, den Bescheid vom 10.9.07 nach § 173 Abs. 1 Nr. 1 AO zu ändern, oder ob es sich insoweit lediglich um einen materiellen Fehler i. S. d. § 177 Abs. 3 AO gehandelt hat, der anlässlich des Erlasses des angefochtenen Änderungsbescheides ggf. im Wege der Fehlersaldierung hätte Berücksichtigung finden müssen.
>
> Im Ergebnis lässt sich festhalten, auch wenn es für die Lösung der Aufgabe nicht darauf ankommt, dass wegen der unentgeltlichen Wertabgabe der USt-Bescheid vom 10.9.07 nicht nach § 173 Abs. 1 Nr. 1 AO geändert werden durfte. Zwar ist der Tatbestand der Entnahme des Transporters dem Veranlagungsbeamten erst durch den Prüfungsbericht bekannt geworden. Allerdings hätte anhand der Steuererklärungen für 06 und den hierzu von L. eingereichten Unterlagen – Bilanz, Gewinn- und Verlustrechnung – die Diskrepanz zwischen der Höhe der Entnahmen und den in der USt-Erklärung angegebenen unentgeltlichen Wertabgaben erkannt werden können. Durch eine USt-Verprobung wäre erkennbar geworden, dass die Entnahmen nicht mit den unentgeltlichen Wertabgaben gemäß § 3 Abs. 1b bzw. Abs. 9a UStG übereinstimmten, was zur weiteren Sachverhaltsaufklärung hätte Veranlassung geben müssen. Dass das FA in dem USt-Bescheid vom 10.9.07 von der USt-Erklärung abgewichen ist, zeigt, dass der Fall geprüft, aber der Fehler in der Zeile „Lieferungen nach § 3 Abs. 1b UStG" der USt-Erklärung, obwohl auf der Hand liegend, übersehen worden ist. Einer Änderung nach § 173 Abs. 1 Nr. 1 AO steht damit der Grundsatz von Treu und Glauben

entgegen (hierzu Nr. 4.1 AE). Hiernach scheidet eine Änderung zuungunsten des Stpfl. aus, wenn die spätere Kenntnis einer Tatsache auf einer Verletzung der dem FA obliegenden Ermittlungspflicht beruht. Auch wenn dem Stpfl. ein Verstoß gegen seine Sorgfaltspflichten bei Erklärung des steuerlich relevanten Sachverhalts in der USt-Erklärung zur Last fällt, so ist doch zu beachten, dass hier der Pflichtenverstoß des FA deutlich überwiegt. Der Fehler in der USt-Erklärung war augenfällig, deshalb der Pflichtenverstoß des Stpfl. zu vernachlässigen.

a) **Prüfung von § 173 Abs. 1 Nr. 2 AO als steuermindernde Korrekturvorschrift im Hinblick auf Tz. 2 des Prüfungsberichts**

aa) Dass L. einen steuerfreien Umsatz ausgeführt hat, war für den organisatorisch zuständigen Bearbeiter bei Erlass des USt-Bescheids vom 10. 9. 07 aus den vorliegenden Unterlagen nicht ersichtlich. Erst durch die Außenprüfung ist bekannt geworden, dass L. einen Umsatz ausgeführt und als steuerpflichtig behandelt hat, der nach der nunmehrigen BFH-Rspr. in der USt-Erklärung als steuerfrei zu deklarieren gewesen wäre.

Nachträglich bekannt gewordene Tatsache i. S. d. § 173 Abs. 1 AO ist der umsatzsteuerliche Sachverhalt, der auch der BFH-Entscheidung zugrunde lag, also der Umstand, dass L. einen bestimmten Umsatz getätigt hat. Die andere steuerrechtliche Beurteilung eines der Behörde bereits bekannten Sachverhalts auf Grund einer erstmaligen BFH-Entscheidung oder einer geänderten Rspr. des BFH erfüllt nicht den Tatsachenbegriff.

bb) Neue Tatsachen können die Änderung eines Steuerbescheids nach § 173 Abs. 1 AO aber nur rechtfertigen, wenn sie rechtserheblich sind.

Ein Steuerbescheid darf wegen einer nachträglich bekannt gewordenen Tatsache nicht zugunsten des Stpfl. geändert werden, auch wenn diesen am nachträglichen Bekanntwerden kein grobes Verschulden trifft, wenn das FA bei ursprünglicher Kenntnis der Tatsache nicht anders entschieden hätte. Wie das FA bei Kenntnis bestimmter Tatsachen einen Sachverhalt in dem ursprünglichen Steuerbescheid gewürdigt hätte, ist im Einzelfall auf Grund des Gesetzes, wie es nach der damaligen Rspr. des BFH auszulegen war, und der die FÄ bindenden Verwaltungsanweisungen zu beurteilen, die im Zeitpunkt des ursprünglichen Bescheiderlasses gegolten haben (vgl. Nr. 3.1 Abs. 2 AE zu § 173 AO).

Vorliegend ist zu beachten, dass das FA Starnberg, hätte es bei Erlass des USt-Bescheids vom 10. 9. 07 den Sachverhalt gekannt, der nach der später ergangenen BFH-Entscheidung im Revisionsverfahren gegen das Urteil des FG München steuerfrei zu stellen ist, seinerzeit ebenso wie der Stpfl. auch von der Steuerpflichtigkeit des Umsatzes ausgegangen wäre, denn die Behörde war an die damals geltende, mit der finanzgerichtlichen Auffassung übereinstimmende Verwaltungsansicht gebunden. D. h. auch bei ursprünglicher Sachverhaltskenntnis wäre das FA nicht zu einer niedrigeren Steuerfestsetzung im Bescheid vom 10. 9. 07 gelangt.

Demnach rechtfertigte der nachträglich bekannt gewordene – im Ergebnis rechtlich steuerfreie – Umsatz mangels Rechtserheblichkeit dieser Tatsache keine Bestandskraftdurchbrechung der mit dem angefochtenen Bescheid geänderten USt-Festsetzung vom 10. 9. 07 nach § 173 Abs. 1 Nr. 2 Satz 1 AO.

b) **Prüfung von § 173 Abs. 1 Nr. 2 AO als steuermindernde Korrekturvorschrift im Hinblick auf Tz. 3 des Prüfungsberichts**

aa) Erst durch die Außenprüfung hat der für die USt-Festsetzung zuständige Bearbeiter erfahren, dass an den L. für sein Unternehmen Lieferungen ausgeführt worden sind, die ihn im Jahr 06 zum Vorsteuerabzug berechtigten; dies gilt auch für die von ihm an seine Mitarbeiter ausgeführten Lieferungen.

Bei der USt sind Tatsachen, die eine Erhöhung der Steuer begründen – hier: die entgeltlichen Getränkelieferungen an die Mitarbeiter –, und Tatsachen, die eine höhere Vorsteuer begründen – hier: der Getränkebezug von einem örtlichen Getränkehändler –, getrennt zu behandeln, also bei Anwendung von § 173 Abs. 1 AO ein Bescheid sowohl nach Nr. 1 als auch nach Nr. 2 zu korrigieren (vgl. Nr. 6.3 Abs. 1 Satz 1 AE zu § 173 AO).

bb) Die nachträglich bekannt gewordene Tatsache des Getränkebezugs durch den L. für sein Unternehmen führt zum Vorsteuerabzug, damit zu einer geringeren USt 06.

cc) Eine Änderung nach § 173 Abs. 1 Nr. 2 AO kommt jedoch nur in Betracht, wenn den L. kein grobes Verschulden daran trifft, dass die mit Rechnungserteilung den Vorsteuerabzug auslösende Tatsache des Getränkeeinkaufs erst nachträglich bekannt geworden ist (zum Begriff der groben Fahrlässigkeit siehe Nr. 5.1 S. 3 AE zu § 173 AO).

Zwar kann die Unkenntnis steuerrechtlicher Vorschriften allein den Vorwurf groben Verschuldens nicht begründen (vgl. Nr. 5.1.1 S. 2 AE zu § 173 AO). Deshalb liegt es nahe, nicht von grobem Verschulden des L. auszugehen, denn ihm könnte zugute zu halten sein, dass er den umsatzsteuerrechtlichen Begriff des durchlaufenden Postens verkannt hat, weil er die Getränke zum Einkaufspreis weiterverkauft hat, damit bei ihm „kein Geld hängen geblieben ist".

dd) Aber auch wenn man vorliegend von grobem Verschulden ausgeht – dies böte sich an, wenn L. in 06 steuerlich beraten war, denn ein Stpfl. hat sich ein grobes Verschulden seines Steuerberaters zurechnen zu lassen (vgl. in diesem Zusammenhang Nr. 5.4 Abs. 1 Satz 2 AE zu § 173 AO – „von einem Angehörigen der steuerberatenden Berufe wird die Kenntnis und sachgemäße Anwendung der steuerrechtlichen Vorschriften erwartet") –, käme eine Bescheidänderung wegen des eine höhere Vorsteuer begründenden Getränkeeinkaufs in Betracht.

Denn nach § 173 Abs. 1 Nr. 2 Satz 2 AO ist das Verschulden unbeachtlich, wenn die zu einer niedrigeren Steuer führende Tatsache in einem unmittelbaren oder mittelbaren Zusammenhang mit neuen, zu einer höheren Steuer führenden Tatsachen steht. Ein derartiger, zur uneingeschränkten Berücksichtigung der steuermindernden Tatsachen führender Zusammenhang ist gegeben, wenn ein ursächlicher Zusammenhang zwischen beiden Tatsachen besteht, der steuererhöhende Vorgang deshalb nicht ohne den steuermindernden Vorgang denkbar ist (vgl. Nr. 6.1 Satz 2 u. Satz 3 AE zu § 173 AO; zum Zusammenhang zwischen nachträglich bekannt gewordenen Umsätzen und nachträglich bekannt gewordenen Leistungen an den Unternehmer siehe Nr. 6.3 Abs. 1 Satz 2 f AE zu § 173 AO).

Die entgeltliche Getränkeabgabe an die Mitarbeiter als die erst durch die Außenprüfung bekannt gewordene und damit neue, zu einer höheren USt führende Tatsache i. S. d. § 173 Abs. 1 Nr. 1 AO und der zum Vorsteuerabzug berechtigende Eingangsumsatz stehen in unmittelbarem Zusammenhang. Der Verkauf der Getränke bedingte notwendigerweise deren Einkauf.

Demnach greift § 173 Abs. 1 Nr. 2 AO als Korrekturvorschrift mit einer steuerlichen Auswirkung von 665 € ein. Der nachträglich bekannt gewordene Wareneinkauf und die daraus resultierende Vorsteuerabzugsberechtigung rechtfertigt eine Durchbrechung der Bestandskraft der mit dem angefochtenen Bescheid geänderten USt-Festsetzung vom 10. 9. 07.

§ 351 Abs. 1 AO steht also einer Herabsetzung der USt 06 auf 359 780 € nicht entgegen, weil das „Unterschreiten" der in dem unanfechtbaren Bescheid vom 10. 9. 07 festgesetzten USt durch eine Korrekturvorschrift gedeckt ist.

Ergebnis: Der gegen den USt-Bescheid 06 vom 19. 8. 08 gerichtete, bereits am 7. 8. 08 eingelegte **Einspruch** ist **zulässig** und **begründet**.

Durch Abhilfebescheid gemäß § 172 Abs. 1 Satz 1 Nr. 2a zweiter Halbs. AO ist die USt 2006 von **362 185 €** auf **359 780 €** herabzusetzen.

Teil II: Umsatzsteuer
Verfasser: Dipl.-Finanzwirt Ralf Walkenhorst, Ibbenbüren

1. Lieferung der Geige an Großmut

Es handelt sich um eine Lieferung nach § 3 Abs. 1 UStG im Rahmen einer Einkaufskommission. Nach § 3 Abs. 3 Satz 1 UStG liegt beim **Kommissionsgeschäft** (§ 383 HGB) zwischen dem Kommittenten und dem Kommissionär eine Lieferung vor. Bei der Einkaufskommission gilt gem. § 3 Abs. 3 Satz 2 UStG der Kommittent als Abnehmer. Amadeus tritt bei der Auktion am 25.3.2014 im eigenen Namen auf, handelt aber für **fremde Rechnung**. Großmut stattet ihn mit den nötigen Mitteln für den Erwerb aus und bezahlt dem Amadeus eine Provision. Durch die Inbesitznahme für Großmut haben beide eine Eigentumsübertragung in Form eines vorweggenommenen Besitzkonstituts vereinbart (§§ 929, 930, 868 BGB). Damit erfolgt die Lieferung des von Steinburg an Amadeus (der Auktionator ist lediglich Vermittler) zeitgleich mit der Lieferung des Amadeus an Großmut.

Hinsichtlich der Lieferung des Amadeus an Großmut gilt Folgendes:

Die Lieferung (§ 3 Abs. 1 UStG) wird als ruhende Lieferung nach § 3 Abs. 7 Satz 1 UStG in Düsseldorf ausgeführt; dort wo sich der Gegenstand zum Zeitpunkt der Verschaffung der Verfügungsmacht befindet. Die entgeltliche Lieferung ist damit steuerbar gem. § 1 Abs. 1 Nr. 1 Satz 1 UStG und mangels einer Steuerbefreiung i. S. d. § 4 UStG auch steuerpflichtig.

Die Voraussetzungen für die Differenzbesteuerung nach § 25a UStG sind gegeben:

Amadeus ist Wiederverkäufer nach § 25a Abs. 1 Nr. 1 UStG und **erwirbt für sein Unternehmen**.

Die Lieferung des von Steinburg an Amadeus wurde nach § 3 Abs. 6 Satz 1 UStG in Düsseldorf, also im Gemeinschaftsgebiet, ausgeführt (§ 25a Abs. 1 Nr. 2 Satz 1 UStG).

Für diese Lieferung wurde Umsatzsteuer nicht geschuldet, da von Steinburg kein Unternehmer i. S. d. § 2 Abs. 1 UStG ist (§ 25a Abs. 1 Nr. 2 Satz 2 Buchst. a UStG).

Da die **Differenzbesteuerung** zur Anwendung kommt, bestimmt sich die Bemessungsgrundlage nach § 25a Abs. 3 Satz 1 UStG. Bemessungsgrundlage ist die Differenz zwischen dem Verkaufspreis (Lieferung an Großmut) i. H. v. 845 000 € (Meistgebot + Provision + Spesen) und dem Einkaufspreis von 800 000 € (Meistgebot); dies ergibt einen Bruttobetrag i. H. v. 45 000 €. Die USt gehört gem. § 25a Abs. 3 Satz 2 UStG nicht zur Bemessungsgrundlage, so dass sich unter Berücksichtigung eines Steuersatzes von 19 % (§§ 25a Abs. 5 Satz 1, 12 Abs. 1 UStG) eine Bemessungsgrundlage von 37 815,13 € (45 000 € : 1,19) ergibt. Die USt beläuft sich auf 7 184,87 €.

Die Rechnung entspricht den Vorgaben des § 14a Abs. 6 UStG und beinhaltet insbesondere keinen Umsatzsteuerausweis. Die Steuer entsteht nach § 13 Abs. 1 Nr. 1 Buchst. a Satz 1 UStG mit Ablauf des **Voranmeldungszeitraums März 2014**.

> **HINWEIS:**
> Der Text der Klausur enthält einen Rechenfehler. Amadeus will seinem Auftraggeber Großmut 165 000 € auszahlen. Richtig wäre eine Auszahlung in Höhe von 155 000 € (1 000 000 € – 845 000 €). Wenn man davon ausgeht, dass die 165 000 € tatsächlich an Großmut gezahlt werden, ergibt sich als Verkaufspreis ein Wert von 835 000 € und damit ein Differenz-Bruttobetrag in Höhe von 35 000 €. Die USt beträgt dann 5 588,24 € und die Bemessungsgrundlage beläuft sich auf 29 411,76 €.

2. Vermittlungsleistung des Amadeus

Mit der Suche eines geeigneten Nachwuchsmusikers erbringt Amadeus eine sonstige Leistung nach § 3 Abs. 9 Satz 1 UStG in Form einer Vermittlungsleistung. Leistungsempfänger ist der Auftraggeber Großmut. Vermittelter Umsatz ist die zwischen Großmut und Puccini vereinbarte Leihe der Geige.

Der Leistungsort richtet sich nach § 3a Abs. 1 UStG und ist demzufolge dort, wo der **leistende Unternehmer** Amadeus sein Unternehmen betreibt. Die Ortsvorschrift des § 3a Abs. 3 Nr. 4 UStG kommt nicht zur Anwendung. Die Tatsache, dass der Leistungsempfänger Nichtunternehmer ist, stünde der Anwendbarkeit des § 3a Abs. 3 Nr. 4 UStG nicht entgegen. Allerdings ist § 3a Abs. 3 Nr. 4 UStG nicht anwendbar, wenn die Vermittlung keine Leistung gegen Entgelt betrifft (BFH-Beschluss v. 16. 1. 2003, V B 47/02, BFH/NV 2003, 830). Da hier ein **unentgeltliches Leihverhältnis** zwischen Großmut und Puccini vermittelt wird, bestimmt sich der Leistungsort deshalb nach § 3a Abs. 1 UStG und liegt am Sitzort des leistenden Unternehmers in München.

Die entgeltliche Vermittlungsleistung ist steuerbar gem. § 1 Abs. 1 Nr. 1 Satz 1 UStG und mangels Steuerbefreiung i. S. d. § 4 UStG auch steuerpflichtig.

Die Bemessungsgrundlage gem. § 10 Abs. 1 Satz 1 und 2 UStG beträgt 100/119 von 5 000 €, also 4 201,68 €. Die USt beläuft sich unter Berücksichtigung des Steuersatzes von 19 % (§ 12 Abs. 1 UStG) auf 798,32 €. Sie entsteht nach § 13 Abs. 1 Nr. 1 Buchst. a Satz 1 UStG **mit Ablauf des Voranmeldungszeitraums der Leistungsausführung**, also mit Ablauf des Monats Mai 2014, da am 28. 5. 2014 das Leihverhältnis vereinbart wurde.

> **HINWEIS:**
> Die Ortsvorschrift des § 3a Abs. 3 Nr. 4 UStG findet keine Anwendung, da keine Vermittlung von Umsätzen erfolgt. Ein Umsatz setzt die entgeltliche Lieferung von Gegenständen oder die Erbringung von Dienstleistungen durch einen Unternehmer voraus. Die Vermittlungstätigkeit muss sich auf steuerbare Umsätze beziehen (vgl. Urteil des FG München vom 13. 6. 2007 – 3 K 4881/03, EFG 2007, 1991). Da im vorliegenden Fall vom Auftraggeber Großmut kein steuerbarer Umsatz an Puccini ausgeführt wird, kommt § 3a Abs. 3 Nr. 4 UStG nicht zur Anwendung. Es greift der Grundsatz des § 3a Abs. 1 UStG, das Unternehmersitzprinzip.

3. Lieferung der Geige an Huber

Die Lieferung der Geige an Huber ist eine Lieferung nach § 3 Abs. 1 UStG im Rahmen eines **Reihengeschäfts** (§ 3 Abs. 6 Satz 5 UStG). Es liegt ein Reihengeschäft vor, da mehrere Unternehmer – wobei nur die Leistenden Unternehmer sein müssen, der letzte Abnehmer (Huber) kann auch Nichtunternehmer sein – über denselben Gegenstand (Geige) Umsatzgeschäfte abschließen und die Ware unmittelbar vom ersten Unternehmer (Steiner) an den letzten Abnehmer (Huber) gelangt.

Diese Warenbewegung kann gem. § 3 Abs. 6 Satz 5 UStG nur einer der Lieferungen zugeordnet werden, und zwar der Lieferung, an der der beteiligt ist, der die **Beförderung** vorgenommen hat. Da Amadeus an beiden Lieferungen beteiligt ist und als Lieferer auftritt, weil er sich sowohl Huber als auch Steiner gegenüber verpflichtet hat, Kosten und Risiko des Transports zu tragen, ist die Warenbewegung der Lieferung **Amadeus an Huber** zuzuordnen. Dies ergibt sich aus § 3 Abs. 6 Satz 6 2. Alt. UStG (siehe dazu Hinweis auf Abschn. 3.14 Abs. 10 UStAE). Der Ort dieser warenbewegten Lieferung liegt nach § 3 Abs. 6 Satz 1 UStG am Beginn der Warenbewegung, also in Mittenwald.

Die entgeltliche Lieferung ist steuerbar gem. § 1 Abs. 1 Nr. 1 Satz 1 UStG. Sie ist als Ausfuhrlieferung nach § 4 Nr. 1 Buchst. a UStG i. V. m. § 6 Abs. 1 Satz 1 Nr. 1 UStG **steuerfrei**, da der liefernde Unternehmer (Amadeus) die Ware direkt ins Drittlandsgebiet (USA) befördert.

Die „Vorkasse" des Huber stellt eine Zahlung vor Leistungsausführung dar. Die Vereinnahmung des Geldbetrages erfolgte am 30. 6. 2014; die Leistungsausführung geschieht mit Beginn der Beförderung am 3. 7. 2014. Dies führt aber nicht zur Entstehung von Umsatzsteuer nach § 13 Abs. 1 Nr. 1 Buchst. a Satz 4 UStG, da es sich um die Anzahlung für eine Leistung, die unter die Steuerbefreiungsvorschrift des § 4 Nr. 1 Buchst. a UStG fällt, handelt (Abschn. 13.5 Abs. 4 Satz 1 UStAE). Die **steuerfreie Ausfuhrlieferung** ist in der Voranmeldung für den Monat Juli 2014 zu erklären.

Der Lieferort für die Lieferung des Steiner an Amadeus liegt nach § 3 Abs. 7 Satz 2 Nr. 1 UStG ebenfalls am Beginn der Warenbewegung in Mittenwald. Diese Lieferung geht der Beförderungslieferung des Amadeus voran. Die Lieferung ist steuerbar gem. § 1 Abs. 1 Nr. 1 Satz 1 UStG und mangels Steuerbefreiung i. S. d. § 4 UStG steuerpflichtig.

Amadeus kann deshalb die in Rechnung gestellte USt i. H. v. 2 470 € als Vorsteuer nach § 15 Abs. 1 Satz 1 Nr. 1 UStG mit der Voranmeldung für Juli 2014 abziehen. Da der dazugehörige Verwendungsumsatz die steuerfreie Ausfuhrlieferung ist, ist der Vorsteuerabzug auch nicht ausgeschlossen (§ 15 Abs. 2 Satz 1 Nr. 1 UStG i. V. m. § 15 Abs. 3 Nr. 1 Buchst. a UStG i.V. m. § 4 Nr. 1 Buchst. a UStG).

4. Begutachtungen

Die Begutachtung der Geigen ist jeweils eine **sonstige Leistung** (§ 3 Abs. 9 Satz 1 UStG). Diese sonstigen Leistungen werden nach § 3a Abs. 2 Satz 1 UStG dort ausgeführt, wo der Leistungsempfänger, das Auktionshaus Aumüller, sein Unternehmen betreibt; dies ist in Düsseldorf. Die Vorschrift des § 3a Abs. 3 Nr. 3 Buchst. c UStG kommt nicht zur Anwendung, da es sich bei dem Leistungsempfänger nicht um einen Nichtunternehmer handelt. Auch die Vorschrift des § 3a Abs. 4 Satz 2 Nr. 3 UStG kommt nicht zur Anwendung, da der Leistungsempfänger kein Nichtunternehmer mit Wohnsitz im Drittlandsgebiet ist (§ 3a Abs. 4 Satz 1 UStG). Auch § 3a Abs. 8 UStG findet keine Anwendung hinsichtlich der Begutachtung im Vatikan, da die Begutachtung nicht im Vatikan genutzt oder ausgewertet wird. Die Auswertung erfolgt vielmehr im Inland.

▶ **Begutachtung im Vatikan:**

Der Leistungsort liegt nach § 3a Abs. 2 Satz 1 UStG in Düsseldorf. Die Leistung des Amadeus ist demzufolge steuerbar und mangels Steuerbefreiung i. S. d. § 4 UStG auch steuerpflichtig zum Steuersatz von 19 % gem. § 12 Abs. 1 UStG. Die Bemessungsgrundlage beläuft sich auf 3 000 € gem. § 10 Abs. 1 Sätze 1 und 2 UStG, so dass eine Umsatzsteuer i. H. v. 570 € entsteht. Die Nebenleistungen (Reisespesen) teilen das Schicksal der Hauptleistung. Die Steuer entsteht gem. § 13 Abs. 1 Nr. 1 Buchst. a Satz 1 UStG mit Ablauf August 2014.

▶ **Begutachtung in Budapest:**

Der Leistungsort liegt nach § 3a Abs. 2 Satz 1 UStG in Düsseldorf. Die entgeltliche Begutachtungsleistung ist damit steuerbar gem. § 1 Abs. 1 Nr. 1 Satz 1 UStG und mangels Steuerbefreiung i. S. d. § 4 UStG auch steuerpflichtig.

Die Bemessungsgrundlage gem. § 10 Abs. 1 Sätze 1 und 2 UStG beträgt 3 000 €. Die Nebenleistungen (Reisespesen) teilen das Schicksal der Hauptleistung. Unter Berücksichtigung des Steuersatzes von 19 % (§ 12 Abs. 1 UStG) ergibt sich eine Umsatzsteuer von 570 €. Sie entsteht nach § 13 Abs. 1 Nr. 1 Buchst. a Satz 1 UStG mit Ablauf des Voranmeldungszeitraums August 2014.

5. Erwerb und Nutzung des Bauernhofes

Da der Erwerb des Bauernhauses von einer Privatperson erfolgte, steht Amadeus insoweit kein Vorsteuerabzug zu (§ 15 Abs. 1 Satz 1 Nr. 1 UStG).

Durch eine entsprechende Erklärung und die Vornahme des anteiligen Vorsteuerabzugs mit der Umsatzsteuer-Voranmeldung für März 2014 hat Amadeus den unternehmerisch genutzten Teil dem Unternehmensvermögen zugeordnet. § 15 Abs. 1 Satz 2 UStG steht dem nicht entgegen, da das Arbeitszimmer 12,5 % der Gesamtnutzfläche einnimmt und damit die **10 %-Grenze** überschritten ist.

Wegen der Zuordnung der Privaträume zum nichtunternehmerischen Bereich wird dieser Teil als separater Gegenstand angesehen, der nicht für das Unternehmen i. S. d. § 15 Abs. 1 Satz 1 Nr. 1 UStG bezogen wird.

Ausgangsumsätze:

▶ **Privatwohnung:**

Die Nutzung der Privatwohnung erfolgt im nichtunternehmerischen Bereich. Es ergeben sich keine umsatzsteuerlichen Auswirkungen.

▶ **Arbeitszimmer bis 31. 10. 2014:**

Das Arbeitszimmer wird von Amadeus bis zum 31. 10. 2014 ausschließlich für Umsätze verwendet, die den **Vorsteuerabzug nicht ausschließen**.

▶ **Arbeitszimmer ab 1. 11. 2014:**

Die Vermietung an die Ehefrau stellt eine sonstige Leistung gem. § 3 Abs. 9 Satz 2 UStG dar, die in Form von monatlichen Teilleistungen (§ 13 Abs. 1 Nr. 1 Buchst. a Sätze 2 und 3 UStG) erbracht wird. Der Leistungsort liegt nach § 3a Abs. 3 Nr. 1 Satz 2 Buchst. a UStG in Herrsching und damit im Inland. Die entgeltliche Leistung ist **steuerbar** gem. § 1 Abs. 1 Nr. 1 Satz 1 UStG, als Vermietungsleistung jedoch nach § 4 Nr. 12 Satz 1 Buchst. a UStG **steuerfrei**. Umsatzsteuer wurde auch nicht in Rechnung gestellt. Damit wird das ursprüngliche Arbeitszimmer ab 1. 11. 2014 ausschließlich für Umsätze verwendet, die den **Vorsteuerabzug ausschließen** (§ 15 Abs. 2 Satz 1 Nr. 1 UStG). Es liegt kein Fall des § 15 Abs. 3 Nr. 1 UStG vor.

▶ **Vermietung der Büromöbel:**

Die Steuerbefreiung für die Raumvermietung erstreckt sich nicht auf das mitvermietete Büromobiliar (Abschn. 4.12.1 Abs. 6 Satz 2 UStAE).

Die Vermietung der Büromöbel ist eine sonstige Leistung (§ 3 Abs. 9 Satz 2 UStG), die in Form von Teilleistungen (§ 13 Abs. 1 Nr. 1 Buchst. a Sätze 2 und 3 UStG) ausgeführt wird. Der Leistungsort liegt nach § 3a Abs. 4 Satz 2 Nr. 10 UStG i. V. m. § 3a Abs. 2 Satz 1 UStG im Inland (auch ein Kleinunternehmer ist Unternehmer i. S. v. § 2 Abs. 1 UStG). Die entgeltliche Leistung ist somit **steuerbar** gem. § 1 Abs. 1 Nr. 1 Satz 1 UStG und **steuerpflichtig**. Die Bemessungsgrundlage nach

§ 10 Abs. 1 Sätze 1 und 2 UStG beträgt 100/119 x 150 € = 126,05 €. Die Umsatzsteuer beträgt unter Anwendung des Steuersatzes von 19 % (§ 12 Abs. 1 UStG) demnach 23,95 €. Wegen der vorgegebenen Marktüblichkeit der Miete ist die Mindestbemessungsgrundlage gem. § 10 Abs. 5 UStG nicht zu prüfen. Die Umsatzsteuer entsteht jeweils mit Ablauf des Kalendermonats und zwar ab November 2014 (§ 13 Abs. 1 Nr. 1 Buchst. a Sätze 2 und 3 UStG).

HINWEIS:

Da die Büromöbel die entsprechende Nutzung des Arbeitszimmers durch die Ehefrau erst ermöglichen, ist es m. E. auch vertretbar, die Vermietungsleistung gem. § 3a Abs. 3 Nr. 1 UStG an den Ort zu legen, an dem das Grundstück belegen ist. Es liegen gleichfalls steuerbare Umsätze vor.

Eingangsleistungen:

▶ **Notarrechnung:**

Die Leistung des Notars, eine sonstige Leistung gem. § 3 Abs. 9 Satz 1 UStG, wird sowohl für das Unternehmen des Amadeus als auch für den nichtunternehmerischen Bereich erbracht. Aus diesem Grund ist nur ein **teilweiser Vorsteuerabzug** nach § 15 Abs. 1 Satz 1 Nr. 1 UStG möglich (vgl. Abschn. 15.2c Abs. 2 UStAE).

Unter Berücksichtigung des Verhältnisses der Fläche des Arbeitszimmers zur Gesamtnutzfläche ermittelt sich ein Vorsteuerabzug i. H. v. 12,5 % von 380 € = 47,50 €. Diese Vorsteuer kann in der Voranmeldung März 2014 geltend gemacht werden.

▶ **Architekt:**

Der Architekt erbringt eine sonstige Leistung gem. § 3 Abs. 9 Satz 1 UStG. Da es sich um einen im Ausland ansässigen Unternehmer gem. § 13b Abs. 7 UStG handelt, ist zu prüfen, ob die Steuerschuld gem. § 13b UStG auf den Leistungsempfänger Amadeus wechselt.

Die sonstige Leistung des Architekten ist **im Inland steuerbar** und **steuerpflichtig**. Der Leistungsort bestimmt sich nach § 3a Abs. 3 Nr. 1 Satz 2 Buchst. c UStG und liegt am **Ort des Grundstückes** und damit im Inland. Die entgeltliche Leistung ist steuerbar gem. § 1 Abs. 1 Nr. 1 Satz 1 UStG und steuerpflichtig.

Damit liegt eine im Inland steuerbare und steuerpflichtige sonstige Leistung eines im Ausland ansässigen Unternehmers vor. § 13b Abs. 2 Nr. 1 UStG ist erfüllt. Amadeus wird, da er Unternehmer ist, zum Steuerschuldner gem. § 13b Abs. 5 Satz 1 UStG. Das gilt auch für die für den nichtunternehmerischen Bereich bezogene Leistung (§ 13b Abs. 5 Satz 6 UStG).

Bemessungsgrundlage ist gem. § 10 Abs. 1 Satz 1 und 2 UStG der Betrag von 10 000 €. Unter Berücksichtigung des Steuersatzes von 19 % (§ 12 Abs. 1 UStG) beläuft sich die Umsatzsteuer auf 1 900 €. Die Umsatzsteuer entsteht nach § 13b Abs. 2 UStG mit Ausstellung der Rechnung, so dass der Vorgang in der Voranmeldung März 2014 aufzunehmen ist.

Ein **Vorsteuerabzug** in der Voranmeldung März 2014 kommt jedoch nur für den für das Unternehmen bezogenen Teil in Betracht (§ 15 Abs. 1 Satz 1 Nr. 4 UStG), somit i. H. v. 20 % von 1 900 € = 380 €.

▶ **Bauunternehmer:**

Der Vorsteuerabzug nach § 15 Abs. 1 Satz 1 Nr. 1 UStG kann nur für die für das Unternehmen bezogenen Leistungen in Anspruch genommen werden. Es ergibt sich ein Vorsteuerbetrag i. H. v. 950 €. Dieser ist in der Voranmeldung Mai 2014 geltend zu machen.

▶ **Büromöbel:**

Der Vorsteuerabzug nach § 15 Abs. 1 Satz 1 Nr. 1 UStG ist i. H. v. 3 800 € in der Voranmeldung Mai 2014 geltend zu machen.

▶ **Änderung der Nutzung ab dem 1. 11. 2014:**

Ab dem 1. 11. 2014 wird das bisher ausschließlich zu vorsteuerabzugsberechtigenden Umsätzen genutzte Arbeitszimmer ausschließlich für Vorsteuerausschlussumsätze verwendet. Dies führt zu einer Änderung der Verhältnisse. Eine **Vorsteuerberichtigung** gem. § 15a UStG ist zu prüfen.

– **Notarrechnung:**

Es ergibt sich zwar eine Änderung der Verhältnisse nach § 15a Abs. 1 UStG, wenn man davon ausgeht, dass es sich um Anschaffungskosten handelt. Anderenfalls würde es sich um eine Änderung der Verhältnisse nach § 15a Abs. 4 UStG i. V. m. § 15a Abs. 1 UStG handeln. Eine Berichtigung entfällt aber, da die 1 000 €-Grenze nicht erreicht wird. Nach § 44 Abs. 1 UStDV (ggf. i. V. m. § 44 Abs. 4 UStDV) entfällt eine Berichtigung nach § 15a UStG, wenn die Vorsteuer den Betrag von 1 000 € nicht übersteigt.

– **Architekt und Bauunternehmer:**

Bei den Leistungen des Architekten und des Bauunternehmers handelt es sich um Leistungsbezüge i. S. v. § 15a Abs. 3 Satz 1 UStG, die im Rahmen einer Maßnahme nach § 15a Abs. 3 Satz 2 UStG für das Wirtschaftsgut bezogen werden (vgl. auch BMF-Schreiben v. 12. 4. 2007, BStBl 2007 I 466, und Abschn. 15a.6 UStAE). Die dafür in Rechnung gestellte Umsatzsteuer beträgt insgesamt 1 330 €. Die Grenze des § 44 Abs. 1 UStDV von 1 000 € ist überschritten.

Der Berichtigungszeitraum beginnt am 1. 6. 2014 (Beginn der Verwendung) und endet am 31. 5. 2024 (§ 15a Abs. 3 Satz 1 UStG i. V. m. § 15a Abs. 1 Satz 2 UStG).

Das Berichtigungsvolumen für das Jahr 2014 beträgt: 1 330 € x 1/10 x 7/12 = 77,58 € (§ 15a Abs. 5 Satz 1 UStG).

Bezüglich der Änderung der Verhältnisse gilt Folgendes:

Der ursprüngliche Vorsteuerabzug betrug 100 %. Ab dem 1. 11. 2014 würde der Vorsteuerabzug 0 % betragen, da steuerfreie Vermietungsumsätze getätigt werden, die den Vorsteuerabzug ausschließen. Dies ergibt im Jahresdurchschnitt einen Vorsteuerabzug von 71,43 % (5/7). Die Änderung zum ursprünglichen Vorsteuerabzug von 100 % beträgt somit 28,57 %.

Daraus errechnet sich ein Berichtigungsbetrag i. H. v. 77,58 € x 28,57 % = 22,16 €.

Die Berichtigung ist gem. § 44 Abs. 3 Satz 1 UStDV in der Jahressteuererklärung 2014 vorzunehmen.

– **Büromobiliar:**

Hinsichtlich des Büromobiliars ergibt sich keine Änderung der Verhältnisse für den Vorsteuerabzug, da das Büromobiliar auch weiterhin für vorsteuerabzugsberechtigende Umsätze verwendet wird.

Teil III: Erbschaftsteuer

Verfasser: Steuerberater Jörg Koltermann

1. Steuerpflicht

Da der Erblasser Inländer war, ist Carola Rundlich (C.R.) unbeschränkt steuerpflichtig mit dem gesamten Vermögensanfall (§ 2 Abs. 1 Nr. 1 ErbStG).

Es liegt ein Erwerb von Todes wegen vor durch Erbanfall (§ 1 Abs. 1 Nr. 1, § 3 Abs. 1 Nr. 1 ErbStG).

Die ErbSt entsteht mit dem Tod des Erblassers (§ 9 Abs. 1 Nr. 1a ErbStG). Das ist gleichzeitig der Bewertungsstichtag (§ 11 ErbStG), hier also der 5.1.2013.

Schuldnerin der Erbschaftsteuer ist C.R. als Erwerberin (§ 20 Abs. 1 Satz 1 ErbStG).

2. Bewertung des Grundvermögens

Grundstück in München

Nach § 12 Abs. 3 ErbStG ist Grundbesitz i.S.v. § 19 Abs. 1 BewG mit dem Grundbesitzwert (Bedarfswert) anzusetzen, der nach den §§ 157-198 BewG zu ermitteln ist. Bei dem Grundstück in München handelt es sich um Grundbesitz. Im vorliegenden Fall erfolgt die Bewertung im Ertragswertverfahren nach §§ 184-191 BewG. Dabei findet seitens der Finanzverwaltung ein gesondertes Feststellungsverfahren statt (§ 151 Abs. 1 Satz 1 Nr. 1 BewG).

Bei dem Grundstück handelt es sich offensichtlich um ein gemischt genutztes Grundstück, da es - gemessen nach der Wohn- und Nutzfläche zu 50 % Wohn- und zu 50 % betrieblichen Zwecken dient (§ 181 Abs. 7 BewG). Das Ertragswertverfahren ist zwingend anzuwenden, da für das Grundstück eine übliche Miete zu ermitteln ist (§ 182 Abs. 3 Nr. 2 BewG).

Im Ertragswertverfahren ist vom Bodenwert, der wie bei einem unbebauten Grundstück zu ermitteln ist (§ 179 BewG), und dem Gebäudeertragswert (§ 185 BewG) auszugehen. Sonstige wertbeeinflussende Umstände, insbesondere Belastungen privatrechtlicher und öffentlich-rechtlicher Art, sind im Rahmen dieser typisierenden Wertermittlung nicht zu berücksichtigen. Es ist mindestens der Bodenwert anzusetzen. Hierdurch werden komplizierte Wertberechnungen in Fällen erspart, in denen nach Abzug der Bodenwertverzinsung kein Gebäudereinertrag mehr verbleibt. Sonstige bauliche Anlagen, insbesondere Außenanlagen, sind bereits durch den Ertragswert abgegolten.

Überblick über das Verfahren

Schema:

	Rohertrag (Jahresmiete bzw. übliche Miete)
	./. Bewirtschaftungskosten
	= Reinertrag des Grundstücks
	./. Bodenwertverzinsung
Bodenrichtwert	= Gebäudereinertrag (> oder = 0 €)
x Grundstücksfläche	x Vervielfältiger
= Bodenwert	= Gebäudeertragswert
Bodenwert + Gebäudeertragswert = Ertragswert (Grundbesitzwert)	

Ermittlung des Bodenwerts (§ 184 Abs. 2 BewG)

Der Bodenwert ist der Wert des unbebauten Grundstücks nach § 179 BewG. Dabei ist von der tatsächlichen Fläche auszugehen (179 Satz 1 BewG). Diese ist mit dem Bodenrichtwert zu vervielfältigen: 998 qm x 250 € = 249 500 €

Für das an die Ehefrau vermietete Obergeschoss (OG) ist die tatsächliche Miete anzusetzen, weil die vereinbarte Miete (11 €) nicht um mehr als 20 % (nämlich um nur 18,52 %) von der üblichen Miete (13,50 €) abweicht (§ 186 Abs. 2 Nr. 2 BewG); auf die höhere übliche Miete kommt es nicht an.

Für die selbstgenutzte Wohnung im Erdgeschoss (EG) ist die übliche Miete anzusetzen (§ 186 Abs. 2 Nr. 1 BewG). Umlagen, die zur Deckung der Betriebskosten gezahlt werden, sind nicht einzubeziehen (§ 186 Abs. 1 Satz 2 BewG); es gilt die Jahresnettokaltmiete. Zugrunde zu legen ist die im Besteuerungszeitpunkt maßgebende Jahressollmiete (§ 186 Abs. 1 Satz 1 BewG). Ereignisse und tatsächliche Gegebenheiten vor und nach diesem Zeitpunkt sind unbeachtlich.

OG: 1 100 € x 12 Monate	13 200 €
EG: 12,50 €/qm x 100 qm x 12 Monate	15 000 €
Summe	28 200 €
Bewirtschaftungskosten lt. Anl. 22, 23 BewG (Gebäudebj. 1967, Gesamt-ND 70 Jahre, Rest-ND 24 Jahre) 24 %)	./. 6 768 €
Reinertrag des Grundstücks	21 432 €
Bodenwertverzinsung (§ 188 Abs. 2 Nr. 2 BewG)	
5,5 v. H. von 249 500 €	./. 13 722 €
Gebäudereinertrag	7 710 €
Vervielfältiger lt. Anl. 21 (Rest-ND 24 Jahre, Zinssatz 5,5 v. H.) 13,15.	
13,15 x 7 710 € = Gebäudeertragswert	101 386 €
Bodenwert	+ 249 500 €
Grundbesitzwert (Ertragswert)	350 886 €

Der vom Gutachter festgestellte Wert in Höhe von 400 000 € ist unbeachtlich, da er höher ist als der Wert nach dem Ertragswertverfahren (§ 198 Satz 1 BewG).

Nach § 151 Abs. 1 Nr. 1 und Abs. 2 BewG sind folgende Feststellungen gesondert zu treffen:

▶ Wert: **350 886 €**

▶ Art: Bebautes Grundstück, kein Betriebsgrundstück

▶ Zurechnung: C. R. zu 1/1

Hinweis zur ErbSt

Da für die im Erdgeschoss befindliche Wohnung keine Selbstnutzung durch Carola erfolgt, kommt die Befreiung nach § 13 Abs. 1 Nr. 4b ErbStG nicht in Betracht. Mangels Vermietung der Wohnung entfällt auch die Befreiung nach § 13c Abs. 1 ErbStG.

3. Bewertung des Betriebsvermögens

Die gewerbliche Vermietung von Bohrhämmern stellt einen Gewerbebetrieb i. S. v. § 95 Abs. 1 BewG, § 15 Abs. 1 EStG dar. Es handelt sich um Betriebsvermögen, für dessen Bewertung die §§ 95-109, 11 Abs. 2, 199 - 203 BewG anzuwenden sind (§ 12 Abs. 5 ErbStG).

Bewertungsstichtag ist der 5. 1. 2013 (§§ 9, 11 ErbStG). Auch hier findet seitens der Finanzverwaltung ein **gesondertes Feststellungsverfahren** statt (§ 151 Abs. 1 Satz 1 Nr. 2 BewG). Bewertungsgegenstand ist die **wirtschaftliche Einheit** (§ 2 Abs. 1 Satz 1 BewG). Im Bereich des Betriebsvermögens bildet jeder Gewerbebetrieb (§ 95 Abs. 1 BewG) eine wirtschaftliche Einheit, die für sich zu bewerten ist.

In § 12 Abs. 1 ErbStG ist bestimmt, dass die Bewertung des Betriebsvermögens von Gewerbebetrieben und von Freiberuflern für Erbschaft- und Schenkungsteuerzwecke nach den Vorschriften des Ersten Teils des BewG zu erfolgen hat. Bei der Bewertung des Betriebsvermögens ist deshalb der gemeine Wert anzusetzen (§ 9 BewG). Zur Ermittlung des gemeinen Werts ist in der Regel anstelle einer Einzelbewertung eine ohnehin nach § 2 Abs. 1 Satz 2 BewG gebotene Gesamtbewertung vorzunehmen. Dabei ist § 11 Abs. 2 BewG anzuwenden (§ 157 Abs. 5 i. V. m. § 109 Abs. 1 BewG). Der gemeine Wert ist somit vorrangig aus Verkäufen unter fremden Dritten abzuleiten, die weniger als ein Jahr vor dem Bewertungsstichtag zurückliegen. Sind derartige zeitnahe Verkäufe nicht feststellbar, ist der gemeine Wert unter Berücksichtigung der Ertragsaussichten (z. B. klassisches Ertragswertverfahren nach IDW S 1 WPg 2005, 1303 ff./Abschn. 7.3 oder Discounted-Cash-Flow-Verfahren: kurz DCF-Methode) oder einer anderen anerkannten Unternehmensbewertung (z. B. Multiplikatormethode) zu ermitteln.

Erfolgt die Bewertung anhand der Ertragsaussichten, kann statt des normalen Ertragswertverfahrens ein vereinfachtes Ertragswertverfahren (§§ 200 ff. BewG) angewendet werden, wenn es nicht zu offensichtlich unzutreffenden Ergebnissen führt (§ 199 Abs. 2 BewG). Will das Finanzamt von dem im vereinfachten Ertragswertverfahren ermittelten Wert abweichen, trägt es die Feststellungslast für die Ermittlung eines abweichenden Werts. Will der Steuerpflichtige von dem im vereinfachten Ertragswertverfahren ermittelten Wert abweichen, trägt er die Feststellungslast für die Ermittlung eines abweichenden Werts (siehe hierzu R B 199.1 Abs. 4-6 ErbStR).

Für alle Fälle gilt, dass der Substanzwert, der sich im Rahmen einer Einzelbewertung für die **gemeinen Werte** der (aktiven und passiven) Einzelwirtschaftsgüter und Bilanzansätze (z. B. Rechnungsabgrenzungsposten) ergibt, nicht unterschritten werden darf (Mindestwert nach § 11 Abs. 2 Satz 3 BewG). Dies macht es erforderlich, zu Verprobungszwecken eine Einzelbewertung vorzunehmen und dabei die §§ 95, 99 und 103 BewG anzuwenden.

Vorliegend führt das vereinfachte Ertragswertverfahren zu folgendem Ergebnis:

Ausgangswerte	70 000 €	63 000 €	65 000 €
GewSt	9 000 €	7 000 €	8 000 €
Unternehmerlohn	./. 24 000 €	./. 24 000 €	./. 24 000 €
Betriebsergebnisse	55 000 €	46 000 €	49 000 €
Pauschaler Abschlag 30 % (§ 202 Abs. 3 BewG)	./. 16 500 €	./. 13 800 €	./. 14 700 €
Jahresertrag	38 500 €	32 200 €	34 300 €

		+ 32 200 €
		+ 38 500 €
		105 000 €
Durchschnittsertrag (105 000 €/3)		35 000 €
maßgeblicher Jahresertrag		35 000 €
Basiszinsfuß	2,04 %	
Gesetzlicher Risikozuschlag (§ 203 Abs. 1 BewG)	4,50 %	
Kapitalisierungszinssatz	6,54 %	

Kehrwert des Kapitalisierungszinssatzes (§ 203 Abs. 3 BewG): 100/6,54 = 15,2905

Ertragswert (gemeiner Wert) des Gewerbebetriebs (§ 200 Abs. 1 BewG)

15,2905 x 35 000 € = 535 167,50 €

Ausgangsbetrag für die Ermittlung des Mindestwerts nach § 11 Abs. 2 Satz 3 BewG ist der im Sachverhalt vorgegebene Wert lt. Vermögensaufstellung von 389 165 €.

Grundbesitz Kolkrabenweg 4

Das bebaute Grundstück wird ausschließlich betrieblich genutzt und stellt deshalb ein Betriebsgrundstück dar (§ 99 Abs. 1 Nr. 1 und 2 BewG). Es ist mit dem Grundbesitzwert (§ 12 Abs. 3 und 5 ErbStG) als wirtschaftliche Untereinheit im Wert des Betriebsvermögens der Bohrhammervermietung zu erfassen. Die wirtschaftliche Untereinheit mit dem Wert von 320 000 € umfasst Grund und Boden, Gebäude, Außenanlagen und sonstige Bestandteile (§ 68 Abs. 1 Nr. 1 BewG). Betriebsvorrichtungen (hier die Testfläche) gehören nicht dazu (§ 68 Abs. 2 Nr. 2 BewG).

Auswirkungen:

Ansätze lt. Vermögensaufstellung	176 025,70 €
Maßgeblicher Grundbesitzwert I	320 000,00 €
Zuschlag zum Ausgangsbetrag	143 974,30 €

Testfläche

Diese stellt eine Betriebsvorrichtung dar und gilt als selbständiges, bewegliches Wirtschaftsgut des Anlagevermögens, da mit ihr das Gewerbe unmittelbar ausgeübt wird. Sie gehört deshalb steuerlich nicht zum Grundstück, auch wenn sie wesentlicher Bestandteil ist (§ 68 Abs. 2 Nr. 2 BewG). Sie ist auch für Zwecke der ErbSt mit dem gemeinen Wert vom 5. 1. 2013 anzusetzen (§ 109 Abs. 1 BewG). Dieser enspricht den fortgeführten Herstellungskosten, wenn der Restwert (R B 11.3 Abs. 7 ErbStR) nicht höher ist:

Herstellungskosten		16 361 €
jährliche AfA nach § 7 Abs. 1 EStG	1 636,10 €	
AfA 1. 7. 2005 – 5. 1. 2013 = 7,5 Jahre und 4 Tage		
AfA für 7,5 Jahre: 7,5 x 1 636,10 €	12 270,75 €	
AfA für 4 Tage: 4/365 x 1 636,10 €	17,93 €	./. 12 289 €

Buchwert 5.1.2013	4 072 €
Restwert 5.1.2013 (30 v.H. von 16 361 €)	4 908 €
Restwert = gemeiner Wert	

Schleifmaschine

Die Schleifmaschine stellt trotz ihrer festen Verbundenheit mit dem Grund und Boden eine Betriebsvorrichtung dar. Es gilt das zur Testfläche Ausgeführte.

Herstellungskosten 1.9.2012	17 000,00 €
AfA nach § 7 Abs. 1 EStG	
AfA für 2012: 20 % von 17 000 € = 3 400 €, davon 4/12	./. 1 333,33 €
AfA für 2013 4/365 von 3 400 €	./. 37,26 €
Buchwert und gemeiner Wert 5.1.2013	15 629,41 €

Geringwertige Wirtschaftsgüter

Der Ansatz erfolgt mit dem

Gemeinen Wert (§ 11 Abs. 2 Satz 3 und § 9 Abs. 1 BewG : 760 €.

Zusammenfassung:

Ausgangsbetrag	389 165,00 €
Kolkrabenweg 4	143 974,30 €
Testfläche	4 908,00 €
Schleifmaschine	15 629,41 €
geringwertige Wirtschaftsgüter	760,00 €
Wert des Betriebsvermögens	554 436,71 €

Dieser Wert ist höher als der Wert nach dem Ertragswertverfahren. Gem. § 151 Abs. 1 Nr. 2 BewG ist der Betrag von 554 436 € gesondert festzustellen und bei der ErbSt-Veranlagung zugrunde zu legen.

Nachrichtlich zur Anwendung von §§ 13a und 13b ErbStG:

Es liegt begünstigtes Vermögen i.S. von § 13b Abs. 1 Nr. 2 ErbStG vor. Die einschränkenden Voraussetzungen des § 13b Abs. .2 Satz 1 ErbStG (Verwaltungsvermögen) sind nicht gegeben.

Ausgangsbetrag	554 436 €
Regelverschonung nach § 13a Abs. 1, § 13b Abs. 1, 4 ErbStG	
85 % von 554 436 €	./. 471 270 €
Nicht nach § 13a Abs. 1 ErbStG begünstigtes BV	83 166 €
Abzugsbetrag nach § 13a Abs. 2 Satz 1 ErbStG 150 000 €, maximal	./. 83 166 €
Steuerpflichtiges Betriebsvermögen 0 €	

4. Land- und forstwirtschaftliches Vermögen

Es handelt sich um Grundbesitz, der mit dem Grundbesitzwert zu erfassen ist (§ 12 Abs. 3 ErbStG, §§ 158-175 BewG). Auch hier ist Bewertungsstichtag der 5.1.2013 (§§ 9, 11 ErbStG). Wert, Art und Zurechnung sind ebenfalls gesondert festzustellen (§ 151 Abs. 1 Satz 1 Nr. 1 BewG): 135 000 €.

Nachrichtlich zur Anwendung von §§ 13a und 13b ErbStG:

Es liegt begünstigtes Vermögen i. S. von § 13b Abs. 1 Nr. 1 ErbStG vor, soweit der Wirtschaftsteil betroffen ist. Die einschränkenden Voraussetzungen des § 13b Abs. 2 Satz 1 ErbStG (Verwaltungsvermögen) sind nicht gegeben.

Ausgangsbetrag	135 000 €
Wohnteil	./. 30 000 €
Wirtschaftsteil	105 000 €
Regelverschonung nach § 13a Abs. 1, § 13b Abs. 1, 4 ErbStG	
85 % von 105 000 €	./. 89 250 €
Nicht nach § 13a Abs. 1 begünstigtes Vermögen	15 750 €
Abzugsbetrag nach § 13a Abs. 2 Satz 1 ErbStG 150 000 €, maximal	./. 15 750 €
Steuerpflichtiges land- und forstwirtschaftliches Vermögen	0 €

5. Bewertung des sonstigen Vermögens und der Schulden

Für die Bewertung des sonstigen Vermögens und der Schulden gelten gem. § 12 Abs. 1 ErbStG die §§ 1-16 des BewG.

▶ GmbH-Anteile

Die GmbH-Anteile sind gem. § 12 Abs. 2 ErbStG i.V. m. § 11 Abs. 2 BewG mit dem gemeinen Wert anzusetzen. Dieser beträgt lt. Sachverhalt 1 000 000 €. Der Wert war gesondert festzustellen (§ 151 Abs. 1 Satz 1 Nr. 3 BewG).

Nachrichtlich zur Anwendung von §§ 13a und 13b ErbStG:

Es liegt begünstigtes Vermögen i. S. von § 13b Abs. 1 Nr. 3 ErbStG vor. Die einschränkenden Voraussetzungen des § 13b Abs. 2 Satz 1 ErbStG (Verwaltungsvermögen) sind lt. Sachverhalt nicht gegeben.

Ausgangsbetrag	1 000 000 €
Regelverschonung nach § 13a Abs. 1, § 13b Abs. 1, 4 ErbStG	
85 % von 1 000 000 € €	./. 850 000 €
Nicht nach § 13a Abs. 1 begünstigtes Vermögen	150 000 €
Nicht nach § 13a Abs. 1 begünstigtes BV (s. o.)	83 166 €
Nicht nach § 13a Abs. 1 begünstigtes land- und forstw. Vermögen (s. o.)	15 750 €
Summe	248 916 €

Abzugsbetrag nach § 13a Abs. 2 Satz 1 ErbStG

Maximaler Abzugsbetrag	150 000 €
Nicht begünstigtes Vermögen	248 916 €
Übersteigender Betrag	98 916 €
Davon 1/2	49 458 €
Verbleibender max. Abzugsbetrag (150 000 € ./. 49 458 €=)	100 542 €
Davon verbraucht	98 916 €
Verbleiben für GmbH-Anteil als Abzugsbetrag	1 626 €

Wertpapierdepot

Dieses ist gem. § 12 Abs. 1 ErbStG i.V. mit § 11 Abs. 1 BewG mit dem Kurswert anzusetzen: 900 696 €.

Kaufpreisforderung aus Verkauf des Sportwagens

Es handelt sich am Bewertungsstichtag um eine Kapitalforderung, die, da sie unverzinslich ist und eine Laufzeit von mehr als einem Jahr hat, nicht mit dem Nennwert, sondern mit dem **Gegenwartswert** anzusetzen ist (§ 12 Abs. 1 BewG).

Die gesamte Laufzeit beträgt 36 Monate, wobei während der ersten 24 Monate 700 € monatlich und danach für 12 Monate 1 000 € monatlich zu zahlen sind. Technisch wird nachfolgend so bewertet, als ob von Anfang an monatlich 1 000 € bezahlt würden; sodann wird die daran enthaltene Zuvielzahlung (zwei Jahre monatlich 300 €) abgezogen. Als Tabelle kann die Anl. 9a zum BewG genutzt werden.

3 Jahre à 12 000 € jährlich: 2,772 x 12 000 €	33 264,00 €
2 Jahre à 3 600 € jährlich: 1,897 x 3 600 €	./. 6 829,20 €
Gegenwartswert 5. 1. 2013	26 434,80 €

Lieferanspruch Handy

Es handelt sich am 5.1.2013 noch um ein **schwebendes Geschäft mit Teilerfüllung** durch den Erblasser. Sachleistungsverpflichtung und Geldschuld sind gesondert anzusetzen unabhängig davon, ob Gleichwertigkeit vorliegt oder nicht (R B 9.1 Abs. 1 Satz 3 und 4 ErbStR). Dabei entstehen Anspruch und Verpflichtung mit dem Zeitpunkt des Vertragsabschlusses. Der Lieferanspruch ist mit dem gemeinen Wert des Handys zu bewerten (§ 9 Abs. 1 und 2 BewG): **800 €**. Die restliche Kaufpreisschuld ist mit dem Nennwert zu bewerten (§ 12 Abs. 1 BewG): 400 €.

Nachlassverbindlichkeiten

▶ Restkaufpreisschuld Handy

Es handelt sich um eine Nachlassverbindlichkeit i.S.v. § 10 Abs. 5 Nr. 1 ErbStG (Erblasserschuld). Als Kapitalschuld ist sie – wie bereits ausgeführt – mit dem Nennwert zu bewerten (§ 12 Abs. 1 BewG): **400 €**.

▶ **Rentenschuld gegenüber Ehepaar String**

Es handelt sich um eine nach § 10 Abs. 5 Nr. 1 ErbStG abzugsfähige Erblasserschuld. Die Bewertung erfolgt nach §§ 13, 14 BewG. Es handelt sich um eine **Leibrentenverpflichtung**, die sowohl Elemente einer Höchstzeitrente (längstens bis zum 1. 1. 2022) als auch Elemente einer Mindestzeitrente (mindestens bis 1. 1. 2015) beinhaltet. Im Ergebnis erfolgt die Bewertung nach dem statistisch zu erwartenden Geschehensablauf. Bewertungsstichtag ist der 5. 1. 2013. Die Lebensalter-Vervielfältiger ergeben sich aus § 14 Abs. 1 BewG i.V. m. der vom BMF alljährlich veröffentlichten Tabelle, die Laufzeit-Vervielfältiger aus Anl. 9a BewG.

	Vervielfältiger
Alter des Ehemanns (*13. 11. 1926): 86 Jahre	4,487
Alter der Ehefrau (*30. 9. 27): 85 Jahre	5,342
Mindestlaufzeit 1. 2. 13 – 1. 1. 15: 2 Jahre	1,897
Höchstlaufzeit 1. 2. 13 – 1. 1. 22: 9 Jahre	7,143

Die Vervielfältiger signalisieren bereits, dass weder mit dem Eintritt der Mindest- noch mit dem Eintritt der Höchstlaufzeit zu rechnen ist. Denn die Eheleute werden statistisch über den 1. 1. 2015 hinaus leben, aber vor dem 1. 1. 2022 versterben.

Bis zum Tod des zuletzt Versterbenden sind monatlich 9 000 € = jährlich 108 000 € zu zahlen (Sockelbetrag). Der darüber hinausgehende Betrag von monatlich 1000 € = jährlich 12 000 € (Mehrzahlung) ist nur bis zum Tod des Erstversterbenden zu zahlen.

Sockelbetrag: 108 000 € x 5,342	576 936,00 €
Mehrzahlung. 12 000 € x 4,487	53 844,00 €
Summe	630 780,00 €

▶ **Pflichtteilsanspruch und Schenkungsangebot**

Da der Pflichtteilsanspruch nicht geltend gemacht wurde, scheidet ein ansonsten gebotener Abzug nach § 10 Abs. 5 Nr. 2 ErbStG aus. Dasselbe gilt für das Schenkungsangebot, das nicht angenommen wurde. Solange eventuelle Fristen für die Geltendmachung des Pflichtteils oder die Annahme der Schenkung nicht abgelaufen sind, sind die Lasten aufschiebend bedingt (§ 6 Abs. 1 BewG). Müssen die Ansprüche erfüllt werden, ist die Erbschaftsteuerveranlagung zu **berichtigen** (§ 6 Abs. 2 BewG).

▶ **Erbfallkosten**

Für diese sieht das Gesetz (§ 10 Abs. 5 Nr. 3 ErbStG) eine Pauschale vor in Höhe von **10 300 €**.

Zusammenfassung (nach R E 10.1 ErbStR)

Begünstigtes Vermögen

Wirtschaftsteil des land- und forstw. Vermögens	105 000 €
Betriebsvermögen	554 436 €
GmbH-Anteil	1 000 000 €
Zwischensumme	1 659 436 €

Regelverschonung nach § 13a Abs. 1, § 13b Abs. 1, 4 ErbStG		
85 % von 1 659 436 €	./. 1 410 520 €	
Verbleiben	248 916 €	
Freibetrag nach 13a Abs. 2 ErbStG: max. 150 000 €		
Höchstens 150 000 € ./. (1/2 von 98 916)	./. 100 542 €	148 374 €
Wohnteil des land- und forstw. Vermögens		30 000 €
Grundvermögen		350 886 €
Übriges Vermögen		
Wertpapierdepot	900 696 €	
Kaufpreisforderung aus Verkauf des Sportwagens	26 434 €	
Lieferanspruch Handy	800 €	927 930 €
Vermögensanfall nach Steuerwerten		1 457 190 €
Nachlassverbindlichkeiten		
Rentenschuld	630 780 €	
Restkaufpreis Handy	400 €	
Erbfallkosten	10 300 €	./. 641 480 €
Bereicherung des Erwerbers		815 710 €
Abgerundet auf volle hundert Euro		815 700 €
Persönlicher Freibetrag § 16 Abs. 1 Nr. 1 i. V. m. § 15 Abs. 1 Nr. 1 ErbStG		./. 500 000 €
Versorgungsfreibetrag § 17 Abs. 1 ErbStG		./. 256 000 €
Steuerpflichtiger Erwerb		59 700 €
Steuersatz (19 Abs. 1 ErbStG, Steuerklasse I) 7 % = Erbschaftsteuer		4 179 €

Steuerberaterprüfung 2013/2014
Prüfungsaufgabe aus dem Gebiet der Ertragsteuern

Bearbeitungszeit: 6 Stunden

Hilfsmittel: Laut Ladungsschreiben zugelassene Hilfsmittel, z. B.:

NWB-Handausgabe Deutsche Steuergesetze

Amtliche Steuerrichtlinien aus dem NWB-Verlag

Anlage: DBA Großbritannien und Nordirland

Teil I: Einkommensteuer und Gewerbesteuer

Sachverhalt 1

U (wohnhaft in Düsseldorf) ist selbständiger Malermeister. Seinen Gewinn ermittelt er zulässigerweise durch Bestandsvergleich nach § 4 Abs. 1, § 5 Abs. 1 EStG. Zu seinem Betriebsvermögen gehört u. a. eine Beteiligung an der A-GmbH. Zum 31. 12. 2011 hat er folgende (komprimierte) – um die Angaben der gemeinen Werte ergänzte – Bilanz aufgestellt:

Aktiva	Bilanz U zum 31.12.2011			Passiva
	Buchwert	(gem. Wert)		
Anteile A-GmbH	50 000 €	(110 000 €)	Kapital	160 000 €
sonst. Aktiva	310 000 €	(380 000 €)	Verbindlichkeiten	200 000 €
	360 000 €	(490 000 €)		360 000 €

Die ausgewiesenen Buchwerte entsprechen den steuerlichen Vorschriften.

Am 30. 3. 2012 überträgt U sein Einzelunternehmen mit allen Aktiva und Passiva auf die von ihm neu gegründete X-GmbH (Sitz und Geschäftsleitung Essen) gegen Gewährung von Anteilen an der Gesellschaft. U wird alleiniger Gesellschafter der X-GmbH. Die Einbringung erfolgt mit steuerlicher Rückwirkung zum 31. 12. 2011 zu Buchwerten. Das Stammkapital der X-GmbH soll 50 000 € betragen. Die X-GmbH stellt die folgende (komprimierte) steuerliche Schlussbilanz zum 31. 12. 2011 auf:

Aktiva	Steuerliche Schlussbilanz der X-GmbH zum 31.12.2011		Passiva
Anteile A-GmbH	50 000 €	Gez. Kapital	50 000 €
sonst. Aktiva	310 000 €	Kapitalrücklage	110 000 €
		Verbindlichkeiten	200 000 €
	360 000 €		360 000 €

Am 30. 5. 2013 veräußert U seine Anteile an der X-GmbH, die er bis dahin im Privatvermögen gehalten hat, für 110 000 € an einen fremden Dritten.

Aus Vereinfachungsgründen ist davon auszugehen, dass bei der Einbringung und der anschließenden Veräußerung der Anteile keine Veräußerungskosten angefallen sind.

Aufgabe:

Erläutern Sie die einkommensteuerlichen und gewerbesteuerlichen Folgen des Sachverhalts für den nach § 1 Abs. 1 EStG unbeschränkt steuerpflichtigen U.

Begründen Sie Ihre Ergebnisse unter Angabe der einschlägigen Rechtsgrundlagen.

HINWEISE:
Sofern verschiedene Lösungsmöglichkeiten bestehen, ist das günstigste steuerliche Ergebnis zu wählen. Erforderliche Anträge gelten als gestellt.

Sachverhalt 2

K (wohnhaft in Wuppertal) ist seit Jahren gewerblich tätig und vorsteuerabzugsberechtigt. Seinen Gewinn hat K zulässigerweise nach § 4 Abs. 3 EStG ermittelt. Für 2013 hat K einen Gewinn von 20 000 € ermittelt. Folgende Sachverhalte sind dabei unberücksichtigt geblieben:

Anmietung Lagerraum

K hat einen Lagerraum angemietet, der betrieblich genutzt wird. Der Mietzins beträgt monatlich 150 € und ist zum 30. eines jeden Monats fällig. Versehentlich hat K die Miete für November und Dezember insgesamt erst am 7.1.2014 überwiesen. Im Übrigen ist die Miete stets pünktlich überwiesen worden.

Kauf Lieferwagen

Am 1.12.2013 erwarb K einen Lieferwagen zum Kaufpreis von 71 400 € (60 000 € zuzüglich 11 400 € USt). Die Auslieferung erfolgte am 10.12.2013. Seitdem wurde das Auto von K ausschließlich betrieblich genutzt. Den Kaufpreis zahlte K allerdings erst am 5.1.2014. Die betriebsgewöhnliche Nutzungsdauer des Lieferwagens beträgt fünf Jahre.

Verkauf Maschine

Am 31.12.2013 hat K eine ausschließlich betrieblich genutzte Maschine zum Preis von 2 380 € (2 000 € zuzüglich 380 € USt) verkauft und mit Eigentumsvorbehalt übereignet. Den Kaufpreis erhielt er in bar erst am 19.2.2014. K hatte die Maschine am 1.1.2011 zum Preis von 2 000 € (zuzüglich 380 € USt) erworben und für die Wirtschaftsjahre 2011 bis 2013 eine jährliche Absetzung für Abnutzung in zutreffender Höhe von 500 € berücksichtigt.

Unfall

K ist Eigentümer eines PKW, den er nur zu Privatfahrten nutzt. Am 2.12.2013 musste K zu einem Kunden nach Bottrop. Da der Firmenwagen zu diesem Zeitpunkt von einem Mitarbeiter genutzt wurde, nahm K ausnahmsweise den privaten PKW. Bei der Fahrt übersah K grob fahrlässig einen anderen Wagen und verursachte dadurch einen Unfall. Hierdurch wurde der PKW stark beschädigt. Die von K am 13.12.2013 bezahlten Reparaturkosten beliefen sich auf 9 000 € (zuzüglich 1 710 € USt). Die darüber hinaus durch den Unfall bedingte Wertminderung (merkantiler Minderwert) wurde von einem Sachverständigen auf 1 000 € geschätzt. Nach der Reparatur wurde der PKW von K wieder ausschließlich zu Privatfahrten genutzt.

Diebstahl

Am 30. 9. 2013 wurde aus der Garage des K ein ausschließlich betrieblich genutzter Anhänger gestohlen. Den Anhänger hatte K am 1. 1. 2011 zu einem Kaufpreis von 5 000 € (zuzüglich 950 € USt) erworben und für die Wirtschaftsjahre 2011 und 2012 eine jährliche Absetzung für Abnutzung in zutreffender Höhe von 1 000 € berücksichtigt. Der Teilwert des Anhängers betrug zum Zeitpunkt des Diebstahls 4 500 €. Von der Versicherung erhielt K am 1. 11. 2013 einen Betrag von 4 000 €. Am 10. 1. 2014 kaufte K – wie von vornherein beabsichtigt – einen neuen Anhänger, da er diesen dringend betrieblich benötigt. AfA wurde von K in 2013 nicht gewinnmindernd berücksichtigt.

Im Übrigen hat K keine Einkünfte erzielt.

Aufgabe:

Ermitteln Sie die Einkünfte des nach § 1 Absatz 1 EStG unbeschränkt steuerpflichtigen K für den Veranlagungszeitraum 2013. Begründen Sie Ihre Ergebnisse unter Angabe der einschlägigen Rechtsgrundlagen.

HINWEISE:

Sofern verschiedene Lösungsmöglichkeiten bestehen, ist das für 2013 günstigste steuerliche Ergebnis zu wählen.

Erforderliche Anträge gelten als gestellt.

K berechnet die Umsatzsteuer zulässigerweise nach vereinnahmten Entgelten (§ 20 UStG).

Sachverhalt 3

A ist deutscher Staatsangehöriger. Seit 10 Jahren wohnt er mit seiner Familie in einem Einfamilienhaus in London (Großbritannien). Dort ist A als Rechtsanwalt tätig. Sein Gewinn aus der Rechtsanwaltstätigkeit beträgt für das Jahr 2013 umgerechnet 120 000 € (ermittelt nach den in Deutschland anzuwendenden Gewinnermittlungsregeln).

In London hat A außerdem noch ein Festgeldkonto, für das er im Jahr 2013 Zinsen i. H. v. umgerechnet 10 000 € erzielt hat.

In Düsseldorf gehört A seit 2009 eine komplett eingerichtete Eigentumswohnung, die er über Jahre hinweg regelmäßig dreimal jährlich zu bestimmten Zeiten über mehrere Wochen nutzt, wenn er seine Schwester in Deutschland besucht. A nutzt die Wohnung ausschließlich zu eigenen Wohnzwecken. Vermietet wurde die Wohnung bisher nicht.

Daneben war A Eigentümer einer Wohnung in München, die er im Jahre 2007 für 300 000 € erworben und ebenfalls ausschließlich zu eigenen Wohnzwecken (in 2013 an insgesamt fünf Tagen) genutzt hat. Am 30. 6. 2013 hat er die Wohnung zum Preis von 400 000 € veräußert. Veräußerungskosten sind i. H. v. 5 000 € angefallen.

Aufgabe:

Ermitteln Sie die in Deutschland steuerpflichtigen Einkünfte des A für den Veranlagungszeitraum 2013.

Begründen Sie Ihre Ergebnisse unter Angabe der einschlägigen Rechtsgrundlagen.

> **HINWEISE:**
> In Großbritannien ist A aufgrund seines Wohnsitzes unbeschränkt steuerpflichtig.
>
> Das Doppelbesteuerungsabkommen zwischen der Bundesrepublik Deutschland und dem Vereinigten Königreich Großbritannien und Nordirland v. 30.3.2010 (DBA-Großbritannien) ist als Anlage beigefügt.
>
> Das DBA ist auf den Sachverhalt zeitlich anwendbar.

Sachverhalt 4

Geschäftsgegenstand der am 1.3.2012 gegründeten Sonnen-GmbH & Co. KG (S-KG) mit Sitz in Bochum ist der Handel mit Gartenmöbeln im Internet. Der Gewinn der S-KG wird durch Bestandsvergleich nach § 4 Abs. 1, § 5 Abs. 1 EStG ermittelt; Wirtschaftsjahr ist das Kalenderjahr. Beschränkt haftende Gesellschafterin der S-KG ist seit ihrer Gründung Uschi Unruhig (U) mit einer Kommanditeinlage i. H. v. 20 000 €, die U noch im Jahr 2012 voll eingezahlt hat. Wohnsitz der U ist Gelsenkirchen. Alleinige Komplementärin der S-KG ist die Regen-GmbH (R-GmbH), an der weder U noch ihr nahestehende Personen beteiligt sind.

Bereits am 1.3.2012 hatte sich U für ein Darlehen i. H. v. 50 000 €, welches die P-Bank der S-KG am 1.3.2012 für ein Jahr gewährt hatte, nach §§ 765, 773 Abs. 1 Nr. 1 BGB selbstschuldnerisch verbürgt. Mit Hilfe des Darlehens hat die S-KG eine im Jahr 2011 durchgeführte Internet-Werbekampagne finanziert. Die Geschäfte der S-KG entwickelten sich seit der Gründung entgegen der seinerzeitigen Erwartung schlecht, so dass U schon am 31.12.2012 ernsthaft mit einer Inanspruchnahme aus der Bürgschaft für das Darlehen rechnen musste. Bei Fälligkeit am 1.3.2013 konnte die S-KG das Darlehen nicht zurückzahlen. U beglich daraufhin nach einer entsprechenden Aufforderung der P-Bank das Darlehen am 9.3.2013 aus ihrem Privatvermögen. Die bis zum 1.3.2013 angefallenen Zinsen für das Darlehen hat die S-KG selbst beglichen.

Aufgrund der für U inakzeptablen Geschäftsentwicklung veräußerte diese ihren Kommanditanteil am 31.10.2013 an Gustav Gierig (G) zum fremdüblichen Kaufpreis von 0 €. Die S-KG hat aufgrund der Übertragung des Kommanditanteils zum 31.10.2013 eine Zwischenbilanz erstellt. Das zutreffende Kapitalkonto der U bei der S-KG entwickelte sich in der Zeit vom 1.3.2012 bis zum 31.10.2013 wie folgt (Handelsbilanz = Steuerbilanz):

1.3.2012:	0 €
Einlage 2012:	20 000 €
Verlustanteil 2012:	./. 50 000 €
31.12.2012:	./. 30 000 €
Verlustanteil bis 31.10.2013:	./. 40 000 €
31.10.2013:	./. 70 000 €

Zum 31.12.2012 ist für U ein nach § 15a EStG nicht ausgleichs-/abzugsfähiger Verlust i. H. v. 30 000 € festgestellt worden.

Der am 3.12.2013 gestellte Insolvenzantrag über das Vermögen der S-KG wurde am 20.12.2013 mangels Masse abgewiesen. Gleiches gilt für den ebenfalls am 3.12.2013 gestellten Insolvenzantrag über das Vermögen der R-GmbH.

U hat in der Zeit vom 1.3.2012 bis zum 31.10.2013 den Einkauf der Gartenmöbel für S-KG organisiert. Eine Gegenleistung hat U hierfür vereinbarungsgemäß nicht erhalten. Die Fahrten zu den Großhändlern hat U mit ihrem privaten PKW durchgeführt, den sie am 1.12.2009 zum Kaufpreis von 54 000 € erworben hatte (inländischer Listenpreis einschließlich Umsatzsteuer: 55 000 €). Den PKW hat U in der Zeit vom 1.3.2012 bis zum 31.10.2013 für ihre Geschäftsfahrten für die S-KG und für private Fahrten genutzt, wobei der private Nutzungsanteil unstreitig weniger als 30 % betragen hat. Ein Fahrtenbuch hat U allerdings nicht geführt. Fahrten zwischen ihrer Wohnung und der Betriebsstätte der S-KG hat U mit dem PKW nicht zurückgelegt. Sowohl vor dem 1.3.2012 als auch nach dem 31.10.2013 hat U den PKW ausschließlich für private Zwecke genutzt. Die betriebsgewöhnliche Nutzungsdauer des PKW betrug am 1.12.2009 sechs Jahre; nach den Verhältnissen am 1.3.2012 war von einer Restnutzungsdauer von vier Jahren auszugehen. Der PKW hatte am 1.3.2012 eine Teilwert/gemeinen Wert i.H.v. 21 000 € und am 31.10.2013 einen Teilwert/gemeinen Wert i.H.v. 11 000 €. In der Zeit vom 1.1.2013 bis zum 31.10.2013 sind laufende PKW-Kosten (ohne AfA und Zinsen) i.H.v. 4 000 € angefallen, die U von ihrem privaten Girokonto beglichen hat.

U hat den Erwerb des PKW am 1.12.2009 über ein unbefristetes und jederzeit kündbares Darlehen i.H.v. 54 000 € bei der Z-Bank finanziert. U hat das Darlehen bis zum 31.12.2013 nicht getilgt, so dass der Darlehensstand am 31.12.2013 unverändert 54 000 € betragen hat. Die in 2012 jeweils pünktlich zum Monatsersten von U an die Z-Bank gezahlten Zinsen betrugen monatlich 270 €.

Aufgabe:

Ermitteln Sie die bei der Einkommensteuerveranlagung der U aufgrund des vorgenannten Sachverhalts für das Jahr 2013 anzusetzenden Einkünfte. Auf allgemeine Fragen (persönliche Steuerpflicht, Veranlagungsform, Tarif etc.) ist nicht einzugehen. Begründen Sie Ihre Ergebnisse ausführlich unter Hinweis auf die einschlägigen Rechtsgrundlagen.

HINWEISE:

Sofern verschiedene Lösungsmöglichkeiten bestehen, ist das für 2013 günstigste steuerliche Ergebnis zu wählen.

Eine Gewerbesteuerrückstellung ist nicht zu bilden. Bilanzen sind nicht aufzustellen.

Auf Umsatzsteuer ist nicht einzugehen.

Erforderliche Anträge gelten als gestellt.

Auf Cent lautende Beträge sind abzurunden.

Auf § 4 Abs. 4a und § 4h EStG ist nicht einzugehen.

Sachverhalt 5

Paul Panne (P) ist Inhaber eines als Einzelunternehmen geführten Abschleppdienstes mit Sitz in Leipzig. Der Gewinn des Abschleppdienstes wird durch Bestandsvergleich nach § 4 Absatz 1, § 5 Abs. 1 EStG ermittelt; Wirtschaftsjahr ist das Kalenderjahr. Aus der auf den 31.12.2013 aufgestellten Bilanz (Handelsbilanz = Steuerbilanz) ergibt sich für das Jahr 2013 ein Gewinn i.H.v. 240 000 €.

Zum Betriebsvermögen des Abschleppdienstes gehört seit dem Jahr 2010 die 55 %-ige Beteiligung des P an der PKW-Handels-GmbH (P-GmbH). Sitz der P-GmbH ist Jena. Im Jahr 2013 hat die P-GmbH eine Gewinnausschüttung vorgenommen. P hat die auf ihn entfallende Bruttogewinnausschüttung i.H.v. 10 000 € als Betriebseinnahme erfasst. P hat den Erwerb der Beteiligung an der P-GmbH über ein Darlehen bei der T-Bank finanziert, für das er in 2013 Zinsen i. H. v. 8 000 € als Betriebsausgabe in der Gewinn-Verlustrechnung berücksichtigt hat.

Aufgabe:

Ermitteln Sie den Gewerbesteuermessbetrag für den Abschleppdienst des P für den Erhebungszeitraum 2013. Begründen Sie Ihre Ergebnisse ausführlich unter Hinweis auf die einschlägigen Rechtsgrundlagen.

HINWEISE:

Sofern verschiedene Lösungsmöglichkeiten bestehen, ist das für 2013 günstigste steuerliche Ergebnis zu wählen.

Erforderliche Anträge gelten als gestellt.

Auf Cent lautende Beträge sind abzurunden.

Eine Gewerbesteuerrückstellung ist nicht zu bilden. Auf § 4 Absatz 4a und § 4h EStG ist nicht einzugehen.

Teil II - Körperschaftsteuer

Sachverhalt

Bei der Invest-Deutschland Ltda (ID) handelt es sich um eine Gesellschaft brasilianischen Rechts, die nach ihrer gesellschaftsrechtlichen Ausgestaltung mit einer GmbH deutschen Rechts vergleichbar ist. Geschäftsleitung und Sitz der ID befinden sich in Rio de Janeiro (Brasilien), von wo aus sämtliche Geschäfte der Gesellschaft erledigt werden. Der Geschäftszweck der ID ist auf die Tätigung verschiedener Investitionen in Deutschland ausgerichtet. Die ID möchte ihre in Deutschland erzielten Einkünfte – soweit dies möglich ist – für Zwecke der deutschen Besteuerung durch Bestandsvergleich nach § 4 Abs. 1, § 5 Abs. 1 EStG ermitteln.

Einzelsachverhalte:

a) Beteiligung Jungfrau GmbH

Die ID ist seit dem 14. 4. 2007 mit einem Anteil von 30 % an der Jungfrau GmbH (J-GmbH) mit Sitz in Bonn beteiligt. Die Anschaffungskosten des Anteils der ID betrugen aufgrund der seinerzeitigen schlechten Geschäftslage der J-GmbH nur 100 000 € einschließlich der Anschaffungsnebenkosten. Das Wirtschaftsjahr der J-GmbH entspricht dem Kalenderjahr. Bereits am 20. 3. 2012 hatte die Gesellschafterversammlung der J-GmbH eine Herabsetzung des voll eingezahlten Stammkapitals von 2 Mio. € auf 1 Mio. € mit anschließender Nennkapitalrückzahlung i. H. v. ebenfalls 1 Mio. € beschlossen. Die Eintragung der Herabsetzung des Nennkapitals im Handelsregister erfolgte am 10. 9. 2013.

Der Sonderausweis i. S. d. § 28 KStG für die J-GmbH wurde am 31. 12. 2012 mit 400 000 € gesondert festgestellt; der Bestand des steuerlichen Einlagekontos i. S. d. § 27 KStG beträgt am 31. 12. 2012 0 €.

Die Nennkapitalrückzahlung an die Anteilseigner der J-GmbH erfolgte am 20. 9. 2013. Kapitalertragsteuer und Solidaritätszuschlag hat die J-GmbH insoweit zutreffend einbehalten. Der sich hiernach ergebende anteilige Auszahlungsbetrag der ID wurde noch am 20. 9. 2013 dem Konto der ID bei der P-Bank gutgeschrieben.

b) Grundstück Dreigestirnallee, Köln

Mit notariellem Kaufvertrag vom 2.4.2013 hat die ID das mit einem Bürogebäude bebaute Grundstück Dreigestirnallee in Köln erworben (Bauantragstellung: 20.10.1993). Der Übergang von Nutzen und Lasten erfolgte am 1.5.2013. Der Kaufpreis einschließlich der Nebenkosten betrug 3,5 Mio. €, wovon 1 Mio. € auf den Grund und Boden entfallen. Das Gebäude ist seit dem 1.5.2013 unter Verzicht auf die Umsatzsteuerbefreiung, nach § 4 Nr. 12 Satz 1 Buchst. a UStG für monatlich 20 000 € zzgl. 3 800 € Umsatzsteuer zahlbar jeweils zum Monatsersten an die Kölner Karnevalsgesellschaft „Orange Funken" vermietet. Die Miete für den Dezember 2012 wurde aufgrund eines vorübergehenden Liquiditätsengpasses bei der Karnevalsgesellschaft erst am 21.1.2014 auf das bei der P-Bank geführte Konto der ID überwiesen. Die laufenden Grundstückskosten i. H. v. 4 000 € zzgl. 760 € Umsatzsteuer monatlich hat die ID ab dem 1.5.2013 jeweils am ersten des Monats von ihrem Konto bei der P-Bank beglichen.

Das für die Besteuerung der ID zuständige Finanzamt hat wegen der Vermietungstätigkeit mit Bescheid vom 1.10.2013 für 2013 eine Körperschaftsteuer-Vorauszahlung i. H. v. 10 000 € gegen die ID festgesetzt, die die ID am 10.12.2013 entrichtet hat. Aufgrund eines Büroversehens der Steuerberaterin der ID wurden in 2013 keine Umsatzsteuervoranmeldungen für die ID eingereicht und demnach auch keine Umsatzsteuer an das Finanzamt abgeführt.

c) Beteiligung Bauer GmbH

Die ID ist seit dem 13.7.2010 mit einem Anteil von 15 % an der Bauer GmbH (B-GmbH) mit Sitz in Aachen beteiligt, deren Geschäftsgegenstand die Herstellung und der Vertrieb von Fenstern ist. Weiterer Gesellschafter mit einem Anteil von 85 % ist Paul Prinz (P). P ist zugleich zum Geschäftsführer der B-GmbH bestellt. Am 28.12.2012 hat die Gesellschafterversammlung der B-GmbH eine Gewinnausschüttung i. H. v. 100 000 € beschlossen. Die Auszahlung an die ID erfolgte unter Einbehaltung von Kapitalertragsteuer und Solidaritätszuschlag am 20.1.2013:

Bruttodividende:	15 000,00 €
abzgl. Kapitalertragsteuer:	./. 3 750,00 €
abzgl. Solidaritätszuschlag:	./. 206,25 €
Auszahlung:	11 043,75 €

Am 11.11.2013 wurden mehrere Fenster des Gebäudes Dreigestirnallee durch Vandalismus zerstört. Die B-GmbH erklärte sich daraufhin bereit, die zerstörten Fenster unentgeltlich zu ersetzen. Die Lieferung der Fenster erfolgte am 20.11.2013. Die Selbstkosten der B-GmbH betrugen 8 000 € zzgl. 1 520 € Umsatzsteuer. Der übliche Verkaufspreis lag am 20.11.2013 bei 10 000 zzgl. 1 900 € Umsatzsteuer. Nach einem Gespräch mit der Steuerberaterin der ID reichte P noch im Dezember 2013 eine Kapitalertragsteueranmeldung für die B-GmbH bei dem für die Besteuerung der B-GmbH zuständigen Finanzamt ein. Die hiernach fällige Kapitalertragsteuer i. H. v. 2 975 € sowie den Solidaritätszuschlag i. H. v. 163,62 € beglich die ID nach einer entsprechenden Bitte des P unmittelbar am 21.12.2013.

Aufgaben:

1. Führen Sie die Feststellungen nach §§ 27, 28 KStG für die J-GmbH auf den 31.12.2013 durch. Gehen Sie hierbei davon aus, dass die J-GmbH unbeschränkt körperschaftsteuerpflichtig i. S.v. § 1 Absatz 1 KStG ist.
2. Ermitteln Sie die von der ID im Veranlagungszeitraum 2013 erzielten körperschaftsteuerpflichtigen Einkünfte. Gehen Sie auch auf die Erhebungsform der Körperschaftsteuer ein. Geben Sie etwaige Erstattungsansprüche der ID an.
3. Nehmen Sie zu den gewerbesteuerlichen Auswirkungen für die ID Stellung.

Begründen Sie Ihre Ergebnisse jeweils ausführlich unter Hinweis auf die einschlägigen Rechtsgrundlagen.

HINWEISE:

Sofern verschiedene Lösungsmöglichkeiten bestehen, ist das für 2013 günstigste steuerliche Ergebnis zu wählen.

Auf Grund- und Grunderwerbsteuer ist nicht einzugehen. Erforderliche Anträge gelten als gestellt.

Erforderliche Bescheinigungen und Rechnungen mit gesondertem Steuerausweis liegen vor.

Bilanzen sind nicht aufzustellen.

Eine Gewerbe- bzw. Körperschaftsteuerrückstellung ist nicht zu bilden. Auf Cent lautende Beträge sind abzurunden.

Mit Brasilien besteht kein Doppelbesteuerungsabkommen. Auf § 50a EStG und § 50d Abs. 3 EStG ist nicht einzugehen.

Die Bundesrepublik Deutschland

und

das Vereinigte Königreich Großbritannien und Nordirland –

von dem Wunsche geleitet, ein neues Abkommen zur Vermeidung der Doppelbesteuerung und zur Verhinderung der Steuerverkürzung auf dem Gebiet der Steuern vom Einkommen und vom Vermögen zu schließen –

haben Folgendes vereinbart:

Art. 1 Unter das Abkommen fallende Personen

Dieses Abkommen gilt für Personen, die in einem Vertragsstaat oder in beiden Vertragsstaaten ansässig sind.

Art. 2 Unter das Abkommen fallende Steuern

(1) Dieses Abkommen gilt, ohne Rücksicht auf die Art der Erhebung, für Steuern vom Einkommen und vom Vermögen, die für Rechnung eines Vertragsstaats, eines seiner Länder oder einer der Gebietskörperschaften eines Landes oder Vertragsstaats erhoben werden.

(2) Als Steuern vom Einkommen und vom Vermögen gelten alle Steuern, die vom Gesamteinkommen, vom Gesamtvermögen oder von Teilen des Einkommens oder des Vermögens erhoben werden, einschließlich der Steuern vom Gewinn aus der Veräußerung beweglichen oder unbeweglichen Vermögens, der Lohnsummensteuern sowie der Steuern vom Vermögenszuwachs.

(3) Zu den zurzeit bestehenden Steuern, für die dieses Abkommen gilt, gehören insbesondere

a) in der Bundesrepublik Deutschland:

    aa) die Einkommensteuer,

    bb) die Körperschaftsteuer,

    cc) die Gewerbesteuer und

    dd) die Vermögensteuer

    einschließlich der hierauf erhobenen Zuschläge (im Folgenden als „deutsche Steuer" bezeichnet);

b) im Vereinigten Königreich:

    aa) die Einkommensteuer („income tax"),

    bb) die Körperschaftsteuer („corporation tax") und

    cc) die Steuer vom Veräußerungsgewinn („capital gains tax")

    (im Folgenden als „Steuer des Vereinigten Königreichs" bezeichnet).

(4) [1]Dieses Abkommen gilt auch für alle Steuern gleicher oder im Wesentlichen ähnlicher Art, die nach der Unterzeichnung des Abkommens neben den bestehenden Steuern oder an deren Stelle erhoben werden. [2]Die zuständigen Behörden der Vertragsstaaten teilen einander die in ihren Steuergesetzen eingetretenen wesentlichen Änderungen mit.

Art. 3 Allgemeine Begriffsbestimmungen

(1) Im Sinne dieses Abkommens, wenn der Zusammenhang nichts anders erfordert,

a) bedeuten die Ausdrücke "ein Vertragsstaat" und "der andere Vertragsstaat" je nach dem Zusammenhang die Bundesrepublik Deutschland oder das Vereinigte Königreich;

b) bedeutet der Ausdruck "Deutschland" die Bundesrepublik Deutschland und, wenn im geografischen Sinne verwendet, das Hoheitsgebiet der Bundesrepublik Deutschland sowie das an das Küstenmeer angrenzende Gebiet des Meeresbodens, des Meeresuntergrunds und der darüber befindlichen Wassersäule, soweit die Bundesrepublik Deutschland dort in Übereinstimmung mit dem Völkerrecht und ihren innerstaatlichen Rechtsvorschriften souveräne Rechte und Hoheitsbefugnisse zum Zwecke der Erforschung, Ausbeutung, Erhaltung und Bewirtschaftung der lebenden und nicht lebenden natürlichen Ressourcen ausübt;

c) bedeutet der Ausdruck "Vereinigtes Königreich" Großbritannien und Nordirland, einschließlich des sich außerhalb des Küstenmeeres des Vereinigten Königreichs erstreckenden Gebiets, das nach seinem Recht betreffend den Festlandsockel sowie nach dem Völkerrecht als ein Gebiet ausgewiesen ist, in dem die Rechte des Vereinigten Königreichs hinsichtlich des Meeresbodens und des Meeresuntergrunds sowie ihrer natürlichen Ressourcen ausgeübt werden dürfen;

d) umfasst der Ausdruck "Person" natürliche Personen, Gesellschaften und alle anderen Personenvereinigungen;

e) bedeutet der Ausdruck "Gesellschaft" juristische Personen oder Rechtsträger, die für die Besteuerung wie juristische Personen behandelt werden;

f) bezieht sich der Ausdruck "Unternehmen" auf die Ausübung einer Geschäftstätigkeit;

g) schließt der Ausdruck "Geschäftstätigkeit" die Ausübung einer freiberuflichen oder sonstigen selbständigen Tätigkeit ein;

h) bedeuten die Ausdrücke "Unternehmen eines Vertragsstaats" und "Unternehmen des anderen Vertragsstaats", je nachdem, ein Unternehmen, das von einer in einem Vertragsstaat ansässigen Person betrieben wird, oder ein Unternehmen, das von einer im anderen Vertragsstaat ansässigen Person betrieben wird;

i) bedeutet der Ausdruck "internationaler Verkehr" jede Beförderung mit einem Seeschiff oder einem Luftfahrzeug, das von einem Unternehmen eines Vertragsstaats betrieben wird, es sei denn, das Seeschiff oder Luftfahrzeug wird ausschließlich zwischen Orten im anderen Vertragsstaat betrieben;

j) bedeutet der Ausdruck "Staatsangehöriger"

aa) in Bezug auf Deutschland alle Deutschen im Sinne des Grundgesetzes für die Bundesrepublik Deutschland und alle juristischen Personen, Personengesellschaften und andere Personenvereinigungen, die nach dem in Deutschland geltenden Recht errichtet worden sind;

bb) in Bezug auf das Vereinigte Königreich alle Bürger des Vereinigten Königreichs oder alle britischen Untertanen, die nicht die Staatsbürgerschaft eines anderen Landes oder Gebiets des Commonwealth besitzen, sofern sie das Aufenthaltsrecht im Vereinigten Königreich besitzen; sowie alle juristischen Personen, Personengesellschaften, Personenvereinigungen und anderen Rechtsträger, die nach dem im Vereinigten Königreich geltenden Recht errichtet worden sind;

k) bedeutet der Ausdruck "zuständige Behörde"

   aa) in Deutschland das Bundesministerium der Finanzen oder die Behörde, an die es seine Befugnisse delegiert hat;

   bb) im Vereinigten Königreich die "Commissioners for Her Majesty's Revenue and Customs" oder ihre bevollmächtigten Vertreter.

(2) Bei der Anwendung des Abkommens durch einen Vertragsstaat hat, wenn der Zusammenhang nichts anderes erfordert, jeder im Abkommen nicht definierte Ausdruck die Bedeutung, die ihm im Anwendungszeitraum nach dem Recht dieses Vertragsstaates über die Steuern zukommt, für die das Abkommen gilt, wobei die Bedeutung nach dem in diesem Staat anzuwendenden Steuerrecht den Vorrang vor einer Bedeutung hat, die der Ausdruck nach anderem Recht dieses Staates hat.

Art. 4 Ansässige Person

(1)^{1}Im Sinne dieses Abkommens bedeutet der Ausdruck "eine in einem Vertragsstaat ansässige Person" eine Person, die nach dem Recht dieses Staates dort aufgrund ihres Wohnsitzes, ihres ständigen Aufenthalts, des Ortes ihrer Geschäftsleitung, des Ortes ihrer Gründung oder eines anderen ähnlichen Merkmals steuerpflichtig ist, und umfasst auch diesen Staat und seine Gebietskörperschaften. ^{2}Der Ausdruck umfasst jedoch nicht eine Person, die in diesem Vertragsstaat nur steuerpflichtig ist, wenn sie Einkünfte oder Veräußerungsgewinne aus Quellen in diesem Vertragsstaat oder mit in diesem Vertragsstaat gelegenem Vermögen erzielt.

(2) Ist nach Absatz 1 eine natürliche Person in beiden Vertragsstaaten ansässig, so gilt Folgendes:

a) Die Person gilt als nur in dem Vertragsstaat ansässig, in dem sie über eine ständige Wohnstätte verfügt; verfügt sie in beiden Vertragsstaaten über eine ständige Wohnstätte, so gilt sie als nur in dem Vertragsstaat ansässig, zu dem sie die engeren persönlichen und wirtschaftlichen Beziehungen hat (Mittelpunkt der Lebensinteressen);

b) kann nicht bestimmt werden, in welchem Vertragsstaat die Person den Mittelpunkt ihrer Lebensinteressen hat, oder verfügt sie in keinem der Vertragsstaaten über eine ständige Wohnstätte, so gilt sie als nur in dem Vertragsstaat ansässig, in dem sie ihren gewöhnlichen Aufenthalt hat;

c) hat die Person ihren gewöhnlichen Aufenthalt in beiden Vertragsstaaten oder in keinem der Vertragsstaaten, so gilt sie als nur in dem Vertragsstaat ansässig, dessen Staatsangehöriger sie ist;

d) ist die Person Staatsangehöriger beider Vertragsstaaten oder keines der Vertragsstaaten, so regeln die zuständigen Behörden der Vertragsstaaten die Frage in gegenseitigem Einvernehmen.

(3) Ist nach Absatz 1 eine andere als eine natürliche Person in beiden Vertragsstaaten ansässig, so gilt sie als nur in dem Staat ansässig, in dem sich der Ort ihrer tatsächlichen Geschäftsleitung befindet.

(4) Befindet sich der Ort der tatsächlichen Geschäftsleitung eines Unternehmens der Seeschifffahrt an Bord eines Schiffes, so gilt er als in dem Vertragsstaat gelegen, in dem der Heimathafen des Schiffes liegt.

Art. 5 Betriebsstätte

(1) Im Sinne dieses Abkommens bedeutet der Ausdruck "Betriebsstätte" eine feste Geschäftseinrichtung, durch die die Geschäftstätigkeit eines Unternehmens ganz oder teilweise ausgeübt wird.

(2) Der Ausdruck "Betriebsstätte" umfasst insbesondere:

a) einen Ort der Leitung,

b) eine Zweigniederlassung,

c) eine Geschäftsstelle,

d) eine Fabrikationsstätte,

e) eine Werkstätte und

f) ein Bergwerk, ein Öl- oder Gasvorkommen, einen Steinbruch oder eine andere Stätte der Ausbeutung natürlicher Ressourcen.

(3) Eine Bauausführung oder Montage ist nur dann eine Betriebsstätte, wenn ihre Dauer zwölf Monate überschreitet.

(4) Ungeachtet der vorstehenden Bestimmungen dieses Artikels gelten nicht als Betriebsstätten:

a) Einrichtungen, die ausschließlich zur Lagerung, Ausstellung oder Auslieferung von Gütern oder Waren des Unternehmens benutzt werden;

b) Bestände von Gütern oder Waren des Unternehmens, die ausschließlich zur Lagerung, Ausstellung oder Auslieferung unterhalten werden;

c) Bestände von Gütern oder Waren des Unternehmens, die ausschließlich zu dem Zweck unterhalten werden, durch ein anderes Unternehmen bearbeitet oder verarbeitet zu werden;

d) eine feste Geschäftseinrichtung, die ausschließlich zu dem Zweck unterhalten wird, für das Unternehmen Güter oder Waren einzukaufen oder Informationen zu beschaffen;

e) eine feste Geschäftseinrichtung, die ausschließlich zu dem Zweck unterhalten wird, für das Unternehmen andere Tätigkeiten auszuüben, die vorbereitender Art sind oder Hilfstätigkeiten darstellen;

f) eine feste Geschäftseinrichtung, die ausschließlich zu dem Zweck unterhalten wird, mehrere der unter den Buchstaben a bis e genannten Tätigkeiten auszuüben, vorausgesetzt, dass die sich daraus ergebende Gesamttätigkeit der festen Geschäftseinrichtung vorbereitender Art ist oder eine Hilfstätigkeit darstellt.

(5) Ist eine Person (mit Ausnahme eines unabhängigen Vertreters im Sinne des Absatzes 6) für ein Unternehmen tätig und besitzt sie in einem Vertragsstaat die Vollmacht, im Namen des Unternehmens Verträge abzuschließen, und übt sie die Vollmacht dort gewöhnlich aus, so wird das Unternehmen ungeachtet der Absätze 1 und 2 so behandelt, als habe es in diesem Staat für alle von der Person für das Unternehmen ausgeübten Tätigkeiten eine Betriebsstätte, es sei denn, diese Tätigkeiten beschränken sich auf die im Absatz 4 genannten Tätigkeiten, die, würden sie durch eine feste Geschäftseinrichtung ausgeübt, diese Einrichtung nach dem genannten Absatz nicht zu einer Betriebsstätte machten.

(6) Ein Unternehmen wird nicht schon deshalb so behandelt, als habe es eine Betriebsstätte in einem Vertragsstaat, weil es dort seine Geschäftstätigkeit durch einen Makler, Kommissionär oder einen anderen unabhängigen Vertreter ausübt, sofern diese Personen im Rahmen ihrer gewöhnlichen Geschäftstätigkeit handeln.

(7) Allein dadurch, dass eine in einem Vertragsstaat ansässige Gesellschaft eine Gesellschaft beherrscht oder von einer Gesellschaft beherrscht wird, die im anderen Vertragsstaat ansässig ist oder dort (entweder durch eine Betriebsstätte oder auf andere Weise) ihre Tätigkeit ausübt, wird keine der beiden Gesellschaften zur Betriebsstätte der anderen.

Art. 6 Einkünfte aus unbeweglichem Vermögen

(1) Einkünfte, die eine in einem Vertragsstaat ansässige Person aus unbeweglichem Vermögen (einschließlich der Einkünfte aus land- und forstwirtschaftlichen Betrieben) bezieht, das im anderen Vertragsstaat liegt, können im anderen Staat besteuert werden.

(2) ^{1}Der Ausdruck "unbewegliches Vermögen" hat die Bedeutung, die ihm nach dem Recht des Vertragsstaats zukommt, in dem das Vermögen liegt. ^{2}Der Ausdruck umfasst in jedem Fall das Zubehör zum unbeweglichen Vermögen, das lebende und tote Inventar land- und forstwirtschaftlicher Betriebe, die Rechte, für die die Vorschriften des Privatrechts über Grundstücke gelten, Nutzungsrechte an unbeweglichem Vermögen sowie Rechte auf veränderliche oder feste Vergütungen für die Ausbeutung oder das Recht auf Ausbeutung von Mineralvorkommen, Quellen und anderen natürlichen Ressourcen; Schiffe und Luftfahrzeuge gelten nicht als unbewegliches Vermögen.

(3) Absatz 1 gilt für Einkünfte aus der unmittelbaren Nutzung, der Vermietung oder Verpachtung sowie jeder anderen Art der Nutzung unbeweglichen Vermögens.

(4) Die Absätze 1 und 3 gelten auch für Einkünfte aus unbeweglichem Vermögen eines Unternehmens.

Art. 7 Unternehmensgewinne

(1) ^{1}Die Gewinne eines Unternehmens eines Vertragsstaats können nur in diesem Staat besteuert werden, es sei denn, das Unternehmen übt seine Geschäftstätigkeit im anderen Vertragsstaat durch eine dort gelegene Betriebsstätte aus. ^{2}Übt das Unternehmen seine Geschäftstätigkeit auf diese Weise aus, so können seine Gewinne im anderen Staat besteuert werden, jedoch nur insoweit, als sie dieser Betriebsstätte zugerechnet werden können.

(2) Übt ein Unternehmen eines Vertragsstaats seine Geschäftstätigkeit im anderen Vertragsstaat durch eine dort gelegene Betriebsstätte aus, so werden vorbehaltlich des Absatzes 3 in jedem Vertragsstaat dieser Betriebsstätte die Gewinne zugerechnet, die sie hätte erzielen können, wenn sie eine gleiche oder ähnliche Tätigkeit unter gleichen oder ähnlichen Bedingungen als selbständiges Unternehmen ausgeübt hätte und im Verkehr mit dem Unternehmen, dessen Betriebsstätte sie ist, völlig unabhängig gewesen wäre.

(3) Bei der Ermittlung der Gewinne einer Betriebsstätte werden die für diese Betriebsstätte entstandenen Aufwendungen, einschließlich der Geschäftsführungs- und allgemeinen Verwaltungskosten, zum Abzug zugelassen, gleichgültig, ob sie in dem Vertragsstaat, in dem die Betriebsstätte liegt, oder anderswo entstanden sind.

(4) Soweit es in einem Vertragsstaat üblich ist, die einer Betriebsstätte zuzurechnenden Gewinne durch Aufteilung der Gesamtgewinne des Unternehmens auf seine einzelnen Teile zu ermitteln, schließt Absatz 2 nicht aus, dass dieser Vertragsstaat die zu besteuernden Gewinne nach der üblichen Aufteilung ermittelt; die Gewinnaufteilung muss jedoch derart sein, dass das Ergebnis mit den Grundsätzen dieses Artikels übereinstimmt.

(5) Aufgrund des bloßen Einkaufs von Gütern oder Waren für das Unternehmen wird einer Betriebsstätte kein Gewinn zugerechnet.

(6) Bei der Anwendung der vorstehenden Absätze sind die der Betriebsstätte zuzurechnenden Gewinne jedes Jahr auf dieselbe Art zu ermitteln, es sei denn, es bestehen ausreichende Gründe dafür, anders zu verfahren.

(7) Gehören zu den Gewinnen Einkünfte oder Veräußerungsgewinne, die in anderen Artikeln dieses Abkommens behandelt werden, so werden die Bestimmungen jener Artikel durch die Bestimmungen dieses Artikels nicht berührt.

Art. 8 Seeschifffahrt und Luftfahrt

(1) Gewinne eines Unternehmens eines Vertragsstaats aus dem Betrieb von Seeschiffen oder Luftfahrzeugen im internationalen Verkehr können nur in diesem Staat besteuert werden.

(2) Für Zwecke dieses Artikels umfassen Gewinne aus dem Betrieb von Seeschiffen oder Luftfahrzeugen im internationalen Verkehr auch

a) Gewinne aus der Vermietung von leeren Seeschiffen oder Luftfahrzeugen und

b) Gewinne aus der Nutzung, Wartung oder Vermietung von Containern (einschließlich Trailern und zugehöriger Ausstattung für den Transport von Containern), die für den Transport von Gütern oder Waren eingesetzt werden,

wenn diese Vermietung beziehungsweise diese Nutzung, Wartung oder Vermietung zum Betrieb von Seeschiffen oder Luftfahrzeugen im internationalen Verkehr gehören.

(3) Absatz 1 gilt auch für Gewinne aus der Beteiligung an einem Pool, einer Betriebsgemeinschaft oder einer internationalen Betriebsstelle, jedoch nur für den Anteil an den so erzielten Gewinnen, die dem Beteiligten entsprechend seiner Beteiligung an der gemeinsamen Aktivität zugerechnet werden können.

Art. 9 Verbundene Unternehmen

(1) Wenn

a) ein Unternehmen eines Vertragsstaats unmittelbar oder mittelbar an der Geschäftsleitung, der Kontrolle oder dem Kapital eines Unternehmens des anderen Vertragsstaats beteiligt ist oder

b) ein Unternehmen eines Vertragsstaats unmittelbar oder mittelbar an der Geschäftsleitung, der Kontrolle oder dem Kapital eines Unternehmens des anderen Vertragsstaats beteiligt ist oder

und in diesen Fällen die beiden Unternehmen in ihren kaufmännischen oder finanziellen Beziehungen an vereinbarte oder auferlegte Bedingungen gebunden sind, die von denen abweichen, die unabhängige Unternehmen miteinander vereinbaren würden, dürfen die Gewinne, die eines der Unternehmen ohne diese Bedingungen erzielt hätte, wegen dieser Bedingungen aber nicht erzielt hat, den Gewinnen dieses Unternehmens zugerechnet und entsprechend besteuert werden.

(2) [1]Werden in einem Vertragsstaat den Gewinnen eines Unternehmens dieses Staates Gewinne zugerechnet – und entsprechend besteuert –, mit denen ein Unternehmen des anderen Vertragsstaats in diesem Staat besteuert worden ist, und handelt es sich bei den zugerechneten Gewinnen um solche, die das Unternehmen des erstgenannten Staates erzielt hätte, wenn die zwischen den beiden Unternehmen vereinbarten Bedingungen die gleichen gewesen wären, die unabhängige Unternehmen miteinander vereinbaren würden, so nimmt der andere Staat eine entsprechende Änderung der dort von diesen Gewinnen erhobenen Steuer vor. [2]Bei dieser Änderung sind die übrigen Bestimmungen dieses Abkommens zu berücksichtigen; erforderlichenfalls konsultieren die zuständigen Behörden der Vertragsstaaten einander.

Art. 10 Dividenden[1]

(1) Dividenden, die eine in einem Vertragsstaat ansässige Gesellschaft an eine im anderen Vertragsstaat ansässige Person zahlt, können im anderen Staat besteuert werden.

(2) [1]Diese Dividenden können jedoch auch in dem Vertragsstaat, in dem die die Dividenden zahlende Gesellschaft ansässig ist, nach dem Recht dieses Staates besteuert werden; die Steuer darf aber, wenn der Nutzungsberechtigte der Dividenden im anderen Vertragsstaat ansässig ist, nicht übersteigen:

a) 5 vom Hundert des Bruttobetrags der Dividenden, wenn der Nutzungsberechtigte eine Gesellschaft (jedoch keine Personengesellschaft) ist, die unmittelbar über mindestens 10 vom Hundert des Kapitals der die Dividenden zahlenden Gesellschaft verfügt,

b) 10 vom Hundert des Bruttobetrags der Dividenden, wenn der Nutzungsberechtigte eine Altersvorsorgeeinrichtung ist,

c) 15 vom Hundert des Bruttobetrags der Dividenden in allen anderen Fällen.

[2]Dieser Absatz berührt nicht die Besteuerung der Gesellschaft in Bezug auf die Gewinne, aus denen die Dividenden gezahlt werden.

---

[1] Vgl. hierzu Protokoll zum DBA vom 30. 3. 2010, Nrn. 1, 2 zu Artikel 10.

(3) Der in diesem Artikel verwendete Ausdruck "Dividenden" bedeutet Einkünfte aus Aktien, Genussrechten oder Genussscheinen, Kuxen, Gründeranteilen oder sonstige Einkünfte, die nach dem Recht des Staates, in dem die ausschüttende Gesellschaft ansässig ist, den Einkünften aus Aktien steuerlich gleichgestellt sind, sowie Einkünfte aus Ausschüttungen auf Anteilscheine an einem deutschen Investmentvermögen.

(4) [1]Die Absätze 1 und 2 sind nicht anzuwenden, wenn der in einem Vertragsstaat ansässige Nutzungsberechtigte im anderen Vertragsstaat, in dem die die Dividenden zahlende Gesellschaft ansässig ist, eine Geschäftätigkeit durch eine dort gelegene Betriebsstätte ausübt und die Beteiligung, für die die Dividenden gezahlt werden, tatsächlich zu dieser Betriebsstätte gehört. [2]In diesem Fall ist Artikel 7 anzuwenden.

(5) Erzielt eine in einem Vertragsstaat ansässige Gesellschaft Gewinne oder Einkünfte aus dem anderen Vertragsstaat, so darf dieser andere Staat weder die von der Gesellschaft gezahlten Dividenden besteuern, es sei denn, dass diese Dividenden an eine im anderen Staat ansässige Person gezahlt werden oder dass die Beteiligung, für die die Dividenden gezahlt werden, tatsächlich zu einer im anderen Staat gelegenen Betriebsstätte gehört, noch Gewinne der Gesellschaft einer Steuer für nicht ausgeschüttete Gewinne unterwerfen, selbst wenn die gezahlten Dividenden oder die nicht ausgeschütteten Gewinne ganz oder teilweise aus im anderen Staat erzielten Gewinnen oder Einkünften bestehen.

(6) Entlastungen nach diesem Artikel werden nicht gewährt, wenn der Hauptzweck oder einer der Hauptzwecke einer der Personen, die an der Begründung oder Übertragung der Aktien oder anderen Rechte, für die die Dividende gezahlt wird, beteiligt waren, darin bestand, diesen Artikel mithilfe dieser Begründung oder Übertragung in Anspruch zu nehmen.

Art. 11 Zinsen[1]

(1) Zinsen, die aus einem Vertragsstaat stammen und deren Nutzungsberechtigter eine im anderen Vertragsstaat ansässige Person ist, können nur im anderen Staat besteuert werden.

(2) [1]Der in diesem Artikel verwendete Ausdruck "Zinsen" bedeutet Einkünfte aus Forderungen jeder Art, auch wenn die Forderungen durch Pfandrechte an Grundstücken gesichert oder mit einer Beteiligung am Gewinn des Schuldners ausgestattet sind, und insbesondere Einkünfte aus öffentlichen Anleihen und aus Obligationen einschließlich der damit verbundenen Aufgelder und der Gewinne aus Losanleihen. [2]Der Ausdruck Zinsen umfasst nicht die Einkünfte, die nach Artikel 10 als Dividenden behandelt werden. [3]Zuschläge für verspätete Zahlung gelten nicht als Zinsen im Sinne dieses Artikels.

(3) [1]Absatz 1 ist nicht anzuwenden, wenn der in einem Vertragsstaat ansässige Nutzungsberechtigte im anderen Vertragsstaat, aus dem die Zinsen stammen, eine Geschäftstätigkeit durch eine dort gelegene Betriebsstätte ausübt und die Forderung, für die die Zinsen gezahlt werden, tatsächlich zu dieser Betriebsstätte gehört. [2]In diesem Fall ist Artikel 7 anzuwenden.

(4) [1]Bestehen zwischen dem Schuldner und dem Nutzungsberechtigten oder zwischen jedem von ihnen und einem Dritten besondere Beziehungen und übersteigen deshalb die gezahlten Zinsen ungeachtet der Gründe den Betrag, den Schuldner und Nutzungsberechtigter ohne diese

---

1 Vgl. hierzu Protokoll zum DBA vom 30. 3. 2010, Nrn. 2, 3 zu den Artikeln 10 und 11.

Beziehungen vereinbart hätten, so wird dieser Artikel nur auf den letzteren Betrag angewendet. ²In diesem Fall kann der übersteigende Betrag nach dem Recht eines jeden Vertragsstaats und unter Berücksichtigung der anderen Bestimmungen dieses Abkommens besteuert werden.

(5) Entlastungen nach diesem Artikel werden nicht gewährt, wenn der Hauptzweck oder einer der Hauptzwecke einer der Personen, die an der Begründung oder Übertragung der Forderung, für die die Zinsen gezahlt werden, beteiligt waren, darin bestand, diesen Artikel mithilfe dieser Begründung oder Übertragung in Anspruch zu nehmen.

Art. 12 Lizenzgebühren

(1) Lizenzgebühren, die aus einem Vertragsstaat stammen und deren Nutzungsberechtigter eine im anderen Vertragsstaat ansässige Person ist, können nur im anderen Staat besteuert werden.

(2) Der in diesem Artikel verwendete Ausdruck "Lizenzgebühren" bedeutet Vergütungen jeder Art, die für die Benutzung oder für das Recht auf Benutzung von Urheberrechten an literarischen, künstlerischen oder wissenschaftlichen Werken, einschließlich kinematografischer Filme, von Patenten, Marken, Mustern oder Modellen, Plänen, geheimen Formeln oder Verfahren oder für die Mitteilung gewerblicher, kaufmännischer oder wissenschaftlicher Erfahrungen gezahlt werden.

(3) ¹Absatz 1 ist nicht anzuwenden, wenn der in einem Vertragsstaat ansässige Nutzungsberechtigte im anderen Vertragsstaat, aus dem die Lizenzgebühren stammen, eine Geschäftstätigkeit durch eine dort gelegene Betriebsstätte ausübt und die Rechte oder Vermögenswerte, für die die Lizenzgebühren gezahlt werden, tatsächlich zu dieser Betriebsstätte gehören. ²In diesem Fall ist Artikel 7 dieses Abkommens anzuwenden.

(4) ¹Bestehen zwischen dem Schuldner und dem Nutzungsberechtigten oder zwischen jedem von ihnen und einem Dritten besondere Beziehungen und übersteigen deshalb die Lizenzgebühren ungeachtet der Gründe den Betrag, den Schuldner und Nutzungsberechtigter ohne diese Beziehungen vereinbart hätten, so wird dieser Artikel nur auf den letzteren Betrag angewendet. ²In diesem Fall kann der übersteigende Betrag nach dem Recht eines jeden Vertragsstaats und unter Berücksichtigung der anderen Bestimmungen dieses Abkommens besteuert werden.

(5) Entlastungen nach diesem Artikel werden nicht gewährt, wenn der Hauptzweck oder einer der Hauptzwecke einer der Personen, die an der Begründung oder Übertragung der Rechte, für die die Lizenzgebühren gezahlt werden, beteiligt waren, darin bestand, diesen Artikel mithilfe dieser Begründung oder Übertragung in Anspruch zu nehmen.

Art. 13 Gewinne aus der Veräußerung von Vermögen

(1) Gewinne, die eine in einem Vertragsstaat ansässige Person aus der Veräußerung unbeweglichen Vermögens im Sinne des Artikels 6 erzielt, das im anderen Vertragsstaat liegt, können im anderen Staat besteuert werden.

(2) Gewinne, die eine in einem Vertragsstaat ansässige Person aus der Veräußerung von Aktien außer solchen, mit denen ein wesentlicher und regelmäßiger Handel an einer Börse stattfindet, oder vergleichbaren Anteilen an einer Gesellschaft oder einer anderen Personenvereinigung bezieht, deren Aktivvermögen zu mehr als 50 vom Hundert unmittelbar oder mittelbar aus unbe-

weglichem Vermögen besteht, das im anderen Vertragsstaat liegt, können im anderen Staat besteuert werden.

(3) Gewinne aus der Veräußerung beweglichen Vermögens, das Betriebsvermögen einer Betriebsstätte ist, die ein Unternehmen eines Vertragsstaats im anderen Vertragsstaat hat, einschließlich derartiger Gewinne, die bei der Veräußerung einer solchen Betriebsstätte (allein oder mit dem übrigen Unternehmen) erzielt werden, können im anderen Staat besteuert werden.

(4) Gewinne, die eine in einem Vertragsstaat ansässige Person aus der Veräußerung von Seeschiffen oder Luftfahrzeugen erzielt, die von einem Unternehmen dieses Staates im internationalen Verkehr betrieben werden, oder von beweglichem Vermögen, das dem Betrieb dieser Schiffe oder Luftfahrzeuge dient, können nur in diesem Staat besteuert werden.

(5) Gewinne aus der Veräußerung von in den Absätzen 1, 2 und 3 nicht genanntem Vermögen können nur in dem Vertragsstaat besteuert werden, in dem der Veräußerer ansässig ist.

Art. 14 Einkünfte aus unselbständiger Arbeit

(1) ¹Vorbehaltlich der Artikel 15, 17, 18 und 19 können Gehälter, Löhne und ähnliche Vergütungen, die eine in einem Vertragsstaat ansässige Person aus unselbständiger Arbeit bezieht, nur in diesem Staat besteuert werden, es sei denn, die Arbeit wird im anderen Vertragsstaat ausgeübt. ²Wird die Arbeit dort ausgeübt, so können die dafür bezogenen Vergütungen im anderen Staat besteuert werden.

(2) Ungeachtet des Absatzes 1 können Vergütungen, die eine in einem Vertragsstaat ansässige Person für eine im anderen Vertragsstaat ausgeübte unselbständige Arbeit bezieht, nur im erstgenannten Staat besteuert werden, wenn

a) der Empfänger sich im anderen Staat insgesamt nicht länger als 183 Tage innerhalb eines Zeitraums von 12 Monaten, der während des betreffenden Steuerjahres beginnt oder endet, aufhält und

b) die Vergütungen von einem Arbeitgeber oder für einen Arbeitgeber gezahlt werden, der nicht im anderen Staat ansässig ist, und

c) die Vergütungen nicht von einer Betriebsstätte getragen werden, die der Arbeitgeber im anderen Staat hat.

(3) Ungeachtet der vorstehenden Bestimmungen dieses Artikels können Vergütungen, die eine in einem Vertragsstaat ansässige Person für eine an Bord eines im internationalen Verkehr betriebenen Seeschiffs oder Luftfahrzeugs ausgeübte unselbständige Arbeit bezieht, nur in diesem Staat besteuert werden.

Art. 15 Aufsichtsrats- oder Verwaltungsratsvergütungen

Aufsichtsrats- oder Verwaltungsratsvergütungen und ähnliche Zahlungen, die eine in einem Vertragsstaat ansässige Person in ihrer Eigenschaft als Mitglied des Aufsichts- oder Verwaltungsrats einer Gesellschaft bezieht, die im anderen Vertragsstaat ansässig ist, können im anderen Staat besteuert werden.

Art. 16 Künstler und Sportler

(1) Ungeachtet der Artikel 7 und 14 können Einkünfte, die eine in einem Vertragsstaat ansässige Person als Künstler, wie Bühnen-, Film-, Rundfunk- und Fernsehkünstler sowie Musiker, oder als Sportler aus ihrer im anderen Vertragsstaat persönlich ausgeübten Tätigkeit bezieht, im anderen Staat besteuert werden.

(2) Fließen Einkünfte aus einer von einem Künstler oder Sportler in dieser Eigenschaft persönlich ausgeübten Tätigkeit nicht dem Künstler oder Sportler selbst, sondern einer anderen Person zu, so können diese Einkünfte ungeachtet der Artikel 7 und 14 in dem Vertragsstaat besteuert werden, in dem der Künstler oder Sportler seine Tätigkeit ausübt.

(3) ¹Die Absätze 1 und 2 gelten nicht für Einkünfte aus der von Künstlern oder Sportlern in einem Vertragsstaat ausgeübten Tätigkeit, wenn der Aufenthalt in diesem Staat ganz oder überwiegend aus öffentlichen Mitteln des anderen Vertragsstaats, einem seiner Länder oder einer Gebietskörperschaft eines Landes oder eines Vertragsstaats oder von einer im anderen Staat als gemeinnützig anerkannten Einrichtung finanziert wird. ²In diesem Fall können die Einkünfte nur in dem Vertragsstaat besteuert werden, in dem die Person ansässig ist.

Art. 17 Ruhegehälter, Renten und ähnliche Vergütungen

(1) Vorbehaltlich des Artikels 18 Absatz 2 können Ruhegehälter, ähnliche Vergütungen oder Renten, die aus einem Vertragsstaat stammen und an eine im anderen Vertragsstaat ansässige Person gezahlt werden, nur in diesem anderen Staat besteuert werden.

(2) Vergütungen, die aufgrund der Sozialversicherungsgesetzgebung eines Vertragsstaats gezahlt werden, können abweichend von Absatz 1 nur in diesem Staat besteuert werden.

(3) ¹Die aus einem Vertragsstaat stammenden Ruhegehälter, ähnlichen Vergütungen oder Renten, die ganz oder teilweise auf Beiträgen beruhen, die in diesem Staat länger als 15 Jahre

a) nicht zu den steuerpflichtigen Einkünften aus unselbständiger Arbeit gehörten oder

b) steuerlich abziehbar waren oder

c) in anderer Weise einer Steuervergünstigung unterlagen,

können abweichend von Absatz 1 nur in diesem Staat besteuert werden. ²Dieser Absatz ist nicht anzuwenden, wenn dieser Staat die Ruhegehälter, ähnlichen Vergütungen oder Renten tatsächlich nicht besteuert, wenn die Steuervergünstigung aus irgendeinem Grund zurückgefordert wurde oder wenn die 15-Jahre-Bedingung in beiden Vertragsstaaten erfüllt ist.

(4) Wiederkehrende und einmalige Vergütungen, die ein Vertragsstaat oder eine seiner Gebietskörperschaften an eine im anderen Vertragsstaat ansässige Person als Entschädigung für politische Verfolgung oder für Unrecht oder Schäden aufgrund von Kriegshandlungen (einschließlich Wiedergutmachungsleistungen) oder des Wehr- oder Zivildienstes oder eines Verbrechens, einer Impfung oder ähnlicher Vorkommnisse zahlt, können abweichend von Absatz 1 nur im erstgenannten Staat besteuert werden.

(5) Der Ausdruck "Renten" bedeutet bestimmte Beträge, die regelmäßig zu festgesetzten Zeitpunkten auf Lebenszeit oder während eines bestimmten oder bestimmbaren Zeitabschnitts aufgrund einer Verpflichtung zahlbar sind, die diese Zahlungen als Gegenleistung für eine in Geld oder Geldeswert bewirkte angemessene Leistung vorsieht.

Art. 18 Öffentlicher Dienst

(1) ¹Gehälter, Löhne und ähnliche Vergütungen, die von einem Vertragsstaat, einem seiner Länder oder einer Gebietskörperschaft eines Landes oder eines Vertragsstaats oder einer anderen juristischen Person des öffentlichen Rechts dieses Staates an eine natürliche Person für die diesem Staat, einem seiner Länder, einer ihrer Gebietskörperschaften oder einer anderen juristischen Person des öffentlichen Rechts geleisteten Dienste gezahlt werden, können nur in diesem Staat besteuert werden. ²Diese Gehälter, Löhne und ähnlichen Vergütungen können jedoch nur im anderen Vertragsstaat besteuert werden, wenn die Dienste in diesem Staat geleistet werden und die natürliche Person in diesem Staat ansässig ist und

a) ein Staatsangehöriger dieses Staates ist oder

b) nicht ausschließlich deshalb in diesem Staat ansässig geworden ist, um die Dienste zu leisten.

(2) ¹Ruhegehälter und ähnliche Vergütungen, die von einem Vertragsstaat, einem seiner Länder oder einer Gebietskörperschaft eines Landes oder eines Vertragsstaats oder einer anderen juristischen Person des öffentlichen Rechts dieses Staates oder aus von diesem Staat, einem seiner Länder, einer ihrer Gebietskörperschaften oder einer anderen juristischen Person des öffentlichen Rechts errichtetem Sondervermögen an eine natürliche Person für die diesem Staat, einem seiner Länder, einer ihrer Gebietskörperschaften oder einer anderen juristischen Person des öffentlichen Rechts geleisteten Dienste gezahlt werden, können abweichend von Absatz 1 nur in diesem Staat besteuert werden. ²Diese Ruhegehälter und ähnlichen Vergütungen können jedoch nur im anderen Vertragsstaat besteuert werden, wenn die natürliche Person in diesem Staat ansässig und ein Staatsangehöriger dieses Staates ist.

(3) Auf Gehälter, Löhne, Ruhegehälter und ähnliche Vergütungen für Dienstleistungen, die im Zusammenhang mit einer Geschäftstätigkeit eines Vertragsstaats, eines seiner Länder, einer ihrer Gebietskörperschaften oder einer anderen juristischen Person des öffentlichen Rechts dieses Staates erbracht werden, sind die Artikel 14, 15, 16 und 17 anzuwenden.

(4) Die Absätze 1 und 2 sind auch für Löhne, Gehälter, Ruhegehälter und ähnliche Vergütungen anzuwenden, die an natürliche Personen für Dienste gezahlt werden, die dem Goethe-Institut, dem Deutschen Akademischen Austauschdienst (DAAD) und anderen ähnlichen von den zuständigen Behörden der Vertragsstaaten im gegenseitigen Einvernehmen bestimmten Einrichtungen geleistet werden.

Art. 19 Gastprofessoren, Lehrer und Studenten

(1) Eine natürliche Person, die sich höchstens zwei Jahre lang zur Ausübung einer Lehr- oder Forschungstätigkeit oder im Rahmen eines amtlichen Kulturaustausches an einer Universität, Hochschule, Schule, einem Museum oder einer anderen Kultur- oder Bildungseinrichtung in einem Vertragsstaat aufhält und die im anderen Vertragsstaat ansässig ist oder dort unmittelbar vor der Einreise in den erstgenannten Staat ansässig war, ist im erstgenannten Staat mit ihren für diese Tätigkeit bezogenen Vergütungen von der Steuer befreit, vorausgesetzt, dass diese Vergütungen von außerhalb dieses Staates bezogen werden.

(2) Zahlungen, die ein Student, Praktikant oder Lehrling, der sich in einem Vertragsstaat ausschließlich zum Studium oder zur Ausbildung aufhält und der im anderen Vertragsstaat ansäs-

sig ist oder dort unmittelbar vor der Einreise in den erstgenannten Staat ansässig war, für seinen Unterhalt, sein Studium oder seine Ausbildung erhält, dürfen im erstgenannten Staat nicht besteuert werden, sofern diese Zahlungen aus Quellen außerhalb dieses Staates stammen.

Art. 20 Tätigkeiten vor der Küste

(1) Dieser Artikel findet unbeschadet anderer Bestimmungen dieses Abkommens Anwendung.

(2) Bei einem Unternehmen eines Vertragsstaats, das im anderen Vertragsstaat im Zusammenhang mit der Erforschung oder Ausbeutung des Meeresbodens, des Meeresuntergrunds und ihrer natürlichen Ressourcen Tätigkeiten vor der Küste in Gebieten ausübt, die nach dem Völkerrecht der Hoheitsbefugnis des anderen Vertragsstaats unterliegen, wird vorbehaltlich der Absätze 3 und 5 bezüglich dieser Tätigkeiten davon ausgegangen, dass es im anderen Vertragsstaat eine Geschäftstätigkeit durch eine dort gelegene Betriebsstätte ausübt; dies gilt nicht für die Anwendung des Artikels 14 Absatz 2.

(3) Absatz 2 ist nicht anzuwenden, wenn die darin genannten Tätigkeiten in den in diesem Absatz bezeichneten Gebieten für die Dauer eines Zeitraums ausgeübt werden, der

a) bei Tätigkeiten in Zusammenhang mit der Erforschung insgesamt 90 Tage innerhalb eines Zeitraums von zwölf Monaten, der während des betreffenden Steuerjahres beginnt oder endet, und

b) bei Tätigkeiten in Zusammenhang mit der Ausbeutung insgesamt 30 Tage innerhalb eines Zeitraums von zwölf Monaten, der während des betreffenden Steuerjahres beginnt oder endet,

nicht übersteigt.

(4) ¹Ist jedoch ein Unternehmen, das Tätigkeiten nach Absatz 2 in den bezeichneten Gebieten ausübt, mit einem anderen Unternehmen verbunden, das dort Tätigkeiten im Wesentlichen ähnlicher Art ausübt, so wird im Sinne des Absatzes 3 davon ausgegangen, dass das erstgenannte Unternehmen alle diese Tätigkeiten des letztgenannten Unternehmens ausübt, es sei denn, diese Tätigkeiten werden zur gleichen Zeit wie seine eigenen Tätigkeiten ausgeübt. ²Ein Unternehmen gilt als mit einem anderen Unternehmen verbunden, wenn das eine unmittelbar oder mittelbar der Kontrolle des anderen unterliegt beziehungsweise beide unmittelbar oder mittelbar der Kontrolle eines Dritten oder mehrerer Dritter unterliegen.

(5) Gewinne, die eine in einem Vertragsstaat ansässige Person aus der Beförderung von Hilfs- und Betriebsstoffen oder Mitarbeitern an einen Ort bezieht, an dem Tätigkeiten in Zusammenhang mit der Erforschung oder Ausbeutung des Meeresbodens, des Meeresuntergrunds und ihrer natürlichen Ressourcen in Gebieten ausgeübt werden, die der Hoheitsbefugnis eines Vertragsstaats unterliegen, oder aus dem Betrieb von Schleppern oder ähnlichen Seefahrzeugen in Zusammenhang mit diesen Tätigkeiten, können nur in dem Vertragsstaat besteuert werden, in dem die Person ansässig ist.

Art. 21 Andere Einkünfte

(1) Einkünfte, deren Nutzungsberechtigter eine in einem Vertragsstaat ansässige Person ist und die in den vorstehenden Artikeln nicht behandelt wurden, können ohne Rücksicht auf ihre Herkunft nur in diesem Staat besteuert werden.

(2) Ungeachtet des Absatzes 1 finden die folgenden Bestimmungen Anwendung auf Einkünfte, die aus einem Treuhandvermögen oder einer Nachlassverwaltung gezahlt werden: Werden diese Einkünfte von im Vereinigten Königreich ansässigen Treuhändern oder persönlichen Vertretern an einen in Deutschland ansässigen Begünstigten aus Einkünften dieser Treuhänder oder persönlichen Vertreter gezahlt, die bei Ansässigkeit dieser Treuhänder oder persönlichen Vertreter in Deutschland unter andere Artikel dieses Abkommens fallen würden, wird der Begünstigte so behandelt, als habe er einen Teil der Einkünfte der Treuhänder oder persönlichen Vertreter bezogen, dessen Höhe den von ihm bezogenen Einkünften entspricht, und von den Treuhändern oder persönlichen Vertretern auf diesen Betrag entrichtete Steuern gelten als vom Begünstigten entrichtet.

(3) [1]Absatz 1 ist auf andere Einkünfte als solche aus unbeweglichem Vermögen im Sinne des Artikels 6 Absatz 2 nicht anzuwenden, wenn der in einem Vertragsstaat ansässige Empfänger im anderen Vertragsstaat eine Geschäftstätigkeit durch eine dort gelegene Betriebsstätte ausübt und die Rechte oder Vermögenswerte, für die die Einkünfte gezahlt werden, tatsächlich zu dieser Betriebsstätte gehören. [2]In diesem Fall ist Artikel 7 anzuwenden.

(4) [1]Bestehen zwischen der in Absatz 1 bezeichneten Person und einer anderen Person oder zwischen jedem von ihnen und einem Dritten besondere Beziehungen und übersteigen deshalb die in Absatz 1 bezeichneten Einkünfte den Betrag (sofern zutreffend), den diese Personen ohne diese Beziehungen vereinbart hätten, so wird dieser Artikel nur auf den letztgenannten Betrag angewendet. [2]In diesem Fall kann der übersteigende Betrag nach dem Recht eines jeden Vertragsstaats und unter Berücksichtigung der anderen anwendbaren Bestimmungen dieses Abkommens besteuert werden.

(5) Entlastungen nach diesem Artikel werden nicht gewährt, wenn der Hauptzweck oder einer der Hauptzwecke einer der Personen, die an der Begründung oder Übertragung der Rechte, für die die Einkünfte gezahlt werden, beteiligt waren, darin bestand, diesen Artikel mithilfe dieser Begründung oder Übertragung in Anspruch zu nehmen.

Art. 22 Vermögen

(1) Unbewegliches Vermögen im Sinne des Artikels 6, das einer in einem Vertragsstaat ansässigen Person gehört und im anderen Vertragsstaat liegt, kann im anderen Staat besteuert werden.

(2) Bewegliches Vermögen, das Betriebsvermögen einer Betriebsstätte ist, die ein Unternehmen eines Vertragsstaates im anderen Vertragsstaat hat, kann im anderen Staat besteuert werden.

(3) Seeschiffe oder Luftfahrzeuge, die im internationalen Verkehr betrieben werden, und bewegliches Vermögen, das dem Betrieb dieser Schiffe oder Luftfahrzeuge dient, können nur in dem Vertragsstaat besteuert werden, in dem nach Artikel 8 die Gewinne besteuert werden können.

(4) Alle anderen Vermögensteile einer in einem Vertragsstaat ansässigen Person können nur in diesem Staat besteuert werden.

Art. 23 Vermeidung der Doppelbesteuerung

(1) Bei einer in Deutschland ansässigen Person wird die Steuer wie folgt festgesetzt:

a) ¹Von der Bemessungsgrundlage der deutschen Steuer werden die Einkünfte aus dem Vereinigten Königreich sowie die im Vereinigten Königreich gelegenen Vermögenswerte ausgenommen, die nach diesem Abkommen im Vereinigten Königreich tatsächlich besteuert werden und nicht unter Buchstabe b fallen.

²Für Einkünfte aus Dividenden gelten die vorstehenden Bestimmungen nur dann, wenn diese Dividenden an eine in Deutschland ansässige Gesellschaft (jedoch nicht an eine Personengesellschaft) von einer im Vereinigten Königreich ansässigen Gesellschaft gezahlt werden, deren Kapital zu mindestens 10 vom Hundert unmittelbar der deutschen Gesellschaft gehört, und bei der Ermittlung der Gewinne der ausschüttenden Gesellschaft nicht abgezogen worden sind. ³Für die Zwecke der Steuern vom Vermögen werden von der Bemessungsgrundlage der deutschen Steuer ebenfalls Beteiligungen ausgenommen, deren Ausschüttungen, falls solche gezahlt würden, nach den vorhergehenden Sätzen von der Steuerbemessungsgrundlage auszunehmen wären.

b) Auf die deutsche Steuer vom Einkommen für die folgenden Einkünfte wird unter Beachtung der Vorschriften des deutschen Steuerrechts über die Anrechnung ausländischer Steuern die Steuer des Vereinigten Königreichs angerechnet, die nach dem Recht des Vereinigten Königreichs und in Übereinstimmung mit diesem Abkommen für diese Einkünfte gezahlt worden ist:

aa) Dividenden, die nicht unter Buchstabe a fallen;

bb) Einkünfte, die nach Artikel 13 Absatz 2 (Veräußerungsgewinne) im Vereinigten Königreich besteuert werden können;

cc) Aufsichtsrats- und Verwaltungsratsvergütungen;

dd) Einkünfte, die nach Artikel 16 (Künstler und Sportler) im Vereinigten Königreich besteuert werden können.

c) Statt der Bestimmungen des Buchstabens a sind die Bestimmungen des Buchstabens b anzuwenden auf Einkünfte im Sinne der Artikel 7 und 10 und die diesen Einkünften zugrunde liegenden Vermögenswerte, wenn die in Deutschland ansässige Person nicht nachweist, dass die Betriebsstätte in dem Wirtschaftsjahr, in dem sie den Gewinn erzielt hat, oder die im Vereinigten Königreich ansässige Gesellschaft in dem Wirtschaftsjahr, für das sie die Ausschüttung vorgenommen hat, ihre Bruttoerträge ausschließlich oder fast ausschließlich aus unter § 8 Absatz 1 des deutschen Außensteuergesetzes fallenden Tätigkeiten bezogen hat; Gleiches gilt für unbewegliches Vermögen, das einer Betriebsstätte dient, und die daraus erzielten Einkünfte (Artikel 6 Absatz 4) sowie für die Gewinne aus der Veräußerung dieses unbeweglichen Vermögens (Artikel 13 Absatz 1) und des beweglichen Vermögens, das Betriebsvermögen der Betriebsstätte darstellt (Artikel 13 Absatz 3).

d) Deutschland behält aber das Recht, die nach den Bestimmungen dieses Abkommens von der deutschen Steuer ausgenommenen Einkünfte und Vermögenswerte bei der Festsetzung seines Steuersatzes zu berücksichtigen.

e) Ungeachtet der Bestimmungen des Buchstabens a wird die Doppelbesteuerung durch Steueranrechnung nach Buchstabe b vermieden, wenn

   aa) in den Vertragsstaaten Einkünfte oder Vermögen unterschiedlichen Abkommensbestimmungen zugeordnet oder verschiedenen Personen zugerechnet werden (außer nach Artikel 9) und dieser Konflikt sich nicht durch ein Verfahren nach Artikel 26 Absatz 3 regeln lässt und wenn aufgrund dieser unterschiedlichen Zuordnung oder Zurechnung die betreffenden Einkünfte oder Vermögenswerte unbesteuert blieben oder niedriger als ohne diesen Konflikt besteuert würden; oder

   bb) Deutschland nach gehöriger Konsultation mit der zuständigen Behörde des Vereinigten Königreichs auf diplomatischem Weg dem Vereinigten Königreich andere Einkünfte notifiziert, bei denen Deutschland die Anrechnungsmethode nach Buchstabe b anzuwenden beabsichtigt. ² Die Doppelbesteuerung wird für die notifizierten Einkünfte durch Steueranrechnung vom ersten Tag des Kalenderjahres vermieden, das auf das Kalenderjahr folgt, in dem die Notifikation übermittelt wurde.

(2) Im Rahmen der Rechtsvorschriften des Vereinigten Königreichs über die Anrechnung der in einem Gebiet außerhalb des Vereinigten Königreichs zu zahlenden Steuer auf die Steuer des Vereinigten Königreichs (jedoch unbeschadet der hierin enthaltenen allgemeinen Grundsätze) wird folgende Steueranrechnung gewährt:

a) Die nach dem Recht Deutschlands und in Übereinstimmung mit diesem Abkommen von Gewinnen, Einkünften oder steuerpflichtigen Veräußerungsgewinnen aus Quellen innerhalb Deutschlands unmittelbar oder im Abzugswege zu zahlende deutsche Steuer (bei Dividenden aber nicht die Steuer von den Gewinnen, aus denen die Dividenden gezahlt werden) wird auf die Steuern des Vereinigten Königreichs angerechnet, die anhand der Gewinne, Einkünfte oder steuerpflichtigen Veräußerungsgewinne berechnet werden, die der Berechnung der deutschen Steuer dienen;

b) Bei Dividenden, die von einer in Deutschland ansässigen Gesellschaft an eine im Vereinigten Königreich ansässige Gesellschaft gezahlt werden, welcher unmittelbar oder mittelbar mindestens 10 vom Hundert der stimmberechtigten Anteile der die Dividenden auszahlenden Gesellschaft gehören, wird in die Anrechnung (neben den nach Buchstabe a anrechnungsfähigen deutschen Steuern) auch die deutsche Steuer einbezogen, die die Gesellschaft von den Gewinnen zu entrichten hat, aus denen die Dividenden gezahlt werden.

(3) Für Zwecke des Absatzes 2 gelten Gewinne, Einkünfte und Veräußerungsgewinne einer im Vereinigten Königreich ansässigen Person, die nach diesem Abkommen in Deutschland besteuert werden können, als aus deutschen Quellen stammend.

Art. 24 Einschränkung der Abkommensvergünstigung

Gilt nach diesem Abkommen für Einkünfte oder Gewinne in einem Vertragsstaat eine Steuervergünstigung und ist nach dem im anderen Vertragsstaat geltenden Recht eine Person hinsichtlich dieser Einkünfte oder Gewinne mit dem Betrag dieser Einkünfte oder Gewinne steuerpflichtig, der in den anderen Staat überwiesen oder dort bezogen wird, nicht aber unter Zugrundelegung des Gesamtbetrags dieser Einkünfte oder Gewinne, so ist die nach diesem Abkommen im erstgenannten Staat zu gewährende Steuervergünstigung nur auf den Teil der Einkünfte oder Gewinne anzuwenden, der in dem anderen Staat besteuert wird.

Art. 25 Gleichbehandlung

(1) Staatsangehörige eines Vertragsstaats dürfen im anderen Vertragsstaat keiner Besteuerung oder damit zusammenhängenden Verpflichtung unterworfen werden, die anders oder belastender ist als die Besteuerung und die damit zusammenhängenden Verpflichtungen, denen Staatsangehörige des anderen Staates unter gleichen Verhältnissen insbesondere hinsichtlich der Ansässigkeit unterworfen sind oder unterworfen werden können.

(2) Staatenlose, die in einem Vertragsstaat ansässig sind, dürfen in keinem Vertragsstaat einer Besteuerung oder damit zusammenhängenden Verpflichtung unterworfen werden, die anders oder belastender ist als die Besteuerung und die damit zusammenhängenden Verpflichtungen, denen Staatsangehörige des betreffenden Staates unter gleichen Verhältnissen unterworfen sind oder unterworfen werden können.

(3) Die Besteuerung einer Betriebsstätte, die ein Unternehmen eines Vertragsstaats im anderen Vertragsstaat hat, darf im anderen Staat nicht ungünstiger sein als die Besteuerung von Unternehmen des anderen Staates, die die gleiche Tätigkeit ausüben.

(4) [1]Sofern nicht Artikel 9 Absatz 1, Artikel 11 Absatz 4 oder 5, Artikel 12 Absatz 4 oder 5 oder Artikel 21 Absatz 4 oder 5 anzuwenden ist, sind Zinsen, Lizenzgebühren und andere Entgelte, die ein Unternehmen eines Vertragsstaats an eine im anderen Vertragsstaat ansässige Person zahlt, bei der Ermittlung der steuerpflichtigen Gewinne dieses Unternehmens unter den gleichen Bedingungen wie Zahlungen an eine im erstgenannten Staat ansässige Person zum Abzug zuzulassen. [2]Desgleichen sind Schulden, die ein Unternehmen eines Vertragsstaats gegenüber einer im anderen Vertragsstaat ansässigen Person hat, bei der Ermittlung des steuerpflichtigen Vermögens dieses Unternehmens unter den gleichen Bedingungen wie Schulden gegenüber einer im erstgenannten Staat ansässigen Person zum Abzug zuzulassen.

(5) Unternehmen eines Vertragsstaats, deren Kapital ganz oder teilweise unmittelbar oder mittelbar einer im anderen Vertragsstaat ansässigen Person oder mehreren solchen Personen gehört oder ihrer Kontrolle unterliegt, dürfen im erstgenannten Staat keiner Besteuerung oder damit zusammenhängenden Verpflichtung unterworfen werden, die anders oder belastender ist als die Besteuerung und die damit zusammenhängenden Verpflichtungen, denen andere ähnliche Unternehmen des erstgenannten Staates unterworfen sind oder unterworfen werden können.

(6) Dieser Artikel ist nicht so auszulegen, als verpflichte er einen der beiden Vertragsstaaten, nicht in diesem Staat ansässigen natürlichen Personen Steuerfreibeträge, -vergünstigungen und -ermäßigungen zu gewähren, die er ansässigen natürlichen Personen oder seinen Staatsangehörigen gewährt.

(7) Dieser Artikel gilt für die Steuern, die Gegenstand dieses Abkommens sind.

Art. 26 Verständigungsverfahren

(1) ¹Ist eine Person der Auffassung, dass Maßnahmen eines Vertragsstaats oder beider Vertragsstaaten für sie zu einer Besteuerung führen oder führen werden, die diesem Abkommen nicht entspricht, so kann sie unbeschadet der nach dem innerstaatlichen Recht dieser Staaten vorgesehenen Rechtsmittel ihren Fall der zuständigen Behörde des Vertragsstaats, in dem sie ansässig ist, oder, sofern ihr Fall von Artikel 25 Absatz 1 erfasst wird, der zuständigen Behörde des Vertragsstaats unterbreiten, dessen Staatsangehöriger sie ist. ²Der Fall ist innerhalb von drei Jahren ab der ersten Mitteilung der Maßnahme zu unterbreiten, die zu einer dem Abkommen nicht entsprechenden Besteuerung führt, oder, bei späterer Unterbreitung, innerhalb von sechs Jahren nach Ablauf des Steuerjahrs oder Veranlagungszeitraums, für den die Steuern erhoben oder vorgesehen werden.

(2) ¹Hält die zuständige Behörde die Einwendung für begründet und ist sie selbst nicht in der Lage, eine befriedigende Lösung herbeizuführen, so wird sie sich bemühen, den Fall durch Verständigung mit der zuständigen Behörde des anderen Vertragsstaats so zu regeln, dass eine dem Abkommen nicht entsprechende Besteuerung vermieden wird. ²Die Verständigungsregelung ist ungeachtet der Fristen des innerstaatlichen Rechts der Vertragsstaaten durchzuführen, unter Ausnahme der Fristen, die für die Durchführung einer solchen Verständigungsregelung gelten.

(3) ¹Die zuständigen Behörden der Vertragsstaaten werden sich bemühen, Schwierigkeiten oder Zweifel, die bei der Auslegung oder Anwendung des Abkommens entstehen, in gegenseitigem Einvernehmen zu beseitigen. ²Sie können auch gemeinsam darüber beraten, wie eine Doppelbesteuerung in Fällen vermieden werden kann, die im Abkommen nicht behandelt sind.

(4) Die zuständigen Behörden der Vertragsstaaten können zur Herbeiführung einer Einigung im Sinne der vorstehenden Absätze unmittelbar miteinander verkehren.

(5) ¹Wenn

a) eine Person der zuständigen Behörde eines Vertragsstaats nach Absatz 1 einen Fall vorgelegt hat, weil die Maßnahmen eines oder beider Vertragsstaaten für sie zu einer dem Abkommen nicht entsprechenden Besteuerung geführt haben, und

b) die zuständigen Behörden sich innerhalb von zwei Jahren ab Vorlage des Falls bei der zuständigen Behörde des anderen Vertragsstaats erfolglos um eine Einigung zur Regelung des Falls nach Absatz 2 bemüht haben,

werden noch offene Fragen des Falls auf Antrag der Person einem Schiedsverfahren unterworfen. ²Die noch offenen Fragen werden jedoch nicht dem Schiedsverfahren unterworfen, wenn ein Gericht oder ein Verwaltungsgericht eines Vertragsstaats bereits in diesen Fragen entschieden hat. ³Diese Entscheidung ist für beide Vertragsstaaten verbindlich und ungeachtet der Verjährungsfristen des innerstaatlichen Rechts dieser Staaten umzusetzen, es sei denn, eine unmittelbar von dem Fall betroffene Person erkennt die Einigung über die Durchführung der Entscheidung des Schiedsgerichts nicht an. ⁴Die zuständigen Behörden der Vertragsstaaten regeln in gegenseitigem Einvernehmen, wie dieser Absatz durchzuführen ist.

Art. 27 Informationsaustausch[1]

(1) [1]Die zuständigen Behörden der Vertragsstaaten tauschen die Informationen aus, die zur Durchführung dieses Abkommens oder zur Verwaltung oder Durchsetzung des innerstaatlichen Rechts betreffend Steuern jeder Art und Bezeichnung, die für Rechnung der Vertragsstaaten oder ihrer Gebietskörperschaften erhoben werden, voraussichtlich erheblich sind, insbesondere zur Verhinderung von Steuerhinterziehung und zur besseren Handhabung gesetzlicher Vorschriften gegen Steuergestaltung, soweit die diesem Recht entsprechende Besteuerung nicht dem Abkommen widerspricht. [2]Der Informationsaustausch ist durch Artikel 1 und 2 nicht eingeschränkt.

(2) [1]Alle Informationen, die ein Vertragsstaat nach Absatz 1 erhalten hat, sind ebenso geheim zu halten wie die aufgrund des innerstaatlichen Rechts dieses Staates beschafften Informationen und dürfen nur den Personen oder Behörden (einschließlich der Gerichte und Verwaltungsbehörden) zugänglich gemacht werden, die mit der Veranlagung oder Erhebung, der Vollstreckung oder Strafverfolgung, der Entscheidung über Rechtsmittel hinsichtlich der in Absatz 1 genannten Steuern oder mit der Aufsicht darüber befasst sind. [2]Diese Personen oder Behörden dürfen die Informationen nur für diese Zwecke verwenden. [3]Sie dürfen die Auskünfte in einem öffentlichen Gerichtsverfahren oder für eine Gerichtsentscheidung offenlegen. [4]Ungeachtet der vorstehenden Bestimmungen können die Informationen für andere Zwecke verwendet werden, wenn sie nach dem Recht beider Staaten für diese anderen Zwecke verwendet werden können und die zuständige Behörde des übermittelnden Staates dieser Verwendung zugestimmt hat.

(3) Absätze 1 und 2 sind nicht so auszulegen, als verpflichteten sie einen Vertragsstaat,

a) Verwaltungsmaßnahmen durchzuführen, die von den Gesetzen und der Verwaltungspraxis dieses oder des anderen Vertragsstaats abweichen;

b) Informationen zu erteilen, die nach den Gesetzen oder im üblichen Verwaltungsverfahren dieses oder des anderen Vertragsstaats nicht beschafft werden können;

c) Informationen zu erteilen, die ein Handels-, Industrie-, Gewerbe- oder Berufsgeheimnis oder ein Geschäftsverfahren preisgeben würden oder deren Erteilung der öffentlichen Ordnung widerspräche.

(4) [1]Ersucht ein Vertragsstaat gemäß diesem Artikel um Informationen, so nutzt der andere Vertragsstaat die ihm zur Verfügung stehenden Möglichkeiten zur Beschaffung der erbetenen Informationen, selbst wenn er diese Informationen für seine eigenen steuerlichen Zwecke nicht benötigt. [2]Die in Satz 1 enthaltene Verpflichtung unterliegt den Beschränkungen nach Absatz 3, aber diese Beschränkungen sind in keinem Fall so auszulegen, als könne ein Vertragsstaat die Erteilung von Informationen nur deshalb ablehnen, weil er kein innerstaatliches Interesse an diesen Informationen hat.

(5) Absatz 3 ist in keinem Fall so auszulegen, als könne ein Vertragsstaat die Erteilung von Informationen nur deshalb ablehnen, weil sich die Informationen bei einer Bank, einem sonstigen Finanzinstitut, einem Bevollmächtigten, Vertreter oder Treuhänder befinden oder weil sie sich auf das Eigentum an einer Person beziehen.

---

1 Vgl. hierzu Protokoll zum DBA vom 30. 3. 2010, Nr. 4 zu Artikel 27.

Art. 28 Amtshilfe bei der Erhebung von Steuern

(1) ¹Die Vertragsstaaten leisten sich gegenseitige Amtshilfe bei der Erhebung von Steueransprüchen. ²Diese Amtshilfe ist durch Artikel 1 und 2 nicht eingeschränkt. ³Die zuständigen Behörden der Vertragsstaaten können in gegenseitigem Einvernehmen regeln, wie dieser Artikel durchzuführen ist.

(2) Der in diesem Artikel verwendete Ausdruck "Steueranspruch" bedeutet einen Betrag, der aufgrund von Steuern jeder Art und Bezeichnung, die für Rechnung der Vertragsstaaten, eines Landes oder einer Gebietskörperschaft eines Landes oder eines Vertragsstaats erhoben werden, geschuldet wird, soweit die Besteuerung diesem Abkommen oder anderen Übereinkünften, denen die Vertragsstaaten als Vertragsparteien angehören, nicht widerspricht, sowie mit diesem Betrag zusammenhängende Zinsen, Geldbußen und Kosten der Erhebung oder Sicherung.

(3) ¹Ist der steuerliche Anspruch eines Vertragsstaats nach dem Recht dieses Staates vollstreckbar und wird er von einer Person geschuldet, die zu diesem Zeitpunkt nach dem Recht dieses Staates die Erhebung nicht verhindern kann, wird dieser steuerliche Anspruch auf Ersuchen der zuständigen Behörde dieses Staates von der zuständigen Behörde des anderen Vertragsstaats für die Zwecke der Erhebung anerkannt. ²Der Steueranspruch wird vom anderen Staat nach dessen Rechtsvorschriften über die Vollstreckung und Erhebung seiner eigenen Steuern erhoben, als handele es sich bei dem Steueranspruch um einen Steueranspruch des anderen Staates.

(4) ¹Handelt es sich bei dem Steueranspruch eines Vertragsstaats um einen Anspruch, bei dem dieser Staat nach seinem Recht Maßnahmen zur Sicherung der Erhebung einleiten kann, wird dieser Steueranspruch auf Ersuchen der zuständigen Behörde dieses Staates zum Zwecke der Einleitung von Sicherungsmaßnahmen von der zuständigen Behörde des anderen Vertragsstaats anerkannt. ²Der andere Staat leitet nach seinen Rechtsvorschriften Sicherungsmaßnahmen in Bezug auf diesen Steueranspruch ein, als wäre der Steueranspruch ein Steueranspruch dieses anderen Staates, selbst wenn der Steueranspruch im Zeitpunkt der Einleitung dieser Maßnahmen im erstgenannten Staat nicht vollstreckbar ist oder von einer Person geschuldet wird, die berechtigt ist, die Erhebung zu verhindern.

(5) ¹Ungeachtet der Absätze 3 und 4 unterliegt ein von einem Vertragsstaat für Zwecke der Absätze 3 oder 4 anerkannter Steueranspruch als solcher in diesem Staat nicht den Verjährungsfristen oder den Vorschriften über die vorrangige Behandlung eines Steueranspruchs nach dem Recht dieses Staates. ²Ferner hat ein Steueranspruch, der von einem Vertragsstaat für Zwecke der Absätze 3 oder 4 anerkannt wurde, in diesem Staat nicht den Vorrang, den dieser Steueranspruch nach dem Recht des anderen Vertragsstaats hat.

(6) Verfahren im Zusammenhang mit dem Bestehen, der Gültigkeit oder der Höhe des Steueranspruchs eines Vertragsstaats können nicht bei den Gerichten oder Verwaltungsbehörden des anderen Vertragsstaats eingeleitet werden.

(7) Verliert der betreffende Steueranspruch, nachdem das Ersuchen eines Vertragsstaats nach den Absätzen 3 oder 4 gestellt wurde und bevor der andere Vertragsstaat den betreffenden Steueranspruch erhoben und an den erstgenannten Staat ausgezahlt hat,

a) im Falle eines Ersuchens nach Absatz 3 seine Eigenschaft als Steueranspruch des erstgenannten Staates, der nach dem Recht dieses Staates vollstreckbar ist und von einer Person geschuldet wird, die zu diesem Zeitpunkt nach dem Recht dieses Staates die Erhebung nicht verhindern kann, oder

b) im Falle eines Ersuchens nach Absatz 4 seine Eigenschaft als Steueranspruch des erstgenannten Staates, für den dieser Staat nach seinem Recht Maßnahmen zur Sicherung der Erhebung einleiten kann,

teilt die zuständige Behörde des erstgenannten Staates dies der zuständigen Behörde des anderen Staates unverzüglich mit und nach Wahl des anderen Staates setzt der erstgenannte Staat das Ersuchen entweder aus oder nimmt es zurück.

(8) Dieser Artikel ist nicht so auszulegen, als verpflichte er einen Vertragsstaat,

a) Verwaltungsmaßnahmen durchzuführen, die von den Gesetzen und der Verwaltungspraxis dieses oder des anderen Vertragsstaats abweichen;

b) Maßnahmen durchzuführen, die der öffentlichen Ordnung widersprächen;

c) Amtshilfe zu leisten, wenn der andere Vertragsstaat nicht alle angemessenen Maßnahmen zur Erhebung oder Sicherung, die nach seinen Gesetzen oder seiner Verwaltungspraxis möglich sind, ausgeschöpft hat,

d) Amtshilfe in Fällen zu leisten, in denen der Verwaltungsaufwand für diesen Staat in einem eindeutigen Missverhältnis zu dem Nutzen steht, den der andere Vertragsstaat dadurch erlangt,

e) Amtshilfe zu leisten, wenn die Steuern, für die die Amtshilfe erbeten wird, nach Auffassung dieses Staates entgegen allgemein anerkannten Besteuerungsgrundsätzen erhoben werden.

Art. 29 Verfahrensregeln für die Quellenbesteuerung

(1) [1]Werden in einem Vertragsstaat die Steuern von Dividenden, Zinsen, Lizenzgebühren oder sonstigen von einer im anderen Vertragsstaat ansässigen Person bezogenen Einkünften im Abzugsweg erhoben, so wird das Recht des erstgenannten Staates zur Vornahme des Steuerabzugs zu dem nach seinem innerstaatlichen Recht vorgesehenen Satz durch dieses Abkommen nicht berührt. [2]Die im Abzugsweg erhobene Steuer ist auf Antrag des Steuerpflichtigen zu erstatten, wenn und soweit sie durch dieses Abkommen ermäßigt oder aufgehoben wird.

(2) Die Anträge auf Erstattung müssen vor dem Ende des vierten auf das Steuerjahr der Festsetzung der Abzugsteuer auf die Dividenden, Zinsen, Lizenzgebühren oder anderen Einkünfte folgenden Jahres eingereicht werden.

(3) Ungeachtet des Absatzes 1 kann jeder Vertragsstaat Verfahren dafür schaffen, dass Zahlungen von Einkünften, die nach diesem Abkommen im Quellenstaat keiner oder nur einer ermäßigten Steuer unterliegen, ohne oder nur mit dem Steuerabzug erfolgen können, der im jeweiligen Artikel vorgesehen ist.

(4) Der Vertragsstaat, aus dem die Einkünfte stammen, kann eine amtliche Bescheinigung des anderen Vertragsstaats verlangen, dass der Steuerpflichtige nach Artikel 4 im anderen Vertragsstaat ansässig ist.

(5) Die zuständigen Behörden können in gegenseitigem Einvernehmen die Durchführung dieses Artikels regeln und gegebenenfalls andere Verfahren zur Durchführung der im Abkommen vorgesehenen Steuerermäßigungen oder -befreiungen festlegen.

Art. 30 Mitglieder diplomatischer Missionen und konsularischer Vertretungen

Dieses Abkommen berührt nicht die steuerlichen Vorrechte, die den Mitgliedern diplomatischer Missionen und konsularischer Vertretungen nach den allgemeinen Regeln des Völkerrechts oder aufgrund besonderer Übereinkünfte zustehen.

Art. 31 Protokoll

Das angefügte Protokoll ist Bestandteil dieses Abkommens.

Art. 32 Inkrafttreten

(1) Dieses Abkommen bedarf der Ratifikation; die Ratifikationsurkunden werden so bald wie möglich in Berlin ausgetauscht.

(2) Dieses Abkommen tritt am Tag des Austausches der Ratifikationsurkunden in Kraft[1] und ist anzuwenden

a) in Deutschland

   aa) bei den im Abzugsweg erhobenen Steuern auf die Beträge, die am oder nach dem 1. Januar des Kalenderjahrs gezahlt werden, das dem Jahr folgt, in dem das Abkommen in Kraft tritt;

   bb) bei den übrigen Steuern auf die Steuern, die für Zeiträume ab dem 1. Januar des Kalenderjahrs erhoben werden, das dem Jahr folgt, in dem das Abkommen in Kraft tritt;

b) im Vereinigten Königreich

   aa) bei der Einkommensteuer und der Steuer vom Veräußerungsgewinn für alle Veranlagungsjahre, die am oder nach dem 6. April des Kalenderjahrs beginnen, das dem Jahr folgt, in dem das Abkommen in Kraft tritt;

   bb) bei der Körperschaftsteuer für alle Wirtschaftsjahre, die am oder nach dem 1. April des Kalenderjahrs beginnen, das dem Jahr folgt, in dem das Abkommen in Kraft tritt;

   cc) bei den im Abzugsweg erhobenen Steuern auf Einkünfte, die am oder nach dem 1. Januar des Kalenderjahrs bezogen werden, das dem Jahr folgt, in dem das Abkommen in Kraft tritt.

(3) Das am 26. November 1964 in Bonn unterzeichnete Abkommen zwischen der Bundesrepublik Deutschland und dem Vereinigten Königreich Großbritannien und Nordirland in der Fassung des am 23. März 1970 in London unterzeichneten Protokolls (im Folgenden als das "Abkommen von 1964" bezeichnet) tritt mit Inkrafttreten dieses Abkommens außer Kraft; es ist ab diesem Zeitpunkt nicht mehr auf Steuern anzuwenden, auf die dieses Abkommen nach den Bestimmungen des Absatzes 2 anwendbar ist.

---

1 In Kraft getreten am 30. 12. 2010 durch Bekanntmachung vom 12. 4. 2011 (BGBl 2011 II S. 536).

(4) Ungeachtet der Absätze 2 und 3 hat eine natürliche Person, der bei Inkrafttreten dieses Abkommens Vergünstigungen nach Artikel XIII des Abkommens von 1964 zustehen, weiterhin Anspruch auf diese Vergünstigungen, als wäre das Abkommen von 1964 in Kraft geblieben.

(5) Ungeachtet der Absätze 2 und 3 sowie des Artikels 17 kann eine natürliche Person, die unmittelbar vor dem Inkrafttreten dieses Abkommens Zahlungen nach Artikel X des Abkommens von 1964 erhielt, bezüglich dieser Zahlungen weiterhin Artikel X anstelle von Artikel 17 anwenden.

Art. 33 Kündigung

[1]Dieses Abkommen bleibt in Kraft, solange es nicht von einem der Vertragsstaaten gekündigt wird. [2]Jeder der Vertragsstaaten kann dieses Abkommen unter Einhaltung einer Frist von sechs Monaten zum Ende eines Kalenderjahrs nach Ablauf von fünf Jahren, vom Tag des Inkrafttretens an gerechnet, auf diplomatischem Wege kündigen. [3]In diesem Fall findet das Abkommen nicht mehr Anwendung

a) in Deutschland

  aa) bei den im Abzugsweg erhobenen Steuern auf die Beträge, die am oder nach dem 1. Januar des Kalenderjahres gezahlt werden, das dem Kündigungsjahr folgt;

  bb) bei den übrigen Steuern auf die Steuern, die für Zeiträume ab dem 1. Januar des Kalenderjahrs erhoben werden, das dem Kündigungsjahr folgt;

b) im Vereinigten Königreich

  aa) bei der Einkommensteuer und der Steuer vom Veräußerungsgewinn für alle Veranlagungsjahre, die am oder nach dem 6. April des Kalenderjahrs beginnen, das dem Kündigungsjahr folgt;

  bb) bei der Körperschaftsteuer für alle Wirtschaftsjahre, die am oder nach dem 1. April des Kalenderjahres beginnen, das dem Kündigungsjahr folgt;

  cc) bei den im Abzugsweg erhobenen Steuern auf Einkünfte, die am oder nach dem 1. Januar des Kalenderjahres bezogen wurden, das dem Kündigungsjahr folgt.

[4]Maßgebend für die Wahrung der Frist ist der Tag des Eingangs der Kündigung beim anderen Vertragsstaat.

Geschehen zu London am 30. März 2010 in zwei Urschriften, jede in deutscher und englischer Sprache, wobei jeder Wortlaut gleichermaßen verbindlich ist.

Steuerberaterprüfung 2013/2014

Lösungshinweis zur Prüfungsaufgabe aus dem Gebiet der Ertragsteuern

Verfasser: Ltd. Regierungsdirektor i. R. Franz-Josef Bader

Teil I: Einkommensteuer und Gewerbesteuer

Sachverhalt 1

I. Umwandlung der Einzelfirma in die X-GmbH

1. Errichtung der X-GmbH durch U

Die Errichtung der X-GmbH durch U war nach § 1 GmbHG möglich. Auf die Gründung der X-GmbH sind die Gründungsvorschriften nach dem GmbHG anzuwenden. Der Gesellschaftsvertrag bedarf notarieller Form und ist von U als Alleingesellschafter zu unterzeichnen (§ 2 Abs. 1 GmbHG). Der wesentliche Inhalt des Gesellschaftsvertrags ergibt sich aus § 3 GmbHG. Es musste ein Sachgründungsbericht (§ 5 Abs. 4 GmbHG) erstellt werden. Die Neugründung der GmbH war zur Eintragung in das Handelsregister anzumelden (§ 7 GmbHG). Welche Unterlagen der Anmeldung beizufügen sind, ergibt sich aus § 8 GmbHG. Das Einzelunternehmen des U kann jedoch **nicht** nach den Vorschriften des UmwG im Wege der Gesamtrechtsnachfolge durch Spaltung (§§ 123-173 UmwG) in Form der Ausgliederung (§ 123 Abs. 3 UmwG) zur Neugründung (§§ 158 ff. UmwG) in die X-GmbH umgewandelt werden, da das Einzelunternehmen offensichtlich nicht in das Handelsregister eingetragen war (§ 152 Satz 1 UmwG). Die Übertragung des Vermögens auf die X-GmbH erfolgt daher im Wege der **Einzelrechtsnachfolge** zu dem im Einbringungsvertrag vorgesehenen Zeitpunkt des Übergangs von Nutzen und Lasten.

2. Anwendung des UmwStG

Für die Einbringung von Betriebsvermögen durch Einzelrechtsnachfolge in eine Kapitalgesellschaft gilt der Sechste bis Achte Teil des UmwStG (§§ 20 bis 25 UmwStG), der die steuerlichen Folgen der Einbringung für die Körperschaft-, Einkommen- und Gewerbesteuer regelt (§ 1 Abs. 3 Nr. 4 UmwStG).

Die sachlichen und persönlichen Voraussetzungen für die Anwendung des § 20 Absatz 1 UmwStG sind erfüllt. Es handelt sich um die Einbringung von Betriebsvermögen durch Einzelrechtsnachfolge in eine Kapitalgesellschaft (§ 1 Abs. 3 Nr. 4 UmwStG). Die unbeschränkt körperschaftsteuerpflichtige X-GmbH kann übernehmender Rechtsträger i. S. v. §§ 20, 21 UmwStG sein (§ 1 Abs. 4 Nr. 1 UmwStG). U kann als eine natürliche Person mit Wohnsitz im Inland übertragender Rechtsträger sein; das Recht der Bundesrepublik Deutschland ist hinsichtlich der Besteuerung des Gewinns aus der Veräußerung der erhaltenen Anteile nicht ausgeschlossen oder beschränkt (§ 1 Abs. 4 Nr. 2 Buchstabe a Doppelbuchstabe bb UmwStG).

Auf die Einbringung des Einzelunternehmens in die X-GmbH ist § 20 UmwStG anzuwenden. U hat sein Einzelunternehmen in die X-GmbH gegen Gewährung **neuer** GmbH-Anteil eingebracht. Es handelt es sich um die Einbringung eines ganzen Betriebs, da alle wesentlichen Betriebsgrundlagen des Einzelunternehmens von U auf die X-GmbH übertragen werden und U für die Sacheinlage neue Anteile im Nennwert von 50 000 € an der aufnehmenden X-GmbH erhalten hat (§ 20 Abs. 1 UmwStG). Dies gilt auch für die auf die X-GmbH übertragenen Anteile an der A-GmbH, die bisher zum Betriebsvermögen des Einzelunternehmens gehört haben. Insoweit geht die Regelung des § 20 UmwStG der des § 21 UmwStG vor (BMF vom 11.11.2011 IV C 2 - S 1978-b/08/10001 Randnr. 2101, BStBl 2011 I S. 1314). Die Gegenleistung der übernehmenden X-GmbH für das eingebrachte Vermögen besteht in der Gewährung der im Wege der Sachgründung entstandenen **neuen** Gesellschaftsanteile.

3. Zeitpunkt der Einbringung (§ 20 Abs. 5, 6 UmwStG)

Als Bewertungszeitpunkt ist der Einbringungszeitpunkt maßgebend. Dies gilt sowohl für die Bewertung des übertragenen Betriebsvermögens als auch für die erlangte Beteiligung an der X-GmbH. Die Einbringung i. S. v. § 20 UmwStG erfolgt steuerlich grundsätzlich zu dem Zeitpunkt, zu dem das wirtschaftliche Eigentum an dem eingebrachten Vermögen auf die übernehmende Gesellschaft übergeht (steuerlicher Übertragungsstichtag bzw. Einbringungszeitpunkt). Die Übertragung des wirtschaftlichen Eigentums erfolgt in den Fällen der Einzelrechtsnachfolge regelmäßig zu dem im Einbringungsvertrag vorgesehenen Zeitpunkt des Übergangs von Nutzen und Lasten (BMF vom 11.11.2011 IV C 2 - S 1978-b/08/10001 Randnr. E 20.13, BStBl 2011 I S. 1314).

Abweichend hiervon darf **auf Antrag** der steuerliche Übertragungsstichtag (Einbringungszeitpunkt) gem. § 20 Abs. 5 und Abs. 6 UmwStG der übernehmenden Gesellschaft um bis zu acht Monate **zurückbezogen** werden. Aus der Bilanz oder der Steuererklärung muss sich eindeutig ergeben, welchen Einbringungszeitpunkt die übernehmende Gesellschaft wählt. Die X-GmbH hat ihrer Übertragungsbilanz den Stichtag der steuerlichen Schlussbilanz des übertragenden Einzelunternehmens vom 31.12.2011 zu Grunde gelegt. Hieraus ist auf einen entsprechenden **Antrag** zu schließen. Steuerlicher **Übertragungsstichtag** ist somit der **31.12.2011**. Der gewählte Übertragungsstichtag liegt innerhalb von 8 Monaten vor dem Tag des Abschlusses des Einbringungsvertrages und dem Übergang des eingebrachten Betriebsvermögen auf die übernehmende X-GmbH (§ 20 Abs. 6 Satz 3 UmwStG).

Vom Zeitpunkt der steuerlichen Wirksamkeit der Einbringung zum 31.12.2011 an geht die Besteuerung des eingebrachten Betriebs von dem einbringenden U auf die übernehmende X-GmbH über. Das Einkommen des U und der X-GmbH sind so zu ermitteln, als ob das eingebrachte Betriebsvermögen mit Ablauf des steuerlichen Übertragungsstichtag 31.12.2011 auf die X-GmbH übergegangen wäre (§ 20 Abs. 5 Satz 1 UmwStG). Ab 1.1.2012 sind daher ertragsteuerlich die Geschäfte des eingebrachten Unternehmens der X-GmbH zuzurechnen.

4. Wertansatz in der Übernahmebilanz der X-GmbH

Die übernehmende X- GmbH hat grundsätzlich die auf sie übergehenden aktiven und passiven Wirtschaftsgüter mit Wirkung zum steuerlichen Übertragungsstichtag in ihrer steuerlichen Übernahmebilanz mit dem **gemeinen Wert** anzusetzen (§ 20 Absatz 2 Satz 1 UmwStG).

Auf Antrag kann die X- GmbH zur Vermeidung der Aufdeckung stiller Reserven das auf sie übertragene Betriebsvermögen des Einzelunternehmens in ihrer steuerlichen Übernahmebilanz mit den **Buchwerten** der Schlussbilanz des Einzelunternehmens zum 31.12.2011 ansetzen (§ 20

Abs. 2 Satz 2 UmwStG). Buchwert des Betriebsvermögens ist der Wert, mit dem das eingebrachte Betriebsvermögen nach den steuerrechtlichen Vorschriften über die Gewinnermittlung in der für das übertragende Unternehmen zum steuerlichen Übertragungsstichtag (31. 12. 2011) aufzustellenden **Schlussbilanz** anzusetzen ist (§ 1 Abs. 5 Nr. 4 UmwStG). Einen entsprechenden **Antrag** auf Buchwertansatz hat die übernehmende X-GmbH mit der Abgabe ihrer steuerlichen Übernahmebilanz vom 31. 12. 2011 **gestellt** (§ 20 Abs. 2 Satz 3 UmwStG). Die X-GmbH hat das übertragene Betriebsvermögen des Einzelunternehmens in ihrer steuerlichen Übernahmebilanz zum 31. 12. 2011 zutreffend mit dem Buchwert von 160 000 € (Aktiva 360 000 € ./. Passiva 200 000 €) und damit mit einem unter dem gemeinen Wert liegenden Wert angesetzt. Das Bewertungswahlrecht besteht für das eingebrachte Betriebsvermögen als Sachgesamtheit (§ 20 Abs. 2 UmwStG). Der Wertansatz für das eingebrachte Betriebsvermögen durch die übernehmende Kapitalgesellschaft entscheidet über die steuerlichen Rechtsfolgen der Sacheinlage für den Einbringenden zum Zeitpunkt der Vermögensübertragung (§ 20 Abs. 4 bis 8 UmwStG). Die tatsächliche Ausübung des Bewertungswahlrechts (§ 20 Abs. 2 Satz 2 UmwStG) hat **bindende Wirkung** für die Besteuerung des einbringenden U. Es braucht daher nicht weiter geprüft zu werden, ob ggf. der Ansatz des eingebrachten Betriebsvermögens zum gemeinen Wert für U nicht zu einem günstigeren Ergebnis geführt hätte.

Der Buchwertansatz wird vorliegend nicht durch § 20 Abs. 2 Satz 2 II. Halbsatz UmwStG ausgeschlossen. Auch § 20 Abs. 2 Satz 4 UmwStG schließt den Ansatz mit einem unter dem gemeinen Wert liegenden Wert nicht aus, da U neben den Gesellschaftsanteilen keine anderen Wirtschaftsgüter erhalten hat. Der den Nennwert der erlangten Anteile übersteigende Betrag von 110 000 € hat die X-GmbH zulässigerweise der Kapitalrücklage (§ 272 Abs. 2 Nr. 1 HGB) zugeführt. Der Buchwertansatz wird nicht durch § 20 Abs. 3 Satz 2 UmwStG ausgeschlossen. Das Recht der Bundesrepublik Deutschland ist hinsichtlich der Besteuerung des Gewinns aus der Veräußerung des eingebrachten Betriebsvermögens bei der übernehmenden X-GmbH nicht ausgeschlossen.

Für die Besteuerung der übernehmenden X-GmbH gelten § 4 Abs. 2 Satz 3 UmwStG und § 12 Abs. 3 I. Halbsatz UmwStG entsprechend, da die X-GmbH das eingebrachte Betriebsvermögen mit einem unter dem gemeinen Wert liegenden Wert angesetzt hat (§ 23 Absatz 1 UmwStG). Die übernehmende X-GmbH tritt in die steuerliche Rechtsstellung des übertragenden U ein (§ 12 Abs. 3 I. Halbsatz UmwStG). Ist die Dauer der Zugehörigkeit eines Wirtschaftsguts zum Betriebsvermögen für die Besteuerung bedeutsam, so ist der Zeitraum seiner Zugehörigkeit zum Betriebsvermögen des übertragenden U der übernehmenden X-GmbH anzurechnen (§ 4 Abs. 2 Satz 3 UmwStG).

5. Veräußerungsgewinn – Anschaffungskosten GmbH-Anteile

Auf die Einbringung des Einzelunternehmens in die X-GmbH ist § 20 UmwStG anzuwenden. Es handelt sich um die Einbringung eines **Betriebs**, da alle wesentlichen Betriebsgrundlagen des Einzelunternehmens auf die X-GmbH übertragen werden und U für die Sacheinlage **neue Anteile** an der aufnehmenden X-GmbH erhalten hat (§ 20 Abs. 1 UmwStG). Die Einbringung des Einzelunternehmens des U – einschließlich der Anteile an der A-GmbH – im Wege der Sacheinlage zur Neugründung der X-GmbH gegen Gewährung von neuen Gesellschaftsanteilen im Nennwert von 50 000 € stellt aus ertragsteuerlicher Sicht auf der Ebene des übertragenden U Veräußerungs- und Anschaffungsvorgänge dar, bei denen die übernehmende X-GmbH als Gegenleistung für das eingebrachte Betriebsvermögen die neuen Gesellschaftsanteile gewährt (BMF vom 11.11.2011 IV C 2 - S 1978-b/08/10001 Randnr. 00.02, BStBl 2011 I S. 1314).

Die Rechtsfolgen für die Besteuerung der übernehmenden Gesellschaft und des Einbringenden bestimmen sich nach den vorrangigen Vorschriften der §§ 20 ff. UmwStG und ausschließlich nach dem sich aus § 20 Abs. 2 UmwStG ergebenden Wertansatz bei der übernehmenden Gesellschaft (BMF vom 11.11.2011 IV C 2 - S 1978-b/08/10001 Randnr. E 20.23, BStBl 2011 I S. 1314).

Die Sacheinlage stellt für U eine **Betriebsveräußerung im Ganzen** (§ 16 Abs. 1 Nr. 1, Abs. 2 EStG) gegen Gewährung von Gesellschaftsrechten dar. Veräußerungsgewinn ist der Betrag, um den der Veräußerungspreis nach Abzug der Veräußerungskosten den Wert des Betriebsvermögens (Buchwert) übersteigt (§ 16 Abs. 2 EStG). Der Einbringungsgewinn (Veräußerungsgewinn) ist von U im Jahr der steuerlichen Übertragung zu versteuern. Da die X-GmbH nach § 20 Abs. 8 UmwStG als Übertragungsstichtag den Stichtag der Schlussbilanz des Einzelunternehmens vom 31.12.2011 gewählt hat, ist der Einbringungsgewinn rückwirkend mit Ablauf des steuerlichen Übertragungsstichtags am **31.12.2011** entstanden und zu versteuern.

Der Wert, mit dem die übernehmende X-GmbH das eingebrachte Betriebsvermögen in ihrer Übernahmebilanz vom 31.12.2011 angesetzt hat, gilt für den einbringenden U als **Veräußerungspreis** für das übertragene Betriebsvermögen und als **Anschaffungskosten** der erworbenen Anteile an der X-GmbH (§ 20 Abs. 3 Satz 1 UmwStG). Da die X-GmbH die Buchwerte angesetzt hat, kommt es für U zu keinem Veräußerungsgewinn. Der Veräußerungspreis für die Sacheinlage des Einzelunternehmens und die Anschaffungskosten der durch die Sacheinlage erlangten neuen Anteile an der X-GmbH betragen für U jeweils 160 000 € (Buchwert Betriebsvermögen zum 31.12.2011).

Der Veräußerungsgewinn nach § 20 Abs. 3 und Absatz 4 UmwStG ermittelt sich für U wie folgt:

Wertansatz X-GmbH lt. Übernahmebilanz 31.12 2011	160 000 €
Buchwert Betriebsvermögen (= Kapitalkonto lt. Schlussbilanz Einzelunternehmen 31.12.2011)	160 000 €
Veräußerungsgewinn § 20 Abs. 5 UmwStG, § 16 Abs. 2 EStG	0 €

Die Sacheinlage führt bei U zu keinem Veräußerungsgewinn, da der Veräußerungspreis nach § 20 Abs. 3 Satz 1 UmwStG dem Buchwert des eingebrachten Betriebsvermögens entspricht.

Die Anschaffungskosten der von U erlangten Anteile an der X-GmbH im Nennwert von 50 000 € betragen nach § 20 Abs. 3 Satz 1 UmwStG **160 000 €**

6. Gewerbesteuer

Das Einzelunternehmen des U unterlag bis zum 31.12.2011 als Gewerbebetrieb i. S. d. § 2 Abs. 1 GewStG der Gewerbesteuer. Mit dem Übergang des Betriebs im Ganzen im Wege der Sacheinlage auf die X-GmbH gilt das bisherige Unternehmer als durch U eingestellt und gleichzeitig als durch die X-GmbH neu gegründet. Der Zeitpunkt des Übergangs (Unternehmerwechsel) wird als Zeitpunkt der Einstellung und als Zeitpunkt der Neugründung angesehen. In diesem Zeitpunkt **erlischt** die sachliche Steuerpflicht des übergegangenen Betriebs und die übernehmende X-GmbH **tritt** in die sachliche Steuerpflicht **neu** ein (R 2.7 Absatz 1 GewStR).

Die Vorschriften der §§ 20 bis 25 UmwStG gelten bei der Einbringung eines Unternehmens durch eine natürliche Person in eine Kapitalgesellschaft **auch** für die Gewerbesteuer (BMF vom 11.11.2011 IV C 2 - S 1978-b/08/10001, BStBl 2011 I S. 1314). Die Sacheinlage zu Buchwerten führt zu **keinem** der Gewerbesteuer unterliegenden Gewerbeertrag i. S. d. § 7 GewStG.

II. Veräußerung von GmbH-Anteilen

1. Einbringungsgewinns

U hat nach dem Einbringungszeitpunkt vom 31.12.2011 am 30.5.2013 seine durch die Sacheinlage nach § 20 UmwStG unter dem gemeinen Wert erworbenen Anteile an der X-GmbH, die er bis dahin im Privatvermögen gehalten hat, für insgesamt 110 000 € an einen fremden Dritten veräußert. Die Veräußerung des durch die Sacheinlage nach § 20 UmwStG erlangten Anteils an der X-GmbH erfolgt innerhalb von sieben Jahren nach dem Einbringungszeitpunkt und löst zwingend **rückwirkend** auf den steuerlichen Einbringungszeitpunkt (Übertragungsstichtags 31.12.2011) im **Veranlagungszeitraum 2011** einen von U nachträglich zu versteuern Gewinn im Sinne von **§ 16 EStG** aus (**Einbringungsgewinn I**) aus (§ 22 Abs. 1 Satz 1 UmwStG). Vorliegend umfasst das eingebrachte Betriebsvermögen auch die Anteile an einer Kapitalgesellschaft (A-GmbH) mit einem Buchwert von 50 000 €. Diese Anteile scheiden bei der Ermittlung des Veräußerungsgewinns nach § 16 EStG aus, da insoweit auf die mit eingebrachten GmbH-Anteile § 22 Abs. 2 Satz 5 UmwStG anzuwenden (§ 22 Abs. 1 Satz 5 UmwStG). Eine Besteuerung dieser Anteile nach § 22 Abs. 2 UmwStG scheidet aus, da die Anteile **nicht** durch die **übernehmende** X-GmbH veräußert werden (§ 22 Abs. 2 Satz 1 UmwStG).

Einbringungsgewinn I ist der Betrag nach Abzug der Kosten für den Vermögensübergang, um den der gemeine Wert des eingebrachten Betriebsvermögens im Einbringungszeitpunkt den Wert, mit dem die übernehmende X-GmbH das eingebrachte Betriebsvermögen angesetzt hat, übersteigt (§ 22 Abs. 1 Satz 3 UmwStG). Der Einbringungsgewinn I ist als Gewinn des Einbringenden i. S. v. § 16 EStG in 2011 zu versteuern. § 16 Abs. 4 und § 34 EStG sind **nicht** anzuwenden (§ 22 Abs. 1 Satz 1 UmwStG).

Für Zwecke der Berechnung des Einbringungsgewinns I ist der **gemeine Wert** des eingebrachten Betriebsvermögens (ohne miteingebrachte Anteile an A-GmbH) auf den Einbringungszeitpunkt zu ermitteln. Der Einbringungsgewinn I ist für jedes seit dem Einbringungszeitpunkt **abgelaufene Zeitjahr um 1/7 zu mindern** (§ 22 Abs. 1 Satz 3 UmwStG). Vorliegend ist seit dem 31.12.2011 bis 30.5.2013 ein volles Zeitjahr abgelaufen (Jahre 31.12.2011 bis 31.12.2012), sodass eine Minderung um 1/7 vorzunehmen ist.

Der Einbringungsgewinn I ergibt sich aus der Differenz zwischen dem gemeinen Wert des eingebrachten Betriebsvermögens zum Zeitpunkt der Einbringung, soweit dieser nicht auf die miteingebrachten Anteile an der X-GmbH entfällt (380 000 €), und dem Buchwert des übertragenen Betriebsvermögens bei der X-GmbH (310 000 €) und beträgt somit 70 000 €.

Der Einbringungsgewinn I ermittelt sich für U wie folgt:

Gemeiner Wert des eingebrachten Betriebsvermögens		490 000 €
miteingebrachte Beteiligung A-GmbH	./.	110 000 €
gemeiner Wert Betriebsvermögens (ohne Beteiligung A-GmbH)		380 000 €

Buchwert Betriebsvermögens (ohne Beteiligung A-GmbH)	./.	310 000 €
Einbringungsgewinn I vor Siebtelregelung		70 000 €
$^1/_7$ Abschmelzungsbetrag pro abgelaufenes Zeitjahr seit Einbringung	./.	10 000 €
zu versteuernder Einbringungsgewinn I		**60 000 €**

Der Einbringungsgewinn I i. H. v. **60 000 €** gilt als nachträglich zu versteuernder **Veräußerungsgewinn** des einbringenden U i. S. d. **§ 16 EStG** und unterliegt bei U unabhängig von der späteren Wertentwicklung der Beteiligung an der X-GmbH **rückwirkend** im Veranlagungszeitraum **2011** der Einkommensteuer. § 16 Abs. 4 und § 34 EStG sind auf den Veräußerungsgewinn **nicht** anzuwenden (§ 22 Abs. 1 Satz 1 UmwStG).

Die schädliche Anteilsveräußerung stellt nach § 22 Abs. 1 Satz 2 UmwStG in Bezug auf die Steuerfestsetzung beim Einbringenden im Einbringungsjahr ein **rückwirkendes Ereignis** i. S. d. § 175 Abs. 1 Satz 1 Nummer 2 AO dar (§ 22 Abs. 1 Satz 2 UmwStG).

2. Gewerbesteuer

Die Veräußerung des erlangten Anteils an der X-GmbH löst rückwirkend im Veranlagungszeitraum des steuerlichen Übertragungsstichtags 31. 12. 2011 einen vom Einbringenden nachträglich zu versteuern Gewinn im Sinne von **§ 16 EStG** aus (Einbringungsgewinn I) aus (§ 22 Abs. 1 Satz 1 UmwStG),

Dieser **Einbringungsgewinn unterliegt** bei U **nicht der Gewerbesteuer**, da der Gewinn aus der Veräußerung nicht zum Gewerbeertrag gehört, soweit er auf eine natürliche Person entfällt (§ 7 Abs. 1 Satz 2 Nr. 1 GewStG).

Die gesetzliche Fiktion des § 16 Abs. 2 Satz 3 EStG, nach der Gewinne, die i. R. einer Betriebsveräußerung als laufender Gewinn zu behandeln sind, und die sich auch auf die Gewerbesteuer erstreckt (BFH vom 15. 6. 2004 VIII R 7/01, BStBl 2004 II S. 754), ist nicht anzuwenden, da U als Veräußerer und die X. GmbH als Erwerberin nicht dieselben Personen sind.

3. Nachträgliche Anschaffungskosten

Der steuerpflichtige Einbringungsgewinn I i. H. v. 60 000 € gilt als **nachträgliche Anschaffungskosten** der erhaltenen Anteile an der X-GmbH im Einbringungszeitpunkt (§ 22 Abs. 1 Satz 4 UmwStG). Die Anschaffungskosten der Anteile an der X-GmbH erhöhen sich von 160 000 € (Buchwerteinbringung) um die nachträglichen Anschaffungskosten aus dem zu versteuernden Einbringungsgewinn I von 60 000 € auf 220 000 €.

4. Erhöhungsbetrag

Nach § 23 Abs. 2 UmwStG kann die übernehmende X-GmbH auf Antrag eine Buchwertaufstockung um den Einbringungsgewinn I von 60 000 € im Wirtschaftsjahr der Veräußerung der Anteile vornehmen (§ 22 Abs. 1 Satz 1 und Satz 6 Nr. 1 bis 6 UmwStG), soweit U durch eine Bescheinigung des zuständigen Finanzamts nachweist, dass er die auf den Einbringungsgewinn entfallende Steuer entrichtet hat, und das eingebrachte Betriebsvermögen noch zum Betriebsvermögen der übernehmenden X-GmbH gehört (§ 23 Abs. 2 UmwStG). Der Ansatz des Erhöhungsbetrags bleibt ohne Auswirkung auf den Gewinn der X-GmbH (§ 23 Abs. 2 UmwStG).

5. Veräußerungsgewinn/Veräußerungsverlust nach § 17 EStG

Die bisherigen Anschaffungskosten der Anteile an der X-GmbH i. H. v. 160 000 € erhöhen sich um Einbringungsgewinn I von 60 000 € auf **220 000 €** (§ 22 Abs. 1 Satz 4 UmwStG). A erzielt am 30. 5. 2013 durch die Veräußerung der sperrfristbehafteten Anteile an der X-GmbH **zusätzliche Einkünfte nach § 17 EStG**, die nach den allgemeinen Regeln des § 17 EStG zu ermitteln sind und nach § 3 Nr. 40 Buchstabe c und § 3c Absatz 2 EStG nach dem Teileinkünfteverfahren zu besteuern sind. Der Veräußerungsgewinn ermittelt sich nach § 17 Abs. 2 EStG wie folgt:

Veräußerungspreis	110 000 €	
40 % nicht steuerpflichtig – § 3 Nr. 40 Buchstabe c EStG	./. 44 000 €	
60 % steuerpflichtig – § 3 Nr. 40 Buchstabe c EStG		66 000 €
Anschaffungskosten (mit Beteiligung A-GmbH)	160 000 €	
nachträgliche Anschaffungskosten – Einbringungsgewinn I	+ 60 000 €	
Anschaffungskosten insgesamt	220 000 €	
40 % nicht abzugsfähig – § 3c Absatz 2 EStG	./. 88 000 €	
60 % abzugsfähige Anschaffungskosten – § 3c Absatz 2 EStG		./. 132 000 €
Veräußerungsverlust – § 17 EStG		**66 000 €**

Das **Verlustausgleichsverbot** (§ 17 Abs. 2 Satz 6 Buchstabe b Satz 1 EStG) findet **keine Anwendung**, da die veräußerten Anteile an der X-GmbH innerhalb der letzten fünf Jahre durch U erworben wurden und ihr Erwerb zur Begründung einer Beteiligung im Sinne von § 17 Abs. 1 Satz 1 EStG geführt hat (§ 17 Abs. 2 Satz 6 Buchstabe b Satz 2 EStG).

Die Einkünfte unterliegen nicht dem gesonderter Steuertarif für Einkünfte aus Kapitalvermögen nach § 32d Abs. 1 EStG, da die Einkünfte aus § 17 EStG als Einkünfte aus Gewerbebetrieb unter § 20 Abs. 8 EStG fallen (§ 32d Abs. 1 Satz 1 EStG).

6. Gewerbesteuer

Gewinne und Verluste aus der Veräußerung von im Privatvermögen gehaltenen Beteiligungen i. S. d. § 17 EStG unterliegen **nicht der Gewerbesteuer** (R 7.1 Abs. 3 Nr. 2 GewStR).

Sachverhalt 2

K erzielt aus seiner gewerblichen Tätigkeit Einkünfte aus Gewerbebetrieb (§ 15 Abs. 1 Nr. 1 EStG). Er ermittelt seinen Gewinn zulässigerweise nach § 4 Abs. 3 EStG als Überschuss der Betriebseinnahmen über die Betriebsausgaben, da er weder nach Handelsrecht noch nach Steuerrecht verpflichtet ist, Bücher zu führen und regelmäßig Abschlüsse zu machen (R 4.5 Abs. 1 EStR). Bei der Gewinnermittlung nach § 4 Abs. 3 EStG sind die Betriebseinnahmen und die Betriebsausgaben nach den Grundsätzen des § 11 EStG zu erfassen (R 4.5 Abs. 2 EStR).

Der von K mit 20 000 € ermittelte Gewinn ist wie folgt zu berichtigen:

1. Anmietung Lagerraum

Die Miete für den betrieblich genutzten Lagerraum stellt Betriebsausgaben dar. Die Aufwendungen sind durch den Betrieb veranlasst (§ 4 Abs. 4 EStG). Betriebsausgaben sind bei der Gewinnermittlung nach § 4 Abs. 3 EStG für das Kalenderjahr abzusetzen, in dem sie geleistet worden sind (§ 11 Abs. 2 Satz 1 EStG). Für die Erfassung der Ausgaben stellt § 11 Abs. 2 Satz 1 EStG auf den Abfluss der Ausgaben ab. Bei Überweisungen von einem Bankkonto mit der nötigen Deckung werden die Ausgaben im Zeitpunkt des Eingangs des Überweisungsauftrags bei der Überweisungsbank geleistet (H 11 EStH: Vereinnahmung und Verausgabung – Überweisung). Die Miete für November und Dezember 2012 wurde somit von K insgesamt erst **am 7. 1. 2014 geleistet**.

Als Ausnahme vom sog. Abflussprinzip sieht § 11 Abs. 2 Satz 2 EStG in bestimmten Fällen eine periodengerechte Berücksichtigung von Ausgaben vor. § 11 Abs. 1 Satz 2 EStG und § 11 Abs. 2 Satz 2 EStG sollen sicherstellen, dass Einnahmen und Ausgaben in dem für die Besteuerung relevanten Zeitabschnitt erfasst werden, zu dem sie wirtschaftlich gehören. Danach gelten **regelmäßig wiederkehrende Ausgaben**, die **kurze Zeit** vor oder kurze Zeit nach Beendigung des Kalenderjahres abgeflossen sind, als in dem Kalenderjahr geleistet, zu dem sie wirtschaftlich gehören. Kurze Zeit ist bei regelmäßig wiederkehrenden Einnahmen und Ausgaben in der Regel ein Zeitraum bis zu zehn Tagen; **innerhalb** dieses Zeitraums müssen nach Verwaltungsauffassung die Zahlungen **fällig und geleistet** worden sein (H 11EStH: Allgemeines – Kurze Zeit). Für die wirtschaftliche Zuordnung der wiederkehrenden Einnahmen und Ausgaben kommt es nicht darauf an, ob sie noch in dem Kalenderjahr fällig geworden sind, für das sie geleistet worden sind.

K hat die Lagermiete für November und Dezember 2013 mit der Banküberweisung am **7. 1. 2014** geleistet. Die Ausgabe wurde mit dem Eingang des Überweisungsauftrags bei der Bank am 7. 1. 2014, und damit **innerhalb von 10 Tagen** nach Ablauf des Jahres 2013 der wirtschaftlichen Zugehörigkeit geleistet. Nur für die Lagermiete für Dezember 2013 findet § 11 Abs. 2 Satz 2 EStG Anwendung, da sie innerhalb eines Zeitraums von zehn Tagen, gerechnet vom Ende des Kalenderjahres, **fällig war und geleistet** wurde. Dies trifft für die Miete November 2013 **nicht** zu, da diese nicht kurze Zeit vor dem Ende des Kalenderjahres der wirtschaftlichen Zugehörigkeit fällig war. Bei der Gewinnermittlung 2013 zu berücksichtigende Betriebsausgabe:

Gewinnänderung – Miete Dezember 2013 ./. 150 €

2. Kauf Lieferwagen

Der am 1. 12. 2013 von K für sein Unternehmen erworbene Lieferwagen gehört seit dem Erwerb zum Betriebsvermögen, da er dazu bestimmt ist, eigenbetrieblichen Zwecken zu dienen (R 4.2 EStR). Die Vorschriften über die Absetzung für Abnutzung (AfA) sind auch bei der Gewinnermittlung nach § 4 Abs. 3 EStG zu befolgen (§ 4 Abs. 3 Satz 3 EStG). Als Betriebsausgabe ist die AfA zu berücksichtigen, da der Lieferwagen zum **abnutzbaren Anlagevermögen** gehört. Die AfA ist vorzunehmen, sobald ein Wirtschaftsgut angeschafft ist (R 7.4 Satz 1 EStR); das ist regelmäßig Zeitpunkt seiner Lieferung (R 7.4 Satz 2 EStR). Auf die Zahlung des Kaufpreises kommt es nicht an. Die AfA bemisst sich nach den Anschaffungskosten und der betriebsgewöhnlichen Nutzungsdauer des Lieferwagens (§ 7 Abs. 1 Satz 1 EStG).

AfA-Bemessungsgrundlage sind die Anschaffungskosten i. H. v. 60 000 €. Die nach § 15 UStG abziehbare **Vorsteuer** gehört **nicht** zu den Anschaffungskosten (§ 9b Abs. 1 EStG). K ist nach den Sachverhaltsangaben zum Vorsteuerabzug nach § 15 UStG berechtigt. Die degressive AfA nach § 7 Abs. 2 EStG kommt nicht in Betracht, da der Lieferwagen erst am 1. 12. 2013 und damit nicht vor dem 1.1.2011 angeschafft wurde. Für das Jahr 2013 ist die AfA nur zeitanteilig mit 1/12 der Jahres-AfA als Betriebsausgaben zu berücksichtigen, da K den Lieferwagen erst am 1.12.2013 angeschafft hat, (§ 7 Abs. 1 Satz 4 EStG).

Gewinnänderung – AfA – 1/12 von 20 % von 60 000 € ./. 1 000 €

Die verausgabte **Umsatzsteuer** i. H. v. 11 400 € (gezahlte Vorsteuer) gehört im Zeitpunkt ihrer Verausgabung am 5.1.2014 zu den Betriebsausgaben, da sie nicht den Anschaffungskosten des Lieferwagen zuzurechnen ist (H 9b EStH: Gewinnermittlung nach § 4 Abs. 3 EStG). Da K den Kaufpreis für den Lieferwagen erst am 5.1.2014 bezahlt hat, ist die in Rechnung gestellte Vorsteuer auch erst zu diesem Zeitpunkt abgeflossen und nach § 11 Abs. 1 Satz 1 EStG auch erst bei der Gewinnermittlung für 2014 als Betriebsausgaben zu berücksichtigen. § 11 Abs. 2 Satz 2 EStG findet **keine** Anwendung, da es sich bei der K in Rechnung gestellten Vorsteuer **nicht** um regelmäßig wiederkehrende Ausgaben handelt.

3. Verkauf Maschine

Zu den Betriebseinnahmen gehören auch die Einnahmen aus der Veräußerung von abnutzbaren Anlagegütern sowie die vereinnahmten Umsatzsteuerbeträge (R 4.5 Abs. 3 Satz 1 EStR). Die vereinnahmte Umsatzsteuer (für den Umsatz geschuldete Umsatzsteuer) gehört im Zeitpunkt ihrer Vereinnahmung zu den Betriebseinnahmen (H 9b EStH: Auswirkungen der Umsatzsteuer auf die Einkommensteuer). Im Rahmen der Gewinnermittlung nach § 4 Abs. 3 EStG ist der Erlös aus dem Verkauf eines Wirtschaftsgutes nicht bereits im Jahr der Veräußerung, sondern erst im Jahr des Zuflusses des Veräußerungserlöses als Betriebseinnahme anzusetzen (BFH vom 16.2.1995 IV R 29/94, BStBl 1995 II S. 635; H 4.5 EStH: Veräußerungserlös).

Der Veräußerungspreis für die verkaufte Maschine stellt eine **Betriebseinnahme** dar. Den Kaufpreis für die Maschine hat der Erwerber erst am 19.2.2013 mit der Barzahlung entrichtet. Da die Betriebseinnahmen K erst am **19.2.2014 zugeflossen** sind, sind sie in **2013 noch nicht** zu erfassen.

K hat für die am 1.1.2011 zum Preis von 2 000 € (zuzüglich 380 € USt) erworbene Maschine die AfA für die Wirtschaftsjahre 2011 und 2013 in zutreffender Höhe mit 500 € p. a. berücksichtigt, da die Maschine zum Anlagevermögen gehört, das der Abnutzung unterliegt (R 4.5 Abs. 3 Satz 2 EStR). Die beim Erwerb der Maschine gezahlte und nach § 15 UStG abziehbare **Vorsteuerbetrag** gehört **nicht** zu den Anschaffungskosten (§ 9b Abs. 1 EStG).

Zum 31.12.2013 ergibt sich somit

Anschaffungskosten 1.1.2011	2 000 €
AfA – 1.1.2011 – 31.12.2013 – 3 x 500 €	./. 1 500 €
Restwert 31.12.2013	500 €

K hat am 31.12.2013 die zu seinem Betriebsvermögen gehörende Maschine unter Eigentumsvorbehalt verkauft. Es wird davon ausgegangen, dass die Übergabe der Maschine an den Käufer am 31.12.2013 erfolgt ist.

Zum Vermögen des Kaufmanns zählen **nicht** die ihm zwar zivilrechtlich gehörenden Vermögensgegenstände, die aber nach der Ausgestaltung der Rechtsbeziehungen zu einem anderen nach den tatsächlichen Verhältnissen wirtschaftlich nicht mehr Bestandteil seines Vermögens sind (BFH vom 3. 8. 1988 I R 157/84, BStBl II 1989 S. 21). Diese vermögensmäßige Zurechnung entspricht der Regelung in § 39 Abs. 2 Nr. 1 Satz 1 AO, nach der Wirtschaftsgüter demjenigen zuzurechnen sind, der, ohne rechtlicher Eigentümer zu sein, die tatsächliche Herrschaft über diese in der Weise ausübt, dass er den Eigentümer im Regelfall für die gewöhnliche Nutzungsdauer von der Einwirkung auf das Wirtschaftsgut wirtschaftlich ausschließen kann. Ein wirtschaftlicher Ausschluss des zivilrechtlichen Eigentümers wird angenommen, wenn der Herausgabeanspruch des Eigentümers keine wirtschaftliche Bedeutung mehr hat (BFH vom 26. 1. 1970 IV R 144/66, BStBl II 1970 S. 264).

Hiernach gehört ein verkauftes Wirtschaftsgut wirtschaftlich nicht mehr zum Vermögen des Verkäufers, sobald der Käufer die Verfügungsmacht darüber erlangt hat. Durch die Erlangung des Besitzes wird die Maschine wirtschaftlich dem Vermögen des Erwerbers zugeordnet, auch wenn der rechtliche Eigentumserwerb noch aussteht; durch den Besitz in Verbindung mit der vertraglichen Berechtigung zur Benutzung oder Weiterveräußerung der Sachen ist der Erwerber instand gesetzt, darüber unter Ausschluss des rechtlichen Eigentümers zu verfügen und sie ungestört zu nutzen. Der Herausgabeanspruch des Eigentümers hat keine wirtschaftliche Bedeutung mehr (BFH vom 26. 1. 1970 IV R 144/66, BStBl II 1970 S. 264). Der Verkäufer kann die Sache vor dem Rücktritt nicht zurückfordern (§ 986 Abs. 1, §§ 433, 455, 346 BGB). Die verkaufte Maschine ist somit ungeachtet des Eigentumsvorbehalt am 31. 12. 2013 **aus dem Vermögen des K ausgeschieden** und ihm nicht mehr zuzurechnen.

Bei der Gewinnermittlung nach § 4 Abs. 3 EStG hängt das Entstehen von Betriebseinnahmen und -ausgaben nicht vom Zeitpunkt der Begründung schuldrechtlicher Forderungen und Verbindlichkeiten ab. Veräußert ein Steuerpflichtiger, der seinen Gewinn nach § 4 Abs. 3 EStG durch Einnahme-Überschussrechnung ermittelt, ein Wirtschaftsgut des abnutzbaren Anlagevermögens, so sind die Anschaffungs- oder Herstellungskosten, soweit sie noch nicht im Wege der AfA gewinnmindernd berücksichtigt worden sind, grundsätzlich im Wirtschaftsjahr der Veräußerung als Betriebsausgaben abzusetzen (H 4.5 EStH: Veräußerung abnutzbarer Wirtschaftsgüter). Als Zeitpunkt der Veräußerung ist nicht der Abschluss des schuldrechtlichen Kaufvertrages, sondern der Übergang des rechtlichen oder wirtschaftlichen Eigentums anzusehen. Das tatsächliche Ausscheiden eines Wirtschaftsgutes aus dem Betriebsvermögen rechtfertigt die Absetzung des Restwertes als Betriebsausgabe.

Der **Restwert** der Maschine ist bei der Gewinnermittlung des K für das Wirtschaftsjahr **2013** als **Betriebsausgabe** zu berücksichtigen.

Gewinnänderung – Restwert Maschine ./. 500 €

4. Unfall

K hat mit seinem zum Privatvermögen gehörenden Pkw am 2. 12. 2013 auf einer **betrieblich** veranlassten Fahrt grob fahrlässig einen Unfall verursacht. Zu prüfen ist, ob die durch den Unfall verursachten Reparaturkosten von 9 000 € zuzüglich 1 710 € USt und die durch den Unfall bedingte Wertminderung (merkantiler Minderwert) des Fahrzeugs von 1 000 € als Betriebsausgaben zu berücksichtigen sind. Es wird davon ausgegangen, dass K die entstandenen Reparaturkosten nicht von einer Versicherung erstattet wurden.

a) Reparaturkosten

Gehört ein Wirtschaftsgut zum Privatvermögen des Steuerpflichtigen, sind die Aufwendungen einschließlich AfA, die durch die **betriebliche Nutzung** des Wirtschaftsgutes entstehen, **Betriebsausgaben** (§ 4 Abs. 4 EStG). Für das Steuerrecht ist eigenständig zu prüfen, ob ein Aufwand betrieblich veranlasst ist. **Unfallkosten teilen das rechtliche Schicksal der Fahrtkosten**. Ist eine Fahrt mit einem zum Privatvermögen gehörenden Fahrzeug durch den Betrieb veranlasst, sind auch Unfallkosten in der Regel nach § 4 Abs. 4 EStG als Betriebsausgaben anzuerkennen (BFH vom 18. 12. 1981 VI R 201/78, BStBl II 1982 S. 261). Bezogen auf die Unfallkosten bedeutet dies, dass die Fahrt selbst, auf der der Unfall geschehen ist, durch den Betrieb veranlasst sein muss (BFH vom 28. 11. 1977 GrS 2-3/77, BStBl 1978 II S. 105; BStBl 1978 II S. 105).

Fraglich ist, das grob fahrlässige Verhalten des K, das zu dem Unfall geführt hat, den Abzug der Reparaturkosten als Betriebsausgaben ausschließt. Einen betrieblichen Zusammenhang sieht die Rechtsprechung als nicht mehr gegeben an, wenn der Unfall auf **eine private, der Lebensführung** des Steuerpflichtigen zuzurechnende Veranlassung zurückzuführen ist (BFH vom 18. 12. 1981 VI R 201/78 BStBl 1982 II S. 261). Die Entscheidung darüber, ob Unfallkosten als Betriebsausgaben abgezogen werden können oder der privaten Lebensführung zuzurechnen sind, ist jedoch nicht durch die Heranziehung strafrechtlicher oder zivilrechtlicher Bedingungstheorien zu beantworten. Eine auf das Verschulden, die Strafbarkeit oder das moralische Verhalten des Steuerpflichtigen abzielende Wertung ist für die Einordnung der Unfallkosten ungeeignet; strafwürdiges oder verbotenes Verhalten ist nicht ohne weiteres der privaten Sphäre zuzurechnen (BFH vom 28. 11. 1977 GrS 2-3/77, BStBl 1978 II S. 105).

Kosten eines Verkehrsunfalls, den ein Steuerpflichtiger bei einer betrieblichen Fahrt mit einem Kfz erleidet, sind **nicht** deshalb von der Berücksichtigung als Betriebsausgaben **ausgeschlossen**, weil der Unfall darauf beruht, dass der Steuerpflichtige **bewusst gegen Verkehrsvorschriften** verstoßen hat und der Unfall hierauf beruht (BFH vom 28. 11. 1977 GrS 2-3/77, BStBl II 1978 105). Auch ein grob fahrlässiger oder vorsätzlicher Verstoß gegen Verkehrsvorschriften ist für die Abziehbarkeit der dadurch entstandenen Aufwendungen als Betriebsausgaben unschädlich.

Unfallkosten sind jedoch dann **nicht** als Betriebsausgaben zu beurteilen, wenn der Unfall in nicht nur unbedeutendem Maße auf einer **privaten, der Lebensführung** des Steuerpflichtigen zuzurechnenden Veranlassung beruht. Sind private Gründe für den Eintritt des Unfalls maßgebend, wird der Zusammenhang mit dem Beruf aufgehoben; der Abzug der Unfallkosten verbietet sich dann nach § 12 Nr. 1 EStG. Aufwendungen zur Beseitigung von Schäden aufgrund eines Kfz-Unfalls, der sich auf einer betrieblichveranlassten Fahrt ereignet hat, sind dann nicht als Betriebsausgaben abziehbar, wenn private Gründe das maßgeblich auslösende Moment für den Unfall gewesen sind (BFH vom 28. 11. 1977 GrS 2-3/77, BStBl 1978 II S. 105). Die berufliche Veranlassung einer betrieblichen Fahrt wird unterbrochen oder aufgehoben, wenn private Umstände zur betrieblichen Veranlassung der Fahrt hinzutreten und den betrieblichen Zusammenhang lösen oder überlagern (BFH vom 28. 11. 1977 GrS 2-3/77, BStBl 1978 II S. 105). So sieht die Rechtsprechung z. B. einen Unfall und die daraus entstandenen Aufwendungen jedenfalls dann als durch die private Lebensführung veranlasst an, wenn auf einer an sich beruflich veranlassten Fahrt der Steuerpflichtige sich durch das Fahrverhalten eines anderen Verkehrsteilnehmer belästigt fühlt und aus Rache diesen anfährt, oder wenn ein Unfall durch Alkoholeinfluss herbeigeführt wird. Sind solche Umstände das auslösende Momente für den Unfall, ist der Unfall jedenfalls teilweise privat mitveranlasst.

Der Zusammenhang des Unfalls und den dadurch entstandenen Reparaturkosten mit der betrieblichen Tätigkeit des K ist zu bejahen. Private Umstände, die den Unfall mitveranlasst haben könnten, lässt der Sachverhalt nicht erkennen. Allein der Umstand, dass K den Unfall grob fahrlässig verursacht hat, reicht nicht aus, den betrieblichen Zusammenhang der Reparaturaufwendungen zu verneinen.

Gewinnänderung – Reparaturkosten ./. 9 000 €

b) Vorsteuer

Die Zuordnungsbeschränkung des § 15 Abs. 1 Satz 2 UStG erstreckt sich nicht auf die Leistungen, die der Unternehmer im Zusammenhang mit dem Betrieb des Fahrzeugs bezieht. Bei Privatfahrzeugen von Unternehmern können solche Vorsteuerbeträge in voller Höhe abgezogen werden, die unmittelbar und ausschließlich auf die unternehmerische Verwendung des Fahrzeugs entfallen. Der Unternehmer kann unter den übrigen Voraussetzungen des § 15 UStG Vorsteuerbeträge aus Reparaturaufwendungen in Folge eines Unfalls während einer unternehmerisch veranlassten Fahrt in voller Höhe abziehen (BMF vom 27. 8. 2004 IV B 7 - S 7300 - 70/04, BStBl 2004 I S. 864).

Die in der Reparaturrechnung mit 1 710 € ausgewiesene und am 13. 12. 2013 verausgabte Vorsteuer gehört bei der Gewinnermittlung nach § 4 Abs. 3 im Zeitpunkt ihrer Verausgabung zu den Betriebsausgaben, da die Reparaturkosten – wie festgestellt – betrieblich veranlasst sind (H 9b EStH: Auswirkungen der Umsatzsteuer auf die Einkommensteuer).

Gewinnänderung ./. 1 710 €

Im Zeitpunkt der Erstattung der Vorsteuer ist diese als Betriebseinnahme zu erfassen.

c) merkantile Wertminderung

Der sog. merkantile Minderwert führt nicht zu **Absetzungen für außergewöhnliche technische oder wirtschaftliche Abnutzung** (AfaA). § 7 Abs. 1 Satz 7 EStG setzt für die Zulässigkeit der AfaA eine Substanzeinbuße an einem Wirtschaftsgut oder eine Einschränkung seiner Nutzungsmöglichkeit voraus. Ein ordnungsgemäß repariertes Kfz kann wie bisher genutzt werden. Voraussetzung für eine AfaA ist das Vorliegen einer außergewöhnlichen Verminderung der wirtschaftlichen Nutzbarkeit oder Verwendungsmöglichkeit. Der merkantile Minderwert setzt eine technisch fehlerfrei durchgeführte Reparatur des Wirtschaftsgutes voraus, die während der Zeit seiner Nutzung weder eine Substanzeinbuße hinterlässt noch eine Minderung der Nutzungsmöglichkeiten bewirkt. Damit scheidet eine AfaA aus, da diese eine Einschränkung der Nutzungsmöglichkeit voraussetzt. Dies kann hinsichtlich des merkantilen Minderwerts nicht angenommen werden. Eine AfaA kommt ggf. erst dann in Betracht, wenn sich später eine effektive und dauerhafte Nutzungseinschränkung ergeben sollte (BFH vom 28. 10. 1980 VIII R 34/76, BStBl 1981 II S. 161).

Der merkantile Minderwert kann auch nicht unter dem Gesichtspunkt des **niedrigeren Teilwerts** zu Betriebsausgaben führen. § 6 Abs. 1 Nr. 1 Satz 2 EStG setzt für die Bewertung eines Wirtschaftsgute mit dem niedrigen Teilwert zwingend eine Gewinnermittlung durch Bestandsvergleich voraus (BFH vom 12. 6. 1978 GrS 1/77, BStBl II 1978 S. 620). Demgegenüber spielen bei der Gewinnermittlung nach § 4 Abs. 3 EStG bloße Wertveränderungen des der Einkunftserzielung dienenden Wirtschaftsguts grundsätzlich keine Rolle (BFH vom 21. 12. 1982 VIII R 215/78, BStBl II 1983 II S. 410, 411).

Der Betriebsausgabenabzug in Höhe des merkantilen Minderwerts ist auch nicht nach § 4 Abs. 4 EStG gerechtfertigt. Im Steuerrecht gilt der Grundsatz, dass nichtrealisierte Verluste nicht steuermindernd berücksichtigt werden dürfen. § 11 Abs. 2 EStG, der auch für die Gewinnermittlung nach § 4 Abs. 3 EStG maßgebend ist, setzt für eine Berücksichtigung von Betriebsausgaben den **Abfluss** von Geld oder geldwerten Gütern voraus. Die in dem merkantilen Minderwert eines Kfz liegende Vermögensminderung ist aber so lange **nicht abgeflossen**, wie der Steuerpflichtige das Kfz weiterhin behält und weiter nutzt. Es mangelt damit im Falle der weiteren Nutzung des Kfz nach der Durchführung der Reparatur an dem endgültigen Abfluss eines geldwerten Gutes. (BFH vom 31. 1. 1992 VI R 57/88, BStBl 1992 II S. 401).

Der sog. merkantile Minderwert des reparierten und anschließend weiterhin genutzten Pkw kann nicht als Betriebsausgaben berücksichtigt werden (BFH vom 31. 1. 1992 VI R 57/88, BStBl 1992 II S. 401).

5. Diebstahl Anhänger

Für den am 30. 9. 2012 durch Diebstahl aus dem Betriebsvermögen ausgeschiedenen Anhänger ist die AfA nach § 7 Absatz 1 EStG bis zum Zeitpunkt seines Ausscheidens noch zeitanteilig mit 9/12 der Jahres-AfA als Betriebsausgaben (§ 4 Abs. 4 EStG) zu berücksichtigen (R 7.4 Abs. 8 EStR).

Gewinnänderung – AfA 1. 1. 2013 – 30. 9. 2013 – 9/12 von 1 000 €   **./. 750 €**

Scheidet ein Wirtschaftsgut des abnutzbaren Anlagevermögens aus betrieblichen Gründen aus dem Betriebsvermögen aus, sind bei der Gewinnermittlung nach § 4 Abs. 3 EStG die Anschaffungs- oder Herstellungskosten, soweit sie noch nicht im Wege der AfA gewinnmindernd berücksichtigt worden sind, grundsätzlich im Wirtschaftsjahr des Ausscheidens aus dem Betriebsvermögen als Betriebsausgaben abzusetzen (H 4.5 EStH: Veräußerung abnutzbarer Wirtschaftsgüter). Zum 30. 9. 2013 ermittelt sich der Restwert wie folgt:

Anschaffungskosten 1. 1. 2011	5 000 €
AfA 2011 und 2012	./. 2 000 €
31. 12. 2012	3 000 €
AfA 1. 1. 2013 – 30. 9. 2013 – 9/12 von 1 000 €	./. 750 €
Restwert 30. 9. 2013	**2 250 €**

Die von der Versicherung am 1. 11. 2013 gezahlte Entschädigung von 4 000 € wäre grundsätzlich bei Zufluss am 1. 1. 2013 als Betriebseinnahme zu erfassen. Somit hätte das Ausscheiden des Anhänger zur Folge, dass stille Reserven i. H. v. 1 750 € (Entschädigung 4 000 € ./. Restwert 2 250 €) gewinnerhöhend aufzulösen wären.

Die Gewinnverwirklichung durch die Aufdeckung stiller Reserven kann vermieden werden, wenn ein Wirtschaftsgut des Anlage- oder Umlaufvermögens infolge höherer Gewalt aus dem Betriebsvermögen ausscheidet und ein funktionsgleiches Wirtschaftsgut (Ersatzwirtschaftsgut) bis zum Schluss des ersten Wirtschaftsjahres, das auf das Wirtschaftsjahr des Eintritts des Schadensfalles folgt, angeschafft oder hergestellt oder bestellt worden ist (R 6.6 Abs. 5 Satz 5 EStR).

Die aufgedeckten stillen Reserven können dann auf die Anschaffungs- oder Herstellungskosten des ersatzbeschafften Wirtschaftsgutes übertragen werden. Voraussetzung für die Übertragung stiller Reserven bei Ersatzbeschaffung ist, dass das Wirtschaftsgut infolge **höherer Gewalt** z. B. durch Diebstahl gegen Entschädigung aus dem Betriebsvermögen ausscheidet (R 6.6 Abs. 5 Satz 5 EStR).

Der Anhänger gehörte zum abnutzbaren Anlagermögen und ist durch **höhere Gewalt** (Diebstahl) aus dem Betriebsvermögen **ausgeschieden**. Eine **Ersatzbeschaffung** war zum Ende des Jahres 2013 **ernstlich geplant**. Die Voraussetzungen für die Anwendung des R 6.6 EStR sind erfüllt.

Soweit die Entschädigungsleistung von 4 000 € den im Zeitpunkt des Ausscheidens des Anhängers am 30. 9. 2013 noch nicht abgesetzten Teil der Anschaffungskosten von 2 250 € übersteigt, kann der darüber hinausgehende Betrag von 1 750 € im Wirtschaftsjahr der Ersatzbeschaffung 2014 von den Anschaffungskosten des Ersatzwirtschaftsgutes voll abgesetzt werden (R 6.6 Abs. 5 Satz 2 EStR).

Bei der Gewinnermittlung für 2013 sind somit weder die Entschädigungsleistung der Versicherung in Höhe von 4 000 € als Betriebseinnahmen noch der Restwert des Anhängers am 30. 9. 2013 i. H. v. 2 250 € als Betriebsausgaben zu berücksichtigen.

6. Gewinnermittlung 2013

Erklärter Gewinn		20 000 €
1. Anmietung Lagerraum – 11 x 150 €	./.	1 650 €
2. Kauf Lieferwagen	./.	1 000 €
3. Verkauf Maschine	./.	500 €
4. Unfall		
▶ Reparaturkosten	./.	9 000 €
▶ Vorsteuer	./.	1 710 €
▶ merkantile Wertminderung		-
5. Diebstahl Anhänger-AfA 1. 1. 2013 – 30. 9. 2013 – 9/12 von 1 000 €	./.	750 €
berichtigter Gewinn 2013		**5 390 €**

Sachverhalt 3

I. Steuerpflicht

1. Persönliche Steuerpflicht

A ist als natürliche Personen nach § 1 Abs. 1 EStG **unbeschränkt** einkommensteuerpflichtig, da er im **Inland** einen **Wohnsitz** hat. Einen Wohnsitz hat jemand dort, wo er eine Wohnung unter Umständen innehat, die darauf schließen lassen, dass er die Wohnung beibehalten und benutzen wird (§ 8 AO). A hat in Düsseldorf seit Jahren eine komplett eingerichtete Eigentumswohnung inne, da er über die Wohnung tatsächlich verfügen und sie als Bleibe nicht nur vorübergehend benutzen kann. Es genügt, dass er die Wohnung über Jahre hinweg jährlich regelmäßig mehrmals zu bestimmten Zeiten über einige Wochen zu eigenen Wohnzwecken nutzt (AEAO zu § 8 – Wohnsitz Tz. 4). Die Umstände lassen darauf schließen, dass er die Wohnung auch beibehalten und in Zukunft weiter benutzen wird. Auf die Anzahl der Aufenthalte und den Zeitraum der tatsächlichen Nutzung der Wohnung in Düsseldorf in 2013 kommt es nicht an. **Unerheblich** ist, ob er mit seiner Wohnung in München einen weiteren Wohnsitz begründet hat oder ob er in GB einen weiteren Wohnsitz hat.

Als unbeschränkt steuerpflichtige natürliche Person unterliegt A mit seinen **inländischen und ausländischen Einkünften der inländischen Besteuerung** (§ 2 Abs. 1 EStG), soweit das Doppelbesteuerung mit dem Vereinigte Königreich Großbritannien und Nordirland (DBA-GB) der Bundesrepublik (BRD) das Besteuerungsrecht nicht entzieht (§ 2 Abs. 1 Satz 1 EStG).

2. Anwendungsbereich des DBA-GB

Das DBA-GB gilt für die von der BRD erhobene Einkommensteuer (Artikel 2 Abs. 1 – Abs. 3 DBA-GB). Das DBA-GB ist anzuwenden, da A in beiden Vertragsstaaten ansässig ist (Artikel 1 DBA-GB). Zu prüfen ist, in welchem der beiden Vertragsstaaten A i. S. d. DBA-GB ansässig ist. Ansässig i. S. d. DBA-GB ist eine Person in einem Vertragsstaat, die nach dem Recht dieses Staates dort aufgrund ihres Wohnsitzes steuerpflichtig ist (Artikel 4 Abs. 1 DBA-GB). A ist hiernach **in beiden Vertragsstaaten ansässig,** da er in beiden Vertragsstaaten über eine ständige Wohnstätte verfügt und dort jeweils aufgrund seines Wohnsitzes steuerpflichtig ist. In diesem Falle gilt jedoch nur der Staat als **Ansässigkeitsstaat** i. S. d. DBA-GB, in dem der Stpfl. über eine ständige Wohnstätte verfügt **und** den Mittelpunkt seiner Lebensinteressen hat. A hat den Mittelpunkt seiner Lebensinteressen in GB, da er zu GB die engeren persönlichen und wirtschaftlichen Beziehungen hat (Artikel 4 Abs. 2 Buchstabe a DBA-GB). Er ist als in **London (GB) ansässig** zu betrachten, da er seit 10 Jahren mit seiner Familie in einem Einfamilienhaus in London wohnt und auch dort als Rechtsanwalt tätig ist. Großbritannien ist als Ansässigkeitsstaat i. S. d. DBA-GB zu betrachten. Dahingestellt bleiben kann, ob die Wohnung in Düsseldorf als eine ständige Wohnstätte i. S. d. DBA-GB zu beurteilen ist.

II. Einkünfte

1. Einkünfte aus selbständiger Arbeit (§ 18 Absatz 1 Nr. 1 EStG)

Als Rechtsanwalt erzielt A in Großbritannien Einkünfte aus **selbständiger Arbeit (§ 18 Abs. 1 Nr. 1 EStG)**. Nach Artikel 7 Abs. 1 Satz 1 DBA-GB können Gewinne eines Unternehmens nur in dem Staat besteuert werden, in dem die Geschäftstätigkeit ausgeübt wird. Der Ausdruck "Unternehmen" bezieht sich allgemein auf die Ausübung einer Geschäftstätigkeit (Artikel 3 Abs. 1 Buchstabe f DBA-GB). Artikel 7 Abs. 1 Satz 1 DBA-GB ist auch auf die Einkünfte aus selbständiger Arbeit anzuwenden, da nur auf die Geschäftstätigkeit abgestellt wird. A übt seine Geschäftstätigkeit als Rechtsanwalt in London aus. In der BRD verfügt A über keine feste Geschäftseinrichtung, durch die die Geschäftstätigkeit seines Unternehmens ganz oder teilweise ausgeübt wird (Artikel 5 Abs. 1 DBA-GB). GB ist Ansässigkeitsstaat i. S. d. DBA-GB. Das **Besteuerungsrecht** steht für diese Einkünfte **GB** zu. In der BRD übt A seine Geschäftstätigkeit nicht durch eine dort gelegene Betriebsstätte aus. In der BRD sind die Einkünfte steuerfreigestellt.

2. Einkünfte aus Kapitalvermögen

Die Zinsen i. H. v. umgerechnet 10 000 €, die A im Jahr 2013 für sein Festgeldkonto In London erzielt hat, gehören zu seinen Einkünften aus Kapitalvermögen (§ 20 Abs. 1 Nr. 7 EStG). **Das Besteuerungsrecht** für dies Einkünfte steht ohne Rücksicht auf ihre Herkunft **nur GB** zu (Artikel 21 Abs. 1 DBA-GB). Artikel 11 Abs. 1 DBA-GB findet keine Anwendung, da die BRD nicht Ansässigkeitsstaat i. S. d. DBA ist.

3. Eigentumswohnungen

Aus den Eigentumswohnungen in Düsseldorf und in München erzielt A **keine Einkünfte** aus Vermietung und Verpachtung (§ 21 Abs. 1 EStG), da die Wohnungen nicht zur Erzielung von Einnahmen vermietet sind.

4. Veräußerung Eigentumswohnung in München

Aus der Veräußerung der Eigentumswohnung in München erzielt A **keinen** nach § 23 Abs. 1 Nr. 1 Satz 1 EStG steuerpflichtigen Gewinn aus privaten Veräußerungsgeschäften. Der Veräußerungsgewinn wird nach § 23 Abs. 1 Nr. 1 Satz 3 EStG von der **Besteuerung ausgenommen**, da die Wohnung im Jahr der Veräußerung 2013 und in den beiden vorangegangenen Jahren von A tatsächlich nur zu eigenen Wohnzwecken genutzt wurde. Eine Nutzung einer Wohnung durch den Stpfl. zu eigenen Wohnzwecken liegt auch dann vor, wenn sie vom Stpfl. nur zeitweise bewohnt wird, in der übrigen Zeit ihm jedoch als Wohnung zur Verfügung steht (BMF vom 5. 10. 2000 IV C 3 - S 2256 - 263/00 Randnr. 22, BStBl 2000 I S. 1383).

III. Ergebnis

A hat im Jahr 2013 **keine** der inländischen Besteuerung unterliegenden Einkünfte bezogen

Sachverhalt 4

Uschi Unruhig (U) ist Kommanditistin der am 1. 3. 2011 errichteten Sonnen-GmbH & Co. KG (S-KG). Als Kommanditistin haftet U den Gläubigern der S-KG gegenüber nur bis zur Höhe ihrer voll eingezahlten Kommanditeinlage von 20 000 € (§ 171 Abs. 1 HGB). Eine weitergehende Haftung der U für Verbindlichkeiten der S-KG ist ausgeschlossen, da davon auszugehen ist, dass die Einlage der U auch i. H. v. 20 000 € in das Handelsregister des für die S-KG zuständigen Gerichts eingetragen wurde (§ 171 Abs. 1 HGB). Für die ihre eingetragene Hafteinlage übersteigenden Verbindlichkeiten der S-KG kann U als Kommanditistin (grundsätzlich) weder von den Gläubigern der S-KG noch von den Mitgesellschaftern in Anspruch genommen werden. An dieser Lage ändert nichts, dass U verpflichtet ist, den Negativsaldo ihres Kapitalkontos mit künftigen Gewinnanteilen auszugleichen.

1. Laufende Einkünfte aus Gewerbebetrieb – § 15 Abs. 1 Nr. 2 EStG

Der von der S-KG betriebene Handel mit Gartenmöbeln im Internet stellt einen Gewerbebetrieb dar (§ 15 Abs. 2 EStG). Als Kommanditistin der S-KG erzielt U aus ihrer Beteiligung bis zu ihrem Ausscheiden am 31. 10. 2013 aus der Gesellschaft Einkünfte aus Gewerbebetrieb in Höhe des ihr zuzurechnenden Verlustanteils von 40 000 €, da sie als **Mitunternehmerin** anzusehen ist (§ 15 Abs. 1 Nr. 2 EStG). Unerheblich ist, dass U ihren Kommanditanteil am 31. 10. 2013 an Gustav Gierig (G) veräußert hat. Veräußert ein Kommanditist seinen Kommanditanteil entgeltlich während eines Wirtschaftsjahres, so ist ihm sein vertraglicher Anteil an dem Verlust, den die KG vom Beginn des Wirtschaftsjahres bis zum Zeitpunkt der Veräußerung erlitten hat, grundsätzlich auch insoweit noch zuzurechnen, als sich dadurch ein negatives Kapitalkonto erhöht, sofern der Erwerber das negative Kapitalkonto übernimmt (BFH vom 26. 5. 1981 IV R 47/78, BStBl 1981 II S. 795).

Die Zurechnung ihres Anteils am Verlust 2013 ist nicht deshalb zu versagen, weil die Verlustzurechnung zu einer Erhöhung des bereits vorhandenen negativen Kapitalkontos geführt hat (BFH vom 10. 11. 1980 GrS 1/79, BStBl II 1981 S. 164). Der ihr als Kommanditistin zuzurechnende Anteil am Verlust der S-KG unterliegt jedoch der **Verlustausgleichsbeschränkung nach § 15a EStG**. Der Verlust darf grundsätzlich weder mit anderen Einkünften aus Gewerbebetrieb noch mit Einkünften aus anderen Einkunftsarten ausgeglichen werden, da sich ihr bereits bestehendes negatives Kapitalkonto vom 31. 12. 2012 i. H. v. 30 000 € durch die Verlustzurechnung von 40 000 € zum 31. 10. 2013 auf insgesamt 70 000 € erhöht (§ 15a Absatz 1 Satz 1 EStG). Der nicht ausgleichsfähige Verlust mindert grundsätzlich als **verrechenbarer Verlust** die Gewinne, die die Kommanditistin in späteren Wirtschaftsjahren aus ihrer Beteiligung an der KG zuzurechnen sind (§ 15a Absatz 4 Satz 1 EStG).

Das – positive und negative – Sonderbetriebsvermögen des Kommanditisten ist bei der Ermittlung des Kapitalkontos i. S. d. § 15a Abs. 1 EStG außer Betracht zu lassen. Verluste, die der Kommanditist im Bereich seines **Sonderbetriebsvermögens** erleidet, sind grundsätzlich **unbeschränkt ausgleichs- und abzugfähig**. (R 15a Abs. 2 EStR). Eine Saldierung von Gewinnen und Verlusten aus dem Gesellschaftsvermögen mit Gewinnen und Verlusten aus dem Sonderbetriebsvermögen ist unzulässig (H 15a EStH: Saldierung von Ergebnissen aus dem Gesellschaftsvermögen mit Ergebnissen aus dem Sonderbetriebsvermögen).

Vorliegend ist zu berücksichtigen, dass U ihren Mitunternehmeranteil an der S-KG am 31. 10. 2013 veräußert hat. Der laufende Verlust 2012 ist mit dem durch die Veräußerung ihres gesamten Mitunternehmeranteils erzielten **Veräußerungsgewinn** im Zeitpunkt der Veräußerung **ausgleichs- oder abzugfähig** (§ 15a Abs. 2 Satz 2 EStG).

Ausgleichsfähiger Verlust 2013	40 000 €

2. Überlassung von Wirtschaftsgütern (§ 15 Abs. 1 Nr. 2 EStG)

Das Betriebsvermögen einer Personengesellschaft umfasst sowohl die Wirtschaftsgüter, die zum Gesamthandsvermögen der Mitunternehmer gehören, als auch das Sonderbetriebsvermögen einzelner Gesellschafter. Die **Buchführungspflicht** der Personenhandelsgesellschaft gilt nach § 141 AO für ihr gesamtes Betriebsvermögen **einschließlich** etwaigen **Sonderbetriebsvermögens** der Gesellschafter (H 5.1 EStH: Buchführungspflicht einer Personenhandelsgesellschaft). Für einen Kommanditisten ist zu diesem Zweck eine Sonderbilanz aufzustellen, für die die allgemeinen bilanzrechtlichen Vorschriften des Einkommensteuerrechts gelten. In den Gewinn oder Verlust, den ein Kommanditist aus seiner Beteiligung bezieht, gehen nicht nur sein Anteil am Gesellschaftsgewinn, sondern auch Sonderbetriebseinnahmen und Sonderbetriebsausgaben ein, die ihm im Zusammenhang mit seiner Beteiligung entstehen (§ 15 Abs. 1 Nr. 2 EStG).

a) Betriebliche Verwendung des privaten Pkw für Zwecke der S-KG

Der zum Alleineigentum der U gehörende Pkw gehört seit dem 1.3.2012 bis zur Veräußerung ihres Kommanditanteils am 31.10.2013 zu ihrem **notwendigen Sonderbetriebsvermögen**, da er unmittelbar und überwiegend dem Betrieb der S-KG dient (R 4. 2 Abs. 2 Satz 2 EStR). Von notwendigen Sonderbetriebsvermögen ist auszugehen, da der Pkw zu **mehr als 50 %** für betriebliche Zwecke der S-KG genutzt wird (R 4.2 Abs. 1 Satz 4 EStR).

Die vom 1.3.2012 bis zum 31.10.2013 entstandenen Kraftfahrzeugkosten stellen für U **Sonderbetriebsausgaben** dar, da ihr diese Aufwendungen im Zusammenhang mit ihrer Tätigkeit im Dienste der S-KG entstanden sind (§ 4 Abs. 4 EStG). Unerheblich ist, dass U keine Tätigkeitsvergütung erhalten hat.

aa) laufende PKW-Kosten

Die laufende PKW-Kosten 1.1.2013 bis zum 31.10.2013 sind als Sonderbetriebsausgaben zu berücksichtigen.

Betriebsausgaben – laufende PKW-Kosten   4 000 €

bb) Darlehen Z-Bank

Die ertragsteuerrechtliche Zuordnung der Darlehensschuld gegenüber der Z-Bank sowie der hierauf entfallende Zinsbelastung ist nach der Verwendung der Darlehensvaluta und danach zu bestimmen, ob mit den erhaltenen Kreditmitteln private oder der Einkunftserzielung dienende Aufwendungen finanziert werden. Dem gemäß ist ein Ausweis des Darlehens als negatives Wirtschaftsgut im Sonderbetriebsvermögen dann geboten, wenn die Darlehensvaluta zur Finanzierung aktiven Sonderbetriebsvermögens verwendet wurde. Für den Betriebsausgabenabzug der Schuldzinsen als Sonderbetriebsausgaben ist vorliegend von Bedeutung, dass U mit den Mitteln des von ihr aufgenommenen Kredits eine für die betrieblichen Zwecke der Mitunternehmerschaft verwendete **Einlage finanziert** hat (BFH vom 28.10.1999 VIII R 42/98, BStBl 2000 II S. 390).

Das Darlehen bestand im Zeitpunkt der Einlage des Pkw in das Betriebsvermögen am 1.3.2012 und darüber hinaus bis zum 31.12.2013 in der ursprünglichen Höhe von 54 000 €, da eine Darlehenstilgung nicht erfolgt ist. Mit dem Darlehen von 54 000 € hat U die Anschaffungskosten des am 1.12.2009 zum Kaufpreis von 54 000 € erworben Pkw finanziert. Da der Pkw im Zeitpunkt der Einlage in das Betriebsvermögen am 1.3.2012 nur einen Teilwert von 21 000 € hatte, kann die **Darlehensverbindlichkeit** auch nur i. H.v. **21 000 €** (21/54 von 54 000 €) dem Betriebsvermögen zugeordnet werden. Soweit das am 1.3.2012 bestehende Darlehen den Betrag von 21 000 € übersteigt, steht das Darlehen mit dem bis zum 28.2.2012 in der **Privatsphäre eingetretenen Vermögensverlust** in wirtschaftlichem Zusammenhang, der nicht einkommensmindernd zu berücksichtigen ist.

Aufwendungen sind nach § 4 Abs. 4 EStG Betriebsausgaben, wenn sie durch den Betrieb veranlasst sind. Das Vorliegen eines solchen Zurechnungszusammenhangs ist für Schuldzinsen ausschließlich danach zu beurteilen, ob sie für eine Darlehensverbindlichkeit geleistet werden, die – gemessen an ihrem tatsächlichen Verwendungszweck – ganz oder teilweise der Finanzierung betrieblich veranlasster Aufwendungen dient (BFH vom 4.7.1990 GrS 2-3/88, BStBl II 1990

S. 817; BFH vom 8.12.1997 GrS 1-2/95, BStBl II 1998 S. 193). Dies hat zur Folge, dass im Umfang der betrieblichen Verwendung der Einlage der Zinsaufwand der U als Sonderbetriebsausgaben anzusetzen ist. Die **Zinsen** von monatlich 270 € für das zur Finanzierung der Anschaffungskosten des PKW am 1.12.2009 aufgenommene Darlehen i.H.v. 54 000 € stellen **Sonderbetriebsausgaben** dar, soweit sie betrieblich veranlasst sind (§ 4 Abs. 4 EStG). Die in 2013 geleisteten Zinsen in Höhe von 2 700 € (10 x 270 €) sind nur im Verhältnis der Darlehensvaluta zum Teilwert des Pkw am 1.3.2013 betrieblich veranlasster Aufwand

Betriebsausgaben – Darlehenszinsen – 21/54 von 2 700 €   **1 050 €**

cc) AfA Pkw

Der Pkw war am 1.3.2012 als abnutzbares Wirtschaftsgut des Anlagevermögens mit dem Teilwert von 21 000 € in das Sonderbetriebsvermögen einzulegen (§ 6 Abs. 1 Nr. 5 Satz 1 Buchstabe a und Satz 2 EStG), da die fortgeführten Anschaffungskosten mit 33 750 € (Anschaffungskosten 54 0000 € ./. AfA 1/6 von 54 000 € = 9 000 € x 27/12) den **Teilwert** übersteigen. Die als Sonderbetriebsausgabe für den Pkw zu berücksichtigende AfA beträgt nach § 7 Abs. 1 EStG für 2013 **4 375 €** (10/12 von ¼ von 21 000 €). Der in einer Sonderbilanz zum 31.10.2012 auszuweisende Buchwert des Pkw ermittelt sich wie folgt:

Teilwert 1.3.2012	21 000 €
AfA 2011 – 10/12 von 25 % von 21 000 €	./. 4 375 €
Buchwert 31.12.2012	16 625 €
AfA 2012 – 10/12 von 25 % von 21 000 €	./. 4 375 €
Buchwert 31.10.2013	12 250 €
Betriebsausgaben - AfA 2013	**4 375 €**

dd) private Nutzung Pkw

Die **private Mitbenutzung** des Pkw ist einkommensteuerrechtlich als **Entnahme** zu erfassen (§ 6 Abs. 1 Nr. 4 EStG). Der private Nutzungsanteil des zum Betriebsvermögen der U gehörenden Pkw's ist nach § 6 Abs. 1 Nr. 4 Satz 2 EStG zu bewerten. Das Fahrzeug wird zu mehr als 50 % betrieblich genutzt. Die private Nutzung ist für jeden Kalendermonat mit 1 % des inländischen Listenpreises anzusetzen (§ 6 Abs. 1 Nr. 4 Satz 2 EStG). Für den pauschalen Nutzungswert ist der inländische Listenpreis des Kraftfahrzeugs im Zeitpunkt seiner Erstzulassung zuzüglich der Kosten für Sonderausstattung einschließlich der Umsatzsteuer maßgebend (BMF vom 18.11.2009 IV C 6 - S 2177/07/10004 Tz. 10, BStBl 2009 I S.1326). Die private Nutzung kann nicht mit den auf die Privatfahrten entfallenden Aufwendungen angesetzt werden, da U kein Fahrtenbuch geführt hat. Als Entnahmen sind für die private Pkw-Nutzung nach § 6 Abs. 1 Nr. 4 Satz 2 EStG gewinnerhöhend anzusetzen:

private Nutzung Pkw - 1 % von Listenpreis 55 000 € = 550 € x 10 Monate   **+ 5 500 €**

Der pauschale Nutzungswert nach § 6 Abs. 1 Nr. 4 Satz 2 EStG übersteigt nicht die für das genutzte Kraftfahrzeug insgesamt tatsächlich entstandenen Aufwendungen (BMF vom 18.11.2009 IV C 6 - S 2177/07/10004 Randnr. 18, BStBl 2009 I S.1326).

ee) **Zusammenstellung:**

private Nutzung Pkw	+ 5 500 €
laufende PKW-Kosten	./. 4 000 €
Darlehenszinsen – 21/54 von 2 700 €	./. 1 050 €
AfA 2012	./. 4 375 €
Verlust Sonderbereich	./. 3 925 €

Die Verlustausgleichsbeschränkung des § 15a Abs. 1 Satz 1 EStG bezieht sich nur auf den Gesamthandsbereich (BMF vom 30. 5. 1997 IV B 2 - S 2241 a - 51/93 II, BStBl 1997 I S. 627). Verluste, die der Kommanditist im Bereich seines Sonderbetriebsvermögens erleidet, sind grundsätzlich unbeschränkt ausgleichs- und abzugsfähig (R 15a Abs. 2 EStR).

3. **Selbstschuldnerisch Bürgschaft gegenüber P-Bank**

a) **Drohende Inanspruchnahme aus Bürgschaft am 31. 12. 2012**

Der Gesellschafter einer KG muss grundsätzlich in einer Sonderbilanz auch Rückstellungen für drohende Verluste bilden, wenn ihm im Zusammenhang mit seiner Beteiligung eine Haftungsinanspruchnahme droht (§ 249 Abs. 1 Satz 1 HGB).

Nach dem Sachverhalt hat U die Bürgschaft ausschließlich in ihrer Eigenschaft als Kommanditistin übernommen und damit einen entscheidenden Beitrag zur Finanzierung der KG geleistet. Sie hat zur Förderung des Gesellschaftszwecks durch die Übernahme der Bürgschaft die Kreditfähigkeit der KG wirtschaftlich in gleicher Weise gestärkt, wie wenn sie über ihre bisherige vertragliche Hafteinlage hinaus eine weitere Hafteinlage ohne Erhöhung ihrer Pflichteinlage übernommen hätte.

Einkommensteuerrechtlich sind Bürgschaftsleistungen eines Gesellschafters, unabhängig von ihrer zivilrechtlichen Beurteilung, als **Kapitaleinlagen** zu werten. Im Hinblick auf § 15 Nr. 2 EStG ist davon auszugehen, dass es zwischen einer Personengesellschaft und ihren Gesellschaftern in der Regel steuerrechtlich keine Forderungen und Verbindlichkeiten, sondern nur eine Kapitalbeteiligung und damit Einlagen und Entnahmen gibt. Die Übernahme und Erfüllung einer Bürgschaft für eine Schuld der Gesellschaft wirken sich auch dann nur als Veränderung des steuerrechtlichen Kapitalkontos aus, wenn dem Gesellschafter ein selbständiger noch nicht erfüllter Ersatzanspruch zusteht. Damit ist im Regelfall eine Leistung eines Gesellschafters im Interesse der Gesellschaft, die zivilrechtlich zu einer Forderung des Gesellschafters gegen die Gesellschaft führt, steuerrechtlich als Einlage zu werten (BFH-Urteil vom 14. 6. 1960 I 37/60, BStBl III S. 1961). Übernimmt ein Kommanditist eine Bürgschaft für Schulden der KG, so sind die in Erfüllung der Bürgschaft geleisteten Zahlungen während des Bestehens der KG einkommensteuerrechtlich **nicht** Sonderbetriebsausgaben des Kommanditisten, wenn er die Bürgschaft nur im Hinblick auf die Zugehörigkeit zur KG übernommen hat (BFH vom 4. 7. 1974 IV R 166/70, BStBl 1974 II S. 677).

Während des Bestehens des Gesellschaftsverhältnisses kann die drohende Inanspruchnahme nicht gewinnmindernd berücksichtigt werden (BFH 12. 7. 1990 IV R 37/89; BStBl 1991 II S. 64). Wegen der drohenden Haftungsinanspruchnahme aus der Bürgschaft war in der Sonderbilanz der U zum 31. 12. 2012 somit **keine gewinnmindernde Rückstellung** zu bilden, weil hierdurch –

bezogen auf die Gesamtbilanz der Mitunternehmerschaft – eine unzulässige Rückstellung für eine künftige Einlage passiviert würde. Unerheblich ist deshalb, dass U zum Bilanzstichtag u.U. schon mit einer Inanspruchnahme rechnen musste.

b) Haftungsinanspruchnahme am 1. 3. 2013

Erfüllt der Kommanditist eine Verbindlichkeit der KG, so steht ihm gegen die Gesellschaft ein Ausgleichsanspruch zu (§§ 110 Abs. 1, 161 Abs. 2 HGB). Die Gesellschaft ist ihm gegenüber zum Ersatz verpflichtet. Entsprechendes gilt, wenn der Kommanditist auf Grund einer Bürgschaft für Verbindlichkeiten der KG in Anspruch genommen wird und er den Gläubiger der Forderung gegen die KG als Bürge befriedigt. Die Forderung des Gläubigers gegen die KG als Hauptschuldnerin geht in diesem Fall auf den Bürgen über (§ 774 Abs. 1 BGB). Die Verbindlichkeit der KG als Hauptschuldnerin bleibt weiterhin bestehen. Sie hat nach der Bürgschaftsinanspruchnahme die Verbindlichkeit als Verbindlichkeit gegenüber dem Kommanditisten in ihrer Gesamthandsbilanz auszuweisen. Für den Kommanditisten gehört der Ausgleichsanspruch zwar nicht zu dem in der Gesellschaftsbilanz auszuweisenden Eigenkapital, wohl aber zu seinem in einer Sonderbilanzen auszuweisenden notwendigen Sonderbetriebsvermögen. In der aus Gesellschaftsbilanz und Sonderbilanzen zu bildendenden Gesamtbilanz der Mitunternehmerschaft stellt die auf den Kommanditisten übergegangene Forderung damit Eigenkapital dar (BFH vom 24. 3. 1999 I R 114/97BStBl II 2000 II S. 399).

Nach erfolgter Inanspruchnahme am 9. 3. 2013 kann U auf den entstandenen Ersatzanspruch (§§ 675, 670 BGB bzw. §§ 110, 161 HGB) gegen die Gesellschaft, der wie der Anspruch aus einem Gesellschafterdarlehen in der aus der Gesellschafts- und den Sonderbilanzen der Gesellschafter zu bildenden Gesamtbilanz zu Eigenkapital wird, keine Teilwertabschreibung vornehmen.

Steuerrechtlich wirkt sich ein etwaiges Wertloswerden der Forderung eines Kommanditisten gegen die KG nicht schon während des Bestehens der Gesellschaft, sondern erst mit der Beendigung der Gesellschaft aus. Ein während des Bestehens der Gesellschaft nicht erfüllter Anspruch auf Aufwendungsersatz steht steuerrechtlich grundsätzlich dem Anspruch des Gesellschafters auf das Auseinandersetzungsguthaben bei Liquidation der Gesellschaft gleich. Daraus folgt, dass das Wertloswerden dieses Anspruchs auf Aufwendungsersatz ebenso wenig als Sonderbetriebsausgabe des Gesellschafters wirken kann wie etwa das Wertloswerden des Auseinandersetzungsanspruchs des Gesellschafters vor Auflösung der Gesellschaft. Aus der Gleichbehandlung eines Verlustes im Sonderbetriebsvermögen mit dem Verlust einer Einlage in das Gesellschaftsvermögen folgt, dass maßgeblich für die Verlustrealisierung der Zeitpunkt ist, zu dem die Gesellschaft ihren Gewerbebetrieb im Ganzen aufgibt oder veräußert. Der Verlust im Sonderbetriebsvermögen – wird ebenso wie der Verlust der Einlage in das Gesellschaftsvermögen – grundsätzlich erst im Zeitpunkt der Beendigung der Mitunternehmerstellung, also beim Ausscheiden des Gesellschafters oder bei Beendigung der Gesellschaft realisiert (BFH vom 26. 9. 1996 IV R 105/94, BStBl II 1997). Auch wenn feststeht, dass ein solcher Ersatzanspruch wertlos ist, weil er weder von der KG noch vom persönlich haftenden Gesellschafter beglichen werden kann, folgt aus der Behandlung als Eigenkapital, dass eine Wertberichtigung während des Bestehens der Gesellschaft nicht in Betracht kommt.

Das Wertloswerden der Ersatzforderung wirkt sich erst im Zeitpunkt der Beendigung der Mitunternehmerstellung gewinnmindernd aus, also beim Ausscheiden des Gesellschafters oder bei Beendigung der Gesellschaft der Fall (H 15.8 EStH Mitunternehmerschaft – Ausgleichsanspruch eines Kommanditisten). In eine bei Beendigung der Gesellschaft vorzunehmende Auseinandersetzung (§§ 730 ff. BGB, 145 ff. HGB) gehen auch Forderungen der **Gesellschafter** gegen die Gesellschaft ein. Erst die Realisierbarkeit oder Nichtrealisierbarkeit von Ausgleichsansprüchen gegen die Mitgesellschafter entscheidet darüber, ob dem Gesellschafter aus seiner Forderung endgültig ein Verlust entstanden ist. In steuerrechtlicher Sicht ist dem Gesellschafter eine frühere Geltendmachung seiner Aufwendungen verwehrt.

Nach erfolgter Inanspruchnahme am 9.3.2013 kommt für U auf den entstandenen Ersatzanspruch (§§ 675, 670 BGB bzw. der §§ 110, 161 HGB) gegen die Gesellschaft, der wie der Anspruch aus einem Gesellschafterdarlehen in der aus der Gesellschafts- und den Sonderbilanzen der Gesellschafter zu bildenden Gesamtbilanz zu Eigenkapital wird, wegen der bereits am 9.3.2013 u.U. absehbaren Wertlosigkeit des Ersatzanspruchs bis zur Veräußerung ihres Gesellschaftsanteils und ihrem damit verbundenen Ausscheiden aus der KG eine Teilwertabschreibung nicht in Betracht. Es ergeben sich auch nach erfolgter Haftungsinanspruchnahme keine Sonderbetriebsausgaben.

4. Veräußerung Kommanditanteil zum 31.10.2013

U hat am 31.10.2012 ihren ganzen Kommanditanteil an der S-KG an G zum fremdüblichen Kaufpreis veräußert. Es handelt sich um die Veräußerung des gesamten Anteils der U an der S-KG (§ 16 Abs. 1 Nr. 2 EStG). Zum Veräußerungsgewinn i. S. d. § 16 Abs. 1 Nr. 2 EStG gehört der Gewinn aus der Veräußerung des Kommanditanteils (Gesamthandsbereich) an den Erwerber G und auch der sich durch die Beendigung der Mitunternehmerschaft im Sonderbereich ergebende Gewinn bzw. Verlust. Veräußerungsgewinn oder -verlust ist der Veräußerungspreis zuzüglich des gemeinen Werts der in das Privatvermögen überführten Wirtschaftsgüter abzüglich der Veräußerungskosten und dem Buchwert der Beteiligung einschließlich Sonderbetriebsvermögen (H 16 (4) EStH: Ermittlung des Veräußerungsgewinns).

Unschädlich für die Annahme einer Veräußerung des Mitunternehmeranteils nach § 16 Abs. 1 Nr. 2 EStG ist, dass U ihren zum Sonderbetriebsvermögen gehörenden Pkw nicht an G mit veräußert, sondern in ihr Privatvermögen überführt hat. Der Pkw gehört weder funktional noch auf Grund vorhandener stiller Reserven zu den wesentlichen Betriebsgrundlagen ihres Mitunternehmeranteils (16 (8) EStH: Begriff der wesentlichen Betriebsgrundlage).

U hat am 31.10.2013 mit der Veräußerung ihres Kommanditanteils ihre gewerbliche Betätigung im Rahmen der Mitunternehmerschaft beendet. Der Veräußerungs- oder Aufgabegewinn schließt grundsätzlich das Ergebnis der gewerblichen Betätigung des Gesellschafters ab.

a) Gesamthandsbereich

Veräußerungsgewinn i. S. des § 16 Abs. 1 EStG ist der Betrag, um den der Veräußerungspreis nach Abzug der Veräußerungskosten den Wert des Betriebsvermögens den Wert des Anteils am Betriebsvermögen (§ 16 Abs. 1 Satz 1 Nr. 2 EStG) übersteigt. Der Wert des Anteils ist für den Zeitpunkt der Veräußerung nach § 4 Abs. 1, § 5 zu ermitteln (§ 16 Abs. 2 EStG). Durch den Fortfall des durch einkommensteuerrechtliche Verlustzurechnungen entstandenen negativen Kapitalkontos der U ergibt sich in Höhe des negativen Kapitalkontos ein steuerpflichtiger Gewinn der Kommanditistin (BFH vom 10.11.1980 GrS 1/79, BStBl II 1981, 164).

Der Veräußerungsgewinn ist mit dem Verlust 2013 im Gesamthandsbereich i. H. v. 40 000 € zu verrechnen. Der hiernach verbleibende Veräußerungsgewinn ist mit dem zum 31. 12. 2011 festgestellten verrechenbaren Verlust von 30 000 € zu verrechnen (§ 15a Abs. 2 Satz 2 EStG).

Hiernach ist der Gewinn wie folgt zu ermitteln:

Veräußerungspreis		0 €
Kapitalkonto 31. 12. 2012	./. 30 000 €	
Verlustanteil 2013	./. 40 000 €	
Kapitalkonto 31. 12. 2013		./. (-) 70 000 €
Veräußerungsgewinn (Nachversteuerungsgewinn)		**70 000 €**
Verlust 2013		./. (-) 40 000 €
Festgestellter verrechenbarer Verlust 31. 12. 2012		./. (-) 30 000 €
Veräußerungsgewinn Gesamthandsbereich		**0 €**

b) Sonderbereich

aa) Ausgleichsansprüchen aus Bürgschaftsübernahme

Bei der Ermittlung des Aufgabegewinns oder -verlustes sind sämtliche Aufwendungen des Gesellschafters gewinnmindernd zu berücksichtigen, die mit dem Aufgabevorgang verbunden sind (BFH vom 12. 7. 1990 IV R 37/89; BStBl 1991 II S. 64; BFH vom 19. 1. 1993 VIII R 128/84, BStBl 1993 II S. 594). Aus der Gleichbehandlung eines Verlustes im Sonderbetriebsvermögen mit dem Verlust einer Einlage in das Gesellschaftsvermögen folgt, dass maßgeblich für die Verlustrealisierung der Zeitpunkt ist, zu dem der Gesellschafter aus der Gesellschaft ausscheidet oder die Gesellschaft beendet wird (H 15.8 EStH Mitunternehmerschaft – Ausgleichsanspruch eines Kommanditisten).

Die Forderung der U gegen die S-KG aus der Begleichung ihrer Darlehensschuld aufgrund der Bürgschaft wirkt sich wie eine zusätzlich geleistete Einlage aus und geht in die bei Beendigung der Gesellschaft vorzunehmende Auseinandersetzung ein (§§ 730 ff. BGB, 145 ff. HGB). Erst die Realisierbarkeit oder Nichtrealisierbarkeit von Ausgleichsansprüchen gegen die Mitgesellschafter entscheidet darüber, ob dem Gesellschafter aus seiner Forderung endgültig ein Verlust entstanden ist. Die Forderung der U gegenüber der S-KG bleibt auch nach ihrem Ausscheiden solange bestehen, bis endgültig ihre Nichtrealisierbarkeit feststeht. Ein Verlust wird erst dann realisiert, wenn der Anspruch gegen die S-KG endgültig wertlos wird. In steuerrechtlicher Sicht ist dem Gesellschafter eine frühere Geltendmachung verwehrt. Bei der Ermittlung des Veräußerungsgewinns ist die Forderung wie ein Veräußerungserlös mit dem gemeinen Wert zu bewerten (BFH vom 12. 12. 1996 IV R 77/93, BStBl 1998 II S. 180).

Der Sachverhalt enthält keine konkreten Angaben über die Werthaltigkeit der Ausgleichsforderung zum Zeitpunkt des Ausscheidens der U aus der S-KG am 31. 10. 2013, auch wenn zu diesem Zeitpunkt mit der Möglichkeit eines Insolvenzantrags zu rechnen war.

Spätestens zu dem Zeitpunkt, zu dem der gestellte Insolvenzantrag über das Vermögen der S-KG und der R-GmbH am 20. 12. 2013 mangels Masse abgewiesen wurde, zeigt sich die fehlende Realisierbarkeit und die Wertlosigkeit der Ausgleichsforderung der U gegen die S-KG bzw. die

Mitgesellschafterin, da sowohl die S-KG als auch die Mitgesellschafterin R-GmbH zu diesem Zeitpunkt im Hinblick auf die Ersatzforderung zahlungsunfähig sind. Es kann dahingestellt bleiben, ob die Ausgleichsforderung der U bereits im Zeitpunkt ihres Ausscheidens aus der S-KG am 31.10.2013 wertlos war. Der Ausfall der Ersatzforderung spätestens zum 20.12.2013 stellt ein Ereignis mit steuerlicher Rückwirkung auf den Zeitpunkt der Veräußerung dar (BFH vom 19.7.1993 GrS 2/92, BStBl II S. 897). Der Veräußerungsgewinn wird mit steuerlicher Wirkung für die Vergangenheit im Zeitpunkt der Beendigung der Gesellschafterstellung gemindert (BFH vom 14.12.1994 X R 128/92, BStBl 1995 II S. 465).

Die Ausgleichsforderung gegenüber der S-KG ist bei der Ermittlung des Veräußerungsgewinns der U mit 0 € zu bewerten, da mit einer Realisierbarkeit des Anspruchs im Hinblick auf die Vermögenslosigkeit der S-KG und der R-GmbH nicht mehr zu rechnen ist.

bb) Überführung Pkw in das Privatvermögen

Mit der Veräußerung ihres Kommanditanteils am 31.10.2013 scheidet auch der Pkw aus dem Sonderbetriebsvermögen der U aus und wird zum gemeinen Wert im Zeitpunkt der Veräußerung des Kommanditanteils in das Privatvermögen überführt (§ 16 Abs. 3 Satz 7 EStG).

Teilwert/gemeinen Wert 31.10.2013	11 000 €
Buchwert 31.10.2013	12 250 €
Verlust Pkw	./. 1 250 €

cc) Darlehen Z-Bank – nachträgliche Betriebsausgaben

Mit der Überführung des Pkw in das Privatvermögen im Rahmen der Veräußerung des Mitunternehmeranteils an der S-KG wird auch die im Zusammenhang mit dem Erwerb des Pkw stehende Darlehensschuld gegenüber der Z-Bank teilweise in das Privatvermögen überführt. Am 31.10.2013 besteht die betriebliche Darlehensschuld noch unverändert mit 21 000 €.

Nach ständiger Rechtsprechung sind im Falle der Veräußerung eines Mitunternehmeranteils (§ 16 Abs. 1 Nr. 2 EStG) Schuldzinsen für betrieblich begründete Verbindlichkeiten insoweit nachträgliche Betriebsausgaben (§ 4 Abs. 4, § 24 Nr. 2 EStG), als die zugrundeliegenden Verbindlichkeiten nicht durch den Veräußerungserlös oder durch eine mögliche Verwertung von Aktivvermögen beglichen werden können; nicht tilgbare Betriebsschulden bleiben solange noch betrieblich veranlasst, bis ein etwaiges Verwertungshindernis entfallen ist (BFH vom 21.11.1989 IX R 10/84, BStBl 1990 II S. 213).

U hätte durch Verwertung ihres Pkw das Darlehen mit 11 000 € tilgen können. Der Verwertung des Pkw zur Tilgung der Darlehensschuld standen insoweit keine Verwertungshindernisse entgegen. Das Darlehen war jederzeit kündbar. Die Darlehenstilgung wurde nur im Hinblick auf die weitere private Verwendung des Pkw unterlassen. Soweit das betrieblich veranlasste Darlehen von 21 000 € den gemeinen Wert des Pkw von 11 000 € übersteigt, ist das Darlehen weiterhin als negatives Sonderbetriebsvermögen zu behandeln. Die auf diesen Teil des Darlehens ab dem 1.11.2013 entfallenden Schuldzinsen sind nachträgliche Sonderbetriebsausgaben (§ 4 Abs. 4, § 24 Nr. 2 EStG). Unerheblich ist, dass die nachträglichen Einkünfte nicht mehr durch Betriebsvermögensvergleich, sondern in sinngemäßer Anwendung des § 4 Abs. 3 EStG unter Berücksichtigung des Zu- und Abflussprinzips gem. § 11 EStG zu ermitteln sind (BFH vom 23.2.2012 IV R

31/09 (NV), BFH/NV 2012 S. 1448), da U die Darlehenszinsen für die Zeit vom 1. 11. bis 31. 12. 2013 pünktlich zum Monatsersten gezahlt hat.

Zinsen – 1. 11. – 31. 12. 2013 – 2 x 270 €	540 €	
Nachträgliche Betriebsausgaben – 10/54 von	540 €	./. **100 €**

c) Veräußerungsverlust insgesamt

Sonderbereich:

▶ Ausfall Forderung aus Bürgschaftsinanspruchnahme		./. 50 000 €
▶ Pkw		
- Gemeiner Wert – 31. 10. 2013	11 000 €	
- Buchwert – 31. 10. 2013	./. 12 250 €	
- Verlust Pkw		./. 1 250 €
Verlust Sonderbereich		./. 51 250 €
Veräußerungsgewinn/-verlust Gesamthandsbereich		0 €
Verlust 2013 insgesamt		**./. 51 250 €**

Der Verlust im Sonderbereich unterliegt nicht der Haftungsbeschränkung des Kommanditisten nach § 171 Absatz 1 HGB und ist unbeschränkt ausgleichs- und abzugsfähig (R 15a Abs. 2 EStR).

Nachträgliche Betriebsausgaben – § 4 Abs. 4, § 24 Nr. 2 EStG ./. **100 €**

Sachverhalt 5

1. Steuergegenstand

Der Gewerbesteuer unterliegt jeder stehende Gewerbebetrieb, soweit er im Inland betrieben wird (§ 2 Abs. 1 GewStG). Gewerbebetrieb ist ein gewerbliches Unternehmen i. S. d. EStG (§ 2 Abs. 1 Satz 1 GewStG). Das Einzelunternehmen ist ein Gewerbebetrieb i. S. d. § 15 Abs. 1 Nr. 1, Abs. 2 EStG. Das Unternehmen wird in Leipzig und damit im Inland betrieben wird. Steuerschuldner der Gewerbesteuer ist P, da das Unternehmen auf seine Rechnung betrieben wird (§ 5 Abs. 1 GewStG).

2. Besteuerungsgrundlagen

Besteuerungsgrundlage für die Gewerbesteuer ist der **Gewerbeertrag** (§ 6 GewStG). Gewerbeertrag ist der für das Unternehmen nach den Vorschriften des EStG ermittelte Gewinn, vermehrt um die Hinzurechnungen nach § 8 GewStG und vermindert um die Kürzungen nach § 9 GewStG (§ 7 Satz 1 GewStG). Ausgangsbasis für die Ermittlung des Gewerbeertrags ist der von P für das Wirtschaftsjahr 2013 zutreffend durch Bestandsvergleich nach § 4 Abs. 1, § 5 Abs. 1 EStG ermittelte Gewinn seines Unternehmens i. H. v. 240 000 €.

3. Gewinnausschüttung

Die Bruttogewinnausschüttung der P-GmbH gehört nach § 20 Abs. 1 Nr. 1 EStG zu den Einkünften aus Kapitalvermögen, die nach § 20 Abs. 8 EStG dem Gewinn aus Gewerbebetrieb (§ 15 EStG) zuzurechnen ist, da die Beteiligung zum Betriebsvermögen des Abschleppdienstes gehört. P hat zutreffend die Dividende i. H. v. 10 000 € als Betriebseinnahme erfasst. Die Dividende unterliegt nach § 43 Abs. 1 Nr. 1 EStG dem **Steuerabzug** vom Kapitalertrag in Höhe von 25 % der vollen Kapitalerträge ohne jeden Abzug (§ 43a Abs. 1 Nr. 1 EStG). Die einbehaltene Kapitalertragsteuer und der Solidarzuschlag sind nach § 12 Nr. 3 EStG als Personensteuer bei der Ermittlung des Einkommens nicht abzugsfähig. Die **Abgeltungswirkung** des Steuerabzugs nach § 43 Abs. 5 Satz 1 EStG tritt nicht ein, da die Kapitalerträge wegen der Zugehörigkeit der Beteiligung zum Betriebsvermögen zu den Einkünften aus Gewerbebetrieb gehören (§ 43 Abs. 5 Satz 2 EStG). Aus dem gleichen Grund findet der gesonderte Steuertarif für Einkünfte aus Kapitalvermögen nach § 32d EStG keine Anwendung (§ 32d Abs. 1 EStG).

Nach § 7 Satz 4 GewStG sind die Vorschriften des § 3 Nr. 40 EStG und § 3c Abs. 2 EStG bei der Ermittlung des Gewerbeertrags anzuwenden sind. Nach § 3 Nr. 40 Satz 1 Buchstabe d EStG bleiben 40 % der Bezüge i. S. d. § 20 Abs. 1 Nr. 1 Satz 1 EStG steuerfrei, da die Bezüge nach § 20 Abs. 8 EStG zu den Einkünften aus Gewerbebetrieb gehören (§ 3 Nr. 40 Satz 2 EStG).

Dividende	10 000 €
40 % steuerfrei § 3 Nr. 40 Satz 1 Buchstabe d EStG	./. 4 000 €
60 % steuerpflichtige Einnahme	6 000 €
Gewinnminderung	./. **4 000 €**

Die Zinsen i. H. v. 8 000 €, die P in 2013 für das zur Finanzierung der Anschaffungskosten der Beteiligung an der P-GmbH aufgenommene Darlehen gezahlt hat, wurden zutreffend als Betriebsausgabe in der Gewinn-Verlustrechnung berücksichtigt, da die Aufwendungen im Zusammenhang mit einem betrieblichen Wirtschaftsgut stehen. Bei der Ermittlung der Einkünfte dürfen die Zinsen nur zu 60 % abgezogen werden, da sie mit Einnahmen i. S. d. § 3 Nr. 40 EStG in wirtschaftlichem Zusammenhang stehen (§ 3c Abs. 2 EStG).

Zinsen	8 000 €
40 % nicht abzugsfähig – § 3c Abs. 2 EStG	./. 3 200 €
60 % abzugsfähige Betriebsausgaben	4 800 €
Gewinnerhöhung	+ **3 200 €**
Der einkommensteuerliche Gewinn 2013 ermittelt sich wie folgt:	
Gewinn 2013 lt. Steuerbilanz 31. 12. 2013	240 000 €
Gewinnminderung – steuerfreie Dividende	./. 4 000 €
Gewinnerhöhung – nicht abzugsfähige Betriebsausgaben	+ 3 200 €
Gewinn aus Gewerbebetrieb	**239 200 €**

4. Ermittlung des Gewerbesteuermessbetrags

a) Hinzurechnungen nach § 8 GewStG kommen nicht in Betracht.

b) Kürzung (§ 9 Nr. 2a GewStG)

Nach § 9 Nr. 2a GewStG ist der Gewinn um die Gewinnausschüttungen aus Anteilen an einer nicht steuerbefreiten inländischen Kapitalgesellschaft zu kürzen. Im Gewinn des Einzelunternehmens ist der Gewinn aus den Anteilen an der nicht steuerbefreiten P-GmbH (Gewinnausschüttung) i. H. v. 6 000 € enthalten. P hält seit dem Jahr 2010 eine Beteiligung von 55 % und ist damit zu mindestens 15 % an der P-GmbH beteiligt. Die Beteiligung hat auch zu Beginn des Erhebungszeitraums 2013 zum Betriebsvermögen des Einzelunternehmens gehört.

Die im unmittelbaren Zusammenhang mit Gewinnanteilen stehenden Darlehenszinsen mindern den Kürzungsbetrag nach § 9 Nr. 2a Satz 3 GewStG. § 8 Nr. 1 GewStG findet keine insoweit Anwendung (§ 9 Nr. 2a Satz 3 II. HS GewStG)

Ermittlung des Gewerbesteuer-Messbetrags:

Gewinn aus Gewerbebetrieb		239 200 €
Kürzung – § 9 Nr. 2a GewStG		
60 % steuerpflichtige Dividende	6 000 €	
60 % abzugsfähige Zinsen	./. 4 800 €	
Kürung		./. 1 200 €
Gewerbeertrag		**238 000 €**
Freibetrag – § 11 Abs. 1 Satz 3 Nr. 1 GewStG		./. 24 500 €
Maßgebender Gewerbeertrag		**213 500 €**
Gewerbesteuermessbetrag – § 11 Abs. 2 GewStG – 3,5 % von	213 500 €	**7 472 €**

Teil II – Körperschaftsteuer

I. Feststellungen nach §§ 27, 28 KStG für die J-GmbH auf den 31. 12. 2013

Es ist davon auszugehen, dass die Herabsetzung des Stammkapitals der J-GmbH von 2 Mio. € auf 1 Mio. € unter Nennkapitalrückzahlung von 1 Mio. auf Grund des Beschlusses der Gesellschafterversammlung J-GmbH vom 20. 3. 2012 unter Beachtung der Bestimmungen des **§ 58 GmbHG** erfolgt ist. Die Anmeldung des Herabsetzungsbeschlusses zur Eintragung in das HR ist offensichtlich im Rahmen der in § 58 Abs. 1 Nr. 3 GmbHG gesetzten Frist erfolgt, da der Kapitalherabsetzungsbeschluss erst am 10. 9. 2013 im Handelsregister eingetragen wurde. Nach der Rückzahlung der Einlagen von 1 Mio. auf Grund des Kapitalherbsetzungsbeschlusses unterschreitet der verbleibende Nennbetrag der Geschäftsanteile mit 1 Mio. nicht den in § 5 Abs. 1 GmbHG bezeichneten Betrag von 25 000 €. Die Auswirkungen der Kapitalherabsetzung auf die gesonderten Feststellungen des steuerlichen Einlagekontos (§ 27 Abs. 1 KStG) und des Sonderausweis (§ 28 KStG) sind erst zum 31. 12. 2013 zu treffen, da die Nennkapitalherabsetzung erst **mit der Eintragung** in das Handelsregister am 10. 9. 2013 handelsrechtlich **wirksam wird** und die Nennkapitalrückzahlung erst im Jahr 2013 erfolgt ist.

Das **steuerliche Einlagekonto** (§ 27 Abs. 1 KStG) der J-GmbH wurde zum 31.12.2013 mit 0 € gesondert festgestellt. Hieraus ergibt sich, dass die Anteilseigner der J-GmbH bis zu diesem Zeitpunkt keine weiteren Einlagen geleistet haben.

1. **Auswirkungen der Kapitalherabsetzung bei der J-GmbH**

Die Rückzahlung von Nennkapital an die Anteilseigner führt grundsätzlich **nicht** zu steuerpflichtigen Beteiligungserträgen, **sofern** es sich **nicht** um die Auskehrung von in Nennkapital **umgewandelte Gewinnrücklagen** handelt. Hat die Kapitalgesellschaft Gewinnrücklagen in Nennkapital umgewandelt, sind diese Beträge nach § 28 Abs. 1 Satz 3 KStG getrennt auszuweisen und gesondert festzustellen (Sonderausweis).

Der für die J-GmbH zum 31.12.2012 mit 400 000 € gesondert festgestellte **Sonderausweis** ist somit die Summe der Beträge, die dem Nennkapital der J-GmbH durch **Umwandlung von Rücklagen** zugeführt worden ist, soweit es sich nicht um Einlagen der Anteilseigner handelt.

Die Herabsetzung des Nennkapitals **verringert** zunächst den zum 31.12.2012 festgestellten Bestand des **Sonderausweises** von 400 000 € auf 0 €.

Der den Sonderausweis übersteigende Betrag von 600 000 € (Kapitalherabsetzung 1 000 000 € ./. Sonderausweis 400 000 €) ist dem **steuerlichen Einlagekontos** zum Schluss des Wirtschaftsjahrs 31.12.2013, in dem die Kapitalherabsetzung wirksam wird (Eintragung im Handelsregister) **gutzuschreiben** und erhöht sich dadurch von 0 € auf **600 000 €**. Dies gilt auch dann, wenn der Kapitalherabsetzungsbetrag anschließend an die Anteilseigner ausgekehrt wird.

	Vorspalte	Einlagekonto	Sonderausweis
Anfangsbestand		0 €	400 000 €
Betrag der Kapitalherabsetzung	1 000 000 €		
- Verringerung Sonderausweises	./. 400 000 €		./. 400 000 €
Zugang Einlagekonto	./. 600 000 €	+ 600 000 €	
Zwischensumme	0 €		
Bestand vor Kapitalrückzahlung		**600 000 €**	**0 €**

Nach § 28 Abs. 2 Satz 2 KStG **verringert** der im Beschluss über die Kapitalherabsetzung vorgesehene Auskehrungsbetrag im Wirtschaftsjahr der Rückzahlung 2013 das **steuerliche Einlagekonto**, soweit hierfür nicht der gesondert festgestellte Sonderausweis als verwendet gilt. Das steuerliche Einlagekonto der J-GmbH verringert sich somit im Wirtschaftsjahr 2013 von 600 000 € auf 0 €. Die Rückzahlung des Nennkapitals gilt, soweit der Sonderausweis zu mindern ist, als Gewinnausschüttung, die bei den Anteilseignern zu Bezügen i. S. d. § 20 Abs. 1 Nr. 2 EStG führen (§ 28 Abs. 2 Satz 2 KStG).

Zum 31.12.2013 entwickeln sich das steuerliche Einlagekonto (§ 27 KStG) und der Sonderausweis (§ 28 KStG) wie folgt:

	Vorspalte	Einlagekonto	Sonderausweis
Bestand vor Kapitalrückzahlung		600 000 €	0 €
Rückzahlung von Nennkapital	1 000 000 €		
- Verringerung Sonderausweises	./. 400 000 €		
Zwischensumme	600 000 €		
Abgang Einlagekonto	./. 600 000 €	./. 600 000 €	
Schlussbestände 31.12.2013		**0 €**	**0 €**

Zum 31.12.2013 sind das steuerliche Einlagekonto (§ 27 KStG) und der Sonderausweis (§ 28 KStG) mit jeweils **0 €** gesondert festzustellen.

II. Ermittlung der steuerpflichtigen Einkünfte der ID im VZ 2013

1. Körperschaftsteuerpflicht der ID

Die steuerliche Einordnung der Invest-Deutschland Ltda (ID) richtet sich nach **inländischem Recht**. Da die ID nach dem Sachverhalt eine mit einer GmbH deutschen Rechts vergleichbare Kapitalgesellschaft ist, unterliegt sie nach den Vorschriften des KStG der Körperschaftsteuer.

Die auf die Tätigung von Investitionen in Deutschland ausgerichtete Geschäftstätigkeit der ID ist als **gewerbliche Tätigkeit** i. S. d. § 15 EStG zu beurteilen. Sie betätigt sich nachhaltig mit Gewinnerzielungsabsicht am allgemeinen wirtschaftlichen Verkehr. Durch ihr Engagement im Inland begründet sie weder eine inländische Betriebsstätte (§ 12 AO) noch hat sie im Inland einen ständigen Vertreter (§ 13 AO) für ihr Unternehmen bestellt. Sie ist daher nach § 2 Abs. 1 Nr. 1 KStG **beschränkt körperschaftsteuerpflichtig** mit ihren inländischen Einkünften. Was inländische Einkünfte sind, beurteilt sich nach § 8 Abs. 1 KStG i. V. m. § 49 EStG. Der nach **§ 8 Abs. 2 KStG** geltende Grundsatz, dass sämtliche Einkünfte einer Kapitalgesellschaft als Einkünfte aus Gewerbebetrieb zu behandeln sind, scheidet im Hinblick auf die beschränkte Steuerpflicht der ID aus. Sie unterliegt daher nur mit ihren **inländischen Einkünften i. S. d. § 8 Abs. 1 Satz 1 KStG i. V. m. § 49 EStG** der beschränkten Körperschaftsteuerpflicht.

2. Einkunftsermittlung

Die ID unterhält im Inland weder eine Betriebsstätte (§ 12 AO) noch hat sie einen ständigen Vertreter (§ 13 AO) im Inland bestellt. Als beschränkt körperschaftsteuerpflichtiges Unternehmen kann sie gleichwohl beschränkt steuerpflichtige **inländische Einkünfte aus Gewerbebetrieb** i. S. d. § 49 Abs. 1 EStG erzielen (§ 49 Abs. 1 Nr. 2 Buchstabe b bis g EStG). Unter den in § 49 Abs. 1 Nr. 2 Buchstabe b bis g EStG genannten Voraussetzungen werden die von einem ausländischen Unternehmen auch ohne inländische Betriebsstätte erzielten Einkünfte als **Einkünfte aus Gewerbebetrieb qualifiziert**.

Die Ermittlung der gewerblichen Einkünfte in den Fällen, in denen im Inland keine Betriebsstätte unterhalten wird und auch kein ständiger Vertreter bestellt ist (§ 49 Abs. 1 Nr. 2 Buchstabe b bis g EStG), ist in §§ 49, 50 EStG nicht gesetzlich geregelt.

Eine inländische GmbH ist nach Handels- und Steuerrecht verpflichtet, Bücher nach den Vorschriften des HGB zu führen und regelmäßig Abschlüsse zu machen (§ 5 Abs. 1 Satz 1 EStG). Die Buchführungspflicht nach Handels- und Steuerrecht umfasst stets das gesamte Unternehmen einschließlich der ausländischen Betriebsstätten (BMF 24. 12. 1999 IV B 4 - S 1300 - 111/99, BStBl 1999 I S. 1076). Es gelten die allgemeinen Buchführungs- und Aufzeichnungspflichten nach HGB und AO. Die Buchführungspflicht ist grundsätzlich ohne Rücksicht auf eine Steuerfreistellung der ausländischen Betriebsstätteneinkünfte und etwaige Buchführungs- und Aufzeichnungspflichten im Betriebsstättenstaat im Inland zu erfüllen.

Besteht für Betriebstätten nach dem Recht des Betriebsstättenstaates eine Verpflichtung, Bücher und Aufzeichnungen zu führen, und wird diese Verpflichtung erfüllt, müssen die Ergebnisse der dortigen Buchführung in die Buchführung des inländischen Unternehmens übernommen werden, soweit sie für die Besteuerung von Bedeutung sind (§ 146 Abs. 2 - 4 AO).

Die Firma der ID ist eine mit einer GmbH deutschen Rechts vergleichbare Kapitalgesellschaft. Es ist davon auszugehen, dass für sie auch in Brasilien eine entsprechend dem für deutsche GmbH's geltenden Recht vergleichbare Verpflichtung besteht, Bücher zu führen und regelmäßig Abschlüsse zu machen (§ 5 Abs. 1 Satz 1 EStG).

Ob die ID Einkünfte i. S. d. § 49 Abs. 1 Nr. 2 Buchstabe b bis g EStG als Gewerbetreibender i. S. d. § 5 Abs. 1 EStG bezieht, ist nach dem Gesamtbild der Verhältnisse zu beurteilen. Im Ausland gegebene Besteuerungsmerkmale bleiben **nur** dann außer Betracht, soweit bei ihrer Berücksichtigung inländische Einkünfte im Sinne des § 49 Abs. 1 EStG nicht angenommen werden könnten. Nach dem Gesamtbild der Verhältnisse ist **die ID als Gewerbetreibende** i. S. d. § 5 Abs. 1 EStG zu beurteilen und kann damit auch ihre inländischen Einkünfte aus Gewerbebetrieb i. S. d. § 49 Abs. 1 Nr. 2 Buchstabe b bis g EStG durch Betriebsvermögensvergleich ermitteln.

Die Körperschaftsteuer der ID bemisst sich nach ihrem zu versteuernden Einkommen für das Kalenderjahr 2013 (§ 7 Abs. 1 KStG), das nach den Vorschriften des EStG und des KStG zu ermitteln ist (§ 8 Abs. 1 Satz 1 KStG). Der **Freibetrag nach § 24 KStG** ist **nicht** zu berücksichtigen, da die Leistungen der ID bei den Empfängern zu den Einnahmen i. S. d. § 20 Abs. 1 Nr. 1 oder 2 EStG gehören.

3. **Beteiligung an der J-GmbH**

a) **Einkünfte aus Kapitalvermögen i. S. d. § 20 Abs. 1 Nr. 2 EStG**

Bezüge auf Grund einer Kapitalherabsetzung einer unbeschränkt steuerpflichtigen Kapitalgesellschaft gelten nach § 28 Abs. 2 Satz 2 KStG als **Gewinnausschüttung** (§ 8 Abs. 1 Satz 1 KStG i. V. m. § 20 Abs. 1 Nr. 2 EStG), soweit der **Sonderausweis** nach § 28 KStG zu **mindern** ist. Die Auskehrung des Herabsetzungsbetrags i. H. v. 120 000 € (30 % von 400 000 €) führt bei der Anteilseignerin ID zu Einkünften aus Kapitalvermögen i. S. d. § 20 Abs. 1 Nr. 2 EStG, da insoweit die Rückzahlung des Nennkapitals den Sonderausweis J-GmbH gemindert hat. Für die ID liegen **inländische Einkünfte nach** § 8 Abs. 1 Satz 1 KStG i. V. m. **§ 49 Abs. 1 Nr. 5 Buchstabe a EStG** vor, da die J-GmbH als Schuldnerin der Kapitalerträge ihre Geschäftsleitung und ihren Sitz im Inland hat. Unerheblich ist, dass die Aneile an der J-GmbH bei der ID zu ihrem ausländischen Betriebsvermögen gehören (§ 8 Abs. 1 Satz 1 KStG i. V. m. § 49 Abs. 2 EStG).

Steuerabzug vom Kapitalertrag

Die **Gewinnausschüttung** unterliegt als Kapitalertrag i. S. d. § 8 Abs. 1 Satz 1 KStG i. V. m. § 20 Abs. 1 Nr. 2 EStG dem **Steuerabzug vom Kapitalertrag** (§ 43 Abs. 1 Satz 1 Nr. 1 Satz 1 EStG). Die Kapitalertragsteuer beträgt nach § 43a Abs. 1 Satz 1 Nr. 1 Satz 1 EStG 25 % der Kapitalerträge. Die J-GmbH hat nach dem Sachverhalt zutreffend als Schuldnerin der Kapitalerträge mit Sitz im Inland den Steuerabzug (Kapitalertragsteuer 25 % von 400 000 € = 100 000 €) und Solidaritätszuschlag (5,5 % von 100 000 € = 5 500 €) vorgenommen; hiervon entfallen auf die ID 30 000 € Kapitalertragsteuer und 1 650 € Solidarzuschlag. Der Steuerabzug ist **auch** dann vorzunehmen, wenn die Kapitalerträge beim Gläubiger zu den Einkünften aus Gewerbebetrieb gehören (§ 43 Abs. 4 EStG). Der Kapitalertragsteuerabzug wird durch § 8b Abs. 1 KStG nicht ausgeschlossen (§ 8 Abs. 1 Satz 1 KStG i. V. m. § 43 Abs. 1 Satz 3 EStG).

Die auf Erträge i. S. d. § 8b Abs. 1 KStG einbehaltene Kapitalertragsteuer kann grundsätzlich im Rahmen der Körperschaftsteuerveranlagung auf die Körperschaftsteuer angerechnet werden (§ 8 Abs. 1 KStG i. V. m. § 36 Abs. 2 Satz 2 Nr. 2 EStG).

Anspruch auf Kapitalertragsteuererstattung

Nach § 44a Abs. 9 EStG hat die ID einen **Anspruch auf Erstattung** von 2/5 der einbehaltenen und abgeführten Kapitalertragsteuer, da sie als Gläubigerin der Kapitalerträge im Sinne des § 43 Abs. 1 EStG eine **beschränkt steuerpflichtige Körperschaft** i. S. d. § 2 Nummer 1 KStG ist. Die Minderung der Kapitalertragsteuer führt gleichzeitig zu einer **Minderung des Solidarzuschlags**, da sich die für diesen maßgebende Bemessungsgrundlage vermindert (§ 3 Abs. 1 Nr. 5 SolzG).

Minderung – 2/5 von 30 000 € Kapitalertragsteuer	12 000,00 €
Minderung – 2/5 von 1 650 € € Solidarzuschlag	660,00 €

Abgeltende Wirkung des Steuerabzugs

Bei beschränkt Steuerpflichtigen ohne inländisches Betriebsvermögen ist die **Körperschaftsteuer** für Einkünfte, die dem Steuerabzug unterliegen durch den **Steuerabzug abgegolten** (§ 32 Abs. 1 Nr. 2 KStG). Die Freistellung nach § 8b Abs. 1 und 2 KStG bleibt für die ID ohne steuerliche Auswirkung, da die ID als Bezieherin der Einkünfte beschränkt steuerpflichtig ist und die Einkünfte nicht in einem inländischen gewerblichen Betrieb angefallen sind

b) Veräußerungsgewinn i. S. d. § 17 Abs. 1 EStG

Die ID ist mit ihrer Beteiligung von 30 % an der J-GmbH **wesentlich Beteiligte** i. S. d. § 8 Abs. 1 KStG i. V. m. § 17 Abs. 1 Satz 1 EStG. Die Herabsetzung des Nennkapitals mit Kapitalrückzahlung gilt Veräußerung i. S. d. § 17 Abs. 1 EStG und führt bei der ID zu gewerblichen Einkünften (§ 8 Abs. 1 Satz 1 KStG i. V. m. § 17 Abs. 4 Satz 1 EStG), soweit die Bezüge nicht auf Grund der Minderung des Sonderausweis (§ 28 KStG) zu den Einnahmen aus Kapitalvermögen i. S. d. § 20 Abs. 1 Nr. 2 EStG gehören (§ 17 Abs. 4 EStG). Der Gewinn nach § 17 Abs. 4 EStG wird im Jahr **2013** mit der Eintragung des Kapitalherabsetzungsbeschlusses in das Handelsregister **realisiert**, da er mit der Eintragung in das Handelsregister zivilrechtliche Wirksamkeit erlangt.

Der **Veräußerungsgewinn** gehört unter den Voraussetzungen des § 17 EStG zu den **inländischen Einkünften** aus Gewerbebetrieb, da es sich um Anteile an einer unbeschränkt körperschaftsteuerpflichtig Kapitalgesellschaft mit Sitz im Inland handelt (§ 8 Abs. 1 KStG i.V. m. § 49 Abs. 1 Nr. 2 Buchstabe e Doppelbuchstabe aa EStG). Unerheblich ist, dass die Anteile von der ID in ihrem ausländischen Betriebsvermögen gehalten werden (§ 49 Abs. 2 EStG).

Als Veräußerungspreis ist nach § 8 Abs. 1 Satz 1 i.V. m. § 17 Abs. 4 Satz 2 EStG der gemeine Wert des dem Steuerpflichtigen zurückgezahlten Vermögens anzusetzen, soweit er nicht auf die Minderung des Sonderausweises (§ 28 Abs. 2 Satz 2 KStG) entfällt.

Veräußerungspreis – 30 % von 600 000 €	180 000 €

Veräußerungsgewinn i. S. d. § 8b Abs. 2 KStG ist der Betrag, um den das an die Stelle des Veräußerungspreises nach § 17 Abs. 4 ESG im Rahmen der Herabsetzung des Nennkapitals tretende zurückgezahlte Vermögen nach Abzug der Veräußerungskosten die Anschaffungskosten (Buchwert) der Anteile im Zeitpunkt der Veräußerung übersteigt (§ 8b Abs. 2 Satz 3 KStG).

Der an die Anteilseigner ausgekehrte Kapitalherabsetzungsbetrag gilt als Veräußerungspreis für die Anteile, soweit er nicht auf einen Sonderausweis nach § 28 Abs. 1 Satz 3 KStG entfällt.

Soweit der Herabsetzungsbetrag nach § 20 Abs. 1 Nummer 2 EStG als Einkünfte aus Kapitalvermögen zu behandeln ist, tritt eine Minderung der Anschaffungskosten der Anteile an der Kapitalgesellschaft nicht ein (BMF 9. 10. 2012 IV C 1 - S 2252/10/10013 Randnr. 92, BStBl 2012 I S. 953).

Durch § 8b Abs. 2 KStG erfolgt die sachliche Steuerfreistellung von Gewinnen aus einer von einer Kapitalgesellschaft vorgenommenen Kapitalherabsetzung. Bei der Ermittlung des Einkommens der Kapitalgesellschaft bleiben Gewinne aus der Herabsetzung des Nennkapitals außer Ansatz (§ 8b Abs. 2 Satz 3 KStG). § 8b Abs. 2 KStG gilt persönlich für **alle** Körperschaften und damit auch für die beschränkt steuerpflichtige ID; unerheblich ist, dass die ID kein inländisches Betriebsvermögen hat (BMF 28. 4. 2003 IV A 2 - S 2750 a - 7/03 Randnr. 13, BStBl 2003 I S. 292). Die Leistungen der J-GmbH gehören bei der ID zu Einnahmen i. S. d. § 20 Abs. 1 Nr. 1, 2 EStG.

Von dem Veräußerungsgewinn gelten 5 % als Ausgaben, die nicht als Betriebsausgaben abgezogen werden dürfen, dabei ist § 3c Abs. 1 EStG nicht anzuwenden (§ 8b Abs. 3 KStG).

Der Veräußerungsgewinn ermittelt sich nach § 8b Absatz 2 KStG wie folgt:

Kapitalrückzahlung – 30 % von	1 000 000 €	300 000 €
Sonderausweis – § 20 Abs. 1 Nr. 2 EStG – 30 % von	400 000 €	./. 120 000 €
Veräußerungspreis – § 8b Abs. 2 KStG		180 000 €
Anschaffungskosten J-GmbH-Anteil		./. 100 000 €
Steuerfreier Veräußerungsgewinn - § 8b Absatz 2 KStG		**80 000 €**
Nicht abziehbare Betriebsausgaben - § 8b Absatz 3 KStG 5 % von 80 000 €		+ 4 000 €
Die Einkünfte der ID i. S. d. § 8 Abs. 1 Satz 1 KStG i.V. m. § 49 Abs. 1 Nr. 2 Buchstabe e Doppelbuchstabe aa EStG betragen somit		**4 000 €**

Freibetrag nach § 17 Abs. 3 EStG

Der Freibetrag nach § 17 Abs. 3 EStG ist **nicht zu berücksichtigen**. Zwar findet § 17 Abs. 3 EStG grundsätzlich auch in den Fällen des § 17 Abs. 4 EStG Anwendung. Die Herabsetzung des Nennkapitals einer Kapitalgesellschaft ist jedoch keine anteilige Veräußerung der Anteile an der Kapitalgesellschaft i. S. d. § 20 Abs. 2 EStG (BMF 9.10.2012 IV C 1 - S 2252/10/10013 Randnr. 92, BStBl 2012 I S. 953). Die Höhe des Freibetrags richtet sich nach § 17 Abs. 3 EStG nach dem Verhältnis des veräußerten Anteils zum Nennkapital der Kapitalgesellschaft. Der Freibetrag setzt damit eine prozentuale Minderung der Beteiligung voraus. Da die ID auch nach der Kapitalherabsetzung weiterhin am Nennkapital der J-GmbH mit 30 % beteiligt ist, liegt die Voraussetzung für die Gewährung des Freibetrags nicht vor.

Auch spricht gegen die Berücksichtigung des Freibetrags nach § 17 Abs. 3 EStG, dass der Veräußerungsgewinn nach § 8b KStG steuerfreigestellt wird und dass es sich bei der Hinzurechnung nach § 8b Abs. 3 KStG nicht um den Veräußerungsgewinn sondern um nicht abziehbare Betriebsausgaben handelt.

c) Steuerabzug vom Kapitalertrag

Nach § 43 Abs. 1 Nr. 1 EStG unterliegen Kapitalerträge i. S. d § 20 Abs. 1 Nummer 1 und Nr. 2 EStG der Kapitalertragsteuer. Entsprechendes gilt für Kapitalerträge i. S. d. § 20 Abs. 2 Satz 1 Nr. 1 EStG (§ 43 Abs. 1 Nr. 9 EStG). Zu den Einkünften aus Kapitalvermögen i. S. d. § 20 Abs. 2 Satz 1 Nr. 1 EStG gehören jedoch nur Gewinne aus der Veräußerung von Anteilen an einer Körperschaft i. S. d. § 20 Abs. 1 Nr. 1 EStG. Die Kapitalherabsetzung ist keine Veräußerung von Anteilen an einer Körperschaft i. S. d. § 20 Abs. 1 Nr. 1 EStG, damit wird vorliegend der im Rahmen der Kapitalherabsetzung zurückgezahlte Teil des Nennkapitals, soweit es sich nicht Bezüge i. S. d. § 20 Abs. 1 Nr. 2 EStG handelt, auch **nicht** nach § 43 Abs. 1 Nr. 9 EStG der **Kapitalertragsteuer unterworfen** (BMF vom 9.10.2012 IV C 1 - S 2252/10/10013 Rndnr. 92, BStBl 2012 I S. 953).

d) Körperschaftsteuerfestsetzung durch das Finanzamt

Die sich für die Einkünfte in Höhe von 4 000 € ergebende Körperschaftsteuer ist durch das Finanzamt durch Steuerbescheid festzusetzen, da wegen der fehlenden Kapitalertragsteuerpflicht § 32 Abs. 1 Nr. 2 KStG keine Anwendung findet.

4. Grundstück Dreigestirnallee, Köln

Seit dem 1.5.2013 erzielt die ID durch Vermietung des in Köln belegenen Bürogebäudes Dreigestirnallee (unbeweglichem Vermögen) **inländische Einkünfte aus Gewerbebetrieb** (§ 8 Abs. 1 Satz 1 KStG i.V. m. § 49 Abs. 1 Nr. 2 Buchstabe f Satz 1 Doppelbuchstabe aa EStG). § 49 Abs. 1 Nr. 6 EStG ist nicht anzuwenden, obwohl durch die langfristige Vermietung die Grenze zur Vermögensverwaltung nicht überschritten wird und damit keine gewerbliche Tätigkeit i. S. d. § 8 Abs. 1 Satz 1 KStG i.V. m. § 15 EStG vorliegt. Nach § 49 Abs. 1 Nr. 2 Buchstabe f Satz 2 EStG gelten die Einkünfte als Einkünfte aus Gewerbebetrieb, da sie aus Vermietungstätigkeit einer Körperschaft i. S. d. § 2 Nr. 1 KStG erzielt werden, die mit einer Kapitalgesellschaft i. S. d. § 1 Abs. 1 Nr. 1 KStG vergleichbar ist.

Die Einkünfte aus dem Grundstück sind durch Betriebsvermögensvergleich (§ 4 Abs. 1, § 5 EStG) zu ermitteln. Auf den Zufluss der Betriebseinnahmen und den Abfluss der Betriebsausgaben (§ 8 Abs. 1 Satz 1 KStG i.V. m. § 11 EStG) kommt es nicht an.

a) **Betriebseinnahmen**

Betriebseinnahmen sind die ab 1. 5. 2013 vereinbarte Miete von monatlich 20 000 €.

Soweit die Miete für den Dezember 2013 von der Mieterin in 2013 nicht an die ID überwiesen wurde, ist zum 31. 12. 2014 eine entsprechende **Forderung von 23 800 € zu aktivieren**, die in Höhe des Nettobetrags von 20 000 € betrieblichen Ertrag darstellt. Es ist davon auszugehen, dass der Eingang der Mietforderung trotz des vorübergehenden Liquiditätsengpasses der Mieterin am 31. 12. 2013 nicht gefährdet war.

Betriebseinnahmen – 8 x 20 000 €   **160 000 €**

b) **laufenden Grundstückskosten**

Die laufenden Grundstückskosten monatlich. 4 000 € stellen Betriebsausgaben dar.

Betriebsausgaben – laufenden Grundstückskosten – 8 x 4 000 €   ./. **32 000 €**

c) **Umsatzsteuer**

Die der Mieterin in Rechnung gestellte Umsatzsteuer i. H. v. monatlich 3 800 € gehört **nicht** zu den Betriebseinnahmen der ID und stellt **keinen** Ertrag dar. Die der ID in Rechnung gestellten Vorsteuern i. H. v. monatlich 760 € sind nach § 15 UStG abzugsfähig und mindern nicht den Gewinn.

Zum 31. 12. 2013 ist die noch nicht an das Finanzamt abgeführte Umsatzsteuer in Höhe von 30 400 € (8 x 3 800 €), vermindert um die nach § 15 UStG abziehbare Vorsteuer von 6 080 € (8 x 760 €), als Verbindlichkeit mit **24 320 €** zu passivieren.

> HINWEIS:
> Nach dem Sachverhalt hat die ID auf die Umsatzsteuerbefreiung nach § 4 Nr. 12 Satz 1 Buchstabe a UStG verzichtet und nach § 9 UStG für die Besteuerung ihrer Umsätze optiert. Es wird davon ausgegangen, dass die ID somit hinsichtlich der Grundstücksvermietung der Regelbesteuerung unterliegt.

d) **AfA Gebäude Dreigestirnallee in Köln**

Die AfA für das Gebäude ist als Betriebsausgabe zu berücksichtigen (§ 7 Abs. 4 EStG). Das Gebäude gehört infolge der Fiktion der Gewerblichkeit der Vermietungstätigkeit nach § 49 Abs. 1 Nr. 2 Buchstabe f Satz 2 EStG zum **abnutzbaren Anlagevermögen** der ID. Die AfA bemisst sich nach den Anschaffungskosten des Gebäudes von 2 500 000 €. Umsatzsteuer wurde der ID beim Erwerb des Grundstücks nicht gesondert in Rechnung gestellt.

Die **AfA ist mit 3 % p. a.** der Gebäudeanschaffungskosten vorzunehmen. Das Gebäude gehört zum Betriebsvermögen der ID, dient nicht Wohnzwecken und der Bauantrag für das Gebäude wurde nach dem 31. 3. 1985 gestellt (§ 7 Abs. 4 Satz 1 Nr. 1 EStG). Die AfA ist für 2013 nur zeitanteilig mit 8/12 der Jahres-AfA vorzunehmen (§ 7 Abs. 1 Satz 4 EStG).

AfA – 8/12 von 3 % von 2 500 000 €   ./. **50 000 €**

e) Reparatur Fenster

Das der Körperschaftsteuer unterliegende Einkommen wird gemäß § 8 Abs. 1 KStG nach den Vorschriften des EStG und den ergänzenden Bestimmungen des KStG ermittelt. Nach § 4 Abs. 4 EStG sind Betriebsausgaben alle Aufwendungen, die durch den Betrieb veranlasst sind. Die von der B-GmbH der ID im Rahmen einer **verdeckten Gewinnausschüttung** (s. unter 5. b) übereigneten Fenster führen bei der ID i. H. v. **11 900 €** zu einer bei der Ermittlung der Einkünfte nach § 49 Abs. 1 Nr. 2 Buchstabe f Satz 1 Doppelbuchstabe aa EStG des Grundstücks Dreigestirnallee zu berücksichtigenden **Betriebsausgabe** (Erhaltungsaufwand). Die Aufwendungen gehören nicht nach § 6 Abs. 1 Nr. 1a EStG zu den Herstellungskosten, da die Aufwendungen 15 % der Gebäudeanschaffungskosten nicht übersteigen.

Besteht die Zuwendung einer Kapitalgesellschaft an ihren Gesellschafter in der Übertragung von materiellen Wirtschaftsgütern in dessen Betriebsvermögen, die noch vor dem Bilanzstichtag verbraucht werden, so steht dem Ertrag aus der verdeckten Gewinnausschüttung ein gleich hoher Aufwand gegenüber. Unerheblich ist, dass der ID insoweit keine unmittelbaren Aufwendungen entstanden sind. Infolge der Beurteilung der Zuwendung der Fenster als verdeckten Gewinnausschüttung wird fingiert, dass die ID eine gleich hohe Zahlung an die B-GmbH geleistet hat.

Gewinnminderung – Reparaturaufwand Grundstücks Dreigestirnallee ./. **11 900 €**

Ein **Vorsteuerabzug** nach § 15 UStG **entfällt** für die ID. Die verdeckte Gewinnausschüttung löst bei der B-GmbH zwar Umsatzsteuer aus, da sie nach § 3 Abs. 1b UStG einer Lieferung gegen Entgelt gleichgestellt wird, jedoch ist insoweit die Ausstellung einer Rechnung mit gesondertem Steuerausweis i. S. d. § 14 UStG nicht möglich (A 3.2 Abs. 2 Satz 5 und Satz 6 UStAE).

f) Körperschaftsteuer-Vorauszahlung

Die von der ID gezahlte Körperschaftsteuer-Vorauszahlung ist nach § 10 Nr. 2 KStG nicht abziehbar.

g) Zusammenstellung

Betriebseinnahmen – 8 x 20 000 €	160 000 €
Betriebsausgaben – laufenden Grundstückskosten – 8 x 4 000 €	./. 32 000 €
AfA – 8/12 von 3 % von 2 500 000 €	./. 50 000 €
Gewinnminderung – Grundstücks Dreigestirnallee	./. **11 900 €**
Gewinn Grundstück Dreigestirnallee	**66 100 €**

Die sich für diese Einkünfte ergebende **Körperschaftsteuer** ist durch das Finanzamt durch **Steuerbescheid festzusetzen**. § 32 Abs. 1 Nr. 2 KStG findet keine Anwendung, da die Einkünfte nicht dem Steuerabzug unterliegen.

5. Beteiligung Bauer GmbH

Die ID erzielt aus ihrer Beteiligung an der B-GmbH **Einkünfte aus Kapitalvermögen** (§ 8 Abs. 1 Satz 1 KStG i. V. m. § 20 Abs. 1 Nr. 1 EStG). Die Einkünfte sind als Überschuss der Einnahmen über die Werbungskosten zu ermitteln (§ 8 Abs. 1 Satz 1 KStG i. V. m. § 2 Abs. 1 Nr. 2 EStG). **Inlän-**

dische **Einkünfte** liegen nach § 8 Abs. 1 Satz 1 KStG i. V .m. § 49 Abs. 1 Nr. 5 Buchstabe a EStG vor, da die B-GmbH als Schuldnerin der Kapitalerträge ihren Sitz im Inland hat. Unerheblich ist, dass die Anteile an der B-GmbH bei der ID zu ihrem ausländischen Betriebsvermögen gehören (§ 49 Abs. 2 EStG).

a) offene Gewinnausschüttung

Die offene Gewinnausschüttung der B-GmbH gehört bei der ID zu ihren **inländischen Einkünften** (§ 8 Abs. 1 Satz 1 KStG i.V. m. § 49 Abs. 1 Nr. 5 Buchstabe a EStG). Die am 28. 12. 2012 von der Gesellschafterversammlung der B-GmbH beschlossene Gewinnausschüttung i. H.v. 100 000 € ist bei der ID entsprechend ihrer Beteiligung von 15 % mit 15 000 € als Einnahme in **2013** zu erfassen, da sie erst in diesem Jahr **zugeflossen** ist (§ 8 Abs. 1 Satz 1 KStG i.V. m. § 11 Abs. 1 Satz 1 EStG).

Einnahme aus Kapitalvermögen – § 20 Abs. 1 Nr. 1 Satz 1 EStG **15 000 €**

b) verdeckte Gewinnausschüttung

Zu den inländischen Einkünften aus Kapitalvermögen i. S. d. § 49 Abs. 1 Nr. 5 Buchstabe a EStG gehören auch verdeckte Gewinnausschüttungen (§ 20 Abs. 1 Nr. 1 Satz 2 EStG), die ein im Ausland ansässiger Gesellschafter von einer inländischen GmbH bezieht (BFH vom 21. 12. 1972 I R 70/70, BStBl 1973 II S. 449).

Die unentgeltliche Lieferung der Fenster am 20. 11. 2013 stellt die **Zuwendung eines Vermögensvorteils** durch die B-GmbH an ihre Gesellschafterin ID dar, die als verdeckte Gewinnausschüttung zu beurteilen ist (H 36 KStH: V. Einzelfälle – Waren). Eine verdeckte Gewinnausschüttung (§ 8 Abs. 3 Satz 2 KStG) liegt vor, weil bei der B-GmbH durch die unentgeltliche Lieferung der Fenster eine durch das Gesellschaftsverhältnis veranlasste Vermögensminderung eingetreten ist, die sich auf die Höhe des Unterschiedsbetrags i. S. d. § 4 Abs. 1 Satz 1 EStG auswirkt. Eine Veranlassung durch das Gesellschaftsverhältnis liegt vor, weil die B-GmbH ihrer Gesellschafterin ID außerhalb der gesellschaftsrechtlichen Gewinnverteilung einen durch das **Gesellschaftsverhältnis veranlassten** Vermögensvorteil zugewendet hat, den sie bei Anwendung der Sorgfalt eines ordentlichen und gewissenhaften Geschäftsleiters einem Nichtgesellschafter unter sonst gleichen Umständen nicht gewährt haben würde (R 36 Abs. 1 Satz 1 KStR). Die B-GmbH hätte bei Anwendung der Sorgfalt eines ordentlichen und gewissenhaften Geschäftsleiters einem Nichtgesellschafter unter sonst gleichen Umständen den Vorteil nicht unentgeltlich zugewendet
(R 36 Abs. 1 Satz 1 KStR).

Für die Bemessung des Werts der verdeckten Gewinnausschüttung ist bei Hingabe von Wirtschaftsgütern von deren **gemeinem Wert** auszugehen (H 37 KStH: Hingabe von Wirtschaftsgütern), das ist vorliegend der übliche Verkaufspreis (einschließlich Umsatzsteuer) der B-GmbH am 20. 11. 2013 von 11 900 €.

Einnahme aus Kapitalvermögen – § 20 Abs. 1 Satz 2 EStG **11 900 €**

c) Steuerabzug vom Kapitalertrag

Die **offene und verdeckte Gewinnausschüttung** unterliegt nach § 43 Abs. 1 Nr. 1 EStG dem **Steuerabzug vom Kapitalertrag**. Die B-GmbH hat den Steuerabzug nach § 43a Abs. 1 Nr. 1 EStG nach dem Sachverhalt in zutreffender Höhe vorgenommen.

Kapitalertragsteuer

Offene Gewinnausschüttung – 25 % von 15 000 €	3 750,00 €
Verdeckte Gewinnausschüttung – 25 % von 11 900 €	+ 2 975,00 €
Gewinnausschüttung insgesamt	**6 725,00 €**

Solidarzuschlag

Offene Gewinnausschüttung – 5,5 % von 3 750,00 €	206,25 €
Verdeckte Gewinnausschüttung – 5,5 % von 2 975,00 €	+ 163,62 €
Insgesamt	**369,87 €**

d) Anspruch auf Kapitalertragsteuererstattung

Nach § 44a Abs. 9 EStG hat die ID einen **Anspruch auf Erstattung** von 2/5 der einbehaltenen und abgeführten Kapitalertragsteuer, da sie als Gläubigerin Kapitalerträge im Sinne des § 43 Abs. 1 EStG eine **beschränkt steuerpflichtige Körperschaft** i. S. d. § 2 Nummer 1 KStG ist. Die Minderung der Kapitalertragsteuer führt gleichzeitig zu einer Minderung des Solidarzuschlags, da sich die für diesen maßgebende Bemessungsgrundlage vermindert (§ 3 Abs. 1 Nr. 5 SolzG).

Minderung – 2/5 von 6 725,00 € Kapitalertragsteuer	**2 691,20 €**
Minderung – 2/5 von 369,87 € Solidarzuschlag	**147,94 €**

e) Abgeltungswirkung des Steuerabzugs

Mit dem Steuerabzug ist die Körperschaftsteuer der beschränkt körperschaftsteuerpflichtige ID für diese Einkünfte abgegolten (§ 32 Nr. 1 KStG). Die Einkünfte werden nicht in einer inländischen Betriebsstätte erzielt.

6. Körperschaftsteuerfestsetzung durch das Finanzamt

Für die Einkünfte, für die die Körperschaftsteuer nicht durch den Steuerabzug nach § 32 Abs. 1 Nr. 2 KStG als abgegolten ist, ist die ID zur Körperschaftsteuer zu veranlagen und die Körperschaftsteuer durch Steuerbescheid festzusetzen. Die zu veranlagenden Einkünfte ermitteln sich wie folgt:

Kapitalherabsetzung J-GmbH	4 000 €
Gewinn Grundstück Dreigestirnallee	+ 66 100 €
Zu versteuerndes Einkommen ID für 2012	**70 100 €**
Körperschaftsteuer – 15 % von 70 100 €	**10 515 €**
Solidarzuschlag – 5,5 % von 10 515 €	**538 €**

7. **Anspruch auf Kapitalertragsteuererstattung nach § 44a Abs. 9 EStG**

	Kapitalertragsteuer	SolZuschlag
Gewinnausschüttung J-GmbH	30 000,00 €	1 650,00 €
Gewinnausschüttung B-GmbH	6 725,00 €	369,87 €
Insgesamt	36 725,00 €	2 019,87 €
Minderung insgesamt – 2/5	**14 690,00 €**	**807,94 €**

C. **Gewerbesteuer**

Die ID unterliegt **nicht der Gewerbesteuer**, da im Inland **keine Betriebsstätte** (§ 12 AO) unterhalten wird (§ 2 Abs. 1 Satz 3 GewStG). Die ID nutzt im Inland nur eigenes Kapitalvermögen und unbewegliches Vermögen durch langfristige Vermietung oder Verpachtung.

Steuerberaterprüfung 2008/2014

Prüfungsaufgabe aus dem Prüfungsgebiet der Ertragsteuern

Bearbeitungszeit: 6 Stunden
Hilfsmittel: Laut Ladungsschreiben zugelassene Hilfsmittel, z. B.:
   NWB-Handausgabe Deutsche Steuergesetze
   Amtliche Steuerrichtlinien aus dem NWB-Verlag

Teil Ia - Einkommensteuer

Sachverhalt 1

Die seit Jahren verheirateten Eheleute B (Herr B geb. 25. 9. 1964, Frau B geb. 4. 12. 1965) leben seit Jahren gemeinsam in ihrem Einfamilienhaus (Bj. 1994) in Bad Hersfeld (Hessen). Der ledige Sohn (S1), geboren am 19. 4. 1989 stammt aus der ersten Ehe von Frau B, sein leiblicher Vater ist bereits 2005 verstorben. Nach erfolgreichem Abschluss seiner Ausbildung zum Bankkaufmann im Jahre 2012 studiert S1 an der Universität Heidelberg Betriebswirtschaft und Informatik. Das Studium wird er voraussichtlich im Jahre 2015 mit einem Diplom abschließen. In Heidelberg hat Frau B für ihren Sohn S1 eine Einzimmerwohnung angemietet, deren laufende Kosten i. H. v. monatlich 250 € (Miete einschließlich Nebenkosten) sie getragen hat. Außerdem überwies Frau B für ihren Sohn S 1 dessen Beiträge zur privaten Kranken- und Pflegeversicherung i. H. v. monatlich 50 €. Ein Anspruch auf Krankengeld oder vergleichbare Leistungen besteht nicht. S1 bezog im Jahr 2013 Versorgungsbezüge (Bezüge aus einer betrieblichen Zusatzversorgung des verstorbenen Vaters, Versorgungsbeginn: 2005) i. H. v. 5 475 € und Einnahmen aus Kapitalvermögen für ein Sparguthaben mit gesetzlicher Kündigungsfrist bei der Sparkasse in Bad Hersfeld (Zinsgutschriften i. H. v. 5 661 €). Hinsichtlich der Zinsgutschriften liegt der Sparkasse ein Freistellungsauftrag des Sohnes S 1 nach amtlich vorgeschriebenem Muster vor (§ 44a Abs. 2 Nr. 1 EStG).

Frau B hatte am 2. 9. 2003 (Datum des notariellen Vertrages) in Donaueschingen (Baden-Württemberg) ein unbebautes Grundstück für 100 000 € (incl. Nebenkosten) mit der Absicht erworben, es zu bebauen und dort ihren Lebensabend zu verbringen. Besitz, Nutzen, Lasten und Gefahr gingen am 1. 10. 2003 über; die Eintragung im Grundbuch erfolgte am 15. 10. 2003. Frau B stellte bereits im Oktober 2003 einen Bauantrag und begann nach Erteilung der Baugenehmigung noch im selben Jahr mit dem Bau eines Einfamilienhauses, welches am 1. 7. 2004 fertig gestellt wurde. Die Baukosten beliefen sich auf "günstige" 450 000 €, da Frau B erhebliche Eigenleistungen (umgerechneter Wert ca. 250 000 €) erbracht hatte. Entgegen der ursprünglichen Planung bezog Frau B das Haus nicht selbst, sondern vermietete es zu Wohnzwecken für monatlich 2 500 € (= Kj. 2013). In den Veranlagungszeiträumen 2004 bis 2012 wurden (lt. bestandskräftigen Einkommensteuerveranlagungen) Absetzungen für Abnutzung i. H. v. insgesamt 191 250 € einkünftemindernd in Anspruch genommen. Bis zum 30. 6. 2013 entstanden in bezug auf das Grundstück unstreitig Werbungskosten i. H. v. 20 000 € (einschließlich AfA 5 625 €), aber ohne Schuldzinsen). Am 30. 6. 2013 (Datum des notariellen Vertrages); Übergang Besitz, Nutzen, Lasten und Gefahr am 1. 7. 2013; Grundbucheintragung am 1. 8. 2013, verkaufte Frau B das Grundstück für 800 000 € (Zahlungseingang am 1. 7. 2013).

Die Anschaffungs- und Herstellungskosten des Einfamilienhauses hatte Frau B durch ein Hypothekendarlehen mit 12-jähriger Laufzeit finanziert. Da die Bank bei vorzeitiger Rückzahlung auf einer nicht unerheblichen Vorfälligkeitsentschädigung bestand, entschloss sich Frau B, das Darlehen beizubehalten und den gesamten Verkaufserlös sofort bis zum Ablauf der Darlehensrestlaufzeit bei der Bank festverzinslich anzulegen (Zinsertrag 2013: 21 000 €) und danach die Restvaluta des Darlehens zu tilgen. Die Bank verlangte jedoch die Absicherung des Darlehens durch Eintragung einer Hypothek zu Lasten des eigengenutzten Einfamilienhauses in Bad Hersfeld. In 2013 betrugen die Schuldzinsen 40 000 €.

Frau B betreibt als Einzelunternehmerin ein Fabrikationsunternehmen für Arbeitsbekleidung in Bad Hersfeld. Der für 2013 nach § 5 EStG ermittelte Gewinn betrug 320 000 €. Der erklärte Gewinn berücksichtigt auch die beiden folgenden Geschäftsvorfälle:

1. Frau B kaufte am 1.10.2013 einen ungebrauchten neuen Porsche (Listenpreis 70 000 € zuzüglich USt 13 300 €) für netto 60 000 € zuzüglich 11 400 € Umsatzsteuer. Der Pkw wird nach glaubhaft gemachten Angaben von Frau B nur zu 10 % privat genutzt, da sie die Kundenpflege ihres Unternehmens bundesweit selbst erledigt; ein Fahrtenbuch wird jedoch nicht geführt. Den Frau B in Rechnung gestellten Kaufpreis bezahlte sie in zwei Raten (am 10.9.2013: 26 400 € und am 19.1.2014: 45 000 €). In 2013 wurde der Vorgang wie folgt gebucht:

Pkw (Anlagevermögen)	15 000 €		
Vorsteuer	11 400 €	an Bank	26 400 €

Die Kfz-Kosten wurden wie folgt ermittelt und in voller Höhe als Aufwand gebucht:

Kfz-Steuer – gezahlt am 20.10.2013

▶ für den Zeitraum 1.10.2013 bis 30.9.2014   920 €

Kfz-Haftpflichtversicherung – gezahlt am 30.11.2013

▶ für den Zeitraum 1.10.2013 bis 30.9.2014   1 440 €

AfA 1.10.2013 bis 31.12.2013 (linear 20 % von 15 000 €)   3 000 €

2. Ihren bisherigen Pkw (Pkw-alt), den sie am 1.7.2011 zum Neupreis (Listenpreis) von 100 000 € zuzüglich USt 19 000 € erworben hatte, konnte Frau B erst am 30.11.2013 (Übergang von Besitz, Nutzen, Lasten und Gefahr mit Ablauf des 30.11.2013) veräußern. Das Fahrzeug hatte am 30.11.2013 einen zutreffenden Buchwert von 58 333 €. Der Veräußerungserlös betrug 84 000 € zuzüglich USt 15 960 €. Der Betrag i. H. v. 99 960 € wurde von Frau B privat vereinnahmt und der Pkw erfolgsneutral ausgebucht. Die übrigen fixen und laufenden Kosten (einschließlich AfA) wurden zutreffend erfasst, ein Privatanteil wurde jedoch nicht berücksichtigt, obwohl auch dieses Fahrzeug nach glaubhaft gemachten Angaben (ein Fahrtenbuch wurde jedoch nicht geführt) von Frau B ebenfalls zu 10 % privat genutzt wurde.

Der Vater (V) des Herrn B, Rentner, besaß seit 2007 Aktien der Müll AG (Sitz und Geschäftsleitung in Gera, Thüringen) im Nennwert von 6 000 €. Er hatte die Aktien für 4 500 € angeschafft. Das Grundkapital der AG betrug 600 000 €. Zum 1.4.2010 wurde das Grundkapital aus Fremdmitteln auf 1,5 Mio. € aufgestockt. V übernahm jedoch keine neuen Anteile. Am 25.9.2010 verstarb V. Die Aktien gingen je zu ½ auf Herrn B und seine Schwester (S) über, die sie im Privatvermögen hielten. S veräußerte am 10.10.2011 ihre Aktien zum Kurswert von 5 000 € zuzüglich Nebenkosten von 250 € an Herrn B. Noch im Oktober 2011 erwirbt Herr B an der Börse Aktien der Müll AG im Nennwert von 9 000 € für 12 500 € zuzüglich Nebenkosten von 600 €.

Anfang 2013 wurde bekannt, dass die Müll AG nicht wie behauptet über das Know-how an einem einmaligen Müllvernichtungsverfahren verfügt. Die Müll AG hatte den aufgenommenen Müll illegal ins Ausland verschifft. Bedingt durch diese Ungereimtheiten wurde im Frühjahr 2013 das Insolvenzverfahren über die Müll AG eröffnet. Nach Einstellung des Insolvenzverfahrens stand im November 2013 fest, dass die Aktionäre der Müll AG bei der bevorstehenden Liquidation keinen Teil ihres Vermögens ausgezahlt bekommen werden. Die Liquidation wurde noch in 2013 abgeschlossen.

Aufgaben:

1. Ermitteln Sie die Einkünfte der Eheleute B für den Veranlagungszeitraum 2013 (auf persönliche Steuerpflicht und Veranlagungsart ist nicht einzugehen). Etwaige umsatzsteuerliche Fragen sind nicht zu klären. Eventuelle Wahlrechte zugunsten des niedrigst möglichen Ansatzes der Einkünfte gelten als ausgeübt.
2. Prüfen Sie, ob für den Sohn S1 im Veranlagungszeitraum 2013 Freibeträge nach § 32 Abs. 6 EStG, § 33a EStG zu gewähren sind. Auf Kindergeld (§ 31 EStG) ist nicht einzugehen.

ALLGEMEINER HINWEIS:
Frau B und Herr B gehören keiner steuerberechtigten Kirche an. Alle eventuell zu stellenden Anträge gelten als gestellt. Sofern Einkünfte dem Steuerabzug vom Kapitalertrag (§§ 43 ff. EStG) unterliegen, ist davon auszugehen, dass die Kapitalertragsteuer ordnungsgemäß einbehalten und abgeführt wurde. Ein Freistellungsauftrag (§ 44a Abs. 2 Satz 1 Nr. 1 EStG) liegt dem zum Steuerabzug Verpflichteten vor.

Sachverhalt 2

An der X-KG (Wirtschaftsjahr = Kalenderjahr) ist X als Komplementär mit einer Einlage von 10 000 € (voll eingezahlt) zu 50 % beteiligt. Das Kapitalkonto entspricht zum 31.12.2009 seiner Einlage. Im Veranlagungszeitraum 2010 entfällt auf X ein Verlustanteil von 30 000 €.

Am 1.4.2011 wird durch Änderung des Gesellschaftsvertrages die Gesellschafterstellung des X von der des Komplementärs in die des Kommanditisten (eingetragene Hafteinlage = 10 000 €) umgewandelt. Neue Komplementärin wird die in die KG eintretende Y-GmbH. Die Änderungen werden am 31.7.2011 im Handelsregister eingetragen.

Im Jahr 2012 wird die Kommanditeinlage des X um 15 000 € erhöht. Die Einlage wird im Jahr 2012 erbracht und in das Handelsregister eingetragen. Weitere Einlagen oder Entnahmen erfolgen nicht.

Die auf X entfallenden Verlustanteile betragen:

im Veranlagungszeitraum 2011:	30 000 €
davon entfallen auf den	
▶ Zeitraum bis zum 1.4.2011	10 000 €
▶ Zeitraum vom 2.4.2011 bis zum 31.12.2011	20 000 €
im Veranlagungszeitraum 2012:	10 000 €
im Veranlagungszeitraum 2013:	12 000 €

Aufgabe:

Stellen Sie die einkommensteuerliche Behandlung der Verlustanteile bezüglich des X für die Veranlagungszeiträume 2011 bis 2013 dar.

Teil Ib - Gewerbesteuer

Sachverhalt

Am 25. 9. 2007 beschlossen H und S Sonnenkollektoren für Zeltdächer zur Stromerzeugung zu entwickeln, die in einem Rucksack verstaut werden können. Zum 6. 3. 2008 gründeten H und S die „Solar Strom GmbH & Co. KG" mit Sitz und Geschäftsleitung in Eisenach, deren Kommanditisten H und S wurden. Alleinige Komplementärin und Geschäftsführerin war die ebenfalls am 6. 3. 2008 errichtete "Solar Strom GmbH" mit Sitz und Geschäftsleitung in Eisenach. Am 27. 4. 2008 wurden die Gesellschaften im Handelsregister eingetragen. Erst ab diesem Zeitpunkt bemühten sich die Gesellschafter um den Abschluss von Lieferverträgen mit Outdoor- und Campingausrüstern. Der erste Vertrag konnte am 1. 7. 2008 unterzeichnet werden; weitere folgten. Aufgrund der behördlichen Genehmigungsprozedur konnte mit der Entwicklung der Sonnenkollektoren erst am 30. 3. 2009 begonnen werden. Wegen erheblicher technischer Schwierigkeiten drohte das Scheitern des gesamten Projekts. Nach Behebung der Probleme konnte der erste funktionstüchtige Sonnenkollektor erst zum 1. 1. 2010 fertig gestellt werden, so dass die Auslieferung der Sonnenkollektoren erst Mitte Januar 2010 erfolgen konnte.

In den Jahren 2007 bis 2013 sind ausweislich der Gewinn- und Verlustrechnungen folgende Erträge und Aufwendungen angefallen. Gewerbesteuerliche Hinzurechnungen und Kürzungen sind nicht zu berücksichtigen.

2007	Aufwendungen	1 500 €	Erträge	0 €
2008	Aufwendungen	7 500 €	Erträge	0 €
2009	Aufwendungen	40 000 €	Erträge	0 €
2010	Aufwendungen	210 000 €	Erträge	200 000 €
2011	Aufwendungen	210 000 €	Erträge	200 000 €
2012	Aufwendungen	195 000 €	Erträge	200 000 €
2013	Aufwendungen	150 000 €	Erträge	220 000 €

Aufgabe:

1. Nehmen Sie mit ausführlicher Begründung Stellung zu den Voraussetzungen und zum Beginn der sachlichen Gewerbesteuerpflicht.

2. Stellen Sie die Höhe der vortragsfähigen Gewerbeverluste am Ende des jeweiligen Erhebungszeitraumes fest.

3. Ab welchem Zeitpunkt könnten gewerbesteuerliche Verluste berücksichtigt werden, wenn H und S statt der GmbH & Co. KG nur eine GmbH gegründet hätten?

Teil II - Körperschaftsteuer

A. Allgemeines

Die 2001 gegründete X-GmbH betreibt in Frankfurt am Main einen Buchhandel. Gesellschafter der X-GmbH ist deren alleiniger in Frankfurt wohnhafter Geschäftsführer A mit 100 %.

Die X-GmbH hat zum 31.12.2013 folgende Gewinn- und Verlustrechnung aufgestellt:

Versch. Aufwendungen	16 000 000 €	Erlöse	20 000 000 €
Jahresüberschuss	**4 000 000 €**		
	20 000 000 €		20 000 000 €

Geschäftsjahr ist das Kalenderjahr. Dies gilt auch für alle Tochtergesellschaften.

Die Bilanz der X-GmbH zum 31.12.2013 wird am 1.7.2014 erstellt und am 20.7.2014 mit der Steuererklärung 2013 beim zuständigen Finanzamt abgegeben. Ein Körperschaftsteuerbescheid 2013 wurde bisher nicht erlassen.

Das verwendbare Eigenkapital der X-GmbH beträgt zum 31.12.2012: **0 €.**

B. Einzelsachverhalte

1. Körperschaftsteuerzahlung und Körperschaftsteuererstattung

Die X-GmbH leistet am 1.4.2013 eine Körperschaftsteuervorauszahlung für 2013 i.H.v. 10 000 €. Diese Vorauszahlung erhält sie am 30.10.2013 wieder zurückerstattet.

Die Zahlung vom 1.4.2013 wird als Betriebsausgabe gebucht, ihre Rückerstattung vom 30.10.2013 aber nicht als Einnahme erfasst.

2. Darlehen der X-GmbH an die Z-GmbH

A ist an der Z-GmbH mit Sitz in Berlin zu 100 % beteiligt. Beteiligungs- und Stimmrechte sind identisch. Die Beteiligung gehört zu seinem Privatvermögen.

Am 1.1.2013 gewährt die X-GmbH der Z-GmbH ein Darlehen von 1 Mio. € mit einem Zinssatz von 10 %. Der bankübliche angemessene Zinssatz beträgt für das ganze Jahr 2013 durchgehend 6 %.

Am 31.12.2013 zahlt die Z-GmbH vereinbarungsgemäß das Darlehen von 1 Mio. € sowie die Zinsen von 100 000 € an die X-GmbH zurück. Die X-GmbH bucht die Zinsen nicht als Betriebseinnahme.

Die Z-GmbH bucht die Zinszahlungen in 2013 als Betriebsausgabe. Diese Buchung liegt auch dem am 1.10.2014 bestandskräftig gewordenen Körperschaftsteuerbescheid 2013 gegen die Z-GmbH zugrunde.

Der Einkommensteuerbescheid 2013 für die zusammenveranlagten A und E ist ebenfalls bestandskräftig. Die Zinszahlung der Z-GmbH an die X-GmbH in 2013 wurde in diesem Einkommensteuerbescheid nicht berücksichtigt.

Den für die Z-GmbH sowie A und E zuständigen Finanzbehörden waren bei Erlass der Bescheide für 2013 an die Z-GmbH sowie an A und E der Inhalt des Darlehensvertrags und seine Durchführung bekannt.

3. Finanzierung einer Geliebten

A hat am 1.1.2002 seinen Sohn S als Prokurist der X-GmbH angestellt. Dessen Aufgabenbereich betrifft den An- und Verkauf von Büchern. In den Folgejahren erwies sich S bei dieser Tätigkeit als korrekt und zuverlässig.

Im Jahre 2013 fingiert S jedoch Rechnungen an die X-GmbH für in Wirklichkeit nicht erbrachte Leistungen und verwendet die von der X-GmbH als Ausgaben gebuchten Beträge in einem Gesamtbetrag von 20 000 € zur Finanzierung seiner materiell sehr anspruchsvollen Geliebten.

Obwohl A seinen Organisations- und Überwachungspflichten im Rahmen seiner Geschäftsführertätigkeit ausreichend nachgekommen war, waren ihm diese fingierten Rechnungen nicht aufgefallen.

Diese Vorgänge werden im ersten Halbjahr 2014 durch die für die Bilanzerstellung 31.12.2013 beauftragten Wirtschaftsprüfer aufgedeckt und gelangen dem A dabei erstmals zur Kenntnis.

Daraufhin macht A gegen seinen in guten wirtschaftlichen Verhältnissen lebenden Sohn S die Rückzahlung dieser 20 000 € an die X-GmbH geltend.

4. Ausländische Einkünfte

Die X-GmbH hat im Staat A eine Verkaufsfiliale. Die entsprechenden Räumlichkeiten sind angemietet.

In der am 13.3.2014 bei der Steuerbehörde des Staates A abgegebenen Körperschaftsteuererklärung gibt die Verkaufsfiliale der Steuerbehörde den korrekt ermittelten Gewinn 2013 mit 400 000 € an. Diese Einkünfte unterliegen im Staate A der Körperschaftsteuer mit 30 %.

Die Steuerbehörde des Staates A setzt am 28.6.2014 die Körperschaftsteuer 2013 mit 30 % von 400 000 = 120 000 € fest. Dieser Bescheid wird nach den Bestimmungen des Staates A am 28.7.2014 bestandskräftig.

Am 30.7.2014 bezahlt die X-GmbH diese Steuern von 120 000 € an die zuständige Steuerbehörde des Staates A.

Deutschland hat mit dem Staat A kein Doppelbesteuerungsabkommen abgeschlossen.

In der Bilanz der X-GmbH zum 31.12.2013 und der deutschen Körperschaftsteuererklärung 2013 ist der Gewinn aus der Verkaufsfiliale nicht enthalten.

Die X-GmbH wünscht die Anrechnung der gesamten Steuer von 120 000 € auf die deutsche Körperschaftsteuer. Ein Antrag auf Abzug dieser Steuer vom Gesamtbetrag der Einkünfte wird **nicht** gestellt.

Die gesetzlichen Regelungen zur Ermittlung des zu versteuernden Einkommens sind in Deutschland und im Staat A identisch. Der Nachweis der festgesetzten und gezahlten ausländischen Körperschaftsteuer entspricht den gesetzlichen Vorschriften.

C. Organschaft

Die O-GmbH mit Sitz in Kassel wird durch schriftlichen Vertrag vom 1. 7. 2012 gegründet und nimmt an diesem Tag ihre Arbeit auf. Am gleichen Tag wird der Gesellschaftsvertrag notariell beurkundet. Gegenstand ihrer Tätigkeit ist der Handel mit Computern. Die Eintragung im Handelsregister erfolgt am 1. 10. 2012. Das Stammkapital beträgt 200 000 €.

Der alleinige Geschäftsführer der O-GmbH, Herr F, lebt und arbeitet in Kassel.

An der O-GmbH sind beteiligt:

die X-GmbH mit	70 %
die M-GmbH mit Sitz in Leipzig mit	20 %
der in Rostock ansässige Privatmann P mit	10 %

Die Stimmrechte entsprechen den Beteiligungen.

Die O-GmbH erwirtschaftet in ihrem Rumpfwirtschaftsjahr vom 1. 7. 2012 bis 31. 12. 2012 einen Verlust nach Handels- und Steuerbilanz von 100 000 €, der identisch ist mit dem negativen zu versteuernden Einkommen für den gleichen Zeitraum. Auf das 3. und 4. Quartal 2012 entfällt jeweils ein Verlust von 50 000 €.

Dem bestandskräftigen Körperschaftsteuerbescheid 2012 vom 1. 8. 2013 für die O-GmbH liegt das negative Einkommen von 100 000 € zugrunde.

Am 1. 2. 2013 schließen die X-GmbH und die O-GmbH mit Wirkung vom 1. 1. 2013 einen schriftlichen Vertrag, der bis zum 31. 12. 2022 wirksam sein soll und in dem u. a. Folgendes vereinbart wird:

Die O-GmbH führt ihren gesamten Jahresüberschuss, der nach Ausgleichszahlungen an die Gesellschafter M-GmbH und P verbleibt, nach Maßgabe des § 301 AktG an die X-GmbH ab.

Die M-GmbH erhält jährliche Ausgleichszahlungen in Höhe von 20 % und P in Höhe von 10 % der Beteiligung am Stammkapital der O-GmbH von 200 000 €.

Die X-GmbH gleicht die während der Vertragsdauer entstandenen Jahresfehlbeträge nach den in § 302 Abs. 1 und 2 AktG beschriebenen Grundsätzen aus.

Die O-GmbH darf Beträge aus dem Jahresüberschuss nur insoweit in die Gewinnrücklagen (§ 272 Absatz 3 HGB), mit Ausnahme der gesetzlichen Rücklagen, einstellen, als dies bei vernünftiger kaufmännischer Beurteilung wirtschaftlich begründet ist.

Am 1. 8. 2013 stimmt die Gesellschafterversammlung der X-GmbH diesem Vertrag zu.

Am 1. 10. 2013 stimmt auch die Gesellschafterversammlung der O-GmbH dem Vertrag zu.

Am gleichen Tag wird dieser Zustimmungsbeschluss notariell beurkundet.

Der Gewinnabführungsvertrag vom 1. 2. 2013 sowie die Zustimmungsbeschlüsse der Gesellschafterversammlung der X-GmbH vom 1. 8. 2013 und der O-GmbH vom 1. 10. 2013 werden am 15. 11. 2013 im Handelsregister in Kassel eingetragen.

Am 1.5.2014 überweist die O-GmbH einen Betrag von 1 829 412 € aus handelsrechtlicher Gewinnabführung 2013 an die X-GmbH. Dabei ist der handelsrechtliche Verlust der O-GmbH aus dem Jahre 2012 i. H. v. 100 000 € bereits abgezogen worden. Am gleichen Tag überweist die O-GmbH an die M-GmbH 40 000 € und an P 20 000 € als Ausgleichszahlungen.

Die O-GmbH ermittelt ihr steuerliches Einkommen 2013 wie folgt:

Laufender Gewinn		2 000 000 €
- Ausgleichszahlung an M-GmbH	./.	40 000 €
- Ausgleichszahlung an P	./.	20 000 €
- handelsrechtliche Gewinnabführung an X-GmbH	./.	1 829 412 €
Einkommen vor Verlustabzug		110 588 €
negatives Einkommen 2012	./.	100 000 €
Einkommen 2013		10 588 €

In dem Gewinn 2013 der O-GmbH ist auch der Gewinn aus der am 1.4.2013 erfolgten Veräußerung einer 10 %igen Beteiligung an der T-GmbH mit Sitz in Köln i. H. v. 40 000 € enthalten.

Die X-GmbH hat keinen Anspruch aus handelsrechtlicher Gewinnabführung in 2013 gegen die O-GmbH aktiviert.

Die O-GmbH gibt bei dem zuständigen Finanzamt in Kassel keine Körperschaftsteuererklärung 2013 ab. Die X-GmbH rechnet in ihrer Körperschaftsteuererklärung 2013 das o. a. Einkommen der O-GmbH mit 10 588 € ihrem eigenen zu versteuernden Einkommen hinzu.

D. Aufgabe

1. Das für die X-GmbH zuständige Finanzamt in Frankfurt möchte die Organschaft nicht anerkennen. Die X-GmbH bittet Sie um ein steuerliches Gutachten, ob die einzelnen Voraussetzungen einer Organschaft gegeben sind.

   Untersuchen Sie mit einer genauen Begründung, ob im Fall C alle Voraussetzungen einer körperschaftsteuerlichen Organschaft vorliegen.

   Ermitteln Sie dabei auch die von der X-GmbH und der O-GmbH zu versteuernden Beträge und überprüfen Sie die handelsrechtliche Gewinnabführung der O-GmbH an die X-GmbH.

2. Ermitteln Sie bei der X-GmbH unter Berücksichtigung der Einzelsachverhalte (unter B) und der unter C dargestellten Problematik das zu versteuernde Einkommen sowie die festzusetzende Körperschaftsteuer für das Jahr 2013.

HINWEIS:

Aus Vereinfachungsgründen sollen Gewerbesteuer, Umsatzsteuer, Kapitalertragsteuer und Solidaritätszuschlag außer Betracht bleiben.

Steuerberaterprüfung 2008/2014

Lösungshinweise zur Prüfungsaufgabe aus dem Gebiet der Ertragsteuern

Verfasser: Ltd. Regierungsdirektor i. R. Franz-Josef Bader

Teil Ia Einkommensteuer

1. Sachverhalt

Aufgabe 1 - Ermittlung der Einkünfte der Eheleute B

A. Einkünfte der Frau B

1. Einkünfte aus Gewerbebetrieb – § 15 EStG

Mit ihrem Fabrikationsunternehmen in Bad Hersfeld betreibt Frau B ein Handelsgewerbe (§ 1 Absatz 1 HGB), da sie in diesem Unternehmen gewerblich Arbeitskleidung herstellt und davon auszugehen ist, dass das Unternehmen einen in kaufmännischer Weise eingerichteten Geschäftsbetrieb erfordert (§ 1 Abs. 2 HGB). Aus ihrem gewerblichen Unternehmen erzielt Frau B Einkünfte aus Gewerbebetrieb (§ 15 Abs. 1 Satz 1 Nr. 1 EStG). Nach dem Sachverhalt ist davon auszugehen, das die Voraussetzungen des § 15 Abs. 2 EStG erfüllt sind. Einkünfte aus Gewerbebetrieb sind der Gewinn (§ 2 Abs. 2 Nr. 1 EStG), den Frau B offensichtlich nach einem mit dem Kalenderjahr übereinstimmenden Wirtschaftsjahr (§ 4a Abs. 1 Nr. 2 EStG) zutreffend durch Betriebsvermögensvergleich (§§ 4, 5 EStG) ermittelt.

Der für 2013 erklärte Gewinn ist wie folgt zu berichtigen:

a) Veräußerung des PKW-alt

Der am 30.11.2013 veräußerte PKW (alt) gehörte bis zu seiner Veräußerung zum notwendigen Betriebsvermögen des Einzelunternehmens. Das Fahrzeug hat zu mehr als 50 % eigenbetrieblichen Zwecken gedient (R 4. 2 (1) Satz 4 EStR). Die Veräußerung des PKW-alt am 30.11.2013 führt zu einem betrieblichen Ertrag, soweit der **Veräußerungserlös** – ohne Umsatzsteuer – den **Buchwert** im Zeitpunkt der Veräußerung übersteigt. Die private Vereinnahmung des Veräußerungspreises stellt eine Entnahme dar, die den Gewinn nicht mindern darf. Die Entnahmen erhöhen sich um 84 000 €; gleichzeitig ist die aus der Veräußerung geschuldete Umsatzsteuer mit 15 960 € erfolgsneutral zu passivieren. Der erklärte Gewinn für 2013 ist zu berichtigen:

Veräußerungserlös netto	84 000 €
Buchwert 30.11.2013	./. 58 333 €
Gewinnänderung	+ 25 667 €

b) Anschaffung PKW-neu

Der PKW Porsche (PKW-neu) gehört seit seiner Anschaffung am 1.10.2013 zum notwendigen Betriebsvermögen, da er nach den unbestrittenen Sachverhaltsangaben zu mehr als 50 % eigenbetrieblichen Zwecken dient (R 4.2 (1) Satz 4 EStR). Der PKW gehört zum abnutzbaren Anlagevermögen und ist in der Bilanz zum 31.12.2013 mit seinen Anschaffungskosten vermindert um die AfA anzusetzen (§ 6 Abs. 1 Satz 1 Nr. 1 EStG). Bemessungsgrundlage für die AfA sind die Anschaffungskosten i. H. v. 60 000 €. Unerheblich ist, zu welchem Zeitpunkt der Kaufpreis gezahlt wurde, da § 11 Abs. 2 EStG nicht anzuwenden ist. Die Vorsteuer gehört nicht zu den Anschaffungskosten (§ 9b Abs. 1 EStG). Die AfA bemisst sich nach § 5 Abs. 6 i.V. m. § 7 Abs. 1 Satz 1 EStG grundsätzlich nach der betriebsgewöhnlichen Nutzungsdauer. Hinsichtlich der betriebsgewöhnlichen Nutzungsdauer des Kraftfahrzeugs enthält der Sachverhalt keine konkreten Angaben. Nach den bestehenden Verwaltungsanweisungen ist für einen zum Betriebsvermögen gehörenden neu angeschafften Pkw die Nutzungsdauer grundsätzlich mit 5 Jahren anzusetzen (BMF vom 3.12.1992 IV A 7 - S 1551 - 122/92/IV B 6 - S 2353 - 89/92, BStBl 1992 I S. 734). Die AfA ist für das Jahr 2013 zeitanteilig zu berücksichtigen (§ 7 Abs. 1 Satz 4 EStG). Frau B kann nicht die degressive AfA nach § 7 Abs. 2 EStG in Anspruch nehmen, da das zum beweglichen Anlagevermögen gehörende Wirtschaftsgut nicht vor dem 1. Januar 2011 angeschafft worden ist.

Anschaffungskosten (ohne Umsatzsteuer)	60 000 €
AfA 1.10.2013 - 31.12.2013 - 3/12 von 20 % von 60 000 € (= 12 000 €)	3 000 €
AfA bisher	./. 3 000 €
Gewinnänderung	0 €

c) Aktive Rechnungsabgrenzung (Kfz-Kosten)

Die laufenden Kfz-Kosten stellen Betriebsausgaben dar (§ 4 Abs. 4 EStG). Für die in 2013 gezahlte Kfz-Steuer und Kfz-Haftpflichtversicherung ist zum 31.12.2013 ein aktiver Rechnungsabgrenzungsposten zu bilden; es handelt sich teilweise um Ausgaben vor dem Abschlussstichtag, die Aufwand für eine bestimmte Zeit nach diesem Tag darstellen (§ 5 Abs. 5 Satz 1 Nr. 1 EStG).

Kfz-Steuer 9/12 von	920 €	690 €
Kfz-Haftpflicht 9/12 von	1 440 €	1 080 €
Gewinnänderung		**+ 1 770 €**

d) private Nutzung

Die private Mitbenutzung der Kraftfahrzeuge ist einkommensteuerrechtlich als Entnahme zu erfassen (§ 6 Abs. 1 Nr. 4 EStG). Die private Nutzung kann nicht mit den auf die Privatfahrten entfallenden Aufwendungen angesetzt werden, da Frau B kein Fahrtenbuch geführt hat. Die private Nutzung ist für jeden Kalendermonat mit 1 % des inländischen Listenpreises anzusetzen (§ 6 Abs. 1 Nr. 4 Satz 2 EStG). Für den pauschalen Nutzungswert ist der inländische Listenpreis des Kraftfahrzeugs im Zeitpunkt seiner Erstzulassung zuzüglich der Kosten für Sonderausstattung einschließlich der Umsatzsteuer maßgebend (BMF vom 18.11.2009 IV C 6 - S 2177/07/10004 Tz. 10, BStBl 2009 I S. 1326).

Vom 1.10.2013 bis 30.11.2013 gehörten sowohl der Pkw-alt als auch der Pkw-neu zum Betriebsvermögen des Unternehmens. § 6 Abs. 1 Nr. 4 Satz 2 EStG gebietet, für jedes zum Betriebsvermögen zählende und auch privat genutzte Fahrzeug eine gesonderte Bewertung vorzunehmen (BFH vom 9.3.2010 VIII R 24/08; BStBl 2010 II S. 903). Gehören gleichzeitig mehrere Kraftfahrzeuge zum Betriebsvermögen, so ist der pauschale Nutzungswert für jedes Kraftfahrzeug anzusetzen, das vom Unternehmer oder von zu seiner Privatsphäre gehörenden Personen für Privatfahrten genutzt wird (BMF vom 15.11.2012 IV C 6 - S 2177/10/10002, BStBl 2012 I S. 1099). § 6 Abs. 1 Nr. 4 Satz 2 EStG ist grundsätzlich auch dann fahrzeugbezogen, also mehrfach anzuwenden, wenn in tatsächlicher Hinsicht feststeht, dass ausschließlich eine Person die Fahrzeuge auch privat genutzt hat (BFH vom 9.3.2010 VIII R 24/08, BStBl 2010 II S. 903). Zu berücksichtigen ist vorliegend, dass zum Haushalt von Frau B ihr Ehemann Herr B und ihr volljähriger Sohn S gehören. Frau B hat nicht glaubhaft gemacht, dass in dem Zeitraum vom 1.10.2013 bis 30.11.2013 ein bestimmtes betriebliches Kraftfahrzeug nicht privat genutzt wurde, weil es für eine private Nutzung nicht geeignet war (BMF vom 18.11.2009 Tz. 12 IV C 6 - S 2177/07/10004 Tz. 12, BStBl 2009 I S. 1326).

Als Entnahmen sind für die private Pkw-Nutzung nach § 6 Absatz 1 Nr. 4 Satz 2 EStG gewinnerhöhend anzusetzen:

Pkw-alt für die Zeit vom 1.1. - 30.11.2013
1 % von Listenpreis 119 000 € = 1 190 € x 11 Monate =   13 090 €
Pkw-neu für die Zeit vom 1.10.2013 – 31.12.2013
1 % von Listenpreis 83 300 € = 833 € x 3 Monate =   2 499 €
Gewinnänderung   + 15 589 €

e) Berichtigter Gewinn aus Gewerbebetrieb

Die Einkünfte aus Gewerbebetrieb ermitteln sich wie folgt:

Gewinn lt. Sachverhalt	320 000 €
Gewinn aus Veräußerung Pkw-alt	+ 25 667 €
AfA Pkw-neu	0 €
aktiver Rechnungsabgrenzungsposten – 9/12 von 2 360 €	+ 1 770 €
Private Pkw-Nutzung	+ 15 589 €
Einkünfte aus Gewerbebetrieb Frau B	363 026 €

2. Einkünfte aus Kapitalvermögen – § 20 EStG

Aus der festverzinslichen Anlage des Erlöses aus dem Verkauf ihres Grundstücks in Donaueschingen erzielt Frau B seit dem 1.7.2013 Einkünfte aus Kapitalvermögen (§ 20 Abs. 1 Nr. 7 EStG). Die Einkünfte sind grundsätzlich als der Überschuss der Einnahmen über die Werbungskosten zu ermitteln (§ 2 Abs. 2 Satz 1 Nr. 2 EStG).

Schuldzinsen sind nach § 9 Abs. 1 Satz 3 Nr. 1 EStG, vorbehaltlich § 2 Abs. 2 Satz 2 EStG, Werbungskosten. Dies setzt voraus, dass die Schuldzinsen objektiv mit der Überlassung von Kapital, das der Erzielung von Einkünften dient, in wirtschaftlichem Zusammenhang stehen (§ 9 Abs. 1 Satz 1 EStG) und die Aufwendungen subjektiv zu deren Förderung gemacht werden (BFH vom 27.6.1989 VIII R 30/88, BStBl 1989 II 934). Stehen Schuldzinsen mit einer Kapitalanlage in wirtschaftlichem Zusammenhang, setzt der Abzug der Schuldzinsen als Werbungskosten bei der Ermittlung der Einkünfte aus Kapitalvermögen voraus, dass auf Dauer gesehen aus der Kapitalanlage ein Überschuss der Einnahmen über die Ausgaben erwartet werden kann. Diese Voraussetzung erfüllt Frau B seitdem sie den erzielten Grundstücksveräußerungspreis von 800 000 € seit dem 1. 7. 2013 zinsbringend als Festgeld angelegt hat (s. Tz. 3). Bei Zinseinnahmen von 42 000 € p. a. und Schuldzinsen von 40 000 € p. a. kann Frau B voraussichtlich auch tatsächlich einen Überschuss der Zinseinnahmen über die Werbungskosten erzielen. Nach der Darlehensumwidmung stellen die Schuldzinsen somit grundsätzlich i. H. v. 20 000 € (6/12 von 40 000 €) Werbungskosten bei den Einkünften aus Kapitalvermögen.

Vorliegend ist jedoch zu beachten, dass bei den Einkünften aus Kapitalvermögen § 20 Abs. 9 EStG vorbehaltlich der Regelung in § 32d Abs. 2 EStG an die Stelle der §§ 9 und 9a EStG tritt (§ 2 Abs. 1 Satz 2 EStG). Einnahmen (§ 8 Abs. 1 EStG) nach § 20 Abs. 1 Nr. 7 EStG sind die Frau B im Jahr 2013 zugeflossenen Zinsen i. H. v. 21 000 € (§ 11 Abs. 1 EStG). Nach § 43 Abs. 1 Nr. 7 EStG unterliegen die inländischen Kapitalerträge i. S. d. § 20 Abs. 1 Nr. 7 EStG dem Steuerabzug vom Kapitalertrag (Kapitalertragsteuer). Die Kapitalertragsteuer beträgt nach § 43a Abs. 1 Satz 1 Nr. 1 EStG 25 % der Kapitalerträge. Dem Steuerabzug unterliegen die vollen Kapitalerträge ohne jeden Abzug (§ 43a Abs. 2 Satz 1 EStG). Der Abzug der **tatsächlichen Werbungskosten ist ausgeschlossen** (§ 20 Abs. 9 Satz 1 EStG). § 20 Absatz 9 EStG sieht lediglich den Abzug des Sparer-Pauschbetrag vor. Der Steuerabzug ist insoweit nicht vorzunehmen, soweit der zum Steuerabzug verpflichteten Bank ein Freistellungsauftrag (§ 44a Abs. 2 Satz 1 Nr. 1 EStG) vorliegt und die Kapitalerträge den Sparer-Pauschbetrag nach § 20 Abs. 9 EStG nicht übersteigen (§ 44a Abs. 1 Nr. 1 EStG).

Nach den Bearbeitungshinweisen ist davon auszugehen, dass der zum Steuerabzug verpflichteten Bank ein Freistellungsauftrag von Frau B erteilt wurde und die auszahlungsverpflichtete Bank den Steuerabzug nur von 19 398 € (Zinsen 21 000 € ./. Sparer-Pauschbetrag 1 602 €) mit 25 % = 4 849,50 € vorgenommen hat. Ein Antrag nach § 32d Absatz 4 EStG erübrigt sich somit. Eine Berücksichtigung der für das Hypothekendarlehen gezahlten Hypothekenzinsen für die Zeit vom 1. 7. bis 31. 12. 2013 als Werbungskosten entfällt.

Mit dem Steuerabzug von 25 % vom Kapitalertrag i. S. d. § 20 EStG ist die auf die Kapitalerträge entfallende Einkommensteuer abgegolten (§ 43 Abs. 5 Satz 1 – 3 EStG). Sie gelten endgültig als besteuert und sind deshalb nicht mehr in die Einkommensteuer-Veranlagung einzubeziehen (§ 2 Abs. 5b EStG).

Günstigerprüfung (§ 32d Abs. 6 EStG)

Auf gemeinsamen Antrag der Eheleute B werden anstelle der Anwendung des § 32d Abs. 4 EStG die nach § 20 EStG ermittelten Kapitaleinkünfte den Einkünften i. S. d. § 2 EStG hinzugerechnet und der tariflichen Einkommensteuer unterworfen, wenn dies zu einer niedrigeren Einkommensteuer führt (§ 32d Abs. 6 Satz 1 EStG). Dabei wird die einbehaltene Kapitalertragsteuer, die auf die hinzugerechneten Kapitaleinkünfte entfällt, im Rahmen der Veranlagung angerechnet. Der Abzug der tatsächlichen **Werbungskosten** ist auch im Rahmen der Günstigerprüfung (§ 32d Abs. 6 Satz 1 EStG) nach § 20 Abs. 9 EStG **ausgeschlossen** (BMF vom 22. 12. 2009 IV C 1 - S 2252/08/10004 Tz. 150, BStBl 2010 I S. 94). Die Einkünfte aus Kapitalvermögen sind wie folgt zu ermitteln:

Zinseinnahmen	21 000 €
Sparer-Pauschbetrag	./. 1.602 €
Einkünfte aus Kapitalvermögen	**19 398 €**

Das gemeinsame zu versteuernde Einkommen der Ehegatten beträgt im Fall der Zusammenveranlagung – ohne die Einkünfte aus Kapitalvermögen – offensichtlich mehr als 500 802 €. Damit ergibt sich für die Einkünfte, die den Betrag von 500 802 € übersteigen, eine tarifliche Einkommensteuer von 45 % (§ 32a Abs. 1 und 5 EStG). Im Fall der Einbeziehung der Kapitaleinkünfte in die Ermittlung des zu versteuernden Einkommens ergibt sich für die nach § 20 EStG zu ermittelten Kapitaleinkünfte eine tarifliche Einkommensteuerbelastung von 45 % von 19 398 € = 8 791 € gegenüber 4 849,50 € (25 % von 19 398 €) im Fall der Besteuerung nach § 32d Abs. 1 EStG.

Frau B sollte somit keinen Antrag nach § 32d Abs. 6 Satz 1 EStG auf Besteuerung der Kapitaleinkünfte nach dem allgemeinen Einkommensteuertarif nach § 32a EStG stellen, da dies zu einer höheren Steuer führen würde. Mit dem Steuerabzug vom Kapitalertrag i. S. d. § 20 EStG ist die Einkommensteuer abgegolten (§ 43 Abs. 5 Satz 1 EStG).

3. Einkünfte aus Vermietung und Verpachtung – § 21 EStG

Aus der Vermietung des bebauten Grundstücks in Donaueschingen erzielt Frau B Einkünfte aus Vermietung und Verpachtung (§ 21 Abs. 1 Satz Nr. 1 EStG). Besondere Umstände, die gegen das Vorliegen der Einkunftserzielungsabsicht sprechen, ergeben sich aus dem Sachverhalt nicht. Bei den Einkünften aus Vermietung und Verpachtung ist bei einer auf Dauer angelegten Vermietungstätigkeit grundsätzlich ohne weitere Prüfung vom Vorliegen der Einkunftserzielungsabsicht auszugehen (BMF vom 8. 10. 2004 IV C 3 - S 2253 - 91/04, BStBl I S. 933). Vorliegend ist von einer auf Dauer angelegten Vermietungstätigkeit auszugehen, da diese nach den bei Beginn der Vermietung ersichtlichen Umständen keiner Befristung unterliegt (BMF vom 8. 10. 2004 IV C 3 - S 2253 - 91/04, BStBl I S. 933). Die Einkünfte sind als Überschuss der Einnahmen über die Werbungskosten zu ermitteln (§ 2 Abs. 2 Nr. 2 EStG).

Einnahmen in 2013 lt. Sachverhalt – 6 x 2 500 € =	15 000 €
Werbungskosten lt. Sachverhalt (außer Schuldzinsen)	20 000 €

Schuldzinsen sind Werbungskosten, soweit sie mit der Einkunftsart Vermietung und Verpachtung in wirtschaftlichem Zusammenhang stehen (§ 9 Abs. 1 Satz 3 Nr. 1 EStG). Ein wirtschaftlicher Zusammenhang liegt nach der ständigen Rechtsprechung dann vor, wenn die Schuldzinsen objektiv mit den angestrebten Einnahmen aus Vermietung und Verpachtung zusammenhängen und objektiv zur Förderung dieser Einnahmen aufgewendet werden. Für die auf den Zeitraum der Einkünfteerzielung vom 1. 1. 2013 bis 30. 6. 2013 entfallenden Schuldzinsen ist der wirtschaftliche Zusammenhang zweifellos gegeben. Das Hypothekendarlehen, für das die Schuldzinsen zu entrichten sind, wurde zur Finanzierung der Herstellungskosten des der Einnahmeerzielung dienenden Gebäudes geleistet. Da es auf den wirtschaftlichen und nicht auf den rechtlichen Zusammenhang ankommt ist es unerheblich, dass die Sicherung des Hypothekendarlehens durch Eintragung der Hypothek zu Lasten des eigengenutzten Einfamilienhauses in Bad Hersfeld und nicht zu Lasten des Grundstücks in Donaueschingen erfolgt ist, obwohl die Darlehensmittel zur Finanzierung der Herstellungskosten des auf diesem Grundstück errichteten Gebäudes verwendet wurden.

Nach der bisherigen Rechtsprechung des BFH sind Schuldzinsen, die auf die Zeit nach Beendigung der Nutzung eines der Erzielung von Einkünften aus Vermietung dienenden Grundstücks entfallen, auch dann nicht als Werbungskosten abziehbar, wenn die Kreditmittel der Finanzierung von Anschaffungs- oder Herstellungskosten gedient haben (H 21.2 EStH: Finanzierungskosten). Der zunächst mit den Einkünften aus Vermietung und Verpachtung bestehende wirtschaftlicher Zusammenhang endet, wenn das kreditfinanzierte Grundstück nicht mehr dieser Einkunftserzielung dient. Dies gilt jedenfalls für solche Verbindlichkeiten, die durch eine mögliche Verwertung des aus der Veräußerung erzielten Veräußerungserlöses zur Tilgung des zur Finanzierung der Anschaffungs- oder Herstellungskosen aufgenommenen Kredits ausgereicht hätten (BFH vom 19. 8. 1998 X R 96/95, BStBl 1999 II S. 353). Mit dem aus der Veräußerung des Grundstücks erzielten Veräußerungspreis von 800 000 € hätte Frau B die am 30. 6. 2013 bestehende Hypothekenschuld von max. 450 000 € ohne weiteres tilgen können. Der Umstand, dass die Bank bei vorzeitiger Rückzahlung auf einer Vorfälligkeitsentschädigung bestand, rechtfertigt nicht die Annahme eines Verwertungshindernisses. Die auf den Zeitraum seit dem 30. 6. 2013 wirtschaftlich entfallenden Schuldzinsen sind daher bei der Ermittlung der Einkünfte aus Vermietung und Verpachtung nicht als Werbungskosten abzugsfähig. Somit sind nur 20 000 € (6/12 von 40 000 €) als Werbungskosten bei der Ermittlung der Einkünfte aus Vermietung und Verpachtung zu berücksichtigen.

HINWEIS:
Ob im Hinblick auf die neuere Rechtsprechung des BFH zu § 17 EStG (BFH vom 8. 9. 2010 VIII R 1/10 (NV), BFH/NV 2011 S. 223; BFH vom 16. 3. 2010 VIII R 20/08; BStBl 2010 II S. 787; BFH vom16. 3. 2010 VIII R 36/07 (NV)BFH/NV 2010 S. 1795) auch Schuldzinsen nach Veräußerung eines der Erzielung von Einkünften aus Vermietung und Verpachtung dienenden Grundstücks als nachtägliche Werbungskosten bei der Ermittlung der Einkünfte aus Vermietung und Verpachtung (§ 21 EStG) oder des Gewinns aus privaten Veräußerungsgeschäften (§ 23 EStG) abzugsfähig wären, kann dahin gestellt bleiben, da vorliegend der erzielte Veräußerungspreis zur Tilgung des bestehenden Hypothekendarlehens ausgereicht hätte.

Wird der im Rahmen der Veräußerung eines der Erzielung von Einkünften aus Vermietung und Verpachtung dienenden Grundstücks erzielte Veräußerungspreis zur Erzielung von Einkünfte aus einer anderen Einkunftsart genutzt, stehen die durch die ursprünglichen Verbindlichkeiten verursachten Schuldzinsen nun in wirtschaftlichem Zusammenhang mit dieser neuen Einkunftsart und können bei dieser ggf. als Betriebsausgaben/Werbungskosten steuerlich geltend gemacht werden. (BFH vom 28. 3. 2007 X R 15/04; BStBl 2007 II S. 642). Dies gilt jedenfalls für die ursprünglich begründeten Verbindlichkeiten bis zu der Höhe, in der der erzielte Veräußerungspreis zur Erzielung von Einkünften aus der anderen Einkunftsart eingesetzt wird (BFH vom 19. 8. 1998 X R 96/95, BStBl 1999 II S. 353).

Ermittlung der Einkünfte:

Einnahmen	15 000 €
Werbungskosten:	
▶ Werbungskosten lt. Sachverhalt	./. 20 000 €
▶ Schuldzinsen	./. 20 000 €
Einkünfte aus Vermietung und Verpachtung (Verlust)	./. **25 000 €**

4. Sonstige Einkünfte – §§ 22, 23 EStG

Die Veräußerung des Grundstücks in Donaueschingen stellt ein privates Veräußerungsgeschäft dar (§ 23 EStG), durch das Frau B sonstige Einkünfte i. S. d. § 22 Nr. 2 i. V. m. § 23 EStG aus privaten Veräußerungsgeschäften erzielt. Ein privates Veräußerungsgeschäft liegt vor, weil der Zeitraum zwischen der Anschaffung des unbebauten Grundstücks am 2. 9. 2003 und seiner Veräußerung am 30. 6. 2013 nicht mehr als 10 Jahre beträgt (§ 23 Abs. 1 Satz 1 Nr. 1 Satz 1 EStG). Für die Berechnung der Veräußerungsfrist des § 23 Abs. 1 EStG ist grundsätzlich auf die der Anschaffung bzw. Veräußerung zu Grunde liegenden obligatorischen Geschäfte abzustellen (H 23 EStH: Veräußerungsfrist), das sind vorliegend die Zeitpunkte, zu denen der Kauf- bzw. Verkaufsvertrag notariell beurkundet wurden (§ 311b BGB).

Bei der Ermittlung des privaten Veräußerungsgewinns ist auch das durch Frau B errichtete Gebäude einzubeziehen (§ 23 Abs. 1 Satz 1 Nr. 1 Satz 2 EStG). Eine Freistellung des Veräußerungsgewinns nach § 23 Abs. 1 Satz 1 Nr. 1 Satz 3 EStG kommt nicht in Betracht, da das Gebäude im Jahr der Veräußerung (2013) und in den beiden vorangegangenen Jahren (2011/2012) nicht zu eigenen Wohnzwecken genutzt wurde.

Veräußerungsgewinn ist der Unterschied zwischen dem Veräußerungspreis einerseits und den Anschaffungs- und Herstellungskosten und Werbungskosten andererseits (§ 23 Abs. 3 Satz 1 EStG). Als Herstellungskosten sind nur die tatsächlich angefallenen Baukosten i. H. v. 450 000 € zu berücksichtigen, der Wert der eigenen Arbeitsleistung gehört nicht zu den Herstellungskosten (H 6.4 EStH: Arbeitsleistung). Zur Ermittlung des privaten Veräußerungsgewinns sind die Herstellungskosten des Gebäudes nach § 23 Abs. 3 Satz 4 EStG um die bei der Ermittlung der Einkünfte aus Vermietung und Verpachtung abgezogene AfA zu mindern.

Ermittlung der Einkünfte:

Veräußerungspreis		800 000 €
Anschaffungskosten Grund und Boden		./. 100 000 €
Herstellungskosen Gebäude	450 000 €	
AfA Gebäude bis 2004 bis 2012 lt. Sachverhalt	./. 191 250 €	
AfA Gebäude bis 2013 lt. Sachverhalt	./. 5 625 €	./. 253 125 €
Sonstige Einkünfte, § 22 Nr. 2 EStG		**446 875 €**

B. Einkünfte des Herrn B - Einkünfte aus Gewerbebetrieb, §§ 15, 17 EStG

Die Liquidation der Müll AG führt für Herrn B nach § 17 Abs. 1 Satz 1 i. V. m. Abs. 4 EStG zu Einkünften aus Gewerbebetrieb. Die Auflösung der Müll AG ist zwar keine Veräußerung der Anteile an dieser Kapitalgesellschaft (BMF vom 22. 12. 2009 IV C 1 - S 2252/08/10004 Tz. 63, BStBl 2010 I S. 94), wird aber nach § 17 Abs. 4 Satz 1 EStG einer Veräußerung der Anteile gleichgestellt.

Die Einkünfte unterliegen nicht der Besteuerung nach § 20 Abs. 2 Nr. 1 Satz 1 EStG als Einkünfte aus Kapitalvermögen, da die Einkünfte nach § 17 EStG zu den Einkünften aus Gewerbebetrieb gehören (§ 20 Abs. 8 Satz 1 EStG). § 32d EStG findet deshalb keine Anwendung (§ 32d Abs. 1 Satz 1 EStG).

Herr B war innerhalb der letzten fünf Jahre vor der Liquidation der Müll AG Beteiligter i. S. d. § 17 Abs. 1 EStG. Innerhalb dieses Zeitraums war er am Grundkapital der Müll AG unmittelbar zu mindestens 1 % beteiligt (§ 17 Abs. 1 Satz 1 EStG). Zur Ermittlung der Beteiligungsgrenze sind alle Aktien zu berücksichtigen, die Herrn B zuzurechnen sind (§ 39 Abs. 2 Nr. 2 AO). Zu berücksichtigen sind sowohl die unentgeltlich durch Erbfall als auch die entgeltlich von S und durch Börsenkauf erworbenen Aktien (unentgeltlicher Erwerb durch Erbfall: NW 3 000 € + entgeltlicher Erwerb von S: NW 3 000 € + Börsenkauf: NW 9 000 € = 15 000 €). Herr B ist somit im Zeitpunkt der Eröffnung des Insolvenzverfahrens mit Aktien im Nennwert von insgesamt 15 000 € an dem maßgebenden Grundkapital der Müll AG von 1 500 000 € und damit mit 1 % (15/1 500) beteiligt.

§ 17 Abs. 1 Satz 1 EStG setzt nicht voraus, dass die Beteiligung von mindestens 1 % fünf Jahre lang bestanden hat. Ausreichend ist, dass die erforderliche Mindestbeteiligung zu irgendeinem Zeitpunkt innerhalb der letzten fünf Jahre vor der Veräußerung bestanden hat (BFH vom 20. 12. 1988 VI R 55/84 (NV), BFH/NV 1990 S. 23). Ohne Bedeutung ist, wie lange die Beteiligung i. S. d. § 17 Abs. 1 Satz 1 EStG) innerhalb des 5-Jahreszeitraums bestanden hat (H 17. (2) EStH: Kurzfristige Beteiligung). Hierbei ist vom Zeitpunkt der Veräußerung (Auflösung) an zurückzurechnen. Unerheblich ist, ob hinsichtlich der durch Erbfall unentgeltlich erworbenen Aktien der Rechtsvorgänger Beteiligter i. S. des § 17 Abs. 1 EStG war. § 17 Abs. 1 Satz 4 EStG ist nur dann von Bedeutung, wenn der Veräußerer selbst nicht – ggf. unter Hinzurechnung der unentgeltlich erworbenen Anteile – wesentlich Beteiligter i. S. d. § 17 EStG ist.

Zeitpunkt der Gewinn- bzw. Verlustverwirklichung ist bei der Auflösung der Kapitalgesellschaft mit anschließender Liquidation normalerweise der Zeitpunkt des Abschlusses der Liquidation (H 17.7 EStH: Auflösung und Kapitalherabsetzung). Da nach dem Sachverhalt sowohl Eröffnung des Insolvenzverfahrens als auch Abschluss der Liquidation in 2013 liegen, kann hier dahingestellt bleiben, ob eine Gewinn- oder Verlustverwirklichung bereits vor Abschluss der Liquidation eingetreten ist (H 17.7 EStH: Auflösung und Kapitalherabsetzung).

Veräußerungsgewinn oder Veräußerungsverlust ist der Betrag, um den der Veräußerungspreis nach Abzug der Veräußerungskosten die Anschaffungskosten übersteigt (§ 17 Abs. 2 Satz 1 EStG). In den Fällen der Auflösung der Kapitalgesellschaft gilt das im Rahmen der Liquidation dem Gesellschafter zugeteilte Vermögen als Veräußerungspreis (§ 17 Abs. 4 Satz 2 EStG). Hinsichtlich der von V unentgeltlich erworbenen Aktien sind die Anschaffungskosten des Rechtsvorgängers maßgebend (§ 17 Abs. 2 Satz 5 EStG).

Der zur Ermittlung des Veräußerungsgewinns bzw. Veräußerungsverlustes anzusetzende Veräußerungspreis beträgt vorliegend 0 €, da nach dem Sachverhalt den Aktionären von der Müll AG i. R. der Liquidation kein Teil ihres Vermögens ausgezahlt wurde.

Nach § 3 Nr. 40 Satz 1 Buchst. c EStG findet das Teileinkünfteverfahren Anwendung; dies gilt auch dann, wenn im Rahmen der Liquidation keine Einnahmen erzielt werden. Für die Anwendung des § 3c Abs. 2 EStG reicht die Absicht zur Erzielung von Einnahmen i. S. d. § 3 Nr. 40 EStG aus (§ 3c Abs. 2 Satz 2 EStG). Zur Ermittlung des Veräußerungsverlustes nach § 17 EStG sind die Anschaffungskosten der Aktien nur zu 60 % zu berücksichtigen (§ 3c Abs. 2 Satz 1 EStG).

Der Veräußerungsverlust ermittelt sich nach § 17 Absatz 2 EStG wie folgt:

Veräußerungspreis − zugeteiltes Vermögen	0 €
Anschaffungskosten der Aktien:	
Erwerb von V	2 250 €
Erwerb von S (einschl. Nebenkosten)	+ 5 250 €
Erwerb an der Börse (einschl. Nebenkosten)	+ 13 100 €
AK insgesamt	20 600 €
40 % nicht abzugsfähige − § 3c Abs. 2 EStG	./. 8 240 €
abzugsfähig	./. 12 360 €
Veräußerungsverlust	**12 360 €**

Zu prüfen ist, ob und ggf. in welchem Umfang das Verlustausgleichsverbot nach § 17 Abs. 2 Satz 6 EStG eine Berücksichtigung des Veräußerungsverlustes ausschließt.

Der Veräußerungsverlust ist nicht nach § 17 Abs. 2 Satz 6 Buchst. b EStG uneingeschränkt ausgleichsfähig. Herr B ist erst seit den durch Erbfall am 25. 9. 2010 erworbenen Aktien im Nennwert von 3 000 € an der Müll AG als Gesellschafter beteiligt. Die Beteiligung i. S. des § 17 Abs. 1 Satz 1 EStG hat damit nicht ununterbrochen mehr als 5 Jahre vor der Veräußerung bestanden. Damit können die Aktien auch nicht bei Herrn B innerhalb der gesamten letzten fünf Jahre zu einer Beteiligung i. S. d. § 17 Abs. 1 Satz 1 EStG gehört haben. Zur Anwendung der Ausnahmeregelung des § 17 Abs. 2 Satz 6 Buchst. b EStG reicht es nicht aus, dass der Veräußerer – wie in § 17 Abs. 1 Satz 1 EStG – nur vorübergehend innerhalb des 5-Jahreszeitraums wesentlich beteiligt war.

Da die nach § 17 Abs. 4 Satz 1 EStG als veräußert geltenden Aktien nicht während der gesamten letzten 5 Jahre vor der Veräußerung zu einer Beteiligung i. S. d. § 17 Abs. 1 Satz 1 EStG gehört haben, ist zu prüfen, ob und in wie weit § 17 Abs. 2 Satz 6 Buchst. a Satz 2 und Buchst. b Satz 2 EStG die Anwendung des Verlustausgleichsverbots nach § 17 Abs. 2 Satz 1 EStG aufheben. Hierbei müssen die an der Müll AG gehaltenen Aktien auch im Rahmen eines einheitlichen Verkaufs unterschiedlich beurteilt werden, da die Aktien zu verschiedenen Zeitpunkten sowie teils entgeltlich, teils unentgeltlich erworben wurden und die Aktien nicht insgesamt innerhalb der gesamten letzten fünf Jahre zu einer Beteiligung i. S. d. § 17 Abs. 1 Satz 1 EStG gehört haben. Die zu verschiedenen Zeitpunkten erworbenen Aktien bilden kein einheitliches Wirtschaftsgut „Beteiligung" sondern behalten ihre rechtliche Selbständigkeit bei (BFH vom 7. 3. 1995 VIII R 29/93, BStBl II S. 693).

a) Der Verlust aus der Veräußerung der am 25. 9. 2010 unentgeltlich durch Erbfolge erworbenen Aktien im Nennwert von 3 000 € ist grundsätzlich nach § 17 Abs. 2 Satz 6 Buchst. b EStG nicht ausgleichsfähig, da der Erwerb innerhalb der letzten fünf Jahre erfolgte.

Von der Nichtabziehbarkeit ausgenommen wird nach § 17 Abs. 2 Satz 2 Buchst. a Satz 2 EStG der unentgeltliche Erwerb von Anteilen, für die der Rechtsvorgänger den Verlust hätte geltend machen können. Das Ausgleichsverbot findet hiernach keine Anwendung, da der Erblasser V an Stelle des Herrn B den Veräußerungsverlust nach § 17 Abs. 2 Satz 6 Buchst. b Satz 2 EStG hätte geltend machen können. Für V würde das Verlustausgleichsverbot im Veräußerungsfall keine Anwendung finden, da bei ihm der entgeltliche Erwerb im Jahr 2007 zur Begründung einer Beteiligung i. S. d. § 17 Abs. 1 Satz 1 EStG geführt hat (§ 17 Abs. 4 Satz 2 Buchst. b Satz 2 EStG). V hat im Jahr 2007 durch einheitliches Rechtsgeschäft Aktien der Müll AG im Nennwert von 6 000 € erworben und war damit zu mit mindestens 1 % (6 000/600 000) am Grundkapital der Müll AG beteiligt. Der Beteiligungsbegriff i. S. d. § 17 Abs. 1 Satz 4 EStG ist veranlagungsbezogen auszulegen, indem das Tatbestandsmerkmal „innerhalb der letzten 5 Jahre am Kapital der Gesellschaft wesentlich beteiligt" i. S. d. § 17 Abs. 1 Satz 1 EStG für jeden abgeschlossenen Veranlagungszeitraum jeweils nach der in diesem Veranlagungszeitraum geltenden Beteiligungsgrenze zu bestimmen ist (BFH vom 11. 12. 2012 IX R 7/12, BStBl 2013 II S. 372). Unerheblich ist, dass V nach der am 1. 4. 2010 vorgenommenen Kapitalerhöhung an der Müll AG nicht mehr wesentlich i. S. des § 17 Abs. 1 Satz 1 EStG beteiligt war. Auch nach der Kapitalerhöhung handelt es sich bei den von V gehaltenen Aktien bis zum Ablauf der 5-Jahresfrist des § 17 Abs. 1 Satz 1 EStG um steuerverhaftete Anteile i. S. d. § 17 EStG.

Veräußerungspreis		0 €
Anschaffungskosten – ½ von 4 500 € =		2 250 €
40 % nicht abzugsfähig - § 3 c Absatz 2 EStG	./.	900 €
abzugsfähig	1 350 €	./. 1 350 €
Ausgleichsfähiger Verlust – § 17 Abs. 2 Satz 6 Buchst. a Satz 2 EStG		**1 350 €**

b) Die Veräußerungsverluste aus der Veräußerung der entgeltlich erworbenen Aktien sind grundsätzlich nicht ausgleichsfähig (§ 17 Abs. 2 Satz 6 Buchst. b EStG), da diese Aktien nicht innerhalb der gesamten letzten fünf Jahre vor der Veräußerung zu einer Beteiligung i. S. d. § 17 Abs. 1 Satz 1 EStG gehört haben. Hierbei sind der Aktienerwerb von S und der Erwerb durch den Börsenkauf getrennt zu beurteilen.

aa) Erwerb vom 10. 10. 2011 von S

Der entgeltliche Erwerb der Aktien am 10. 10. 2011 von S im Nennwert von 3 000 € erfolgte vor Begründung einer Beteiligung i. S. d. § 17 Abs. 1 Satz 1 EStG, da Herr B auch nach dem Erwerb dieser Aktien zunächst nur mit 0,4 % (6 000/1 500 000) an der Müll AG beteiligt ist. Der Verlust aus der Veräußerung dieser Aktien ist daher nach § 17 Abs. 2 Satz 6 Buchst. b EStG nicht ausgleichsfähig. § 17 Abs. 2 Satz 6 Buchst. b Satz 2 EStG findet keine Anwendung.

bb) Erwerb vom Oktober 2011

Der Erwerb der Aktien im Oktober 2011 führte für Herrn B zur Begründung einer Beteiligung i. S. d. § 17 Abs. 1 Satz 1 EStG, da er seit dem Erwerb dieser Aktien insgesamt mit Aktien im Nennwert von 15 000 € und somit mit 1 % (15 000/1 500 000) am Grundkapital der Müll AG von 1 500 000 € beteiligt ist. Der Verlust aus der Veräußerung dieser Aktien ist ausgleichsfähig, da die veräußerten Aktien zur Begründung einer Beteiligung i. S. des § 17 Abs. 1 Satz 1 EStG geführt haben (§ 17 Abs. 2 Satz 6 Buchst. b Satz 2 EStG).

Veräußerungspreis		0 €
Anschaffungskosten – 12 500 € + Nebenkosten 600 €		13 100 €
40 % nicht abzugsfähig – § 3 c Abs. 2 EStG	./.	5 240 €
abzugsfähig	7 860 €	./. 7 860 €
ausgleichsfähiger Verlust – § 17 Abs. 2 Satz 6 Buchst. b Satz 2 EStG		**7 860 €**

> **HINWEIS:**
> Alternative: Vertretbar ist auch die Auffassung, dass der im Oktober 2011 erfolgte Erwerb der Aktien von S und der Börsenkauf als einheitlicher Erwerb zur Begründung einer Beteiligung i. S. d. § 17 Abs. 1 Satz 1 EStG geführt hat. Damit greift das Verlustausgleichsverbot des § 17 Abs. 2 Satz 6 Buchst. b EStG insgesamt für die entgeltlich erworbenen Aktien nicht. Hinsichtlich der entgeltlich erworbenen Aktien ist der Verlust nach § 17 Abs. 2 Satz 6 Buchst. b Satz 2 EStG insgesamt abzugsfähig. Der ausgleichsfähige Verlust von 7 860 € (s. o.) erhöht sich um 3 150 € (60 % von 5 250 €) auf 11 010 €.

C. Summe Einkünfte der Eheleute B für den Veranlagungszeitraum 2013

Einkünfte aus Gewerbebetrieb Frau B	363 026 €
Einkünfte aus Kapitalvermögen Frau B	0 €
Einkünfte aus Vermietung und Verpachtung Frau B	./. 25 000 €
Sonstige Einkünfte, § 22 Nr. 2 EStG Frau B	+ 446 875 €
Einkünfte aus Gewerbebetrieb – § 17 EStG – Herr B	
Ausgleichsfähiger Verlust – § 17 Abs. 2 Satz 6 Buchst. a Satz 2 EStG	./. 1 350 €
ausgleichsfähiger Verlust – § 17 Abs. 2 Satz 6 Buchst. b Satz 2 EStG	./. 7 860 €
Summe der Einkünfte	**775 691 €**

Aufgabe 2

a) Freibetrag nach § 32 Abs. 6 EStG

Nach § 32 Abs. 4 Satz 1 Nr. 2 Buchst. a EStG ist ein sich in der Berufsausbildung befindliches Kind i. S. d. § 32 Abs. 1 EStG zu berücksichtigen, wenn es das 18. aber noch nicht das 25. Lebensjahr vollendet. Ein volljähriges Kind wird grundsätzlich bis zum Abschluss einer erstmaligen Berufsausbildung oder eines Erststudiums berücksichtigt (BMF vom 7. 12. 2011 IV C 4 - S 2282/07/0001-01 Randnr. 1, BStBl 2011 I S. 1243). Nach Abschluss einer erstmaligen Berufsausbildung oder eines Erststudiums wird ein Kind, das das 18. aber noch nicht das 25. Lebensjahr vollendet, nur berücksichtigt, wenn das Kind keiner Erwerbstätigkeit nachgeht (§ 32 Abs. 4 Satz 2 EStG). Unschädlich ist eine geringfügige Beschäftigung (§ 32 Abs. 4 Satz 3 EStG).

Sohn S1 ist Kind i. S. d. § 32 Abs. 1 Nr. 1 EStG, da er als leibliches Kind der Frau B mit dieser im ersten Grad verwandt ist (§ 1589 BGB). Der am 19. 4. 1989 geborene S1 hat im Jahr 2013 sein 25. Lebensjahr noch nicht vollendet und befand sich in der Berufsausbildung. Ein Verwandtschaftsverhältnis zu Herrn B besteht nicht. Anhaltspunkte für ein Pflegeverhältnis (R 32.2 EStR) zwischen Herrn B und S1 ergeben sich nach dem Sachverhalt nicht.

Sohn S 1 befindet sich während des ganzen Jahres 2013 in der Berufsausbildung, da es sich bei dem Studium der Betriebswirtschaft und Informatik an der Universität Heidelberg um ein Studium an einer Hochschule handelt, das erst mit einer berufsqualifizierenden Hochschulprüfung und der Verleihung eines Hochschulgrad abgeschlossen wird (BMF vom 7. 12. 2011 IV C 4 - S 2282/07/0001-01 Randnr. 10, BStBl 2011 I S. 1243). Unerheblich ist, dass es sich bei dem Studium nicht um ein Erststudium i. S. d. § 32 Absatz 4 Satz 2 EStG handelt. Dem Studium ist bereits eine andere abgeschlossene nichtakademische Berufsausbildung in Form des erfolgreichen Abschlusses der Ausbildung zum Bankkaufmann vorangegangen (BMF vom 7. 12. 2011 IV C 4 - S

2282/07/0001-01 Randnr. 9, BStBl 2011 I S. 1243). S 1 ist auch nach Abschluss seiner erstmaligen Berufsausbildung nach § 32 Abs. 4 Nr. 2 EStG zu berücksichtigen, da er sich noch in der Berufsausbildung befindet und tatsächlich keiner Erwerbstätigkeit nachgeht (BMF vom 7. 12. 2011 IV C 4 - S 2282/07/0001-01 Randnr. 2, BStBl 2011 I S. 1243). Die Verwaltung eigenen Vermögens ist keine Erwerbstätigkeit (BMF vom 7. 12. 2 011 IV C 4 - S 2282/07/0001-01 Randnr. 23, BStBl 2011 I S. 1243). Für die steuerliche Berücksichtigung eines volljährigen Kindes sind dessen eigene Einkünfte und Bezüge unbeachtlich.

Bei der Veranlagung zur Einkommensteuer 2013 der Eheleute B ist für den Sohn S 1 ein **Kinderfreibetrag von 4 368 €** sowie ein **Freibetrag** von **2 640 €** für den **Ausbildungsbedarf** des Kindes vom Einkommen abzuziehen (§ 32 Abs. 6 Satz 3 EStG).

b) Freibetrage nach § 33a Abs. 2 EStG

Bei der Ermittlung des Einkommens 2013 der Frau B ist zur Abgeltung des Sonderbedarfs ihres sich in Berufsausbildung befindenden Sohnes S ein Freibetrag in Höhe von **924 €** zu berücksichtigen (§ 33a Abs. 2 EStG). Sohn S 1 war während des ganzen Kalenderjahres 2013 in Heidelberg, und damit auswärtig zur Berufsausbildung untergebracht.

Es kann davon ausgegangen werden, dass der Stpfl. in jedem Monat – auch in der unterrichts- und vorlesungsfreien Zeit – Aufwendungen entstanden sind, da sich das Studium über das ganze Jahr 2013 erstreckt hat (BFH vom 22. 3. 1996 III R 7/93, BStBl 1997 II S. 30).

2. Sachverhalt

X ist seit dem 1. 4. 2011 Kommanditist der X-KG mit einer im Handelsregister eingetragenen Hafteinlage von 10 000 €. Der einem Kommanditisten zuzurechnende Anteil am Verlust der Kommanditgesellschaft darf weder mit anderen Einkünften aus Gewerbebetrieb noch mit Einkünften aus anderen Einkunftsarten ausgeglichen werden, soweit ein negatives Kapitalkonto des Kommanditisten entsteht oder sich erhöht (§ 15a Abs. 1 Satz 1 EStG). Ein Verlustabzug nach § 10d EStG ist insoweit ebenfalls ausgeschlossen.

Der Wechsel des X aus seiner Stellung als Komplementär in die Stellung eines Kommanditisten findet am 1. 4. 2011 mit dem entsprechenden Gesellschafterbeschluss zur Änderung des Gesellschaftsvertrages statt (H 15a EStH: Wechsel der Rechtsstellung eines Gesellschafters). § 15a Abs. 1 Satz 1 EStG enthält keine ausdrückliche Regelung, auf welchen Zeitpunkt das Entstehens eines negativen Kapitalkontos des Kommanditisten durch die ihm zuzurechnenden Anteile am Verlust der KG zu prüfen ist. Nach der Rechtsprechung ergibt sich für § 15a EStG, dass auf die Voraussetzung der Kommanditistenstellung auf die Verhältnisse am Ende des Wj. (Bilanzstichtag) der Verlustentstehung abzustellen ist (BFH vom 14. 10. 2003 VIII R 81/02, BStBl 2004 II S. 118). Ob und in welchem Umfang durch den dem Kommanditisten zuzurechnenden Anteil am Verlust der KG ein negatives Kapitalkonto entstanden ist, ist dann nach den Verhältnissen des Wirtschaftsjahres, in dem der Verlust entstanden ist, zu beurteilen. Hierzu ist das Kapitalkonto zum Schlussbilanzstichtag des Wirtschaftsjahres der Verlustentstehung mit demjenigen zum Schlussbilanzstichtag des vorangegangenen Wirtschaftsjahres zu vergleichen (BFH vom 14. 10. 2003 VIII R 81/02, BStBl 2004 II S. 118; H 15a EStH: Wechsel der Rechtsstellung eines Gesellschafters).

Folge des Stichtagsprinzips ist, dass dann, wenn der Komplementär einer KG während des Wirtschaftsjahrs in die Kommanditistenstellung wechselt, der ihm für dieses Wj. zuzurechnende Verlustanteil insgesamt § 15a EStG untersteht und zur Ermittlung der Höhe des ausgleichsfähigen bzw. verrechenbaren Verlusts auf das Kapitalkonten zum Bilanzstichtag des Wj. der Statusänderung sowie zum Ende des vorangegangenen Wj. abzustellen ist. Die Verlustverwertungsbeschränkung des § 15a EStG ist dann für das gesamte Wirtschaftsjahr und damit für den dem Gesellschafter insgesamt zuzurechnenden Anteil am Gewinn bzw. Verlust der KG des Wirtschaftsjahres zu beachten (H 15a EStH: Wechsel der Rechtsstellung eines Gesellschafters). Der dem Gesellschafter X für das Wirtschaftsjahr 2011 des Gesellschafterwechsels zuzurechnende Verlustanteil von 30 000 € unterliegt damit insgesamt Verlustverwertungsbeschränkung § 15a EStG.

Hinsichtlich der Verlustanteile, die X ab dem Wirtschaftsjahr 2011 zuzurechnen sind, kommt die Verlustausgleichsbeschränkung des § 15a EStG zur Anwendung. Soweit ein Verlust hiernach nicht ausgeglichen oder abgezogen werden darf, mindert er als verrechenbarer Verlust die Gewinne, die dem Kommanditisten aus seiner Beteiligung an der KG in späteren Jahren zuzurechnen sind (§ 15a Abs. 2 EStG). Nach dem Sachverhalt wurde die im Handelsregister eingetragene Einlage von 10 000 € in voller Höhe geleistet. Eine die Einlage übersteigende erweiterte Außenhaftung nach § 171 Absatz 1 HGB besteht für X offensichtlich nicht. § 15a Abs. 1 Satz 2 EStG findet daher keine Anwendung. Das für die Anwendung des § 15a EStG maßgebende Kapitalkonto nach der Steuerbilanz der KG (BMF vom 30. 5. 1997 IV B 2 - S 2241 a - 51/93 II, BStBl I S. 627) entwickelt sich wie folgt:

Kapitalkonto 31. 12. 2009	+ 10 000 €
Verlust 2010	./. 30 000 €
Kapitalkonto 31. 12. 2010	./. 20 000 €
Verlust 2011	./. 30 000 €
Kapitalkonto 31. 12. 2011	./. 50 000 €
Erhöhung des Kommanditkapitals	+ 15 000 €
Verlust 2012	./. 10 000 €
Kapitalkonto 31. 12. 2012	./. 45 000 €
Verlust 2013	./. 12 000 €
Kapitalkonto 31. 12. 2013	./. **57 000 €**

a) **Verlustanteil 2011**

Durch den X zuzurechnenden Verlustanteil 2011 i. H. v. 30 000 € erhöht sich sein negatives Kapitalkonto vom 31. 12. 2010 von ./. 20 000 € zum 31. 12. 2011 auf ./. 50 000 €. Der Verlust 2011 i. H. v. 30 000 € ist nach § 15a Abs. 1 Satz 1 EStG nicht ausgleichsfähig und auch nicht nach § 10d EStG abzugsfähig. Der nicht ausgleichsfähige oder abzugsfähige Verlust (verrechenbarer Verlust) ist nach § 15a Absatz 4 Satz 1 EStG gesondert festzustellen.

b) Verlustanteil 2012

Der Verlustanteil des Jahres 2012 in Höhe von 10 000 € unterliegt nicht dem Verlustausgleichs- und Verlustabzugsverbot des § 15a Abs. 1 Satz 1 EStG, weil sich nach Berücksichtigung des Verlustes 2012 das negative Kapitalkonto vom 31. 12. 2011 nicht erhöht; durch die in 2012 bewirkte Einlage erfolgt ein Ausgleich.

c) Verlustanteil 2013

Der Verlustanteil des Jahres 2013 in Höhe von 12 000 € führt in voller Höhe zu einer Erhöhung des negativen Kapitalkontos. Grundsätzlich wäre somit der Verlust des Jahres 2013 nach § 15a Abs. 1 Satz 1 EStG nicht ausgleichs- oder abzugsfähig, sondern nur nach § 15a Abs. 4 EStG ein verrechenbarer Verlust.

Nach der Rechtsprechung (BFH vom 14. 10. 2003 VIII R 32/01, BStBl 2004 II S. 359, BFH vom 26. 6. 2007 IV R 28/06, BStBl II S. 934) führen jedoch Einlagen, die zum Ausgleich eines negativen Kapitalkontos geleistet und im Wirtschaftsjahr der Einlage nicht durch ausgleichsfähige Verluste verbraucht werden, regelmäßig zum Ansatz eines Korrekturpostens mit der weiteren Folge, dass – abweichend vom Wortlaut des § 15a Abs. 1 Satz 1 EStG – Verluste späterer Wirtschaftsjahre bis zum Verbrauch dieses Postens auch dann als ausgleichsfähig zu qualifizieren sind, wenn hierdurch (erneut) ein negatives Kapitalkonto entsteht oder sich erhöht.

Die Einlage im Jahr 2012 i. H. v. 15 000 € hat sich i. H. v. 5 000 € nicht ausgewirkt, da der für 2012 festgestellte und ausgleichsfähige Verlustanteil des X für das Jahr 2012 nur 10 000 € beträgt. Die Einlage schafft somit für die folgenden Jahre ein weiteres Verlustausgleichsvolumen von 5 000 €. Der Verlust des Jahres 2013 ist somit i. H. von 5 000 € ausgleichsfähig. In Höhe des verbleibenden Verlustes von 7 000 € ergibt sich ein verrechenbarer Verlust. In 2013 ist der verrechenbare Verlust nach § 15a Abs. 4 Satz 1 EStG mit **37 000 €** (verrechenbar Verlust 2011: 30 000 € + verrechenbarer Verlust 2013: 7 000 €) gesondert festzustellen.

Teil Ib - Gewerbesteuer

Aufgabe 1:

Der Gewerbesteuer unterliegt jeder stehende Gewerbebetrieb i. S. d. EStG, der im Inland betrieben wird (§ 2 Abs. 1 GewStG). Die sachliche Gewerbesteuerpflicht der unter § 2 Abs. 1 GewStG fallenden Einzelunternehmen und Personengesellschaften beginnt erst, wenn alle tatbestandlichen Voraussetzungen für die Annahme eines Gewerbebetriebs erfüllt sind (R 2.5 GewStR). Maßgebend ist der Beginn der werbenden Tätigkeit. Der Zeitpunkt der Eintragung in das Handelsregister ist ohne Bedeutung für den Beginn der Gewerbesteuerpflicht.

a) Gewerbebetrieb i. S. d. § 15 Abs. 3 Nr. 1 EStG

Die „Solar Strom GmbH & Co. KG" ist ein Gewerbebetrieb i. S. des § 15 Absatz 3 Nr. 1 EStG. Als Gewerbebetrieb gilt hiernach in vollem Umfang die mit Einkünfteerzielungsabsicht unternommene Tätigkeit einer Kommanditgesellschaft, wenn die Gesellschaft auch eine Tätigkeit i. S. d. § 15 Abs. 1 Nr. 1 EStG ausübt.

Nach § 15 Abs. 2 Satz 1 EStG ist ein Gewerbebetrieb eine selbständige nachhaltige Betätigung, die mit der Absicht Gewinn zu erzielen unternommen wird, und sich als Beteiligung am allgemeinen wirtschaftlichen Verkehr darstellt, wenn sie weder als Land- und Forstwirtschaft (§ 13 EStG) noch als Ausübung selbständiger Arbeit (§ 18 EStG) anzusehen ist und den Rahmen der privaten Vermögensverwaltung überschreitet (BFH vom 10.12.1998 III R 61/97, BStBl 1999 II S. 390).

Vorliegend kann nach dem Sachverhalt davon ausgegangen werden, dass die „Solar Strom GmbH & Co. KG" eine selbständige nachhaltige Betätigung ausübt. Von einer Gewinnerzielungsabsicht kann ausgegangen werden, da nach dem Geschäftsverlust bis 2007 ein Totalgewinn angestrebt wird.

Die Teilnahme am allgemeinen wirtschaftlichen Verkehr erfordert, dass der Unternehmer als Anbieter von Gütern und Leistungen am allgemeinen Markt gegen Entgelt für Dritte auftritt (BFH vom 10.12.1998 III R 61/97, BStBl 1999 II S. 390). Dies zeigt sich in erster Linie dadurch, dass das Unternehmen nach außen hin erkennbar am Leistungs- und Güteraustausch teilnimmt und von ihm nachhaltig eine Leistung erbracht wird (H 15.4 EStH: Allgemeines). Es genügt hierzu die Bereitschaft, an jeden die angebotene Leistung zu erbringen, der die Kaufbedingungen erfüllt. Für die einkommensteuerliche Beurteilung der Einkünfte als Einkünfte aus § 15 Abs. 1 EStG ist unerheblich, ab welchem genauen Zeitpunkt eine Beteiligung am allgemeinen wirtschaftlichen Verkehr vorliegt. Für die Beurteilung der Einkünfte als Einkünfte aus Gewerbebetrieb nach § 15 Abs. 1 Satz 1 EStG kommt es einkommensteuerrechtlich nicht darauf an, ob der Unternehmer tatsächlich seine Tätigkeit bereits aufgenommen hat. Vor Betriebseröffnung betrieblich veranlasste Aufwendungen, z. B. Aufwendungen zur Ingangsetzung des Gewerbebetriebs (§§ 269, 282 HGB), sind als Betriebsausgaben abziehbar, soweit sie nicht zu aktivieren sind (§ 259 HGB). Es muss nur ein ausreichender Zusammenhang mit der Gewinnerzielungsabsicht bestehen. Im Wirtschaftsjahr nicht ausgleichbare Verluste können i. R. d. § 10d EStG abgezogen werden.

HINWEIS:

Die Bilanzierungshilfe für Aufwendungen für die Ingangsetzung und Erweiterung des Geschäftsbetriebs (§ 269 HGB) wurde durch das BilMoG ersatzlos gestrichen.

b) gewerblich geprägte Personengesellschaft i. S. d. § 15 Abs. 3 Nr. 2 EStG

Die „Solar Strom GmbH & Co. KG" ist nicht als gewerblich geprägte Personengesellschaft zu beurteilen. Nach § 15 Abs. 3 Nr. 2 EStG gilt die mit Einkünfteerzielungsabsicht unternommene Tätigkeit einer Personengesellschaft dann in vollem Umfang als Gewerbebetrieb, wenn bei ihr ausschließlich eine oder mehrere Kapitalgesellschaften persönliche haftende Gesellschafter sind und nur diese oder Personen, die nicht Gesellschafter sind, zur Geschäftsführung befugt sind. Diese Voraussetzung erfüllt die „Solar Strom GmbH & Co. KG", da alleinige Komplementärin und Geschäftsführerin die "Solar Strom GmbH" ist. Weitere Voraussetzung für die Anwendung des § 15 Abs. 3 Nr. 2 EStG ist, dass die Gesellschaft **keine** Tätigkeit i. S. d. § 15 Abs. 1 Satz 1 EStG ausübt. Vorliegend erfüllt die „Solar Strom GmbH & Co. KG" diese Voraussetzung nicht, da sie – wie festgestellt – ab dem Jahr 2007 eine Tätigkeit i. S. d. § 15 Abs. 1 Satz 1 Nr. 1 EStG ausübt. Damit scheidet eine Beurteilung der Solar Strom GmbH & Co. KG als gewerbliche geprägte Personengesellschaft nach § 15 Abs. 3 Nr. 2 EStG aus.

c) Gewerbebetrieb i. S. d. GewStG

Die Begriffe des Gewerbebetriebs i. S. von § 15 EStG und § 2 Abs. 1 GewStG stimmen inhaltlich grundsätzlich überein. Unterschiede bestehen zeitlich insofern, als der Gewerbebetrieb i. S. d. § 15 EStG früher beginnt und später endet als der Gewerbebetrieb i. S. v. § 2 Abs. 1 GewStG.

Die Gewerbesteuerpflicht beginnt erst, wenn alle tatbestandlichen Voraussetzungen eines Gewerbebetriebs (§ 15 Abs. 2 EStG) vorliegen. Während die Einkommensteuer als Personensteuer beim gewerblichen Gewinn alle betrieblichen Vorgänge von den ersten Vorbereitungshandlungen zur Betriebseröffnung bis zur Veräußerung oder Entnahme der letzten betrieblichen Wirtschaftsgüter berücksichtigt, ist Gegenstand der Gewerbesteuer nur der durch den laufenden Betrieb eines **stehenden** Gewerbebetriebs anfallende Gewinn oder Verlust (BFH vom 13. 11. 1963 GrS 1/63 S, BStBl 1964 III S. 124). Erforderlich ist hierzu, dass die angebotene Leistung zum Zeitpunkt des Vertragsabschlusses auch tatsächlich erbracht werden kann (BFH vom 17. 4. 1986 IV R 100/84, BStBl 1986 II S. 527). Lediglich der Abschluss von Lieferungsverträgen mit den Kunden reicht nicht aus, um eine Teilnahme am allgemeinen wirtschaftlichen Verkehr zu begründen. Erforderlich ist, dass sich das Unternehmen auch tatsächlich mit eigenen gewerblichen Leistungen am allgemeinen wirtschaftlichen Verkehr beteiligt. Bei der Ermittlung des Gewerbeertrags (§ 7 GewStG) sind deshalb Betriebseinnahmen und Betriebsausgaben auszuscheiden, die nicht mit der Unterhaltung des **laufenden** Gewerbetriebs zusammenhängen (R 7.1 Absatz 3 GewStR).

Vorliegend ist fraglich, ob und ab wann bei der „Solar Strom GmbH & Co. KG" das für die Annahme eines Gewerbebetriebs erforderliche Tatbestandsmerkmal „Beteiligung am allgemeinen wirtschaftlichen Verkehr" gegeben ist.

Der Zeitpunkt der Eintragung des Unternehmens in das Handelsregister ist für den Beginn der Gewerbesteuerpflicht ohne Bedeutung. Auch durch die Rechtsform des Unternehmens als GmbH & Co.KG wird die Gewerbesteuerpflicht nicht bereits mit der Eintragung ins Handelsregister begründet. Die Gewerbesteuerpflicht der in der Rechtsform der GmbH & Co. KG betriebenen „Solar Strom GmbH & Co. KG" beginnt mit der ersten Teilnahme am allgemeinen wirtschaftlichen Verkehr und damit nicht vor der Auslieferung der ersten Sonnenkollektoren Mitte Januar 2010. Vorbereitungshandlungen führen auch bei der GmbH & Co. KG nicht zum Beginn der Gewerbesteuerpflicht (BFH vom 17. 4. 1986 IV R 100/84, BStBl 1986 II S. 527).

Die Anlaufverluste können auch nicht unter dem Gesichtspunkt der gewerblichen Prägung gewerbesteuerlich anerkannt werden, weil die Solar Strom GmbH & Co. KG – wie festgestellt – keine gewerblich geprägte Personengesellschaft i. S. d. § 15 Abs. 3 Nr. 2 EStG ist.

Die sachliche Gewerbesteuerpflicht Solar Strom GmbH & Co. KG beginnt somit erst mit der ersten Lieferung Mitte Januar 2010. Die in den Jahren 2007 bis 2009 entstandenen Anlaufverluste können gewerbesteuerlich **nicht** berücksichtigt werden, da die Gewerbesteuer eine Objektivsteuer ist, die nur den laufenden (stehenden) Gewerbebetrieb zum Gegenstand hat.

Aufgabe 2:

Wie oben dargestellt, können die Gewerbeverluste erst ab dem Erhebungszeitraum 2010 berücksichtigt werden.

Nach § 10a GewStG vortragfähige und gesondert festzustellende Verluste:

			Gewerbeertrag		
2010	Erträge	200 000 €			
	Aufwendungen	210 000 €	./. 10 000 €		10 000 €
2010				Verlustfeststellung	10 000 €
2011	Erträge	210 000 €			
	Aufwendungen	200 000 €	./. 10 000 €		+ 10 000 €
2011				Verlustfeststellung	20 000 €
2012	Erträge	200 000 €			
	Aufwendungen	195 000 €	+ 5 000 €		
	Verlustabzug		./. 5 000 €		./. 5 000 €
	Gewerbeertrag		0 €		
2012				Verlustfeststellung	15 000 €
2013	Erträge	220 000 €			
	Aufwendungen	150 000 €	70 000 €		
	Verlustabzug		./. 15 000 €		./. 15 000 €
	Gewerbeertrag		55 000 €	Verlustfeststellung	0 €

Zum Ende des Erhebungszeitraums 2013 muss eine auf 0 € lautende gesondert Feststellung ergehen.

Aufgabe 3:

Die GmbH gilt nach § 2 Abs. 2 GewStG als Gewerbebetrieb kraft Rechtsreform. Ihre Gewerbesteuerpflicht beginnt mit ihrer Eintragung in das Handelsregister am 27. 4. 2008 (R 2.5 Abs. 2 Satz 1 GewStR). Sie unterliegt unabhängig von der Art ihrer Tätigkeit der Gewerbesteuer. Für die Vorgesellschaft beginnt die Gewerbesteuerpflicht mit dem Tätigwerden nach außen; sie muss sich also am allgemeinen wirtschaftlichen Verkehr beteiligen. Bei gleicher Sachverhaltslage ist ein Tätigwerden der Vorgesellschaft nach außen und damit eine Beteiligung am allgemeinen wirtschaftlichen Verkehr zu verneinen (s. o. 1). In diesem Fall beginnt die Gewerbesteuerpflicht mit der Eintragung der GmbH in das Handelsregister am 27. 4. 2008. Die ab diesem Zeitpunkt entstandenen Verluste sind nach § 10a GewStG vortragsfähig.

Nach § 10a GewStG vortragfähige und gesondert festzustellende Verluste:

			Gewerbeertrag		
2008	Erträge	0 €			
	Aufwendungen	7 500 €	./. 7 500 €		7 500 €
				Verlustfeststellung	*) 7 500 €
2009	Erträge	0 €			
	Aufwendungen	40 000 €	./. 40 000 €		40 000 €
				Verlustfeststellung	47 500 €

Jahr					
2010	Erträge	200 000 €			
	Aufwendungen	210 000 €	./. 10 000 €		10 000 €
2010				Verlustfeststellung	57 500 €
2011	Erträge	210 000 €			
	Aufwendungen	200 000 €	./. 10 000 €		+ 10 000 €
2011				Verlustfeststellung	67 500 €
2012	Erträge	200 000 €			
	Aufwendungen	195 000 €	+ 5 000 €		
	Verlustabzug		./. 5 000 €		./. 5 000 €
	Gewerbeertrag		0 €		
2012				Verlustfeststellung	62 500 €
2013	Erträge	220 000 €			
	Aufwendungen	150 000 €	70 000 €		
	Verlustabzug		./.15 000 €		./. 15 000 €
	Gewerbeertrag		55 000 €	Verlustfeststellung	47 500 €

*) Der Verlust 2008 ist nicht vortragsfähig, soweit er auf die Zeit bis zur Eintragung der GmbH am 27.4.2008 entfällt. Mangels Sachverhaltsangaben kann eine notwendige Aufteilung nicht vorgenommen werden.

Teil II Körperschaftsteuer

Aufgabe 1 – Beurteilung der Organschaft

Zu prüfen ist, ob zwischen der X-GmbH und der O-GmbH eine steuerlich anzuerkennende Organschaft vorliegt. Diese kann zwischen einem gewerblichen Unternehmen (Organträger) und einer Kapitalgesellschaft (Organgesellschaft) bestehen. Hiervon ist auszugehen, wenn sich die Kapitalgesellschaft (Organgesellschaft) durch einen Gewinnabführungsvertrag i.S.d. § 291 Abs. 1 AktG verpflichtet, ihren **ganzen** Gewinn an ein **einziges** anderes gewerbliches Unternehmen (Organträger) abzuführen (§ 14 Abs. 1 Satz 1 KStG). Das Einkommen der Organgesellschaft ist dann, soweit sich aus § 16 KStG nichts anderes ergibt, unter Beachtung der besonderen Vorschriften des § 15 KStG dem Träger des Unternehmens (Organträger) zuzurechnen, wenn im Übrigen die Voraussetzungen der §§ 14-17 KStG erfüllt sind.

1. Organträger

Organträger kann nur ein gewerbliches Unternehmen sein, dass die Voraussetzungen eines Gewerbebetriebs i.S.d. § 2 GewStG erfüllt. Damit kann auch eine nicht von der Körperschaftsteuer befreite Körperschaft Organträger sein (§ 14 Abs. 1 Nr. 2 Satz 1 KStG).

Die X-GmbH hat ihre Geschäftsleitung (§ 10 AO) in Frankfurt und damit im Inland. Sie ist als Kapitalgesellschaft nach § 1 Abs. 1 Nr. 1 KStG unbeschränkt körperschaftsteuerpflichtig. Ihre Tätigkeit gilt nach § 2 Abs. 2 GewStG stets und in vollem Umfang als Gewerbebetrieb. Sie kann damit Organträger sein.

2. Organgesellschaft

Organgesellschaft kann grundsätzlich nur eine Europäische Gesellschaft, Aktiengesellschaft oder Kommanditgesellschaft auf Aktien mit **Geschäftsleitung** im Inland und **Sitz** in einem Mitgliedstaat der Europäischen Union oder in einem Vertragsstaat des EWR-Abkommens sein (§ 14 Abs. 1 Satz 1 KStG). Nach § 17 Satz 1 KStG gelten die Vorschriften der §§ 14-16 KStG entsprechend für andere Kapitalgesellschaften mit Geschäftsleitung im Inland und Sitz in einem Mitgliedstaat der Europäischen Union oder in einem Vertragsstaat des EWR-Abkommens. Darunter fällt hier die O-GmbH (§ 1 Abs. 1 Nr. 1 KStG).

Die O-GmbH besteht seit Abschluss des notariell beurkundeten Gesellschaftsvertrags vom 1. 7. 2012 zunächst als sog. **Vorgesellschaft**, d. h. als Kapitalgesellschaft im Gründungsstadium, die noch keine eigene Rechtsfähigkeit besitzt. Ihre Rechtsfähigkeit erlangt die GmbH erst mit der Eintragung in das Handelsregister am 1. 10. 2012 (§ 11 Abs. 1 GmbHG).

Die Körperschaftsteuerpflicht der O-GmbH beginnt jedoch nicht erst mit der Erlangung ihrer Rechtsfähigkeit durch die Eintragung in das Handelsregister (§ 11 GmbHG), sondern erstreckt sich auch auf die mit Abschluss des notariellen Gesellschaftsvertrags (§ 2 GmbHG) errichtete Vorgesellschaft (H 2 KStH: Beginn der Steuerpflicht). Steuerrechtlich bilden die Vorgesellschaft und die ihr nachfolgende, durch Eintragung in das Handelsregister entstandene GmbH eine Einheit, die ihren Sitz (§ 11 AO) und ihre Geschäftsleitung (§ 10 AO) in Kassel und damit im Inland hat. Die Vorgesellschaft und die ihr nachfolgende GmbH ist nach § 1 Abs. 1 Nr. 1 KStG **unbeschränkt körperschaftsteuerpflichtig**. Als unbeschränkt körperschaftsteuerpflichtige Kapitalgesellschaft kann die O-GmbH Organgesellschaft der X-GmbH sein.

Die **persönliche Steuerpflicht** der Organgesellschaft O-GmbH bleibt von der Organschaft unberührt. Sie erzielt ein **eigenes Einkommen**, das von dem des Organträgers getrennt zu ermitteln ist. Die Organgesellschaft hat nach § 16 KStG nur eventuelle Ausgleichszahlungen an außen stehende Anteilseigner als eigenes Einkommen selbst zu versteuern. Ihr übriges Einkommen wird dem Organträger zugerechnet und ist von diesem zu versteuern (§ 14 Abs. 1 Satz 1 KStG).

Das Wirtschaftsjahr 2012 der O-GmbH erstreckt sich als Rumpfwirtschaftsjahr (§ 6 Abs. 1 EStDV) auf den Zeitraum vom 1. 7. - 31. 12. 2012. In das Geschäftsergebnis des Rumpfwirtschaftsjahres 2012 ist der **Verlust des 3. Quartals 2012** einzubeziehen, da die Vorgesellschaft und die durch Eintragung in das Handelsregister entstandene GmbH steuerrechtlich eine Einheit bilden (s. o.). Im Jahr 2013 erstreckt sich das Wirtschaftsjahr der O-GmbH auf das ganze Kalenderjahr 2013.

3. Finanzielle Eingliederung

Die körperschaftsteuerliche Organschaft setzt voraus, dass die O-GmbH als Organgesellschaft während ihres gesamten Wirtschaftsjahres ununterbrochen finanziell in das Unternehmen des Organträgers X-GmbH eingegliedert ist (§ 17 i. V. m. § 14 Abs. 1 Satz 1 Nr. 1 KStG). Dies ist dann der Fall, wenn dem Organträger X-GmbH vom Beginn des Wirtschaftsjahres der Organgesellschaft O-GmbH an, für das die Folgen der Organschaft eintreten sollen, ununterbrochen die **Mehrheit der Stimmrechte** aus den Anteilen (R 59 Abs. 1 Satz 2 KStR) an der Organgesellschaft zustehen (§ 14 Abs. 1 Nr. 1 Satz 1 KStG). Die Beteiligung an der Organgesellschaft muss ununterbrochen während der **gesamten Dauer der Organschaft** dem Betriebsvermögen einer inländischen Betriebsstätte i. S. d. § 12 AO des Organträgers zuzuordnen sein (§ 14 Abs. 1 Satz 1 Nr. 2 KStG).

Die Stimmrechte und die Beteiligungen an der O-GmbH sind identisch. Die X-GmbH ist an der O-GmbH seit dem 1.7.2012 mit 70 % der Anteile beteiligt und hat daher auch auf Grund ihrer unmittelbaren Beteiligung die Stimmrechtsmehrheit an der Organgesellschaft (§ 17 i.V. m. § 14 Abs. Nr. 1 KStG). Das Wirtschaftsjahr der O-GmbH entspricht dem Kalenderjahr. Die Beteiligung an der O-GmbH gehört zum Beriebsvermögen der inländischen X-GmbH. Die notwendige finanzielle Eingliederung der O-GmbH in die X-GmbH ist somit seit dem 1.1.2013, mit dem Beginn ihres Wirtschaftsjahres, für das der Gewinnabführungsvertrag wirksam werden soll, gegeben.

4. Gewinnabführungsvertrag (GAV)

Die Anerkennung eines körperschaftsteuerlichen Organschaftsverhältnisses zwischen einem gewerblichen Unternehmen (Organträger) und einer Kapitalgesellschaft (Organgesellschaft) erfordert einen **Gewinnabführungsvertrag** i. S. d. § 291 Abs. 1 AktG (§ 14 Abs. 1 Satz 1 KStG). Im Falle der Organschaft zwischen einer GmbH und einer anderen GmbH muss der GAV einen mit § 291 Abs. 1 AktG vergleichbaren Regelungsinhalt beinhalten, der den Voraussetzungen der §§ 14 Abs. 1 KStG i.V. m. § 17 KStG entsprechen muss (R 66 Abs. 4 i.V. m. R 60 KStR). Hiernach muss sich auch eine andere als in § 14 Abs. 1 Satz 1 KStG bezeichnete Kapitalgesellschaft **wirksam verpflichten**, ihren ganzen Gewinn an ein anderes Unternehmen i. S. d. § 14 KStG abzuführen (§ 17 Abs. 1 Satz 1 KStG).

a) Zivilrechtliche Wirksamkeit

Die steuerliche Anerkennung eines GAV setzt voraus, dass dieser **zivilrechtlich wirksam** abgeschlossen wurde. Der zwischen der X-GmbH und der O-GmbH am 1.2.2013 geschlossene Vertrag ist als GAV i. S. d. § 291 Absatz 1 AktG zu beurteilen, da sich hierin die O-GmbH dazu **gesellschaftsrechtlich** verpflichtet, ihren ganzen Gewinn nach Maßgabe des § 301 AktG an die X-GmbH abzuführen. Dem am 1.2.2013 **notariell beurkundeten** Vertrag stimmten die Gesellschafterversammlung der X-GmbH am 1.8.2013 und die Gesellschafterversammlung der O-GmbH am 1.10.2013 zu (R 66 Abs. 1 Satz 1 KStR). Es wird davon ausgegangen, dass die notarielle Beurkundung des Zustimmungsbeschlusses der Gesellschafterversammlung der beherrschten O-GmbH erfolgt ist. Der zwischen der X-GmbH und der O-GmbH in der zivilrechtlich notwendigen Form abgeschlossene GAV erlangt seine **zivilrechtliche Wirksamkeit** mit seiner **Eintragung in das Handelsregister** am 15.11.2013 (R 60 Abs. 1 Satz 2, R 66 Abs. 1 Satz 1 KStR), somit bis zum Ende des Wirtschaftsjahres 2013 der Organgesellschaft, für das die Folgen der steuerlichen Organschaft erstmals eintreten sollen (BMF vom 10.11.2005 IV B 7 - S 2770 - 24/05, BStBl 2005 I S. 1038).

b) Mindestlaufzeit des Gewinnabführungsvertrags

Nach § 14 Abs. 1 Satz 1 Nr. 3 KStG muss der GAV auf einen Zeitraum von **mindestens fünf Zeitjahren** zivilrechtlich wirksam abgeschlossen sein (R 60 Abs. 2 KStR). Der Zeitraum beginnt am 1.1.2013 mit dem Anfang des Wirtschaftsjahres 2013, da für dieses Wirtschaftsjahr die Rechtsfolgen des § 14 Satz 1 KStG erstmals eintreten sollen (R 60 Abs. 2 KStR). Die Mindestlaufzeit ist erfüllt, da der GAV bis zum 31.12.2022 gültig sein soll und somit mindestens 5 Zeitjahre umfasst.

c) Gewinnabführungsverpflichtung

Die organschaftliche Gewinnabführung hat ihre Veranlassung insgesamt ausschließlich in dem abgeschlossenen GAV. Maßgeblich für den Umfang der Gewinnabführungspflicht der Organgesellschaft ist § 301 AktG (§ 17 Satz 2 Nr. 1 KStG). Was als Gewinn i. S. v. § 14 KStG zu verstehen ist, bestimmt sich durch Verweis in § 14 Abs. 1 Satz 1 KStG auf § 291 Absatz 1 AktG allein nach dem Zivilrecht.

aa) Jahresüberschuss vor Gewinnabführung

Die O-GmbH als Organgesellschaft muss sich entsprechend § 291 Abs. 1 AktG **wirksam** verpflichten ihren **ganzen Gewinn** an den Organträger X-GmbH abzuführen (§ 14 Nr. 3 KStG i.V. m. § 17 Satz 1 KStG). Handelsrechtlich erstreckt sich die Gewinnabführungsverpflichtung auf den bilanziell im jeweiligen Jahr ausgewiesenen **Jahresüberschuss nach Verlustabzug** des Vorjahres und **vor** Gewinnabführung. Hiernach **kann** die Organgesellschaft handelsrechtlich und **muss** steuerlich sich zwingend dazu **verpflichten**, den sich bei ihr ohne die Gewinnabführung ergebenden Jahresüberschuss vermindert um einen Verlustvortrag aus dem Vorjahr (§ 158 Absatz 1 Nr. 1 AktG) und um den Betrag, der nach § 300 AktG in die gesetzliche Rücklage einzustellen ist, und den nach § 268 Abs. 8 HGB ausschüttungsgesperrten Betrag, abführen (R 66 Abs. 2 KStR). Sie kann als Organgesellschaft, gleichgültig welche Vereinbarungen über die Berechnung des abzuführenden Gewinns getroffen worden sind, als ihren Gewinn **höchstens** den sich ohne die Gewinnabführung ergebenden Jahresüberschuss abführen (§ 301 Abs. 1 AktG).

Ein vor dem Inkrafttreten des GAV vorhandener Gewinnvortrag darf weder abgeführt noch zum Ausgleich eines aufgrund des GAV vom Organträger auszugleichenden Jahresfehlbetrags (Verlustübernahme) verwendet werden, da der Jahresüberschuss i. S. d. § 301 AktG nicht einen Gewinnvortrag (§ 158 Abs. 1 Nr. 1 AktG, § 266 Abs. 3 HGB) umfasst (R 60 Abs. 4 Satz 2 KStR). Die Abführung des ganzen Gewinns setzt voraus, dass die Gewinnabführungsverpflichtung im Jahresabschluss der Organgesellschaft als Verbindlichkeit ausgewiesen wird und der Jahresabschluss hiernach keinen Bilanzgewinn (§ 268 Abs. 1 HGB, § 158 AktG) mehr ausweist (R 60 Abs. 3 Satz 2 KStR).

bb) Höchstbetrag der Gewinnabführung (§ 301 AktG)

Die Regelungen zum **Höchstbetrag** der Gewinnabführung nach § 301 AktG sind ungeachtet ggf. abweichender vertraglicher Vereinbarungen **zwingend** zu beachten. Die steuerliche Anerkennung des Gewinnabführungsvertrags setzt nach § 14 Abs. 1 Satz 1 KStG voraus, dass der Gewinnabführungsvertrag die Höchstgrenze des § 301 AktG **ausschöpft** und darf diesen nicht **überschreiten** (§ 17 Satz 2 Nr. 1 KStG).

Eine Regelung über die Gewinnabführung entsprechend § 301 AktG (§ 17 Abs. 2 Nr. 1 KStG) enthält der Vertrag vom 1.2.2013. Für Organgesellschaften in der Rechtsform der GmbH fordert § 17 Satz 2 Nr. 1 KStG nicht, dass die Begrenzung der Gewinnabführung gem. § 301 AktG in den Gewinnabführungsvertrag ausdrücklich aufgenommen wird (BMF vom 14.1.2010 IV C 2 - S 2770/09/10002, BStBl 2010 I S. 65).

cc) Verlustübernahme (§ 302 AktG)

Besteht ein Gewinnabführungsvertrag, so **hat** der andere Vertragsteil jeden während der Vertragsdauer sonst entstehenden Jahresfehlbetrag auszugleichen, soweit dieser nicht durch Entnahme aus den anderen Gewinnrücklagen ausgeglichen wird, die **während** der Vertragsdauer in sie eingestellt worden sind (§ 302 Abs. 1 AktG, R 60 Abs. 3 Satz 6 KStR). Ein vorhandener Verlustvortrag ist in den Posten „Bilanzgewinn/Bilanzverlust" einzubeziehen (§ 268 Abs. 2 Satz 2 HGB).

Eine körperschaftsteuerrechtliche Organschaft mit einer GmbH als Organgesellschaft setzt nach § 17 Satz 2 Nr. 2 KStG voraus, dass in dem GAV eine Verlustübernahme **ausdrücklich** durch Verweis auf § 302 AktG vereinbart wird (R 66 Abs. 3 Satz 2 KStR).

Der Vertrag vom 1. 2. 2013 erfüllt § 17 Satz 2 Nr. 2 KStG, da die X-GmbH sich hierin dazu vertraglich verpflichtet, die während der Vertragsdauer entstandenen Jahresfehlbeträge nach den in § 302 Abs. 1 und 2 AktG beschriebenen Grundsätzen auszugleichen (BMF vom 19. 10. 2010 IV C 2 - S 2770/08/10004, BStBl 2010 I S. 836; H 66 KStH: Vereinbarung der Verlustübernahme). Der Durchführung des GAV steht nicht entgegen, dass der an den Organträger abzuführende Gewinn entsprechend dem gesetzlichen Gebot in § 301 AktG durch einen beim Inkrafttreten des GAV vorhandenen Verlustvortrag gemindert wird (R 60 Abs. 5 Satz 1 Nr. 1; R 64 Satz 2 KStR).

Der Umstand, dass der GAV keine Regelung hinsichtlich einer Verzinsung eines Verlustausgleichsanspruchs (§ 352, § 353 HGB) enthält, hat keine Auswirkungen auf die steuerliche Anerkennung der Organschaft (BMF vom 15. 10. 2007 IV B 7 - S 2770/0, BStBl 2007 I S. 765).

dd) Gewinnrücklagen

Von der Gewinnabführung sind die **vororganschaftlichen Gewinnrücklagen** sowie die der Organgesellschaft vor- bzw. innerorganschaftlich zugeführten Kapitalrücklagen ausgeschlossen (§ 14 Abs. 3 Satz 2 KStG). Eine Regelung, nach der eine Abführung von Erträgen aus der Auflösung vorvertraglicher Rücklagen (§ 272 Abs. 3 HGB, § 301 AktG) ausgeschlossen ist, erübrigt sich hier, weil die O-GmbH erst am 1. 7. 2012 durch Neugründung errichtet wurde und im Hinblick auf ihren Verlust im Wirtschaftsjahr 2012 derartige Rücklagen noch nicht vorhanden sind.

Die Organgesellschaft darf nach § 14 Abs. 1 Satz 1 Nr. 4 KStG während des Bestehens des GAV Beträge aus dem Jahresüberschuss insoweit in die **Gewinnrücklagen** (§ 272 Abs. 3 und 4 HGB) mit Ausnahme der gesetzlichen Rücklagen einstellen, als dies bei vernünftiger kaufmännischer Beurteilung wirtschaftlich begründet ist (R 60 Abs. 5 Nr. 3 Satz 1 KStR). Für die Bildung der Rücklagen muss ein konkreter Anlass gegeben sein, der es aus objektiver unternehmerischer Sicht rechtfertigt, eine Rücklage zu bilden (R 60 Abs. 5 Nr. 3 Satz 3 KStR). Der Vertrag vom 1. 2. 2013 enthält eine entsprechende Regelung über die Zuführung von Beträgen aus dem Jahresüberschuss in die Gewinnrücklagen nach Maßgabe des § 14 Abs. Satz 1 Nr. 4 KStG.

Hat die Organgesellschaft Teile ihres Jahresüberschusses zulässigerweise nach § 14 Abs. 1 Nr. 4 KStG in eine Gewinnrücklage eingestellt (§ 272 Abs. 3 und 4 HGB), mindert diese zwar nach § 291 AktG die Gewinnabführungsverpflichtung der Organgesellschaft, nicht aber das dem Organträger zuzurechnende Einkommen. Die in die Gewinnrücklagen eingestellten Beträge werden mit dem zuzurechnenden Einkommen beim Organträger versteuert (R 63 Abs. 1 Satz 1 KStR). Nach § 275 Abs. 4 HGB dürfen Veränderungen der Gewinnrücklagen in der Gewinn- und Verlustrechnung erst nach dem Posten „Jahresüberschuss/Jahresfehlbetrag" ausgewiesen werden, d. h. sie verändern zwar nicht den Jahresüberschuss, wohl aber den nach § 291 Abs. 1 Satz 2 des AktG abzuführenden Gewinn (R 60 Abs. 3 Satz 5 KStR).

Um sicherzustellen, dass die bei der Organgesellschaft so gebildeten Rücklagen nicht noch einmal bei einer Veräußerung der Organbeteiligung beim Organträger steuerrechtlich erfasst werden, ist nach **§ 14 Abs. 4 Satz 1 KStG** in der Steuerbilanz des Organträgers, in die der um die Rücklage verminderte Jahresüberschuss der Organgesellschaft eingegangen ist, ein besonderer **aktiver Ausgleichsposten** in Höhe des Teils der versteuerten Rücklagen einkommensneutral zu bilden, der dem Verhältnis der Beteiligung des Organträgers am Nennkapital der Organgesellschaft entspricht (R 63 Abs. 1 Satz 3 KStR). Der steuerrechtliche Wertansatz der Beteiligung des Organträgers an der Organgesellschaft bleibt unberührt (R 63 Abs. 1 Satz 2 KStR).

Löst die Organgesellschaft die Rücklagen in den folgenden Jahren ganz oder teilweise zugunsten des an den **Organträger** abzuführenden Gewinns auf, ist der besondere **aktive Ausgleichsposten** entsprechend einkommensneutral aufzulösen (R 63 Abs. 1 Satz 4 KStR). Bei Beendigung des GAV sind die besonderen Ausgleichsposten **nicht** gewinnwirksam aufzulösen, sondern bis zur Veräußerung der Beteiligung weiterzuführen (R 63 Abs. 3 Satz 1 KStR) und erst im Zeitpunkt der Veräußerung der Organbeteiligung erfolgswirksam aufzulösen (R 63 Abs. 4 Satz 2 und Satz 3 KStR).

ee) Kapitalrücklage

Die Bildung einer **Kapitalrücklage** i. S. d. § 272 Abs. 2 Nr. 4 HGB beeinflusst die Höhe der Gewinnabführung nicht und stellt daher keinen Verstoß gegen § 14 Abs. 1 Satz 1 Nr. 4 KStG dar (R 60 Abs. 5 Nr. 3 Satz 2 KStR). Zuführungen zur gesetzlichen Rücklage, die die gesetzlich vorgeschriebenen Beträge übersteigen, sind jedoch steuerrechtlich wie die Bildung von Gewinnrücklagen zu beurteilen (R 60 Abs. 5 Satz 1 Nr. 2 KStR).

d) Tatsächliche Vertragsdurchführung

Die steuerlichen Folgen eines Organschaftsvertrages treten nur ein, wenn der GAV auch **tatsächlich durchgeführt** wird (§ 14 Abs. 1 Satz 1 Nr. 3 Satz 1 KStG). Tatsächlich durchgeführt wird ein GAV i. S. d. § 14 Nr. 4 Satz 2 KStG, wenn er entsprechend den vertraglichen Vereinbarungen vollzogen wird, also die nach den Grundsätzen ordnungsmäßiger Buchführung ermittelten Gewinne **tatsächlich** vertragsgemäß an den Organträger **abgeführt** werden (BFH vom 5. 4. 1995 I R 156/93, BFHE 177, 429).

Nicht als vertragsgemäße Abführung kann angesehen werden, wenn die Organgesellschaft einen höheren als den in § 301 AktG vorgesehenen und im GAV vereinbarten Gewinn an den Organträger abführt. Ein GAV ist nicht tatsächlich durchgeführt, wenn der Jahresüberschuss der Organgesellschaft nicht mit einem vororganschaftlichen Verlustvortrag verrechnet, sondern an den Organträger abgeführt wird (BFH vom 21. 10. 2010 IV R 21/07, DStR 2010 S. 2505). Werden vorvertragliche Gewinnrücklagen entgegen den Vorschriften der §§ 301 und 302 Abs. 1 AktG aufgelöst oder wird ein vor dem Inkrafttreten des GAV vorhandener Gewinnvortrag (§ 158 Abs. 1 Nr. 1 AktG, § 266 Abs. 3 A HGB) an den Organträger abgeführt (R 60 Abs. 4 Satz 1 KStR), liegt ein Verstoß gegen das Verbot, Erträge aus der Auflösung vorvertraglicher Rücklagen an den Organträger abzuführen, vor.

Die nach § 14 Abs. 1 Satz 1 Nr. 3 Satz 1 KStG geforderte **tatsächliche Durchführung** des GAV vom 1. 2. 2013 ist vorliegend **gegeben**. Dies ergibt sich insbesondere daraus, dass die O-GmbH am 1. 8. 2014 ihren Gewinn 2013 i. H. v. 1 829 412 € vertragsgemäß an die X-GmbH überwiesen hat. Umstände, die gegen die Annahme der geforderten tatsächlichen Durchführung des GAV sprechen würden, ergeben sich aus dem Sachverhalt nicht.

5. Einkommen der Organgesellschaft O-GmbH

Die O-GmbH hat als Organgesellschaft zunächst ihr Einkommen 2013 nach den allgemeinen steuerlichen Grundsätzen des EStG und des KStG unter Beachtung der besonderen Vorschriften der §§ 14-16 KStG zu ermitteln. Die Voraussetzungen der Zurechnung des Einkommens 2013 der Organgesellschaft zum Einkommen des Organträgers liegen nach den getroffenen Feststellungen grundsätzlich vor.

Seit dem Wirtschaftsjahr 2013 besteht zwischen der X-GmbH als Organträger und der O-GmbH als Organgesellschaft eine steuerlich anzuerkennende Organschaft. Der zwischen der X-GmbH und der O-GmbH abgeschlossene GAV ist ab dem **Wirtschaftsjahr 2013 anzuwenden** (§ 14 Abs. 1 Satz 2 KStG). Der GAV wurde im Wirtschaftsjahr 2013 der Organgesellschaft wirksam abgeschlossen und bis zum Ende dieses Wirtschaftsjahres 2013, für das die steuerlichen Folgen erstmals eintreten sollen, in das Handelsregister eingetragen (R 66 Abs. 1 KStR). Er erfüllt die Mindestlaufzeit von fünf Jahren (§ 14 Nr. 3 Satz 1 KStG) und – wie festgestellt – die übrigen Voraussetzungen der §§ 14, 17 KStG. Nach § 14 Abs. 1 Satz 2 KStG ist das Einkommen der Organgesellschaft O-GmbH dem Organträger X-GmbH erstmals für das Kalenderjahr 2013 zuzurechnen, in dem das Wirtschaftsjahr 2013 der Organgesellschaft endet. Auf Grund des wirksamen GAV hat sich die O-GmbH verpflichtet, ab dem Wirtschaftsjahr 2013 ihren ganzen Gewinn i. S. d. § 291 Abs. 1 AktG an die X-GmbH abzuführen. Diese Verpflichtung zur Gewinnabführung darf den Gewinn der O-GmbH nicht mindern.

Als dem Organträger **zuzurechnendes Einkommen** ist das Einkommen der Organgesellschaft **vor** Berücksichtigung des an den Organträger abgeführten Gewinns oder des vom Organträger zum Ausgleich eines sonst entstehenden Jahresfehlbetrags (§ 302 Abs. 1 AktG) geleisteten Betrags zu verstehen (R 61 Abs. 1 Satz 1 KStR).

Zu prüfen ist, ob das steuerliche Einkommen 2013 der O-GmbH mit 10 588 € richtig ermittelt wurde.

a) Ausgleichszahlungen (§ 16 KStG)

Ausgleichszahlungen (§ 16 KStG), die an die **außenstehenden Anteilseigner** der O-GmbH gezahlt werden, dürfen nach § 4 Abs. 5 Nr. 9 EStG den Gewinn der Organgesellschaft **nicht** mindern (R 65 Abs. 1 KStR). Die Ausgleichszahlungen gehören **weder** zu der handelsrechtlichen Gewinnabführung an die X-GmbH noch zu dem Organträger steuerlich zuzurechnenden Einkommen.

Die Organgesellschaft hat selbst die Ausgleichszahlungen zu Lasten ihres Gewinns geleistet. Die von der O-GmbH an ihre außen stehenden Anteilseigner gezahlten Ausgleichszahlungen von 40 000 € an die M-GmbH und von 20 000 € an P entsprechen der vertraglichen Vereinbarung und sind zutreffend ermittelt worden. Die O-GmbH hat nach § 16 KStG als Organgesellschaft **20/17** der geleisteten Ausgleichszahlungen mit **70 588 €** (20/17 von 60 000 €) anstelle des Organträgers **selbst** als **eigenes Einkommen** zu versteuern (R 65 Abs. 2 Satz 1 KStR). Insoweit **verringert** sich das der X-GmbH zuzurechnende Einkommen der O-GmbH um 70 588 €.

b) Veräußerungsgewinn Anteile T-GmbH

Die O-GmbH hat am 1.4.2013 durch die Veräußerung ihrer 10%igen Beteiligung an der T-GmbH einen Veräußerungsgewinn von 40 000 € erzielt und bei der Ermittlung ihres laufenden Gewinns für 2013 zutreffend berücksichtigt. Gewinne aus der Veräußerung einer Beteiligung an einer Kapitalgesellschaft werden grundsätzlich nach § 8b Abs. 2 KStG bei der Kapitalgesellschaft steuerfrei gestellt. Die Freistellung berücksichtigt, dass der Veräußerungsgewinn auf offenen und stillen Reserven in der Beteiligungsgesellschaft beruht, welche dort entweder bereits versteuert worden sind oder auch nach der Veräußerung steuerverhaftet bleiben (BMF vom 28.4.2003 IV A 2 - S 2750 a - 7/03 Rdn. 2, BStBl 2003 I S. 292). Bei der Ermittlung des Einkommens der Organgesellschaft finden jedoch § 8b Abs. 1 bis 6 KStG sowie § 3 Nr. 40 und § 3c Abs. 2 EStG **keine** Anwendung (§ 15 Abs. 1 Nr. 2 Satz 1 KStG). § 8b KStG ist erst bei der Ermittlung des Einkommens der X-GmbH (Organträger) anzuwenden (§ 15 Abs. 1 Nr. 2 Satz 2 KStG). Der von der Organgesellschaft O-GmbH ausgewiesene und gemäß § 301 AktG abzuführende Jahresüberschuss 2013 enthält daher **zutreffend** den von ihr aus der Veräußerung der Beteiligung erzielten Veräußerungsgewinn von **40 000 €**.

c) Verlustabzug

Der Durchführung des GAV steht nicht entgegen, dass der an den Organträger X-GmbH abzuführende Gewinn entsprechend dem gesetzlichen Gebot in § 301 AktG durch einen beim Inkrafttreten des GAV vorhandenen Verlustvortrag gemindert wird. Der Ausgleich vorvertraglicher Verluste durch den Organträger stellt steuerrechtlich eine Einlage des Organträgers in die Organgesellschaft dar (R 60 Abs. 5 Nr. 1, R 64 Satz 2 KStR).

Die Ausgleichsverpflichtung des Organträgers hinsichtlich eines Verlustvortrags aus dem Vorjahr bedeutet, dass der Organträger aus den Gewinnen der Organgesellschaft alle **vorvertraglichen** Verluste ausgleichen muss, die noch als Verlustvortrag bei der Organgesellschaft ausgewiesen werden. Die sich nach § 301 AktG durch den Verlustabzug des Vorjahres ergebende Minderabführung ist der **organschaftlichen Zeit** zuzuordnen.

Zu Recht hat die O-GmbH bei der Ermittlung des für 2013 an den Organträger X-GmbH abzuführenden Gewinn den handelsrechtlichen Verlust 2012 i. H. v. 100 000 € in Abzug gebracht, denn nach § 301 Satz 1 AktG kann nur der um den Verlust 2012 **gekürzte** Jahresüberschuss abgeführt werden (BFH vom 18.12.2002 I R 51/01, BStBl 2005 II S. 49). Die Minderung der handelsrechtlichen Gewinnabführung um 100 000 € ist Folge der **handelsrechtlichen Verpflichtung** gem. § 301 AktG, nur den Jahresüberschuss nach Abzug des vorvertraglichen Verlustes abzuführen.

§ 14 Abs. 3 Satz 2 KStG greift hier nicht ein, da dies voraussetzen würde, dass bei der O-GmbH in vorvertraglicher Zeit (hier: 2012) eine abweichende Bewertung von Positionen in der Handels- und Steuerbilanz erfolgt ist mit Auswirkungen ab dem Zeitpunkt des Bestehens der Organschaft 1.1.2013. Da hier Handels-, Steuerbilanz und zu versteuerndes Einkommen der O-GmbH in 2012 identisch sind, fehlt es an diesen Abweichungen. Es liegt keine Abweichung in der Steuerbilanz einer vororganschaftlichen Periode vor. Der Verlust des Jahres 2012 hat daher zutreffend den an den Organträger X-GmbH abzuführenden Gewinn gemindert. Da die Gewinnabführung der O-GmbH niedriger ist als das ihr steuerlich zuzurechnende Einkommen, liegt eine Minderabführung vor, die ihre Ursache in **organschaftlicher** Zeit hat.

Ein Verlustabzug aus der Zeit vor Abschluss des GAV darf das **Einkommen** der Organgesellschaft, das sie während der Geltungsdauer des GAV bezieht, **nicht** mindern (§ 15 Nr. 1 KStG, R 64 Satz 1 KStR). Der Verlust stammt aus vorvertraglicher Zeit, da die Organschaft erst in 2013 Wirkung entfaltet. Ein **Verlustabzug** i. S. d. § 10d EStG ist bei der Organgesellschaft nicht zulässig (§ 15 Satz 1 Nr. 1 KStG).

Zur Ermittlung des der X-GmbH als Organträger zuzurechnenden Einkommens der O-GmbH ist der Betrag von **100 000 €** dem von der O-GmbH ermittelten Einkommen **hinzuzurechnen**.

d) steuerliches Einlagekonto

Veränderungen des steuerlichen Einlagekontos bei Mehr- und Minderabführungen einer Organgesellschaft sind in § 27 Abs. 6 KStG geregelt. Da vorliegend das dem Organträger X-GmbH zuzurechnende Einkommen der O-GmbH den abgeführten Gewinn wegen der Verpflichtung zum Ausgleich vorvertraglicher Verluste (§ 301 AktG, § 30 Abs. 1 GmbHG) übersteigt, ist der Unterschiedsbetrag (Minderabführung) bei der Organgesellschaft O-GmbH **zum 31. 12. 2013** auf dem **steuerlichen Einlagekonto** als **Zugang mit 100 000 €** zu erfassen (BMF vom 2 6. 8. 2003 IV A 2 - S 2770 - 18/03 Randnr. 40, BStBl 2003 I S. 437).

e) Ermittlung des Einkommens der Organgesellschaft O-GmbH

erklärter Gewinn 2013 vor Verlustabzug		2 000 000 €
Ausgleichszahlung an M-GmbH	./. 40 000 €	
Ausgleichszahlung an P	./. 20 000 €	
Ausgleichszahlung insgesamt	60 000 €	
eigenes Einkommen der O-GmbH - § 16 KStG - 20/17 von	60 000 €	- 70 588 €
der X-GmbH zuzurechnendes Einkommen		**1 929 412 €**
Minderabführung Verlust 2012		- 100 000 €
handelsrechtliche Gewinnabführungsverpflichtung		**1 829 412 €**

Die O-GmbH hat ihren gemäß § 301 AktG abzuführenden Jahresüberschuss mit 1 829 412 € zutreffend ermittelt. Da das der X-GmbH mit 1 929 412 € zuzurechnende Einkommen der O-GmbH mit 100 000 € den handelsrechtlich abzuführenden Gewinn von 1 829 412 € übersteigt, ist der Unterschiedsbetrag von 100 000 € auf dem steuerlichen Einlagekonto zu erfassen (§ 27 Abs. 6 Satz 1 KStG).

HINWEIS:

Alternative Berechnung:

Einkommen lt. O-GmbH lt. Sachverhalt	10 588 €
KSt auf Ausgleichszahlungen	./. 10 588 €
Verlustabzug	+ 100 000 €
handelsrechtliche Gewinnabführungsverpflichtung	+ 1 829 412 €
der X-GmbH zuzurechnendes Einkommen	**1 929 412 €**

eigenes Einkommen O-GmbH	70 588 €
Körperschaftsteuer – § 23 Abs. 1 KStG – 15 % von 70 588 €	10 588 €

> **HINWEIS:**
> Für Feststellungszeiträume, die nach dem 31. 12. 2013 beginnen, werden das dem Organträger zuzurechnende Einkommen der Organgesellschaft und damit zusammenhängende andere Besteuerungsgrundlagen gegenüber dem Organträger und der Organgesellschaft gesondert und einheitlich festgestellt (§ 14 Abs. 5 i. V. m. § 34 Abs. 9 Nr. 9 KStG).

6. Einkommenszurechnung bei der X-GmbH (Organträger)

Voraussetzung für die Zurechnung des Einkommens der Organgesellschaft beim Organträger ist ein wirksamer GAV (§ 291 Abs. 1 AktG). Die nach § 14 Nrn. 1 bis 5 KStG i.V. m. § 17 KStG geforderten Voraussetzungen für die Annahme eines Organverhältnis zwischen der X-GmbH und der O-GmbH liegen – wie festgestellt – für das Jahr 2013 vor.

a) zuzurechnendes Einkommen

Nach § 14 Satz 1 KStG ist das Einkommen der Organgesellschaft O-GmbH, nach Abzug des von ihr selbst zu versteuernden Einkommens, der X-GmbH als Organträger bei der Ermittlung ihres zu versteuernden Einkommens zuzurechnen. Als zuzurechnendes Einkommen ist das Einkommen der Organgesellschaft vor Berücksichtigung des an den Organträger abgeführten Gewinns oder des vom Organträger zum Ausgleich eines sonst entstehenden Jahresfehlbetrags (§ 302 Abs. 1 AktG) geleisteten Betrags zu verstehen (R 61 Abs. 1 Satz 1 KStR).

Die Hinzurechnung des Einkommens der Organgesellschaft O-GmbH bei der Ermittlung des Einkommens des Organträgers X-GmbH erfolgt erstmals für das Kalenderjahr **2013**, da das mit dem Kalenderjahr übereinstimmende Wirtschaftsjahr der Organgesellschaft O-GmbH im Kalenderjahr 2013 endet und der GAV in diesem Wirtschaftsjahr erstmals wirksam wird (§ 14 Abs. 1 Satz 2 KStG).

Nach den Grundsätzen ordnungsmäßiger Buchführung hat der Organträger in seiner Bilanz seinen handelsrechtlichen Gewinnabführungsanspruch erfolgswirksam zu aktivieren. Um die doppelte Besteuerung des Gewinns in Höhe des handelsrechtlichen Gewinnabführungsanspruchs beim Organträger zu vermeiden, ist das eigene Einkommen des Organträgers um den Betrag der in ihm enthaltenen Gewinnabführung zu kürzen (BFH 26. 1. 1977 I R 101/75, BStBl 1977 II S. 441). Bei der Ermittlung des Einkommens des Organträgers bleibt demnach der von der Organgesellschaft an den Organträger abgeführte Gewinn außer Ansatz; ein vom Organträger an die Organgesellschaft zum Ausgleich eines sonst entstehenden Jahresfehlbetrags geleisteter Betrag darf nicht abgezogen werden (R 61 Abs. 1 Satz 2 KStR).

Hiernach hätte die X-GmbH als Organträger in ihrer Bilanz zum 31. 12. 2013 ihren handelsrechtlichen Gewinnabführungsanspruch mit **1 829 412 €** erfolgswirksam **aktivieren** müssen. In diesem Fall wäre die Gewinnabführung bereits in soweit im eigenen Einkommen des Organträgers als Ertrag aus dem Gewinnabführungsvertrag enthalten (§ 157 Abs. 1 Nr. 7 AktG). Um die doppelte Besteuerung zu verhindern, wäre das eigene Einkommen um den in diesem enthaltenen, von der Organgesellschaft an ihn abgeführten Betrag mit **1 829 412** außerhalb der Bilanz zu kürzen, soweit die von der Organgesellschaft vorgenommene Gewinnabführung den Jahresüberschuss des Organträgers X-GmbH erhöht hat (BFH vom 29.10.1974 I R 240/72, BStBl 1975 II S.126).

Vorliegend hat eine außerbilanzielle Kürzung zu unterbleiben, da die X-GmbH nach dem Sachverhalt keinen Anspruch auf die handelsrechtliche Gewinnabführung 2013 gegen die O-GmbH aktiviert hat und damit der Ertrag aus der handelsrechtlichen Gewinnabführung nicht in dem für 2013 nach der Gewinn- und Verlustrechnung mit 4 000 000 € ermittelten Jahresüberschuss enthalten ist (BFH vom 24.7.1996 I R 41/93, BStBl 1996 II S. 614).

Zur Ermittlung des endgültigen Einkommens des Organträgers X-GmbH für den Veranlagungszeitraum 2013 sind daher das Einkommen der Organgesellschaft O-GmbH, vermindert um das von ihr selbst zu versteuernde Einkommen, dem Jahresüberschuss X-GmbH außerhalb der Bilanz mit **1 929 412 €** (2 000 000 € ./. 70 588 €) hinzuzurechnen (s. o.).

Jahresüberschuss - Aktivierung Gewinnabführungsanspruch	+ 1 829 412 €
Außerbilanzielle Kürzung Gewinnabführungsanspruch	./. 1 829 412 €
Außerbilanzielle Hinzurechnung Einkommen O-GmbH	+ 1 929 412 €

b) Vororganschaftlicher Verlust 2012

Der Durchführung des GAV steht nicht entgegen, dass der an den Organträger abzuführende Gewinn entsprechend dem gesetzlichen Gebot in § 301 AktG durch einen beim Inkrafttreten des GAV vorhandenen Verlustvortrag gemindert wird (R 60 Abs. 5 Nr. 1 Satz 1 KStR). Der vorvertragliche Verlust der O-GmbH des Jahres 2012 i. H. v. 100 000 € hat **zutreffend** den nach der **Handelsbilanz** abzuführenden Gewinn der O-GmbH gemindert (§ 291 AktG).

Bei der **steuerlichen** Einkommensermittlung des Organträgers sind sowohl zivilrechtliche Gewinnabführungsansprüche wie auch Verlustübernahmeverpflichtungen unberücksichtigt zu lassen (BFH vom 16.5.1990 I R 96/88, BStBl II S. 797). Ein Verlustabzug aus der Zeit vor Abschluss des GAV darf nach § 15 Nr. 1 KStG das Einkommen der Organgesellschaft O-GmbH, das sie während der Geltungsdauer des GAV bezieht, **nicht** mindern (R 64 Satz 1 KStR). Bei der Ermittlung ihres Einkommens 2013 der O-GmbH ist der Verlust 2012 somit nicht einkommensmindernd zu berücksichtigen.

Der Ausgleich vorvertraglicher Verluste durch den Organträger ist steuerrechtlich als Einlage des Organträgers in die Organgesellschaft zu werten (R 60 Abs. 5 Satz 1 Nr. 1 Satz 2 KStR). Die Minderabführung von 100 000 € hat bei der X-GmbH als Organträger **keinen** Einfluss auf das von ihr zu versteuernde Einkommen 2013.

c) Ausgleichsposten (§ 14 Abs. 4 KStG)

Grundlage der Gewinnabführung im Organkreis ist der GAV. § 14 KStG verschiebt zwar die steuerliche Einkommenszurechnung und durchbricht das Prinzip der Rechtssubjektivität, ändert aber nichts daran, dass die Einkommen der Organgesellschaft und des Organträgers nach den steuerlichen Vorschriften nach wie vor getrennt ermittelt und als solche besteuert werden.

Als dem Organträger zuzurechnendes Einkommen ist das Einkommen der Organgesellschaft **nach** Abzug des von ihr nach § 16 KStG selbst zu versteuernden Einkommens und **vor** Berücksichtigung des an den Organträger abgeführten Gewinns oder des vom Organträger zum Ausgleich eines sonst entstehenden Jahresfehlbetrags (§ 302 Abs. 1 AktG) geleisteten Betrags zu verstehen (R 61 Abs. 1 Satz 1 KStR). Die Zurechnung des Einkommens der Organgesellschaft beim Oganträger hat in soweit zur Folge, dass sich Gewinne oder Verluste der Organgesellschaft steuerrechtlich beim Organträger auswirken (BFH vom 26. 1. 1977 I R 101/75, BStBl 1977 II S. 441). Eine Aktivierung des handelrechtlichen Gewinnabführungsanspruchs beim Organträger darf sich daher nicht einkommenserhöhend auswirken, da dies beim Organträger andernfalls zu einer **unzulässigen** Doppelbesteuerung führen würde.

Nach allgemeinen Gewinnermittlungsgrundsätzen dürfen die Zurechnung des Einkommens der Organgesellschaft gemäß § 14 KStG und die Einkommensermittlung beim Organträger weder zu einer Doppelbesteuerung des Organeinkommens führen noch soll das Organeinkommen ganz oder teilweise unbesteuert bleiben (BFH vom 24. 7. 1996 I R 41/93, BStBl 1996 II S. 614; BFH vom 7. 2. 2007 I R 5/05, BStBl II 2007 S. 796). Gesetzlich sind die Auswirkungen der Einkommenszurechnung nach § 14 KStG auf die bilanzielle Gewinnermittlung beim Organträger nicht geregelt. Diese Lücke muss in einer dem Sinn und Zweck des § 14 KStG entsprechenden Weise geschlossen werden.

Das Steuerrecht knüpft durch seinen Verweis in § 14 Abs. 1 Satz 1 KStG auf § 291 Absatz 1 AktG hinsichtlich der Gewinnabführungsverpflichtung der Organgesellschaft an das Handelsrecht an. Hiernach ist die Organgesellschaft handelsrechtlich **nur** verpflichtet, ihren **handelsrechtlichen Gewinn** an den Organträger abzuführen (§ 291 Abs. 1 AktG) bzw. **nur** einen **handelsrechtlich** erlittenen **Verlust** der Organgesellschaft muss der Organträger ausgleichen (§ 302 Abs. 1 AktG). Da nach § 14 Abs. 1 Satz 1 KStG dem Organträger das nach **steuerlichen** Vorschriften ermittelte Einkommen der Organgesellschaft als fremdes Einkommen zuzurechnen ist (sog. Zurechnungstheorie), die Organgesellschaft aber nach dem GAV nach § 291 AktG nur verpflichtet ist, ihren handelsrechtlichen Gewinn abzuführen bzw. der Organträger nur den handelsrechtlich erlittenen Verlust der Organgesellschaft auszugleichen hat (§ 302 AktG i.V. m. § 17 KStG), können das dem Organträger zuzurechnende steuerliche Einkommen der Organgesellschaft und der tatsächlich von der Organgesellschaft an den Organträger abzuführende Gewinn differieren. Hieraus können sich beim Organträger Vermögensmehrungen und Vermögensminderungen ergeben, die entweder zu einer doppelten Berücksichtigung desselben Einkommens oder zu einer Nichtberücksichtigung von Einkommensteilen führen könnten.

Die aus der unterschiedlichen Beurteilung der handelsrechtlichen Gewinnabführung und der steuerlichen Einkommenszurechnung beim Organträger resultierenden sog. Mehr- und Minderabführungen werden durch **aktive oder passive Ausgleichsposten** berücksichtigt, deren Zweck es ist, die zweifache Besteuerung desselben wirtschaftlichen Gewinns bzw. die doppelte Berücksichtigung eines wirtschaftlichen Verlustes bzw. die Nichterfassung des Gewinns der Organgesellschaft innerhalb des Organkreises zu vermeiden (§ 14 Abs. 4 Satz 1 KStG). Die Entscheidung darüber, ob von einer handelsrechtlichen Minder- oder Mehrabführung auszugehen ist, ist an dem Grundanliegen des § 14 Abs. 4 KStG auszurichten, die Einmalbesteuerung der organschaftlichen Erträge beim Organträger zu gewährleisten. Sie liegen insbesondere vor, wenn der an den Organträger abgeführte Gewinn von dem Steuerbilanzgewinn der Organgesellschaft abweicht und diese Abweichung in organschaftlicher Zeit verursacht ist (BFH vom 29. 10. 2008 I R 31/08 (NV), BFH/NV 2009 S. 790).

Zu einer doppelten Besteuerung des Organeinkommens könnte es ohne Bildung eines aktiven Ausgleichspostens bei Minderabführungen dann kommen, wenn die Beteiligung an der Organgesellschaft veräußert wird. Soweit das dem Organträger zuzurechnende steuerbilanzielle Einkommen den handelsrechtlich abzuführenden Betrag übersteigt, ist es bei der Organgesellschaft verblieben, da insoweit handelsrechtlich keine Verpflichtung zur Abführung bestanden hat.

Die organschaftlichen **aktiven oder passiven Ausgleichsposten** sind erfolgsneutral zu bilden und wirken sich weder gewinnerhöhend noch gewinnmindernd aus (BFH vom 29.10.2008 I R 31/08 (NV), BFH/NV 2009 S. 790). Sie sind ein in die Steuerbilanz aufzunehmender steuerbilanzieller Korrekturposten zum Beteiligungsbuchwert (BMF vom 26.8.2003 IV A 2 - S 2770 - 18/03 Rdnr. 43, BStBl 2003 I S. 437), der den organschaftsrechtlichen Besonderheiten Rechnung tragen und eine ansonsten eintretende Doppel- oder Keinmalbesteuerung verhindern soll (BFH vom 29.8.2012 I R 65/11BFH/NV 2013 S. 154; BFH vom 24.7.1996 I R 41/93, BStBl II S. 614). Die sich aus der Bildung aktiver Ausgleichsposten bilanziell ergebende Gewinnerhöhung ist außerhalb der Bilanz durch eine entsprechende Abrechnung wieder zu neutralisieren (BFH 29.10.2008 I R 31/08 (NV), BFH/NV 2009 S. 790).

Das Eigenkapital des Organträgers erhöht sich nicht dadurch, dass in dessen Steuerbilanz ein aktiver Ausgleichsposten für Minderabführungen gemäß § 14 Abs. 4 KStG) gebildet wird. Der Verzicht auf einen Gewinnabführungsanspruch erhöht nicht den Beteiligungsansatz für die Organgesellschaft in der Steuerbilanz des Organträgers (BFH vom 24.7.1996 I R 41/93, BStBl II S. 614). Ist der Gewinnabführungsanspruch aus der steuerlichen Gewinnermittlung zu eliminieren, so kann sich auch eine Minderung dieses Anspruchs – hier durch Verzicht – nicht auf die steuerliche Gewinnermittlung auswirken. Die Ausgleichsposten können folglich nicht über den Beteiligungsansatz in der Bilanz des Organträgers wieder in die Gewinnermittlung eingeführt werden (BFH vom 16.5.1990 I R 96/88, BStBl II S. 797). Bleibt der Beteiligungsansatz durch die sich aus dem Ergebnisabführungsvertrag ergebenden zivilrechtlichen Ansprüche bzw. Verpflichtungen unberührt, so gilt dies auch, wenn auf einen Gewinnabführungsanspruch verzichtet wird. Die sonst gebotene Aktivierung einer verdeckten Einlage auf dem Beteiligungskonto scheitert daran, dass der Wert der Beteiligung durch die Verlustübernahme nicht erhöht wird (BFH vom 26.1.1977 I R 101/75, BStBl 1977 II S. 441). Der Wert der Beteiligung an einer Organgesellschaft „erstarrt" (BFH vom 17.9.1969 I 170/65, BStBl II 1970, 48).

Die organschaftlichen Ausgleichsposten sind in voller Höhe zu bilden, unabhängig davon, ob das Organschaftseinkommen bzw. Teile davon beim Organträger voll steuerpflichtig oder insgesamt steuerfrei sind oder dem Teileinkünfteverfahren unterliegen (BMF vom 26.8.2003 IV A 2 - S 2770 - 18/03 Rdnr 43, BStBl 2003 I S. 437). Die Ausgleichsposten sind aber begrenzt auf die Höhe des Prozentsatzes der Beteiligung des Organträgers am Nennkapital an der Organgesellschaft, der dem Verhältnis der Beteiligung des Organträgers entspricht. (BMF vom 26.8.2003 IV A 2 - S 2770 - 18/03 Rdnr 43, BStBl 2003 I S. 437; R 63 Absatz 2 Satz 3 KStR)

Vorliegend wäre somit in der **Steuerbilanz** des Organträgers X-GmbH ein besonderer aktiver Ausgleichsposten i. H. v. 70 % von 100 000 € = **70 000 €** zu bilden (R 63 Abs. 2 Satz 3 KStR).

Jahresüberschuss – Aktivierung Ausgleichsposten + 70 000 €

Da der aktive Ausgleichsposten bei Ermittlung des zu versteuernden Einkommens des Organträgers X-GmbH wieder abzuziehen wäre, wirkt sich die hier fehlende Bildung eines entsprechenden aktiven Ausgleichsposten steuerlich auf das der X-GmbH zuzurechnende Einkommen 2013 der O-GmbH nicht aus.

Außerbilanzielle Kürzung – aktiver Ausgleichsposten ./. 70 000 €

d) Auflösung des steuerlichen Ausgleichspostens

Auch bei der **Beendigung** des GAV sind die besonderen Ausgleichsposten **weiterzuführen** (R 63 Abs. 3 KStR) und erst im Zeitpunkt der **Veräußerung** der Organbeteiligung **aufzulösen** (§ 14 Abs. 4 Satz 2 KStG). Im Fall der Veräußerung der Beteiligung an der Organgesellschaft durch den Organträger wird der Erwerber – jedenfalls bei typisierender Betrachtung – auch den Teil des Eigenkapitals der Organgesellschaft entgelten, der infolge der Minderabführungen bei der Organgesellschaft verblieben ist. Dadurch erhöht sich das Einkommen des Organträgers (§ 14 Abs. 4 Satz 3 KStG). Da der Organträger diesen Betrag bereits versteuert hat, würde derselbe Betrag im Rahmen des Veräußerungsgewinns nochmals besteuert. Um dies zu verhindern, ist ein **aktiver** Ausgleichsposten **gewinnmindernd** aufzulösen.

Wird ein beim Organträger gebildeter passiver Ausgleichsposten im Rahmen einer Veräußerung der Organbeteiligung aufgelöst, so erhöht sich der – nach § 8b Abs. 2 KStG steuerfreie – Veräußerungsgewinn, soweit nicht in den vorangegangenen Jahren bereits steuerwirksame Teilwertabschreibungen vorgenommen worden sind (§ 8b Abs. 2 Satz 2 KStG). In Höhe dieser Teilwertabschreibungen bleibt der Veräußerungsgewinn, zu dem auch die Auflösung eines Ausgleichspostens gehört, steuerpflichtig (BMF vom 26. 8. 2003 IV A 2 - S 2770 - 18/03 Rdnr 45, BStBl 2003 I S. 437).

Die Frage der Auflösung des Ausgleichspostens im Veräußerungsfall stellt sich vorliegend für das Jahr 2013 noch nicht, da eine derartige Veräußerung in 2013 nicht vorliegt. Für die Ermittlung des zu versteuernden Einkommens der X-GmbH für das Jahr 2013 ist dies unerheblich.

c) Veräußerungsgewinn Anteile T-GmbH bei der X-GmbH

Der Gewinn aus der Veräußerung der Anteile an der T-GmbH in Höhe von 40 000 € gehört zu dem dem Organträger zuzurechnenden Einkommen der Organgesellschaft. Da der Veräußerungsgewinn i. S. d. § 8b Abs. 2 KStG in dem dem Organträger X-GmbH zugerechneten Einkommen der O-GmbH enthalten ist, (s. a.) ist § 8b KStG bei der Ermittlung des Einkommens des Organträgers anzuwenden (§ 15 Abs. 1 Nr. 2 Satz 2 KStG). Die Beteiligung an der T-GmbH hat zu Beginn des Kalenderjahres 2013 mindestens 10 % betragen (§ 8b Abs. 4 i.V.m. § 34 Abs. 7a KStG). § 3 Nr. 40 und § 3c Abs. 2 EStG sind bei Körperschaften nicht anzuwenden (R 32 Abs. 1 Nr. 1 KStR).

Von dem Veräußerungsgewinn i. H. von 40 000 € gelten nach § 8 Abs. 3 Satz 1 KStG 2 000 € (5 % von 40 000 €) als nicht abzugsfähige Betriebsausgaben.

außerbilanzielle Kürzung – § 8b Abs. 2 KStG	./. 40 000 €
außerbilanzielle Hinzurechnung – § 8b Abs. 3 KStG	+ 2 000 €

Aufgabe 2

Ermittlung des Einkommens der X-GmbH und der Körperschaftsteuer 2013.

I. Allgemeines

Die X-GmbH hat ihren Sitz (§ 11 AO) und ihre Geschäftsleitung (§ 10 AO) in Frankfurt und ist als Kapitalgesellschaft nach § 1 Abs. 1 Nr. 1 KStG i.V.m. § 8 Abs. 1 Satz 1 KStG unbeschränkt körperschaftsteuerpflichtig. Sie unterliegt mit ihrem weltweit erzielten Einkommen der inländischen

Besteuerung, soweit das Besteuerungsrecht der BRD nicht durch ein Doppelbesteuerungsabkommen (DBA) entzogen ist.

Kraft Eintragung im Handelsregister ist die X-GmbH Kaufmann (§ 5 HGB, § 13 Abs. 3 GmbH) und nach §§ 6, 238 HGB (§ 264 HGB) zur Führung von Büchern verpflichtet. Alle Einkünfte der X-GmbH sind als Einkünfte aus Gewerbebetrieb zu behandeln (§ 8 Abs. 2 KStG). Besteuerungsgrundlage für die Körperschaftsteuer ist das zu versteuernde Einkommen (§ 7 Abs. 1 KStG), das nach den Vorschriften des EStG und den ergänzenden Vorschriften des KStG zu ermitteln ist (§ 8 Abs. 1 KStG).

Grundlage für die Ermittlung des zu versteuernden Einkommens 2013 der X-GmbH ist der sich nach der Handelsbilanz (§§ 242, 266 HGB) zum 31.12.2013 für das Wirtschaftsjahr 2013 ergebende Jahresüberschuss (§ 5 Abs. 1 EStG, § 8 Abs. 1 Satz 1 KStG). Außerhalb der Bilanz ist dem für 2013 ermittelten Einkommen das Einkommen der Organgesellschaft O-GmbH, soweit sich aus § 16 KStG nichts anderes ergibt, der X-GmbH (Organträger) zuzurechnen.

Soweit die in der Handelsbilanz ausgewiesenen Bilanzposten den steuerlichen Vorschriften entsprechen, stellt die Handelsbilanz gleichzeitig die Steuerbilanz dar. Enthält die Handelsbilanz Ansätze oder Beträge, die den steuerlichen Vorschriften nicht entsprechen, so sind diese Ansätze oder Beträge durch Zusätze oder Anmerkungen den steuerlichen Vorschriften anzupassen (§ 60 Abs. 2 EStDV).

1. Nichtabziehbaren Aufwendungen

Körperschaftsteuerzahlungen stellen für die X-GmbH betrieblichen Aufwand und Körperschaftsteuererstattungen betrieblichen Ertrag dar. Die geleistete Körperschaftsteuervorauszahlung ist daher zutreffend als Betriebsausgabe verbucht worden. Die Erstattung der Körperschaftsteuer erhöht als betrieblicher Ertrag den Jahresüberschuss.

Jahresüberschuss – Körperschaftsteuererstattung   + 10 000 €

Die Körperschaftsteuer gehört als Steuer vom Einkommen nach § 10 Nr. 2 KStG zu den nichtabziehbaren Aufwendungen und ist außerhalb der Bilanz dem Jahresüberschuss hinzuzurechnen, soweit sie diesen gemindert hat. Grundlage der Erstattung der Körperschaftsteuer ist das gleiche öffentlich-rechtliche Verhältnis, das der Zahlung zugrunde liegt. Dementsprechend mindert umgekehrt die Erstattung der Körperschaftsteuer das zu versteuernde Einkommen, soweit sie den Jahresüberschuss erhöht hat.

Die als Betriebsausgabe gebuchte Vorauszahlung zur Körperschaftsteuer 2013 vom 1.4.2013 ist außerhalb der Bilanz dem Jahresüberschuss hinzuzurechnen. Die Körperschaftsteuererstattung vom 30.10.2013 führt zu einer außerbilanziellen Kürzung, soweit sie den Jahresüberschuss erhöht hat.

Außerbilanzielle Hinzurechnung – KSt-Vorauszahlung   + 10 000 €
Außerbilanzielle Kürzung – KSt-Erstattung   ./. 10 000 €

Für die Körperschaftsteuer 2013 der X-GmbH ist zum 31.12.2013 eine Körperschaftsteuer-Rückstellung in Höhe von 903 211 € zu Lasten des Gewinns zu bilden (s. Tz. 5). Außerhalb der Bilanz ist die Zuführung zur Rückstellung bei der Ermittlung des Einkommens der X-GmbH wieder hinzuzurechnen (§ 10 Nr. 2 KStG).

Jahresüberschuss – Zuführung zur KSt-Rückstellung	./. 903 211 €
Außerbilanzielle Hinzurechnung – Zuführung zur KSt-Rückstellung	+ 903 211 €

2. Darlehen der X-GmbH an die Z-GmbH

Zu prüfen ist, ob die Zinszahlung für das gewährte Darlehen für die X-GmbH betrieblichen Ertrag und für die Z-GmbH betrieblichen Aufwand darstellen oder bei der Einkommensermittlung der X-GmbH als **verdeckte Einlage** außer Betracht bleibt (§ 8 Abs. 3 Satz 3 KStG) und bei der Z-GmbH als **verdeckte Gewinnausschüttung** ihr Einkommen nicht mindern darf (§ 8 Abs. 3 Satz 2 EStG).

Die Annahme einer verdeckten Gewinnausschüttung bzw. verdeckten Einlage hindert nicht, dass die Vorteilszuwendung der Kapitalgesellschaft (Z-GmbH) an eine dem Gesellschafter nahe stehende Person (X-GmbH) erfolgt ist oder der Vermögensvorteil von einer dem Gesellschafter nahe stehenden Person der Kapitalgesellschaft (Z-GmbH) zugewendet wird.

Dem Gesellschafter nahe stehende Personen können sowohl natürliche als auch juristische Personen sein. Zur Begründung des "Nahestehens" reicht jede Beziehung zwischen einem Gesellschafter und einem Dritten aus, die den Schluss zulässt, sie habe die Vorteilszuwendung der Kapitalgesellschaft an den Dritten bzw. seitens des Dritten beeinflusst (H 36 KStH III. Veranlassung durch das Gesellschaftsverhältnis – Nahe stehende Person – Kreis der nahe stehenden Personen, H 40 KStR: Nahe stehende Person). Nahe stehende Personen sind insbesondere aufgrund gesellschaftlicher Beziehungen verbundene Unternehmen (z. B. Schwestergesellschaften), das sind Kapitalgesellschaften, an denen ein und derselbe Gesellschafter maßgeblich beteiligt ist. Grund der Vermögensminderung oder verhinderten Vermögensmehrung bzw. Vermögensvorteilszuwendung bleibt auch in diesen Fällen das Verhältnis der Kapitalgesellschaft zu ihrem Gesellschafter, dem die dritte Person nahe steht. Auf Grund der jeweils 100 %-igen Beteiligungen des A an der X-GmbH und an der Z-GmbH sind diese vorliegend Schwestergesellschaften und als ihrem Gesellschafter A nahe stehende Person anzusehen.

a) verdeckte Gewinnausschüttung der Z-GmbH – § 8 Abs. 3 Satz 2 KStG

Verdeckte Gewinnausschüttungen mindern das Einkommen der Kapitalgesellschaft nicht (§ 8 Abs. 3 Satz 2 KStG). Eine verdeckte Gewinnausschüttung ist eine bei einer Kapitalgesellschaft eingetretene Vermögensminderung oder verhinderte Vermögensmehrung, die sich auf die Höhe ihres Gewinns auswirkt und nicht auf einem den gesellschaftsrechtlichen Vorschriften entsprechenden Gewinnverteilungsbeschluss beruht (R 36 Abs. 1 Satz 1 KStR). Voraussetzung für die Annahme einer verdeckten Gewinnausschüttung ist, dass die eingetretene Vermögensminderung oder die verhinderte Vermögensmehrung ihre Ursache in dem zwischen der Gesellschaft und ihrem Gesellschafter bestehenden Gesellschaftsverhältnis hat. Für die Annahme einer verdeckten Gewinnausschüttung ist erforderlich, dass die bei der Kapitalgesellschaft eintretende Vermögensminderung oder die verhinderte Vermögensmehrung **nicht** betrieblich veranlasst ist, sondern durch die Gesellschafterposition eines oder mehrerer ihrer Gesellschafter ausgelöst wurde.

Eine Veranlassung durch das Gesellschaftsverhältnis liegt dann vor, wenn ein ordentlicher und gewissenhafter Geschäftsleiter die Vermögensminderung oder verhinderte Vermögensmehrung gegenüber einer Person, die nicht Gesellschafter ist, unter sonst gleichen Umständen nicht hingenommen hätte (H 36 KStH: III. Veranlassung durch das Gesellschaftsverhältnis – Allgemeines). Unter diesen Voraussetzungen ist es für die Annahme einer verdeckten Gewinnausschüttung unerheblich, ob die Kapitalgesellschaft durch die Vermögensminderung oder die verhinderte Vermögensmehrung unmittelbar dem Gesellschafter oder einer ihm nahe stehenden Person einen Vermögensvorteil zuwendet (R 36 Abs. 1 Satz 3 KStR).

Die Annahme einer verdeckten Gewinnausschüttung in Form der Zuwendung eines Vermögensvorteils an eine einem Gesellschafter der Kapitalgesellschaft nahe stehende Person setzt nicht voraus, dass der Vermögensminderung bei der Gesellschaft gleichzeitig ein entsprechender Zufluss eines Vermögensvorteils beim Gesellschafter gegenüber steht (H 36 KStH: Zurechnung der verdeckten Gewinnausschüttung). Die Zuwendung eines Vermögensvorteils an eine nahestehende Person ist unabhängig davon als verdeckte Gewinnausschüttung zu beurteilen, ob auch der Gesellschafter selbst ein vermögenswertes Interesse an dieser Zuwendung hat. Entscheidend ist, ob die Kapitalgesellschaft dem Dritten einen Vermögensvorteil zugewendet hat, den sie bei Anwendung der Sorgfalt eines ordentlichen und gewissenhaften Geschäftsleiters einer Person, die dem betreffenden Gesellschafter nicht nahe steht, nicht gewährt hätte.

Erfolgt die Vorteilszuwendung an eine dem Gesellschafter nahe stehende Person, die nicht gleichzeitig selbst Gesellschafter ist, ist die verdeckte Gewinnausschüttung **stets** dem Gesellschafter zuzurechnen (H 36 KStH: III. Veranlassung durch das Gesellschaftsverhältnis – Nahe stehende Person – Zurechnung der verdeckten Gewinnausschüttung). Liegen diese Voraussetzungen für die Annahme einer verdeckten Gewinnausschüttung vor, so ist die Zuwendung zu Lasten der Kapitalgesellschaft so zu beurteilen, als hätte der Gesellschafter selbst den Vorteil erhalten und diesen an die nahestehende Person weitergegeben. Bei dem betreffenden Gesellschafter handelt es sich um eine Einkommensverwendung. Es ist daher ohne Bedeutung, dass A tatsächlich keine Zahlung von der Z-GmbH erhalten hat. Entscheidend im vorliegenden Fall ist, dass die Z-GmbH der X-GmbH als einer ihrem Gesellschafter A nahe stehenden Person einen Vermögensvorteil zugewendet hat, den sie bei Anwendung der Sorgfalt eines ordentlichen und gewissenhaften Geschäftsleiters einem Dritten nicht gewährt hätte.

Der Z-GmbH wurde von einer ihrem beherrschenden Gesellschafter A nahestehenden Person (X-GmbH) ein Darlehen gegen einen unangemessen hohen Zins gewährt. Die Zinszahlung der **Z-GmbH an die X-GmbH** war nur i. H. v. 60 000 € (6 % von 1 000 000 €) angemessen. Mit einem fremden Dritten hätte die Z-GmbH auch nur eine solche Zinsvereinbarung getroffen. In Höhe der überhöhten Zinszahlung ist die Gewährung eines typischen Vermögensvorteils der Z-GmbH an die dem Gesellschafter nahestehende Person (X-GmbH) zu sehen, weil insoweit die Entrichtung der unangemessen hohen Zinszahlung wirtschaftlich gesehen die unentgeltliche Zuwendung einer Geldleistung ist. Die überhöhte Zinszahlung von 40 000 € (10 % ./. 6 % = 4 % von 1 000 000) an die dem A nahe stehende Person X-GmbH ist gesellschaftsrechtlich veranlasst. Sie stellt mithin eine **verdeckte Gewinnausschüttung der Z-GmbH an A** dar. Eine verdeckte Gewinnausschüttung liegt vor, weil durch die erfolgswirksame Verbuchung der überhöhten Zinsen von 40 000 € das Vermögen der Z-GmbH gemindert wurde und diese Vermögensminderung insoweit durch das Gesellschaftsverhältnis des A veranlasst ist (R 36 Abs. 1 KStR).

Bei der Ermittlung des zu **versteuernden Einkommens der Z-GmbH** wäre die verdeckte Gewinnausschüttung i. H. v. 40 000 € außerhalb der Bilanz dem Jahresüberschuss hinzuzurechnen (§ 8 Abs. 3 Satz 2 KStG), da sie ihren Gewinn gemindert hat. Dies setzt voraus, dass eine **Änderung** des am 1. 10. 2014 bestandskräftig gewordenen Körperschaftsteuerbescheid 2013 gegen die Z-GmbH noch **möglich** ist (s. u.).

b) verdeckte Einlage – § 8 Abs. 3 Satz 3 KStG

Verdeckte Einlagen erhöhen das Einkommen nicht (§ 8 Abs. 3 Satz 3 KStG). Eine verdeckte Einlage liegt vor, wenn ein Gesellschafter oder eine ihm nahe stehende Person der Kapitalgesellschaft **außerhalb** der gesellschaftsrechtlichen Einlagen einen einlagefähigen **Vermögensvorteil** zuwendet und diese Zuwendung durch das **Gesellschaftsverhältnis veranlasst** ist (R 40 Abs. 1 KStR). Die Z-GmbH ist als eine dem Gesellschafter der X-GmbH nahe stehende Person zu beurteilen (s. o.), die der X-GmbH einen Vermögensvorteil zugewendet hat.

In Höhe der Differenz zwischen dem für das von der X-GmbH gewährte Darlehen vereinbarten Zinssatz von 10 % und dem marktüblichen Zinssatz von 6 % liegt eine – wie festgestellt – unangemessen hohe Vergütung für die Darlehensgewährung vor, die als **verdeckte Einlage des A** in die X-GmbH zu beurteilen ist (BFH vom 24. 3. 1987 I R 202/83, BStBl 1987 II S. 705). Eine verdeckte Einlage liegt vor, weil die Z-GmbH einer ihrem Gesellschafter **nahe stehenden Person** der X-GmbH einen **einlagefähigen Vermögensvorteil** in Form der überhöhten Zinszahlung zugewendet hat, und diese Zuwendung durch das **Gesellschaftsverhältnis veranlasst** war (R 40 Abs. 1 KStR). Die unangemessen hohe Zinszahlung ist dadurch veranlasst, da die dem Gesellschafter A nahe stehende Z-GmbH durch die überhöhte Zinszahlung für das Darlehen der X-GmbH einen Vermögensvorteil zuwendet, den ein Nichtgesellschafter bei der Anwendung der Sorgfaltspflichten eines ordentlichen Kaufmanns der X-GmbH nicht gewährt hätte (H 40 KStH: Gesellschaftsrechtliche Veranlassung).

Nach den Grundsätzen ordnungsmäßiger Buchführung hätte die X-GmbH die Zinszahlung der Z-GmbH i. H. v. 100 000 € als Ertrag des Wirtschaftsjahres 2013 erfassen müssen.

Außerhalb der Bilanz wäre zur Ermittlung des zu versteuernden Einkommens der X-GmbH für die als verdeckte Einlage zu beurteilenden 40 000 € eine außerbilanzielle Kürzung vorzunehmen gewesen, da verdeckte Einlagen das Einkommen der Kapitalgesellschaft nicht erhöhen (§ 8 Abs. 3 Satz 3 KStG).

Zu berücksichtigen ist vorliegend, dass die als verdeckte Einlage zu berücksichtigende überhöhte Zinszahlung mit 40 000 € das Einkommen der Z-GmbH gemindert hat. Soweit eine verdeckte Einlage auf einer verdeckten Gewinnausschüttung einer dem Gesellschafter nahe stehenden Person beruht und bei der Besteuerung des Gesellschafters nicht berücksichtigt wurde, erhöht sich das Einkommen der begünstigten Gesellschaft, es sei denn, die verdeckte Gewinnausschüttung hat bei der leistenden Körperschaft das Einkommen **nicht** gemindert (§ 8 Abs. 3 Satz 4 und 5 KStG).

Die verdeckte Einlage bei der X-GmbH von 40 000 € beruht auf einer verdeckten Gewinnausschüttung der Z-GmbH, die dem Gesellschafter A zuzurechnen ist. Diese verdeckte Gewinnausschüttung hat als betrieblicher Aufwand das Einkommen der Z-GmbH **gemindert** und wurde bei der Besteuerung des Gesellschafters A **nicht** berücksichtigt. Dies rechtfertigt die Zurechnung dieser verdeckten Einlage bei der Ermittlung des zu versteuernden Einkommens der X-GmbH für

2013 nach § 8 Abs. 3 Satz 4 und 5 KStG, sofern eine Änderung des KSt-Bescheids 2013 der Z-GmbH nicht mehr erfolgen kann (s. u.).

c) Berichtigung ESt-Bescheid 2013

Die als verdeckte Gewinnausschüttung zu beurteilende überhöhte Zinszahlung der Z-GmbH an die X-GmbH i. H. v. 40 000 € führt bei A zu Kapitaleinkünften (§ 20 Abs. 1 Nr. 1 Satz 2 EStG). Verdeckte Gewinnausschüttungen sind auch dann dem Gesellschafter der Kapitalgesellschaft zuzurechnen, wenn die verdeckte Gewinnausschüttung einer nahe stehenden Person zufließt (H 36 KStH: Veranlassung durch das Gesellschaftsverhältnis – Zurechnung der verdeckten Gewinnausschüttung).

Einkünfte aus Kapitalvermögen unterliegen nach § 32d Abs. 1 Satz 1 EStG grundsätzlich dem gesonderten Steuertarif für Einkünfte aus Kapitalvermögen von 25 %. Soweit die Kapitalerträge i. S. d. § 20 EStG der Kapitalertragsteuer unterlegen haben, ist die Einkommensteuer mit dem Steuerabzug abgegolten (§ 43 Abs. 5 Satz 1 I. HS EStG). Die Abgeltungswirkung des Steuerabzugs tritt nicht ein, soweit in den Fällen des § 32d Abs. 2 EStG der gesonderte Steuertarif nach § 32d Abs. 1 EStG nicht anzuwenden ist (§ 43 Abs. 5 Satz 2 EStG).

Haben steuerpflichtige Kapitalerträge aus rechtlichen oder tatsächlichen Gründen **nicht** dem Kapitalertragsteuerabzug unterlegen, hat der Steuerpflichtige diese nach § 32d Abs. 3 Satz 1 EStG in seiner Einkommensteuererklärung anzugeben (BMF vom 22. 12. 2009 IV C 1 - S 2252/08/10004 Randnr. 144, BStBl 2010 I S. 94). Für diese Kapitalerträge erhöht sich die tarifliche Einkommensteuer um den nach § 32d Abs. 1 EStG ermittelten Betrag (§ 32d Absatz 3 Satz 2 EStG), sofern § 32d Abs. 2 EStG keine Anwendung findet.

Der gesonderte Steuertarif nach § 32d Absatz 1 EStG gilt **nicht** für verdeckte Gewinnausschüttungen i. S. d. § 20 Abs. 1 Nummer 1 Satz 2 EStG, **soweit** sie das Einkommen der leistenden Körperschaft gemindert haben (§ 32d Abs. 2 Nr. 4 I. HS EStG). Hat die verdeckte Gewinnausschüttung das Einkommen einer dem Steuerpflichtigen nahe stehenden Person erhöht und findet § 32a KStG auf die Veranlagung dieser nahe stehenden Person keine Anwendung, gilt § 32d Absatz 2 Nr. 4 I. HS EStG nicht (§ 32d Abs. 2 Nr. 4 II. HS EStG), d. h. die verdeckte Gewinnausschüttung unterliegt der Besteuerung nach § 32d Abs. 1 EStG.

Die verdeckte Gewinnausschüttung erhöht als verdeckte Einlage das Einkommen der X-GmbH, da sie bei der leistenden Z-GmbH einkommensmindernd berücksichtigt wurde. § 32a KStG findet wegen der Bestandskraft des KSt-Bescheids 2013 der Z-GmbH auf die Veranlagung der X-GmbH keine Anwendung.

Die verdeckte Gewinnausschüttung in Form von Kapitaleinkünften wurde in dem ESt-Bescheid des Jahres 2013 für A nicht erfasst. A hätte seine Einkünfte aus Kapitalvermögen in Form der verdeckte Gewinnausschüttung nach § 32d Abs. 3 EStG in seiner Einkommensteuererklärung angeben und der Besteuerung nach § 32d Abs. 1 EStG unterwerfen müssen.

Der Steuerbescheid des A für das Jahr 2013 ist bestandskräftig. Eine etwaige Änderung dieses Bescheids auf Grund neuer Tatsachen nach § 173 Abs. 1 AO entfällt, da der Darlehensvertrag und seine Durchführung der für die Veranlagung des A zuständigen Finanzbehörden im Zeitpunkt des Erlasses des Steuerbescheids bekannt war.

Die Bestandskraft des ESt-Bescheids für 2013 für A hindert bei ihm die Erfassung der verdeckten Gewinnausschüttung. Eine Änderung des ESt-Bescheids 2013 nach § 32a Absatz 1 KStG hindert die Bestandskraft des KSt-Bescheids 2013 der Z-GmbH (s. u.).

d) Berichtigung des KSt-Bescheids 2013 der Z-GmbH

Bei der Ermittlung des Einkommens der Z-GmbH für das Jahr 2013 wurde die Zinszahlung für das von der X-GmbH gewährte Darlehen – einschließlich der als verdeckte Gewinnausschüttung zu beurteilenden überhöhten Zinsen – mit 100 000 € als Betriebsausgaben einkommensmindernd berücksichtigt. Bei der Festsetzung der Körperschaftsteuer für die Z-GmbH mit dem KSt-Bescheid 2013 wurde eine erforderliche außerbilanzielle Hinzurechnung der verdeckten Gewinnausschüttung bei der Ermittlung ihres zu versteuernden Einkommens **nicht** berücksichtigt (§ 8 Abs. 3 Satz 2 KStG).

Der Steuerbescheid 2013 für die Z-GmbH ist bestandskräftig. Eine etwaige Änderung dieses Bescheids auf Grund neuer Tatsachen gem. § 173 Abs. 1 AO entfällt, da der Darlehensvertrag und seine Durchführung der für die Veranlagung der Z-GmbH zuständigen Finanzbehörden im Zeitpunkt des Erlasses des Steuerbescheids bekannt war. Mithin kann die verdeckte Gewinnausschüttung bei der Z-GmbH **nicht** mehr durch Änderung des KSt-Bescheids 2013 erfasst werden.

Eine Berichtigung oder Änderung des bestandskräftigen KSt-Bescheids für 2013 der Z-GmbH nach § 32a Abs. 2 KStG hindert die Bestandskraft und damit die Änderbarkeit des ESt-Bescheid 2013 des Gesellschafters A (s. o.).

Da eine **Änderung** des am 1. 10. 2014 bestandskräftig gewordenen Körperschaftsteuerbescheid 2013 gegen die Z-GmbH nach den getroffenen Feststellung **nicht mehr möglich** ist, verbleibt es bei der Minderung des Einkommens der Z-GmbH um die einkommensmindernd berücksichtigte verdeckte Gewinnausschüttung von 40 000 €.

e) Ergebnis

Die von der Z-GmbH entsprechend der getroffenen Vereinbarung an die X-GmbH am 31. 12. 2013 gezahlten Zinsen i. H. v. 100 000 € sind in voller Höhe – einschließlich der verdeckten Einlage von 40 000 € – als Ertrag der X-GmbH zu berücksichtigen und erhöhen ihr Einkommen.

Die verdeckte Einlage beruht auf einer verdeckten Gewinnausschüttung einer dem Gesellschafter A nahe stehenden Person (Z-GmbH), die bei der Besteuerung des Gesellschafters nicht berücksichtigt wurde und bei der leistenden Körperschaft das Einkommen gemindert hat (§ 8 Abs. 3 Satz 5 KStG).

Jahresüberschuss X-GmbH – Zinszahlung Z-GmbH   + 100 000 €

f) Steuerabzug vom Kapitalertrag (Kapitalertragsteuer)

Soweit die Kapitalerträge i. S. d. § 20 EStG der Kapitalertragsteuer unterliegen, ist die Einkommensteuer mit dem Steuerabzug abgegolten; die Abgeltungswirkung des Steuerabzugs tritt nicht ein, wenn der Gläubiger nach § 44 Abs. 1 Satz 8 und 9 und Abs. 5 EStG in Anspruch genommen werden kann (§ 43 Abs. 5 Satz 1 EStG).

Verdeckte Gewinnausschüttungen unterliegen als Kapitalerträge i. S. d. § 20 Abs. 1 Nr. 1 Satz 2 EStG nach § 43 Abs. 1 Nr. 1 EStG dem Steuerabzug vom Kapitalertrag (Kapitalertragsteuer). Schuldner der Kapitalertragsteuer ist der Gläubiger der Kapitalerträge. Der Schuldner der Kapitalerträge hat den Steuerabzug für Rechnung des Gläubigers der Kapitalerträge vorzunehmen (§ 44 Abs. 1 EStG).

Der Gläubiger der Kapitalerträge wird nur in Anspruch genommen, wenn der Schuldner die Kapitalerträge nicht vorschriftsmäßig gekürzt hat oder der Gläubiger weiß, dass der Schuldner die einbehaltene Kapitalertragsteuer nicht vorschriftsmäßig abgeführt hat und dies dem Finanzamt nicht unverzüglich mitteilt (§ 44 Abs. 5 Satz 2 EStG). Das Finanzamt hat die zu wenig erhobene Kapitalertragsteuer vom Gläubiger der Kapitalerträge dann nachzufordern (§ 44 Abs. 1 Satz 8 und 9 EStG).

Der Schuldner der Kapitalerträge haftet für die Kapitalertragsteuer, die er einzubehalten und abzuführen hat (§ 44 Abs. 5 Satz 1 EStG), es sei denn er weist nach, dass er die ihm auferlegten Pflichten weder vorsätzlich noch grob fahrlässig verletzt hat. Er haftet auch für die Kapitalertragsteuer, soweit sie auf verdeckte Gewinnausschüttungen entfällt (§ 44 Abs. 6 Satz 5 EStG).

War die Z-GmbH somit verpflichtet von der im abgelaufenen Wirtschaftsjahr 2013 geleisteten verdeckten Gewinnausschüttungen Kapitalertragsteuer einzubehalten, so war sie auch gemäß § 44 Abs. 6 Satz 2 EStG verpflichtet, diese bis zum zehnten des auf die Bilanzerstellung folgenden Monats an das für die Besteuerung zuständige Finanzamt abzuführen.

Es bleibt durch das zuständige Finanzamt zu prüfen, ob die Z-GmbH bzw. der Gesellschafter A nicht wegen des unterlassenen Steuerabzugs vom Kapitalertrag als Haftungsschuldner bzw. Steuerschuldner in Anspruch genommen werden kann.

Zu berücksichtigen ist hierbei, dass eine Kapitalgesellschaft, die für eine verdeckte Gewinnausschüttung die Kapitalertragsteuer zu Unrecht nicht einbehalten, für die Kapitalertragsteuer in der Regel nur dann haftbar zu machen ist (§ 44 Abs. 5 Satz 2 EStG), wenn beachtliche Gründe dafür vorliegen, warum die Steuerpflicht der Einkünfte nicht ausschließlich im Veranlagungsverfahren des Gesellschafters erörtert und geklärt werden soll (BFH 28. 11. 1961 I 40/60 S, BStBl 1962 III S. 107).

3. Finanzierung einer Geliebten

a) verdeckte Gewinnausschüttung – § 8 Abs. 3 Satz 2 KStG

Zu prüfen ist, ob die von S unterschlagenen und von ihm vereinnahmen 20 000 € als **verdeckte Gewinnausschüttung** das Einkommen der X-GmbH nicht mindern dürfen (§ 8 Abs. 3 Satz 2 KStG). Eine verdeckte Gewinnausschüttung i. S. d. § 8 Abs. 3 Satz 2 KStG liegt vor, wenn bei einer Kapitalgesellschaft eine durch das Gesellschaftsverhältnis veranlasste Vermögensminderung eintritt oder eine Vermögenserhöhung verhindert wird und sich dies auf die Höhe des Unterschiedsbetrags i. S. d. § 4 Abs. 1 Satz 1 EStG auswirkt. Dies ist insbesondere dann der Fall, wenn die Kapitalgesellschaft ihrem Gesellschafter oder einer diesem nahe stehen Person, die nicht Gesellschafter der Kapitalgesellschaft ist, außerhalb der gesellschaftsrechtlichen Gewinnverteilung einen **Vermögensvorteil** zuwendet und diese Zuwendung ihren Anlass im Gesellschaftsverhältnis hat. Eine verdeckte Gewinnausschüttung kann auch ohne tatsächlichen Zufluss beim Gesellschafter gegeben sein, wenn der Vorteil dem Gesellschafter mittelbar in der Weise zugewendet wird, dass eine ihm nahestehende Person aus der Vermögensverlagerung Nutzen zieht. Das "Nahestehen" in diesem Sinne kann familienrechtlicher, gesellschaftsrechtlicher, schuldrechtlicher oder auch rein tatsächlicher Art sein.

Auf Grund der familienrechtlichen Beziehungen ist Sohn S als eine dem Gesellschafter A nahe stehende Person anzusehen. Für die Beurteilung der Zuwendung des Vermögensvorteils an die nahe stehende Person S als verdeckte Gewinnausschüttung nach § 8 Abs. 3 Satz 2 KStG ist entscheidend, dass für die Vorteilszuwendung andere Ursachen als das „Nahestehen" des Empfängers S zu Gesellschafter A auszuschließen sind. Eine Veranlassung durch das Gesellschaftsverhältnis besteht dann nicht, wenn die Zuwendung des Vorteils an die dem Gesellschafter A nahe stehende Person S ihre Ursache nicht im Gesellschaftsverhältnis des Gesellschafters A, sondern ausschließlich in einer unabhängigen Beziehung der Kapitalgesellschaft zum Empfänger der Zuwendung S hat (BFH vom 27. 11. 1974 I R 250/72, BStBl 1975 II S. 306).

Verschafft sich – wie vorliegend – ein Prokurist, der nicht zugleich Gesellschafter ist, **widerrechtlich** Geldbeträge aus dem Vermögen der GmbH durch das Ausstellen von Scheinrechnungen, so ist der Anscheinsbeweis für eine Veranlassung durch das Gesellschaftsverhältnis dann erschüttert, wenn der Prokurist zwar eine dem Gesellschafter nahe stehende Person ist, dem Gesellschafter die widerrechtlichen eigenmächtigen Maßnahmen des Prokuristen aber nicht bekannt sind und auch nicht in seinem Interesse erfolgen. Die Zuwendung an den Begünstigten ist dann allein durch seine eigenmächtigen widerrechtlichen Maßnahmen veranlasst, nicht aber durch das Gesellschaftsverhältnis des Gesellschafters. Sind die widerrechtlichen Maßnahmen jedoch durch unzureichende oder fehlende Kontrolle seitens des Gesellschafter-Geschäftsführers erleichtert oder ermöglicht worden, so muss sich der Gesellschafter-Geschäftsführer das widerrechtliche Handeln des Prokuristen zuschreiben lassen. Vorliegend wäre eine verdeckte Gewinnausschüttung der X-GmbH an ihren Gesellschafter A nur zu bejahen, wenn A als Gesellschafter-Geschäftsführer von den widerrechtlichen eigenmächtigen Geldentnahmen des S gewusst hätte und ihn gleichwohl hätte gewähren lassen.

S hatte seine Arbeit seit 2002 bisher korrekt durchgeführt. A konnte daher davon ausgehen, dass S auch in 2013 seinen Pflichten als Prokurist ohne Beanstandungen nachkommen würde. A hat auch in 2013 seine ihm als Geschäftsführer der X-GmH obliegenden Organisations- und Überwachungspflichten gem. § 43 Abs. 1 GmbH und seine Kontrollpflichten als Gesellschafter gem. § 46 GmbHG **nicht verletzt**. A waren die fingierten Rechnungen des S nicht bekannt und die Geldentnahmen sind ohne sein Wissen und seine Duldung erfolgt. Dies ergibt sich u. a. aus der nach Bekanntwerden der Unterschlagungen in 2014 geltend gemachten Forderung gegen S, mit der die Rückzahlung der veruntreuten 20 000 € an die X-GmbH verlangt wird.

Die Zuwendung der X-GmbH an S ist nicht durch das Gesellschaftsverhältnis des A veranlasst, da sie ohne sein Verschulden allein durch die widerrechtliche Handlungsweise des S als Prokurist erfolgt sind. Eine **verdeckte Gewinnausschüttung** (§ 8 Abs. 3 Satz 2 KStG) liegt daher **nicht** vor.

b) Forderung der X-GmbH gegen S

S hat durch das Ausstellen der fingierten Rechnungen und die nachfolgende Unterschlagung der 20 000 € seine sich aus dem Prokuristenvertrag ergebenden Verpflichtungen in erheblichem Umfang verletzt und damit gleichzeitig eine unerlaubte Handlung begangen (§ 823 BGB). Er hat sich auf Kosten der X-GmbH ungerechtfertigt bereichert (§ 812 Abs. 2 Satz 1 BGB) und ist rechtlich zur **Rückzahlung** der 20 000 € an die X-GmbH **verpflichtet**. Ihren rechtlich begründeten Anspruch auf Rückzahlung der unterschlagenen 20 000 € hat die X-GmbH in ihrer Bilanz zum **31. 12. 2013** als Forderung ausweisen (§§ 242, 246 HGB).

Der Anspruch der X-GmbH auf Rückzahlung ist im Zeitpunkt der unberechtigten Geldentnahmen im Jahr 2013 entstanden und daher in der Bilanz der X-GmbH zum 31. 12. 2013 **ertragswirksam** zu aktivieren. Unerheblich ist, dass erst in 2014 im Rahmen der Erstellung der Bilanz am 1. 7. 2014 der Vorgang der X-GmbH bekannt geworden ist. Im Rahmen der **Wertaufhellung** ist die in 2013 entstandene Forderung schon in der Bilanz zum 31. 12. 2013 zu erfassen, auch wenn die Forderung erst nach dem Bilanzstichtag geltend gemacht wird.

Jahresüberschuss	+ 20 000 €

4. Ausländische Einkünfte

Der Gewinn der ausländischen Verkaufsfiliale von in Höhe von 400 000 € ist Ertrag der X-GmbH; die im Staate A entrichtete Körperschaftsteuer ist betrieblicher Aufwand. Da das Ergebnis der ausländischen Verkaufsfiliale im Gewinn der X-GmbH nicht enthalten ist, ist der Jahresüberschuss entsprechend zu korrigieren.

Jahresüberschuss – Gewinn ausländischen Verkaufsfiliale	+ 400 000 €
Jahresüberschuss – ausländische Körperschaftsteuer	./. 120 000 €

Die ausländische Körperschaftsteuer gehört als Steuer vom Einkommen zu den nichtabziehbare Aufwendungen (§ 10 Nr. 2 KStG). Soweit die Körperschaftsteuer den Jahresüberschuss gemindert hat, ist sie zur Ermittlung des Einkommens wieder hinzuzurechnen.

Außerbilanzielle Hinzurechnung – ausländische Körperschaftsteuer	+ 120 000 €

Die X-GmbH unterliegt als unbeschränkt steuerpflichtige Kapitalgesellschaft mit ihren sämtlichen inländischen und ausländischen Einkünften und damit auch mit dem Gewinn aus ihrer ausländischen Verkaufsfiliale im Staat A der inländischen Körperschaftsteuer (§ 1 Abs. 1 KStG). Das Besteuerungsrecht der BRD wird nicht durch ein DBA eingeschränkt, da mit dem ausländischen Staat A kein DBA besteht. Unerheblich ist, dass der Gewinn der ausländischen Betriebsstätte im ausländischen Staat A bereits einer Körperschaftsteuer von 30 % unterlegen hat. Durch die ausländische Besteuerung geht der BRD das Besteuerungsrecht nicht verloren.

Es ist zu prüfen, ob die im Staat entrichtete ausländische Körperschaftsteuer nach § 26 KStG i. V. m. § 34c EStG auf die inländische Körperschaftsteuer angerechnet werden kann.

Die von einem ausländischen Staat von in diesem Staat erzielten Einkünften erhobene Körperschaftsteuer kann unter den Voraussetzungen des § 26 KStG i. V. m. § 34c EStG auf die deutsche Körperschaftsteuer angerechnet werden, soweit mit dem ausländischen Staat kein DBA besteht (§ 26 Abs. 1 KStG) oder bei Bestehen eines DBA der BRD das Besteuerungsrecht für diese ausländischen Einkünfte nicht entzogen wird (§ 26 Abs. 2 Satz 1 KStG, § 34c Abs. 6 Satz 1 EStG).

Mit Staat A besteht **kein DBA**, dass die Anwendung des § 34c Abs. 1 – 3 EStG ausschließen könnte (§ 34c Abs. 6 Satz 1 EStG). Der laufende Gewinn aus der Verkaufsfiliale in Höhe von 400 000 € wird durch eine ausländische Betriebsstätte im Staat A erzielt. Die Verkaufsfiliale ist als Verkaufsstelle eine **Betriebstätte** i. S. d. § 12 Satz 2 Nr. 6 AO. Es handelt sich damit gleichzeitig nach § 34d Nr. 2 Buchst. a EStG um **ausländische Einkünfte** i. S. d. § 34c Abs. 1 EStG.

Die X-GmbH wurde mit diesen ausländischen Einkünften von dem ausländischen Staat A zu einer der deutschen Körperschaftsteuer entsprechenden Körperschaftsteuer herangezogen. Die ausländische Körperschaftsteuer wurde von der ausländischen Steuerbehörde festgesetzt und von der X-GmbH auch gezahlt. Die am 28. 6. 2014 festgesetzte und am 30. 7. 2014 gezahlte Körperschaftsteuer in Höhe von 120 000 € (30 % von 400 000 €) unterliegt wegen der bestandskräftigen Festsetzung auch keinem Ermäßigungsanspruch mehr (§ 26 Abs. 1 KStG, § 34c Abs. 1 Satz 1 EStG).

Unerheblich ist, dass die X-GmbH die ausländische Steuer erst im Jahr 2014 gezahlt hat; die Anrechnung auf die Körperschaftsteuer 2013 kommt in Betracht, da die ausländische Steuer auf die in diesem Veranlagungszeitraum bezogenen Einkünfte entfällt (§ 34c Abs. 1 Satz 5 EStG).

Die für die Einkünfte aus Staat A festgesetzte und gezahlte ausländische Körperschaftsteuer i. H. v. 120 000 € ist nur bis zur **Höhe der deutschen Körperschaftsteuer** anzurechnen, die auf die Einkünfte aus Staat A entfällt (§ 34c Abs. 1 Satz 1 EStG, § 68a Satz 1 EStDV).

Die deutsche Körperschaftsteuer beträgt 15% (§ 23 Abs. 1 KStG). Der in Staat A erzielte Gewinn von 400 000 € wird damit in der BRD nur mit einer Steuer von 15 % von 400 000 € = 60 000 € belastet. Nur bis zu dieser Höhe ist die im Staate A festgesetzte und gezahlte Steuer von 120 000 € anrechenbar. Für den verbleibenden Betrag von 60 000 € (gezahlte Steuer 120 000 € ./. anrechenbare Steuer 60 000 €) entfällt die Anrechnung.

Die ausländische Körperschaftsteuer kann nicht nach § 34c Abs. 2 EStG bei der Ermittlung des Gesamtbetrags der Einkünfte abgezogen werden; ein hierzu erforderlicher Antrag auf Abzug nach § 34c Abs. 2 EStG wird nach dem Sachverhalt nicht gestellt.

Ein Abzug der ausländischen nach § 34c Abs. 3 EStG bei der Ermittlung des Gesamtbetrags der Einkünfte, der auch ohne Antrag möglich ist, kommt vorliegend nicht in Betracht. Die in dem ausländischen Staat A erhobene Steuer in Höhe von 120 000 € entspricht der deutschen Körperschaftsteuer. Sie wird auch von dem Staat erhoben, aus dem die Einkünfte von 400 000 € stammen und entfällt auf diese ausländischen Einkünfte i. S. d. § 34d Nr. 2 Buchst. a EStG.

Auf die festzusetzende Körperschaftsteuer ist die Körperschaftsteuer aus Staat A mit **60 000 €** anzurechnen.

5. Ermittlung des z. v. Einkommens und der Steuer 2013 der X-GmbH

Das zu versteuernde Einkommen 2013 der X-GmbH ermittelt sich wie folgt:

Gewinn X-GmbH lt. Erklärung		4 000 000 €
Aktivierung Gewinnabführungsanspruch	+	1 829 412 €
Aktivierung Ausgleichsposten	+	70 000 €
Körperschaftsteuererstattung	+	10 000 €
Zinszahlung Z-GmbH	+	100 000 €
Forderung gegen S	+	20 000 €
Gewinn ausländischen Verkaufsfiliale	+	400 000 €

ausländische Körperschaftsteuer	./. 120 000 €	
Zuführung KSt-Rückstellung 2013	./. 903 211 €	
Erhöhung Jahresüberschuss	+ 1 406 201 €	+ 1 406 201 €
Berichtigter Jahresüberschuss		5 406 201 €
Außerbilanzielle Kürzung Gewinnabführungsanspruch		./. 1 829 412 €
Eigener Jahresüberschuss X-GmbH		3 576 789 €
Außerbilanzielle zuzurechnendes Einkommen O-GmbH		+ 1 929 412 €
Außerbilanzielle Kürzung – aktiver Ausgleichsposten		./. 70 000 €
Außerbilanzielle Hinzurechnung – KSt-Vorauszahlung		+ 10 000 €
Außerbilanzielle Kürzung – KSt-Erstattung		./. 10 000 €
Außerbilanzielle Hinzurechnung – ausländische Körperschaftsteuer		+ 120 000 €
Zuführung KSt-Rückstellung 2013		+ 903 211 €
		6 459 412 €
§ 8b Abs. 2 KStG – T-GmbH		./. 40 000 €
§ 8b Abs. 3 KStG – T-GmbH		+ 2 000 €
zu versteuerndes Einkommen der X-GmbH		6 421 412 €
Körperschaftsteuer 15 % von 6 421 412 € (§ 23 Abs. 1 KStG)		963 211 €
anzurechnende ausländische Steuer (§ 26 Abs. 1 KStG)		./. 60 000 €
Festzusetzende Körperschaftsteuer 2013		**903 211 €**

Verprobung – Bilanzveränderungen

Aktiva				Passiva
Forderung Gewinnabführung *	+ 1 829 412 €	Erhöhung Jahresüberschuss		+ 1 406 201 €
Ausländ. Betriebsstätte *	+ 280 000 €	KSt-Rückstellung *		+ 903 211 €
Aktiver AP *	+ 70 000 €			
Zinsen Z-GmbH *	+ 100 000 €			
KSt Steuererstattung *	+ 10 000 €			
Forderung gegen S	+ 20 000 €			
Su. Aktiva	+ 2 309 412 €	Su. Passiva		+ 2 309 412 €

* bisher fehlende Bilanzierung der X-GmbH zum 31.12.2013

Steuerberaterprüfung 2013/2014

Prüfungsaufgabe aus dem Gebiet der Buchführung und des Bilanzwesens

Teil I: Einzelunternehmen Henrik Mai

Allgemeiner Sachverhalt:

Der Kaufmann Henrik Mai (HM) betreibt seit 2000 als Einzelunternehmer auf einem eigenen Grundstück in Bremen einen Werkzeugbau.

Die Gewinnermittlung erfolgt nach § 5 Abs. 1 EStG. Das Kalenderjahr und das Wirtschaftsjahr stimmen überein. Etwa erforderliche Verzeichnisse nach § 5 Abs. 1 Satz 2 und 3 EStG werden geführt.

Die Voraussetzungen des § 7g EStG liegen grundsätzlich vor. Investitionsabzugsbeträge hat HM aber nicht geltend gemacht. Er wünscht auch im Jahr 2013 keinen solchen Abzugsbetrag.

HM ist zum Vorsteuerabzug berechtigt. Er versteuert seine Umsätze nach vereinbarten Entgelten mit dem Steuersatz von 19 %. Die Belege der Buchführung liegen vor und die Aufzeichnungspflichten wurden beachtet.

HM wünscht im Jahr 2013 einen möglichst hohen Eigenkapitalausweis in seiner Handelsbilanz (1. Priorität) und einen möglichst niedrigen steuerlichen Gewinn (2. Priorität). Übertragungsmöglichkeiten für Rücklagen (siehe Einzelsachverhalt 4) möchte HM aber auf jeden Fall nutzen.

Nach dem vorläufigen Ergebnis der nur handelsrechtlichen Buchführung ergibt sich ein Jahresüberschuss i. H. v. von 60 000 €.

HM hat Sie gebeten, den Jahresabschluss für das Jahr 2013 zu erstellen. Gehen Sie davon aus, dass Sie diese Arbeit am 30. 4. 2014 erledigen/erledigt haben.

Aufgaben:

▶ Beurteilen Sie die nachfolgenden Einzelsachverhalte 1 - 4 unter Hinweis auf die gesetzlichen Bestimmungen des Handels- und Steuerrechts sowie die Verwaltungsanweisungen. Nennen Sie dabei auch die nach Handelsrecht (noch) erforderlichen (Korrektur-) Buchungen.

▶ Stellen Sie in der Anlage die Änderungen des vorläufigen Jahresüberschusses aufgrund der nachstehenden Einzelsachverhalte dar und berechnen Sie den sich danach ergebenden Jahresüberschuss in der Handelsbilanz und den steuerlichen Gewinn.

▶ Auf Aspekte der Wirtschaftlichkeit ist nicht einzugehen, sodass auch geringe Beträge den Vorschriften entsprechend zu behandeln sind.

Einzelsachverhalte:

1. Grundstück mit neuer Lagerhalle

HM bewohnte bis Februar 2013 ein älteres Einfamilienhaus auf einem ihm seit 1999 gehörenden Grundstück (500 qm) unmittelbar neben seiner Einzelfirma.

Anfang 2013 entschloss sich HM zu einem Umzug und zum Bau einer kleinen Lagerhalle auf diesem Grundstück.

Im März 2013 wurde das Einfamilienhaus abgerissen und schon am 1.10.2013 konnte die neue Lagerhalle in Betrieb genommen werden.

Der Verkehrswert Nebenkosten (= Teilwert) des Grund und Bodens im Jahr 2013 betragt 100 € pro qm. Der Verkehrswert einschließlich Nebenkosten (= Teilwert) des Einfamilienhauses betrug vor dem Abbruch noch 20 000 € und die Abbruchkosten wurden von der beauftragten Firma mit 12 000 € zuzüglich 19 % USt berechnet.

Daneben entstanden HM für den Neubau der Lagerhalle Kosten von 30 000 € zuzüglich insgesamt 5 500 € in Rechnung gestellter USt.

Die Nutzungsdauer der Lagerhalle beträgt 20 Jahre. HM hat bisher wie folgt gebucht:

30.3.2013

Sonstige betriebliche Aufwendungen	12 000 €			
Vorsteuer	2 280 €	an	Bank	14 280 €

April bis Oktober 2013 jeweils bei Rechnungseingang und sofortiger Überweisung hier zusammengefasst:

Gebäude (Lagerhalle)	30 000 €			
Vorsteuer	5 500 €	an	Bank	35 500 €

31.12.2013

Abschreibungen auf Gebäude	1 500 €	an	Gebäude (Lagerhalle)	1 500

Die in diesem Zusammenhang entstandenen laufenden Grundstückskosten wurden richtig gebucht. Weitere Buchungen sind in diesem Zusammenhang nicht erfolgt.

2. LKW (Lieferwagen)

Am 30.6.2012 wurde HM ein neuer LKW geliefert, den er seitdem für betriebliche Fahrten nutzt. Der LKW wurde mit den Anschaffungskosten (AK) von 48 000 € beim Zugang bilanziert und unter Berücksichtigung einer zutreffend geschätzten Nutzungsdauer von 8 Jahren ohne weitere Nachweise in der Handelsbilanz und im Steuerrecht einheitlich planmäßig abgeschrieben und zum 31.12.2012 bewertet.

Am 2.1.2013 ist bei einem Unfall ein Wertverlust eingetreten. Der Wert des LKW war durch den Unfall 30 % niedriger als der Buchwert vom 31.12.2012. Die restliche Nutzungsdauer hat sich außerdem auf nur noch 5 Jahre vom Unfalltag an gerechnet verringert. Der beizulegende Wert des LKW (= Teilwert) verringerte sich bis zum Tag der Bilanzaufstellung für 2013 entsprechend.

Da der LKW trotz des Unfallschadens einsatzfähig geblieben ist, hat HM auf eine Reparatur verzichtet.

Die erhaltene Versicherungsentschädigung i. H. v. 10 000 € hat er privat verwendet und daher den am 29. 2. 2013 erhaltenen Barscheck zugunsten eines privaten Kontos gutschreiben lassen.

Da die Nutzungsdauer am 31. 12. 2013 nur noch 4 Jahre beträgt, hat HM 25 % der AK des LKW als Abschreibung gebucht:

| Abschreibungen auf Sachanlagen | 12 000 € | an | Andere Anlagen (Fahrzeuge) | 12 000 € |

Weitere Buchungen sind in diesem Zusammenhang nicht erfolgt.

3. Produktionsmaschine

Die zuständige Behörde gewährte HM mit Bescheid vom Januar 2013 einen Zuschuss i. H. v. 30 000 €. Der Bankeingang bei HM erfolgte noch im Januar 2013.

Der Zuschuss wurde für den Erwerb einer Produktionsmaschine mit der Auflage gewährt, dass ab April 2013 für mindestens 10 Jahre ein einzustellender behinderter Arbeitnehmer die Maschine bedient. Nur für die Fälle, dass kein entsprechender Arbeitnehmer eingestellt, ein eingestellter Arbeitnehmer nicht über einen Zeitraum von 10 Jahren beschäftigt oder die Maschine innerhalb von 10 Jahren veräußert wird, behielt sich die Behörde eine anteilige Rückforderung vor.

HM erwarb von einer Maschinenbaufabrik mit Kaufvertrag vom 1. 2. 2013 zum Preis von 25 000 € zuzüglich 19 % USt eine entsprechende Maschine mit einer Nutzungsdauer von 10 Jahren. Die Maschine wurde am 30. 3. 2013 geliefert und sofort durch Banküberweisung bezahlt. Anschaffungsnebenkosten sind nicht entstanden.

Ab April 2013 stellte HM einen behinderten Arbeitnehmer ein, für den mit dem Erwerb der Maschine ein angemessener Arbeitsplatz geschaffen worden ist. Eine gesetzliche Verpflichtung zur Einstellung eines behinderten Menschen besteht für HM nicht.

HM bildete für den Zuschuss zum 31. 12. 2013 einen passiven Rechnungsabgrenzungsposten (PRAP) i. H. v. 27 000 €, um auf diese Weise den gebuchten Ertrag auf 10 Jahre zu verteilen.

Zum 31. 12. 2013 bewertete HM die Maschine unter Berücksichtigung von 25 % degressiver Abschreibung mit 16 750 €.

Das Risiko der Rückforderung des Zuschusses beurteile HM mit 50 % und passivierte daher eine Verbindlichkeit i. H. v. 15 000 €.

Folgende Buchungen hat HM in diesem Zusammenhang vorgenommen:

Bank	30 000 €	an	Sonstige betriebliche Erträge	30 000 €
Technische Anlagen und Maschinen	25 000 €			
Vorsteuer	4 750 €	an	Bank	29 750 €
Sonstige betriebliche Erträge	27 000 €	an	PRAP	27 000 €
Abschreibungen auf Sachanlagen	6 250 €	an	Technische Anlagen und Maschinen	6 250 €
Sonstige betriebliche Aufwendungen	15 000 €	an	Sonstige Verbindlichkeiten	15 000 €

Weitere Buchungen sind in diesem Zusammenhang nicht erfolgt.

4. Rücklage nach § 6b EStG

Zum 31.12.2009 hatte HM nur in der StB eine Rücklage nach § 6b Abs. 10 Satz 5 EStG i. H. v. 10 000 € gebildet. In der Handelsbilanz wurde der Betrag von 10 000 € als Gewinn behandelt und den Gewinnrücklagen zugeführt.

Teil II: Transport und Fahrzeugbau GmbH

Allgemeiner Sachverhalt:

Die Firma Transport und Fahrzeugbau GmbH betreibt ein Fuhrunternehmen und führt Umbauten an Lastkraftwagen durch. Sitz der Gesellschaft ist Wernigerode. Das Stammkapital der im Jahr 2005 gegründeten Gesellschaft beträgt 1 000 000 € und ist voll eingezahlt. Zum 31.12.2012 sind 400 000 € Kapitalrücklagen und 500 000 € Gewinnvortrag ausgewiesen.

Geschäftsführender Gesellschafter der Transport und Fahrzeugbau GmbH ist Max Müller. Er hält 100 % der Anteile. Gewinnausschüttungen wurden für 2012 nicht beschlossen und sind auch für 2013 nicht geplant.

Nach den Betriebsgrößenmerkmalen wird die Transport und Fahrzeugbau GmbH als mittelgroße Kapitalgesellschaft i. S. d. § 267 HGB eingestuft. Das Wirtschaftsjahr der GmbH stimmt mit dem Kalenderjahr überein. Für die Wirtschaftsjahre bis einschließlich 2012 wurden ausschließlich Handelsbilanzen erstellt. Steuerlich abweichende Ansätze oder Bewertungen haben sich bislang nicht ergeben. Aus den Konten des betrieblichen Rechnungswesens ergibt sich ein vorläufiger Jahresüberschuss von 100 000 €. Die Konten des betrieblichen Rechnungswesens enthalten die handelsrechtlich maßgeblichen Werte und Bestände, ohne Berücksichtigung der Ergebnisse der Betriebsprüfung.

Für die Erstellung der Handelsbilanz zum 31.12.2013 und einer ggf. erforderlichen Überleitungsrechnung nach § 60 Abs. 2 Satz 1 EStDV sind für das Jahr 2013 die folgenden Einzelsachverhalte unter Berücksichtigung der Besteuerungsmerkmale noch zu überprüfen.

Für das Jahr 2013 liegen, sofern sich aus dem Sachverhalt nichts anderes ergibt, keine Hinzurechnungen oder Kürzungen zur Ermittlung des Gewerbeertrags und des Einkommens vor. Die Transport und Fahrzeugbau GmbH führt mit den Erlösen aus dem Unternehmen nur zum Vorsteuerabzug berechtigende Umsätze aus.

Aufgaben:

► Erläutern Sie unter Angabe der einschlägigen Vorschriften, wie die nachfolgenden Einzelsachverhalte 1-3 unter Berücksichtigung der Besteuerungsmerkmale handelsrechtlich und steuerrechtlich zu behandeln sind. Die für die Erstellung der Handelsbilanz zum 31.12.2013 noch erforderlichen Buchungssätze (ggf. Korrekturbuchungssätze) sind anzugeben.

► Im Falle vom Handelsrecht abweichender steuerlicher Ansätze oder Beträge sind diese den steuerlichen Vorschriften durch eine Überleitungsrechnung anzupassen.

► Ermitteln Sie unter Berücksichtigung der Besteuerungsmerkmale den handelsrechtlichen Jahresüberschuss bzw. Jahresfehlbetrag, indem Sie ausgehend vom vorläufigen Jahresüberschuss die Gewinnauswirkungen nach der GuV-Methode darstellen. Ein ggf. abweichendes steuerliches Ergebnis ermitteln Sie bitte anhand einer Überleitungsrechnung.

▶ Soweit sich aus den Einzelsachverhalten Auswirkungen auf die Einkommensteuer des Gesellschafters Max Müller ergeben, sind diese anzugeben.

HINWEISE:

- In der Handelsbilanz soll ein möglichst hohes Eigenkapital ausgewiesen werden, wobei jedoch planmäßige Abschreibungen mit den steuerrechtlichen Absetzungen für Abnutzung übereinstimmen sollen.
- Das steuerliche Ergebnis soll möglichst niedrig ausfallen.
- Die Ertragsteuerbelastung beträgt 30 % (15 % Körperschaftsteuer, 15 % Gewerbesteuer).
- Auf Solidaritätszuschlag und Verzinsung nach § 233a AO ist aus Vereinfachungsgründen nicht einzugehen.
- Steuervorauszahlungen sind nicht geleistet worden.
- Steuerrückstellungen sind bisher für 2013 nicht gebucht worden. Soweit erforderlich, sind sie noch zu buchen.
- Soweit aufgrund der Feststellungen der Betriebsprüfung Bilanzpositionen beanstandet bzw. hinzugefügt wurden, liegen auch handelsrechtliche Fehler vor, die jedoch nicht schwerwiegend sind und deshalb eine Korrektur der Bilanzen zum 31.12.2011 und 31.12.2012 nicht erforderlich machen. Die handelsrechtliche Buchführung ist daher im laufenden Jahresabschluss 2013 an das Ergebnis der Betriebsprüfung anzugleichen. Der Geschäftsführer wünscht eine Anpassung an den von der Betriebsprüfung festgestellten bilanziellen Mehrgewinn über Gewinnvortrag, über den dann im Rahmen der Gesellschafterversammlung zur Verwendung des Jahresergebnisses entsprechend beschlossen wird.

Einzelsachverhalte:

1. Betriebsprüfung (Bp)

In der Zeit vom 20.11.2013 bis zum 31.1.2014 fand bei der Firma für die Besteuerungsjahre 2011 und 2012 eine steuerliche Bp durch eine Betriebsprüferin des zuständigen Finanzamts statt. Der Bp-Bericht erging zusammen mit den geänderten Steuerbescheiden am 15.2.2014. Folgende Feststellungen wurden getroffen:

1.1. Steuerpflichtige Umsätze

In den Umsatzsteuer-Jahreserklärungen wurden u. a. steuerfreie Umsätze gem. § 4 Nr. 3 UStG von 59 500 € für 2011 und 71 400 € für 2012 angegeben. Da die erforderlichen Nachweise für die Steuerbefreiung nicht erbracht werden konnten, erhöhte die Betriebsprüferin die steuerpflichtigen Umsätze und erstellte folgende Textziffer im Bp-Bericht:

	2011	2012
Steuerpflichtige Umsätze		
Bisher	10 500 000 €	11 000 000 €
Erhöhung lt. Bp	50 000 €	60 000 €
Steuerpflichtige Umsätze lt. Bp	10 550 000 €	11 060 000 €
Steuerfreie Umsätze		
Bisher	209 500 €	311 400 €
Minderung lt. Bp	59 500 €	71 400 €
Steuerfreie Umsätze lt. Bp	150 000 €	240 000 €

Für das Jahr 2013 fehlen die entsprechenden Nachweise für 47 600 €. Entsprechende Umbuchungen würden nicht vorgenommen; berichtigte Umsatzsteuer-Voranmeldungen wurden nicht abgegeben.

1.2. Forderungen aus Lieferungen und Leistungen

Die Betriebsprüferin aktivierte zum 31.12.2012 eine Forderung aus umsatzsteuerpflichtigen Fuhrleistungen i. H. v. 11 900 €, die im Dezember 2012 erbracht, jedoch erst im Januar 2013 in Rechnung gestellt und gebucht wurden. Die Begleichung der Forderung erfolgte im Januar 2014.

1.3. Rückstellung für Provisionen

In den Bilanzen zum 31.12.2011 und 31.12.2012 wurden Rückstellungen für Provisionen (Konto „Sonstige Rückstellungen") von jeweils 40 000 € ausgewiesen, die dem Grunde nach berechtigt sind. Der Höhe nach erfolgte eine Korrektur durch die Bp und zwar auf 24 000 € für 2011 und auf 20 000 € für 2012. Auch für 2013 ist eine Rückstellung für Provisionen auszuweisen. Entsprechend der Ermittlungsmethode der Bp ergeben sich zum 31.12.2013 hierfür 35 000 €. Als Rückstellungsbetrag zum 31.12.2013 werden nach Zuführung von 20 000 € bisher 60 000 € ausgewiesen.

Von der Bp wurde folgende Mehr- und Wenigerrechnung (Bilanzpostenmethode) aufgestellt:

	2011	2012
Erhöhung Forderungen aus Lieferungen und Leistungen		+ 11 900 €
Minderung Rückstellung für Provisionen	+ 16 000 €	./. 16 000 €
		+ 20 000 €
Umsatzsteuer lt. Bp	./. 9 500 €	+ 9 500 €
		./. 22 800 €
Zwischensumme	+ 6 500 €	+ 2 600 €
Körperschaftsteuer-Rückstellung lt. Bp	./. 975 €	+ 975 €
		./. 1 365 €
Gewerbesteuer-Rückstellung lt. Bp	./. 975 €	+ 975 €
		./. 1 365 €
Änderung lt. Bp = steuerlicher Ausgleichsposten	+ 4 550 €	+ 1 820 €
Jahresüberschuss bisher	40 000 €	45 000 €
Jahresüberschuss lt. Bp	44 550 €	46 820 €

Zu den Anlagen des Bp-Berichts gehörte folgende weitere Anlage mit den Bp-Bilanzen:

31. 12. 2011

Aktiva	Handelsbilanz	Bp-Bilanz
Unveränderte Posten	6 000 000 €	6 000 000 €
Summe Aktiva	6 000 000 €	6 000 000 €

Passiva	Handelsbilanz	Bp-Bilanz
Steuerlicher Ausgleichsposten	—	4 550 €
Rückstellung für Provisionen	40 000 €	24 000 €
Umsatzsteuer lt. Bp	—	9 500 €
Körperschaftsteuer lt. Bp	—	975 €
Gewerbesteuer lt. Bp	—	975 €
Unveränderte Posten	5 960 000 €	5 960 000 €
Summe Passiva	6 000 000 €	6 000 000 €

31. 12. 2012

Aktiva	Handelsbilanz	Bp-Bilanz
Forderungen aus Lieferungen und Leistungen	500 000 €	511.900 €
Unveränderte Posten	6 300 000 €	6 300 000 €
Summe Aktiva	6 800 000 €	6 811 900 €

Passiva	Handelsbilanz	Bp-Bilanz
Steuerlicher Ausgleichsposten	—	6 370 €
Rückstellung für Provisionen	40 000 €	20 000 €
Umsatzsteuer lt. Bp	—	22 800 €
Körperschaftsteuer lt. Bp	—	1 365 €
Gewerbesteuer lt. Bp	—	1 365 €
Unveränderte Posten	6 760 000 €	6 760 000 €
Summe Passiva	6 800 000 €	6 811 900 €

2. Forschung und Entwicklung

Die Transport und Fahrzeugbau GmbH hat seit längerem ein Forschungsprojekt für eine neuartige Anhängevorrichtung für Sattelschlepper durchgeführt. Im Jahr 2013 fielen in der Forschungsphase an:

▶ Gehälter des Forschungspersonals (Einzel- und Gemeinkosten) 200 000 €

▶ Materialkosten (Einzel- und Gemeinkosten) für die Fertigstellung eines Forschungsprojekts (Prototyp) 100 000 €

Nach erfolgreichem Probelauf des Prototyps Ende März 2013 wurde unter Anwendung der Forschungsergebnisse mit der Entwicklung begonnen. In der Entwicklungsphase (1.4. bis 30.11.2013) sind folgende Aufwendungen angefallen:

- Gehälter Entwicklungspersonal (Einzel- und Gemeinkosten) 230 000 €
- Material für die Entwicklung (Einzel- und Gemeinkosten) 150 000 €
- Produktionsbezogene Abschreibungen (anteilig) 40 000 €
- Verwaltungskosten Entwicklung 15 000 €

Forschung und Entwicklung konnten verlässlich voneinander getrennt werden. Sämtliche Aufwendungen wurden auf Aufwandskonten (Material- und Stoffverbrauch, Personalaufwendungen, sonstige betriebliche Aufwendungen und Abschreibungen) gebucht.

Nach Abschluss der Entwicklungsphase wurde am 1.12.2013 mit der Produktion der neuartigen Anhängevorrichtung für Sattelschlepper begonnen. Die Firma rechnet mit einer fünf Jahre dauernden Nutzung zur gleichartigen Produktion:

3. Bebautes Grundstück

Auf dem Konto „Grundstückswerte bebauter Grundstücke" ist das mit einem Bürogebäude bebaute Grundstück Lennestr. 2 mit 1 € ausgewiesen. Die GmbH erwarb dieses Grundstück am 3.1.2013 von Max Müller für einen symbolischen Kaufpreis von 1 €. Kurz zuvor hatte Max Müller von einem Interessenten ein Kaufangebot über 800 000 € erhalten. Müller hatte das bebaute Grundstück vor acht Jahren für 400 000 € (einschl. Anschaffungsnebenkosten) angeschafft und mit der an fremde Dritte erfolgten Vermietung des zum Privatvermögen gehörenden, im Jahre 1980 hergestellten Bürogebäudes bis zum 31.12.2012 Einkünfte aus Vermietung und Verpachtung erzielt. 75 % des Kaufpreises entfielen auf das Gebäude, das noch eine Nutzungsdauer von 100 Jahren hat. Das Wertverhältnis Grund und Boden und Gebäude ist bis heute unverändert 25 : 75. Im Rahmen der Einkünfte aus Vermietung und Verpachtung wurden insgesamt 48 000 € Absetzungen für Abnutzung (AfA-Satz 2 %) berücksichtigt. Da das Gebäude sehr gut für die Zwecke der GmbH nutzbar ist und das Eigenkapital der GmbH gestärkt werden sollte, entschied sich Müller für den Verkauf an die GmbH. Im notariellen Kaufvertrag vom 3.1.2013 wurde deshalb mit Rücksicht auf die finanzielle Lage der GmbH der genannte symbolische Kaufpreis vereinbart und in Gegenwart des Notars bar an Max Müller entrichtet. Als Tag des Übergangs von Besitz, Nutzen und Lasten wurde derselbe Tag festgelegt. Die Nebenkosten (Grunderwerbsteuer nach Bedarfsbewertung, Notar- und Gerichtsgebühren usw.) wurden im März 2013 gezahlt und als sonstiger betrieblicher Aufwand (50 000 € netto) gebucht. Die Vorsteuer wurde richtig behandelt. Bei einem Verkauf zum (angemessenen) Preis von 800 000 € wären insgesamt 120 000 € an Nebenkosten zuzüglich Umsatzsteuer angefallen.

Teil III: A B C – OHG

Allgemeiner Sachverhalt:

An der A B C - OHG (OHG), die seit ihrer Gründung zum 1.1.2012 einen kleinen Metall verarbeitenden Betrieb unterhält, sind die natürlichen Personen A, B und C als zu gleichen Anteilen berechtigte Gesellschafter beteiligt.

Der Gesellschaftsvertrag der OHG lautet (auszugsweise):

„...

Beiträge der Gesellschafter

Die vertragschließenden Gesellschafter sind sich einig, dass alle Gesellschafter gleichwertige Beiträge ohne besondere Vergütung erbringen:

Gesellschafter A ... ,

Gesellschafter B ... ,

Gesellschafter C stellt der OHG den ihm gehörenden Anhänger (Marke ...) zur Nutzung (Transporte jeder Art) zur Verfügung.

...

Beteiligung der Gesellschafter

Die Gesellschafter sind zu gleichen Anteilen am Gewinn und Verlust sowie am Vermögen der OHG beteiligt.

Eine Kapitalkontenverzinsung findet nicht statt.

..."

Die OHG hat zum 31.12.2013 die folgende vorläufige Handels- und Steuerbilanz aufgestellt:

Aktiva		Passiva	
Bebaute Grundstücke	250 000 €	Eigenkapital A	100 000 €
Gebäude	150 000 €	Eigenkapital B	100 000 €
Maschinen	200 000 €	Eigenkapital C	100 000 €
Geschäftsausstattung	300 000 €		
		Gewinn 2013	120 000 €
Vorräte	90 000 €		
Forderungen aus LuL	58 000 €	Rückstellungen	30 000 €
Kasse/Bank	10 000 €		
ARAP	2 000 €	Verbindlichkeiten aus LuL	610 000 €
	1 060 000 €		1 060 000 €

Aufgaben:

▶ Ermitteln und begründen Sie unter Angabe der ggf. noch erforderlichen Buchungssätze den auf die Gesellschafter A, B und C entfallenden Gewinn der OHG des Jahres 2013 einschließlich gegebenenfalls entstehender Veräußerungsgewinne der Gesellschafter bezüglich der nachfolgenden Einzelsachverhalte 1-5. Erörtern Sie dabei, ob und ggf. in welcher Hinsicht sich Abweichungen zwischen Handels- und Steuerrecht ergeben.

▶ Stellen Sie die endgültige Steuerbilanz der OHG zum 31.12.2013 auf.

► Erörtern Sie kurz, ob die Überlassung des Anhängers durch C an die OHG umsatzsteuerrechtlich relevant ist. Gehen Sie dabei davon aus, dass ein derartiger Anhänger für netto 200 € 1 Monat vermietet werden könnte.

HINWEISE:

► Gehen Sie davon aus, dass die OHG zur Erstellung der Handelsbilanz und der Steuerbilanz jeweils getrennte Buchungskreise eingerichtet hat.
► Etwaige gewerbesteuerliche Auswirkungen sind außer Acht zu lassen.
► Auf latente Steuern ist nicht einzugehen.

Einzelsachverhalte:

1. Lastenanhänger

Die OHG hat den speziell für schwere Lasten ausgelegten Anhänger, dessen betriebsgewöhnliche Nutzungsdauer vier Jahre beträgt, mit einem nicht zu beanstandenden Einlagewert von 4 800 € in einer besonderen Eröffnungsbilanz für C zum 1. 1. 2012 aktiviert.

Bilanz C 31. 12. 2012

Aktiva		Passiva	
Pkw-Anhänger	3 600 €	Eigenkapital	3 600 €
	3 600 €		3 600 €

Anfang April 2013 verursacht C bei der Auslieferung einer Ware einen Unfall, durch den der Anhänger vollständig zerstört wird. Bis zur Anschaffung eines neuen Anhängers durch die OHG vergeht eine Woche, in der die OHG ihren Betrieb mangels Transportkapazität teilweise einstellen muss.

C ist der Auffassung, er könne von der OHG den Ausgleich seines Schadens verlangen, da er seinen Anhänger in ihrem Interesse eingesetzt habe. A und B lehnen dies jedoch ab. C ist daraufhin sehr verärgert – insbesondere, da die von der OHG abgeschlossene Betriebsunterbrechungsversicherung im Mai 2013 einen pauschalen Betrag von 5 000 € an die OHG gezahlt hat.

C wendet sich daraufhin an seinen Rechtsanwalt R, der ihm im September 2013 die zutreffende Auskunft erteilt, dass tatsächlich keine Ansprüche gegenüber der OHG bestünden. Die für diese Auskunft ausgestellte Rechnung des R über 200 € zuzüglich 38 € USt hat C am 27. 12. 2013 erhalten und Anfang 2014 bezahlt.

Der von der Versicherung gezahlte Betrag i. H.v. 5 000 € ist wegen der zwischenzeitlich bestehenden Unklarheiten im Hinblick auf die von C behaupteten Ansprüche von der OHG wie folgt gebucht worden:

Bank	5 000 €	an	Rückstellungen	5 000 €

Weitere Buchungen sind in diesem Zusammenhang weder in den Buchungskreisen der OHG noch in denen für C erfolgt.

2. Grundstücksverunreinigung

Im Sommer 2013 werden bei der Lackierung eines Eisenträgers auf dem Außengelände der OHG versehentlich einige Liter der Grundierungsflüssigkeit über der angrenzenden Rasenfläche verschüttet. Durch einen Hinweis der Nachbarn aufmerksam geworden, ermittelt das zuständige Ordnungsamt den Sachverhalt und gibt der OHG mit Bescheid vom 10. 9. 2013 auf, aus wasserhaushaltsrechtlichen Gründen die Kontaminierung innerhalb von 6 Monaten zu beseitigen.

Der Geschäftsführer der OHG fertigt daraufhin eine Aufstellung über die voraussichtlichen Kosten der Schadensbeseitigung an und legt diese den Gesellschaftern vor:

▶ Aushub des kontaminierten Bereichs durch eigene Mitarbeiter der OHG:

20 Arbeitsstunden zu je 60 € = 1 200 €,

▶ Entsorgung des ausgehobenen Erdreichs in der örtlichen Deponie:

300 € zuzüglich 57 € USt,

▶ Lieferung von neuem Mutterboden, Einebnung und Rasenneusaat durch ein Gartenbauunternehmen:

1 000 € zuzüglich 190 € USt.

Die genannten 60€/Arbeitsstunde sind der Bruttobetrag, mit dem die OHG ihre Leistungen gegenüber ihren Kunden abrechnet.

Aus den Lohnabrechnungsunterlagen der OHG ergibt sich ein durchschnittlicher Stundenlohn der Mitarbeiter von brutto 21 €. Hiervon werden durch die OHG als Arbeitgeberin einbehalten und an die zuständigen Stellen abgeführt:

▶ Sozialversicherung   3,90
▶ Lohnsteuer und Solidaritätszuschlag   3,50

Der Arbeitgeberanteil zur Sozialversicherung sowie der Beitrag zur Berufsgenossenschaft betragen pro Arbeitsstunde insgesamt 4 €.

Die Gesellschafter der OHG beraten die Angelegenheit und beschließen, erst einmal nichts zu unternehmen. Ihrer Meinung nach habe die Behörde überreagiert: „der Rasen habe sich inzwischen wieder einigermaßen erholt und beginne ja wieder grün zu werden".

In der Buchführung der OHG sind entsprechend keine Folgen gezogen worden.

3. Termingeschäft

In den bilanzierten Rückstellungen i. H. v. 30 000 € ist ein Betrag von 6 000 € enthalten, den die OHG für den drohenden Verlust aus einem Termingeschäft gebildet hat. Es handelt sich dabei um einen Vertrag vom 18. 11. 2013, in dem sich die OHG zur Lieferung von Edelstahlblechen an einen guten Kunden verpflichtete. Als Liefertermin für die Bleche, die die OHG ihrerseits noch bei ihrem Großhändler bestellen muss, wurde der 1. 4. 2014 vereinbart. Ende 2013 zeichnete sich ein Anstieg der Preise für diese Bleche ab; es ist zu erwarten, dass in Folge des gestiegenen Preisniveaus der Netto-Einkaufspreis für die OHG um 6 000 € höher sein wird als der bereits vereinbarte Netto-Verkaufspreis. Die OHG buchte insoweit:

| Sonstiger betrieblicher Aufwand | 6 000 € | an | Rückstellungen | 6 000 € |

4. Werbeaktion

Der aktive Rechnungsposten wurde für eine Werbeaktion der OHG gebildet. Die Werbeagentur W hatte- im September 2013 mehrere Anzeigen entworfen und in vier Wochenendausgaben einer überregional bekannten Tageszeitung veröffentlicht. Die nach Abschluss der Werbeaktion in Rechnung gestellten und gezahlten 3 000 € zuzüglich 570 € USt wurden zunächst gebucht:

Werbeaufwand	3 000 €			
Vorsteuer	570 €	an	Bank	3 570 €

Im Rahmen der Abschlussarbeiten erinnerte sich der Buchhalter der OHG an die Aussage der Werbeagentur, die Aktion werde „den Kunden noch mindestens bis zum Sommer 2014 in Erinnerung bleiben und für Umsätze sorgen". Er buchte daraufhin:

Aktive Rechnungsabgrenzung	2 000 €	an	Werbeaufwand	2 000 €

5. Austritt des C

Die Verärgerung des C lässt nicht nach. Bei allen Entscheidungen, die von den Gesellschaftern zu treffen sind, stimmt er stets gegen A und B und verhindert so auch einige – einstimmig zu fassende – Beschlüsse.

Entnervt bieten A und B dem C im November 2013 an, ihn gegen großzügige Zahlung aus der Gesellschaft zu entlassen. C fordert daraufhin spontan 1 Mio. €. Nach langwierigen Verhandlungen einigen sich die Gesellschafter Mitte Dezember 2013, dass C mit Ablauf des Jahres aus der Gesellschaft ausscheidet und dafür von der OHG einen Betrag von 200 000 € erhalten wird.

Die OHG hat diesen Betrag Mitte Januar 2014 an C gezahlt.

Wirtschaftsprüfer W hat im Zusammenhang mit den Verhandlungen über das Ausscheiden und die Abfindung des C eine Bewertung des Unternehmensvermögens der OHG durchgeführt.

Stille Reserven sind danach nur in den folgenden Wirtschaftsgütern vorhanden:

Maschinen: 15 000 €

Geschäftsausstattung: 21 000 €

Anlage

Name

Kaufmann Henrik Mai   **Ergebnis**

Vorläufiger Jahresüberschuss 2013 (Ergebnis der Handelsbilanz)   60 000 €

Änderungen **Einzelsachverhalt 1**

Änderungen **Einzelsachverhalt 2**

Änderungen **Einzelsachverhalt 3**

Änderungen **Einzelsachverhalt 4**

Jahresüberschuss nach den vorstehenden Änderungen (Ergebnis der Handelsbilanz)

Steuerliche Unterschiede gegenüber dem Ergebnis der Handelsbilanz

Steuerliches Ergebnis nach den vorstehenden Änderungen

Steuerberaterprüfung 2013/2014
Lösung der Prüfungsaufgabe aus dem Gebiet der Buchführung und des Bilanzwesens

Verfasser: Steuerberater Jörg Koltermann

Teil I Einzelunternehmer Henrik Mai

1. Grundstück mit neuer Lagerhalle

Handelsrecht

Mit der Umwidmung des Grundstücks zugunsten der Errichtung einer betrieblich genutzten Lagerhalle bewirkt der Stpfl. eine Einlage in das handelsrechtliche Betriebsvermögen. Dies ergibt sich aus dem Vollständigkeitsgebot des § 246 Abs. 1 Satz 1 HGB. Für die Einlagebewertung des Grund und Bodens ist mangels expliziter Regelung in Anlehnung an § 253 Abs. 3 HGB vom beizulegenden Wert auszugehen: 500 qm x 100 €/qm = 50 000 €.

Entsprechendes gilt für die Einlage des Gebäudes, die folglich mit 20 000 € zu bewerten ist. Denn der Wert eines Gebäudes wird nicht dadurch gemindert, dass das Gebäude im Einlagezeitpunkt zum Abbruch bestimmt ist (BFH v. 7.12.1978 I R 142/76, BStBl 1979 II 729). Fraglich ist allerdings, ob der Gebäudewert und die Abbruchkosten zu den Herstellungskosten des Neubaus gehören. Für das Steuerrecht wird die Frage bejaht (H 6.4 „Abbruchkosten" Nr. 4 EStH). Handelsrechtlich ist diese Auffassung nicht zwingend. Da der Stpfl. in seiner HB aber einen möglichst hohen Eigenkapitalausweis wünscht, wird nachfolgend der steuerlichen Betrachtung gefolgt.

Die neu errichtete und eigenbetrieblich genutzte Lagerhalle gehört zum abnutzbaren Anlagevermögen (§ 247 Abs. 2 HGB). Sie ist mit den Herstellungskosten abzüglich planmäßiger Abschreibungen zu bewerten (§ 253 Abs. 1 und 3 HGB). Bei einer voraussichtlichen Nutzungsdauer von 20 Jahren beträgt der jährliche AfA-Satz 5 v. H. Im Jahr der Fertigstellung kann die AfA nur zeitanteilig beansprucht werden. Im Einzelnen:

Wert des Altgebäudes	20 000 €
Abbruchkosten Altgebäude	12 000 €
Kosten für Neubau	30 000 €
Herstellungskosten Lagerhalle 1. 10. 2013	62 000 €
AfA 5 % von 62 000 € 3 100 €, für 3 Monate	775 €

Steuerrecht

Das Grundstück ist im Zeitpunkt der beabsichtigten Nutzung für betriebliche Zwecke steuerlich als notwendiges Betriebsvermögen zu behandeln. Denn Grundstücke und Grundstücksteile, die ausschließlich und unmittelbar für eigenbetriebliche Zwecke des Stpfl. genutzt werden, gehören regelmäßig zum notwendigen Betriebsvermögen (§ 5 Abs. 1 EStG i.V. mit § 246 Abs. 1 Satz 1 HGB, R 4.2 Abs. 7 Satz 1 EStR). War das Grundstück bisher Privatvermögen, ist es im Wege der Einlage dem Betriebsvermögen zuzuführen (§ 4 Abs. 1 Satz 8 EStG). Die Einlage ist mit dem Teilwert zu bewerten (§ 6 Abs. 1 Nr. 5 EStG). Dabei sind Grund und Boden und Gebäude zwei selbständige Wirtschaftsgüter.

Einlagewert Grund und Boden 50 000 €. Einlagewert Gebäude 20 000 €. Im Hinblick auf den Abbruch des Gebäudes ergibt sich zunächst eine Absetzung für außergewöhnliche Abnutzung (§ 7 Abs. 1 Satz 7 i. V. m. § 7 Abs. 4 Satz 3 EStG).

Wurde das abgebrochene Gebäude zuvor zu eigenen Wohnzwecken oder anderen nicht einkommensteuerlich relevanten Zwecken genutzt, stehen die Abbruchkosten und ggf. die Absetzungen für außergewöhnliche Abnutzung ausschließlich im Zusammenhang mit dem Neubau und bilden Herstellungskosten des neuen Gebäudes (EStH 6.4 „Abbruchkosten bei vorheriger Nutzung außerhalb der Einkünfteerzielung" EStH). Die USt gehört als abziehbare Vorsteuer nicht zu den Herstellungskosten (§ 9b Abs. 1 EStG). Im Ergebnis betragen die Herstellungskosten für die neue Lagerhalle 62 000 €.

Rücklagen nach § 6b EStG können unter den Voraussetzungen des § 6b Abs. 10 EStG von den Anschaffungs- oder Herstellungskosten bestimmter Wirtschaftsgüter abgezogen werden.

Erfolgt die Reinvestition innerhalb von vier Jahren nach Bildung der Rücklage in ein neu angeschafftes Gebäude, kann die Rücklage in Höhe von 60 % der Rücklage von den Herstellungskosten des Gebäudes abgezogen werden. 40 % der Rücklage sind zwar auch gewinnerhöhend aufzulösen; sie bleiben aber wegen des Teileinkünfteverfahrens (vgl. § 3 Nr. 40 EStG) steuerfrei und werden außerhalb der Buchführung vom Gewinn abgezogen (§ 6b Abs. 10 Sätze 2 und 6 EStG). Die jährliche AfA beträgt nach § 7 Abs. 4 Satz 2 EStG 5 % von 56 000 € = 2 800 €. Auf das Jahr 2013 entfallen davon 3/12 = 700 € (§ 7 Abs. 1 Satz 4 EStG).

Herstellungskosten Lagerhalle	62 000 €
Abzug Rückklage nach § 6b EStG	./. 6 000 €
Verbleiben	56 000 €
AfA 2013	./. 700 €
StB-Ansatz 31. 12. 2013	55 300 €

Der zum nicht abnutzbaren Anlagevermögen gehörende Grund und Boden (vgl. § 247 Abs. 2 HGB) ist zum 31.12.2013 unverändert mit dem Einlagewert in Höhe von 50 000 € anzusetzen (§ 6 Abs. 1 Nr. 2 EStG, § 253 Abs. 1 HGB).

Übersicht

Vorgang	Grund und Boden HB und StB	Lagerhalle HB	Lagerhalle StB
Einlage 2013	50 000 €		
HK Lagerhalle		62 000 €	62 000 €
Übertragung § 6b-Rücklage			./. 6 000 €
AfA		./. 775 €	./. 700 €
Bilanzansatz 31. 12. 2013	50 000 €	61 225 €	55 300 €

Für die handelsrechtliche Buchführung ergeben sich folgende Buchungen bzw. Korrekturbuchungen:

Grund und Boden	50 000 €			
Gebäude (EFH)	20 000 €	an	Einlagen	70 000 €
Außerplanmäßige Abschreibung	20 000 €		Gebäude (EFH)	20 000 €
Gebäude (Lagerhalle)	20 000 €	an	S. b. Aufwendungen	20 000 €
Gebäude (Lagerhalle)	12 000 €	an	S. b. Aufwendungen	12 000 €
Gebäude (Lagerhalle)	725 €	an	Abschreibungen	725 €

Auswirkungen auf den HB-Gewinn:

Weniger AfA (1 500 € ./. 775 €)	+ 725 €
Außerplanmäßige Abschreibung beim ehemaligen EFH	./. 20 000 €
Herstellungskosten Neubau (alter Gebäudewert)	+ 20 000 €
Aktivierung Abbruchkosten	+ 12 000 €

Auswirkungen auf den StB-Gewinn:

AfA-Differenz (775 € ./. 700 €)	+75 €

2. LKW (Lieferwagen)

Handelsrecht

Zunächst ist die Kontenentwicklung des LKW darzustellen, wie sie sich tatsächlich ergeben hat:

Zugang 30. 6. 2012 mit den Anschaffungskosten (§ 253 Abs. 1 HGB)	48 000 €
AfA 2012 für 7 Monate (48 000 €/8 = 6 000); 6 000 € x 7/12 =	./. 3 500 €
Bilanzansatz 31. 12. 2012	44 500 €
Abschreibung auf Sachanlagen	./. 12 000 €
Bilanzansatz 31. 12. 2013	32 500 €

Dabei ist der Wertverlust durch den Unfall am 2. 1. 2013 i. H. v. 30 % von 44 500 € =13 350 € möglicherweise nicht ausreichend berücksichtigt. Denn nach § 253 Abs. 3 Satz 3 HGB ist bei voraussichtlich dauernder Wertminderung der niedrigere beizulegende Wert anzusetzen. Vorliegend berechnet sich der beizulegende Wert zum 31. 12. 2013 wie folgt:

Buchwert 31. 12. 2012	44 500 €
Wertverlust durch Unfall am 2. 1. 2013	./. 13 350 €
Zwischenwert	31 150 €
AfA 2013 (31 150 €/5 Jahre Restnutzungsdauer)	./. 6 230 €
Beizulegender Wert am 31. 12. 2013	24 920 €

Demgegenüber ergäben sich bei planmäßiger Abschreibung und dem Festhalten an der 8jährigen Nutzungsdauer folgende Buchwerte:

Buchwert 31. 12. 2012 (Rest-ND 7 Jahre, 5 Monate)	44 500 €
AfA 2013	./. 6 000 €
Buchwert 31. 12. 2013 (Rest-ND 6 Jahre, 5 Monate)	38 500 €
AfA 2014	./. 6 000 €
Buchwert 31. 12. 2014 (Rest-ND 5 Jahre, 5 Monate)	32 500 €
AfA 2015	./. 6 000 €
Buchwert 31. 12. 2015 (Rest-ND 4 Jahre, 5 Monate)	26 500 €
AfA 2016	./. 6 000 €
Buchwert 31. 12. 2016	20 500 €

Von einer voraussichtlich dauernden Wertminderung ist auszugehen, wenn der Wert des Wirtschaftsgutes zum Bilanzstichtag mindestens für die halbe Restnutzungsdauer unter dem planmäßigen Restbuchwert liegt (BMF v. 25. 2. 2000, BStBl 2000 I 372). Das ist hier der Fall. Denn der Wert vom 31. 12. 2013 (24 920 €) würde bei planmäßiger Abschreibung nach dem 31. 12. 2015 erreicht und damit für mehr als die halbe Rest-Nutzungsdauer den planmäßigen Buchwert unterschreiten.

Handelsrechtlich ist somit neben der regulären planmäßigen Abschreibung nach § 253 Abs. 3 Satz 1 HGB eine außerplanmäßige Abschreibung nach § 253 Abs. 3 Satz 3 HGB in Anspruch zu nehmen.

Die Schadensersatzleistung der Versicherung ist durch den Betrieb veranlasst und als Ertrag zu buchen (§ 246 Abs. 1 Satz 1 HG). Gleichzeitig liegt eine Geldentnahme vor.

Steuerrecht

Infolge des Unfalls liegen steuerlich die Voraussetzungen vor für eine außergewöhnliche technische Abnutzung (§ 7 Abs. 1 Satz 7 EStG). Für die Inanspruchnahme besteht nach dem Gesetzeswortlaut ein Wahlrecht („sind zulässig"). Da der Stpfl. einen möglichst niedrigen Gewinn wünscht, wird das nachstehend das Wahlrecht entsprechend ausgeübt. Die AfaA beträgt – wie oben ermittelt – 30 % von 44 500 € = 13 350 €. Nach Inanspruchnahme einer AfaA berechnet sich die AfA nach dem Restwert und der Restnutzungsdauer. Die AfA beträgt sodann für 2013:

Buchwert 31. 12. 2012	44 500 €
AfaA	./. 13 350 €
Restwert	31 150 €
AfA 31.150 €/ 5 Jahre Restnutzungsdauer	./. 6 230 €

Die Anschaffung des LKW im Jahr 2012 eröffnet die Möglichkeit der Inanspruchnahme der Sonderabschreibung nach § 7g Abs. 5 EStG. Dies kann auch in einem späteren als dem Anschaffungsjahr erfolgen. Da der Stpfl. einen möglichst niedrigen Gewinn wünscht, wird in 2013 davon Gebrauch gemacht. Die Sonderabschreibung beträgt 20 % von 48 000 € = 9 600 €.

Die Versicherungsleistung ist als betriebliche Einnahme zu erfassen. Denn Betriebseinnahmen sind in Anlehnung an § 8 Abs. 1 und § 4 Abs. 4 EStG alle Zugänge in Geld oder Geldeswert, die durch den Betrieb veranlasst sind (H4.7 „Betriebseinahmen" EStH). Die Vereinnahmung auf einem privaten Bankkonto führt gleichzeitig zu einer Geldentnahme (§ 4 Abs. 1 Satz 3 EStG).

Übersicht

Vorgang	Handelsbilanz	Steuerbilanz
Andere Anlagen (LKW) 31.12.12	44 500 €	44 500 €
AfaA Januar 2013		./. 13 350 €
AfA 2013	./. 6 000 €	./. 6 230 €
Sonderabschreibung § 7g EStG		./. 9 600 €
Außerplan. Abschreibung	./. 13 580 €	
Buchwert 31. 12. 2013	24 920 €	15 320 €

In der handelsrechtlichen Buchführung ergeben sich folgende Korrekturbuchungen:

Andere Anlagen (LKW)	6 000 €	an	Abschreibungen auf Sachanlagen	6 000 €
Außerpl. Abschreibungen auf Sachanlagen	13 580 €	an	Andere Anlagen (LKW)	13 580 €
Entnahmen	10 000 €	an	S. b. Erträge	10 000 €

Auswirkungen auf den HB-Gewinn:

Weniger Abschreibung Sachanlagen	+ 6 000 €
Außerplanmäßige Abschreibung wegen Unfall	./. 13 580 €
Betriebsunterbrechungsversicherung	+ 10 000 €

Auswirkungen auf den StB-Gewinn

Differenz außerplanmäßige Abschreibung	+ 230 €
AfA LKW	./. 230 €
Sonderabschreibung nach § 7g EStG	./. 9 600 €

Exkurs:

Die Wertminderung von Dauer ergibt sich nur, wenn an der 8jährigen Nutzungsdauer über den 31. 12. 2013 hinaus festgehalten wird. Geht man nach dem 31. 12. 2013 von einer nur noch 4jährigen Restnutzungsdauer aus, läge am 31. 12. 2013 nur eine vorübergehende Wertminderung vor. Denn der Wert von 24 920 € würde vor Ablauf der halben Restnutzungsdauer erreicht.

Buchwert/Beizulegender Wert 31. 12. 2013	38 500 €	24 920 €
AfA 25 %	./. 9 625 €	
Buchwert 31. 12. 2014	28 875 €	
AfA 25 %	./. 9 625 €	
Buchwert 31. 12. 2005	19 250 €	

3. Produktionsmaschine

Handelsrecht

Ob es sich bei Zuschüssen der öffentlichen Hand zu Investitionsmaßnahmen um Anschaffungspreisminderungen i. S. v. § 255 Abs. 1 Satz 3 handelt, ist umstritten. Dagegen spricht, dass es an der rechtlichen Verknüpfung des Minderungsvorgangs mit dem Anschaffungsvorgang fehlt. Allgemein gilt, dass ein Zwang zur Kürzung der Anschaffungskosten nicht besteht. Es wird eher ein – dem Steuerrecht vergleichbares – Wahlrecht angenommen.

Soweit der Zuschuss die Anschaffungskosten für den Erwerb der Maschine nicht übersteigt, liegt ein Investitionszuschuss vor, der – da der Stpfl. einen möglichst hohen Eigenkapitalausweis wünscht – erfolgswirksam zu vereinnahmen ist. Im Gegenzug wird die Maschine mit den vollen Anschaffungskosten aktiviert und planmäßig abgeschrieben (§ 253 Abs. 1 und 3 HGB). Kontenentwicklung:

Zugang Maschine 30. 3. 2013	25 000 €
AfA bei 10 Jahren Nutzungsdauer jährlich 2 500 €, hier für 10 Monate	./. 2 084 €
Buchwert 31. 12. 2013	22 916 €

Investitionszuschüsse aus öffentlichen Mitteln zur Anschaffung oder Herstellung von abnutzbaren Sachanlagegütern sind in der Regel selbst dann nicht passiv abzugrenzen, wenn mit ihnen zeitbegrenzt auch der Arbeitsplatz an einer bestimmten Maschine gefördert werden soll (BFH v. 22. 1. 1992 X R 23/89 unter 1.b), BStBl 1992 II 488). Etwas anderes gilt, soweit der Zuschuss die Anschaffungskosten des Investitionsguts übersteigt. Dann liegt, sofern es sich nicht um einen Ertragszuschuss handelt – ein unechter Zuschuss vor. Das ist der Fall, wenn die Leistung des Zuschussgebers mit einer Gegenleistung des Zuschussempfängers korrespondiert. Unechte Zuschüsse sind Erträge. Ist ein unechter Zuschuss Gegenleistung für eine auf bestimmte Zeit begrenzte Leistung des Empfängers, ist von diesem ein passiver Rechnungsabgrenzungsposten zu bilden. Da dem Zuschuss der öffentlichen Hand die Verpflichtung des Stpfl. gegenübersteht, zehn Jahre einen behinderten Arbeitnehmer zu beschäftigen, liegen die Voraussetzungen für die Bildung eines passiven Rechnungsabgrenzungspostens vor (§ 250 Abs. 2 HGB). Die Verpflichtung besteht für insgesamt 120 Monate, von denen 9 Monate auf 2013 entfallen. Der Rechnungsabgrenzungsposten beträgt somit 111/120 von 5 000 € = 4 625 €.

Die Rückzahlungsverpflichtung hängt von einem zukünftigen ungewissen Ereignis ab und ist damit aufschiebend bedingt. Am Bilanzstichtag liegen keine Umstände vor, die den Eintritt der Rückzahlungsverpflichtung wahrscheinlich erscheinen lassen. Erst mit dem konkretisierten Eintritt der Bedingung ergibt sich ein Passivierungsgebot (BFH v. 22. 1. 1992 X R 23/89, BStBl 1992 II 488). Eine „sonstige Verbindlichkeit" kommt somit nicht in Betracht.

Steuerrecht

Erhält ein Steuerpflichtiger anlässlich der Anschaffung oder Herstellung eines Wirtschaftsgutes einen Zuschuss (Kapitalzuschuss), so hat er grundsätzlich ein Wahlrecht. Er kann den Zuschuss von den AK/HK des bezuschussten Wirtschaftsgutes absetzen (sog. erfolgsneutrale Behandlung) oder den Zuschuss als Betriebseinnahme behandeln (R 6.5 Abs. 2 EStR).

Nicht unter die Regelung von R 6.5 EStR fallen Ertragszuschüsse. Sie werden gegeben, um die Ertragskraft des bezuschussten Unternehmens zu verbessern. In Betracht kommen Gasölbeihilfen in der Landwirtschaft, Schlachtprämien, Zuschüsse wegen Sturm- und Ernteschäden. Ertragszuschüsse stellen Betriebseinnahmen dar.

Ebenfalls nicht unter die Regelung von R 6.5 EStR fallen Investitionszulagen nach dem InvZulG. Sie mindern nicht die AK/HK (H 6.5 „Investitionszulagen sind keine Zuschüsse" EStH) und sind im Übrigen ertragsteuerlich steuerfrei (§ 13 InvZulG 2010).

Von den Ertrags- und Kapitalzuschüssen sind die unechten Zuschüsse zu unterscheiden. Ein unechter Zuschuss liegt vor, wenn die Leistung des Zuschussgebers mit einer Gegenleistung des Zuschussempfängers korrespondiert. Unechte Zuschüsse sind Erträge. Ist ein unechter Zuschuss Gegenleistung für eine auf bestimmte Zeit begrenzte Leistung des Empfängers, ist von diesem ein passiver Rechnungsabgrenzungsposten zu bilden (z. B. Mieterzuschuss als Vorauszahlung, die mit der Miete verrechnet wird).

Enthält ein Kapitalzuschuss auch Elemente eines unechten Zuschusses (weil der Zuschussempfänger gleichzeitig eine Gegenleistung bewirkt), so geht dadurch das Wahlrecht nach R 6.5 Abs. 2 EStR nicht verloren (z. B. verlorene Zuschüsse von Mineralölgesellschaften an Tankstelleninhaber, H 6.5 „Verlorene Zuschüsse" EStH).

Vorliegend handelt sich i. H. v. 25 000 € um einen Kapitalzuschuss; in Höhe von 5 000 € liegt ein unechter Zuschuss vor, weil dieser an die Bedingung geknüpft ist, zehn Jahre lang einen behinderten Arbeitnehmer zu beschäftigen. Insoweit liegen die Voraussetzungen vor für einen passiven Rechnungsabgrenzungsposten (§ 5 Abs. 5 Nr. 2 EStG).

Die Maschine ist dem Stpfl. ab dem 30. 3. 2013 zuzurechnen und stellt ab diesem Zeitpunkt notwendiges Betriebsvermögen dar (§ 5 Abs. 1 EStG i. V. m. § 246 Abs. 1 HGB, R 4.2 Abs. 2 Satz 1 EStR). Auf den Zeitpunkt des Abschlusses des Kaufvertrags kommt es nicht an (§ 9a EStDV). Die Anschaffungskosten für die Maschine (vgl. § 6 Abs. 1 Nr. 1 EStG) betragen ohne USt (vgl. § 9b EStG) 25 000 €.

Da der Stpfl. einen möglichst niedrigen Gewinn wünscht, ist der Zuschuss in Ausübung des genannten Wahlrechts von den Anschaffungskosten abzusetzen. Hier verbleibt sodann ein Erinnerungswert von 1 €. Für den darüber hinausgehenden Zuschuss in Höhe von 5 000 € ist wie in der Handelsbilanz ein passiver Rechnungsabgrenzungsposten in Höhe von 4 625 € zu bilden.

Für die aufschiebend bedingte Rückzahlungsverpflichtung darf auch in der StB keine Verbindlichkeit angesetzt werden (§ 5 Abs. 1 EStG, BFH v. 22. 1. 1992 X R 23/89 unter 1.b], BStBl 1992 II 488).

Übersicht

Konto	Handelsbilanz	Steuerbilanz
Spezialmaschine	25 000 €	25 000 €
Zuschuss		./. 24 999 €
Planmäßige Abschreibung	./. 2 084 €	
Bilanzansatz 31. 12. 2013	22 916 €	1 €
Zugang PRAP	4 625 €	4 625 €
Bilanzansatz 31. 12 .2013	4 625 €	4 625 €

Umbuchungen für die Handelsbilanz:

PRAP	22 375 €	An	S. b. Erträge	22 375 €
Sonst. Verbindlk.	15 000 €	An	S. b. Aufwand	15 000 €
Maschinen	4 166 €	An	Abschreibungen	4 166 €

Auswirkungen auf den HB-Gewinn:

Bildung eines PRAP	+ 22 375 €
Abschreibung (6 250 € ./. 2 084 €)	+ 4 166 €
Rückforderungsrisiko keine Schuld	+ 15 000 €

Auswirkungen auf den StB-Gewinn:

Keine AfA	+2 084 €
Kein s. b. Ertrag	./. 24 999 €

4. Rücklage nach § 6b EStG

Handelsrecht

Die Vorgehensweise entspricht der nach dem Inkrafttreten des BilMoG geltenden Rechtsnachlage. Es ist insofern nichts zu veranlassen.

Steuerrecht

Wird eine nach § 6b Abs. 10 gebildete Rücklage auf abnutzbare bewegliche Wirtschaftsgüter übertragen, so kann ein Betrag bis zur Höhe des bei der Veräußerung entstandenen und nicht nach § 3 Nummer 40 Satz 1 Buchstabe a und b i.V. m. § 3c Abs. 2 steuerbefreiten Betrags von den Anschaffungs- oder Herstellungskosten für abnutzbare bewegliche Wirtschaftsgüter gewinnmindernd abgezogen werden (hier 60 % von 10 000 € = 6 000 €). Die Rücklage selbst ist insgesamt gewinnerhöhend aufzulösen. Allerdings ist der über 6.000 € darüber hinausgehende Betrag von 4 000 € außerbilanziell vom Jahresüberschuss abzuziehen (§ 6b Abs. 10 Satz 7 EStG).

Auswirkungen auf den HB-Gewinn: Keine

Auswirkungen auf den StB-Gewinn:

Auflösung § 6b-Rücklage	+ 10 000 €
Übertragung auf Lagergebäude	./. 6 000 €

Außerbilanzielle Korrektur:

Steuerfreier Teil der aufgelösten Rücklage	./. 4 000 €

> **HINWEIS:**
> Da ein möglichst hoher Eigenkapitalausweis gewünscht wird und sich im Saldo allenfalls passive latente Steuern ergeben würden, wird auf deren Ausweis verzichtet. Im Übrigen sind die Regeln für latente Steuern (§ 274 HGB) ohnehin nur von Kapitalgesellschaften zu beachten.

Teil II Transport und Fahrzeugbau GmbH

1. Betriebsprüfung für die Jahre 2011 und 2012

Zur Herstellung des Bilanzzusammenhangs (hier 31.12.12/1.1.02013 sind für das Jahr 2013 sog. Kapitalangleichungsbuchungen erforderlich. Dabei werden die umgekehrten Gewinnauswirkungen aus 2012 für 2013 in die Buchführung 2013 automatisch eingearbeitet.

Bei **Kapitalgesellschaften** erfolgen die Kapitalangleichungsbuchungen in der nachfolgenden Handelsbilanz im Regelfall erfolgsneutral (z. B. über das Konto „Jahresüberschuss/Jahresfehlbetrag" oder über das Gewinnvortragskonto (beides sind Bestandskonten), wenn die nachfolgende (handelsrechtlich richtige) Handelsbilanz der vorhergehenden Prüferbilanz aus Identitätsgründen angepasst werden soll; denkbar ist in diesen Fällen auch eine erfolgswirksame Verbuchung (z. B. über das Konto „sonstige betriebliche Erträge/Aufwendungen"; dann muss der Saldo aber außerbilanziell hinzu- oder abgerechnet werden). Wird die nachfolgende Handelsbilanz nicht an die Prüferbilanz angepasst, sind die künftigen Abweichungen zwischen Handelsbilanz und Steuerbilanz durch Zusätze oder Anmerkungen besonders zu erfassen (sog. Überleitungsrechnung nach § 60 Abs. 2 Satz 1 EStDV); wird eine spezielle Steuerbilanz erstellt (§ 60 Abs. 2 Satz 2 EStDV), so ist für die abweichenden Ansätze ein Ausgleichsposten (AP) zu bilden.

Bei den Beanstandungen der Betriebsprüfung handelt es sich auch handelsrechtlich um Fehler, so dass auch die Handelsbilanz zum 31.12.2013 anzupassen ist. Auf Wunsch der GmbH erfolgen die Kapitalangleichungsbuchung über das Gewinnvortragskonto. Dabei werden nur die Bilanzunterschiede zum 31.12.2012 gebucht. Dabei erscheint der in der Bp-Bilanz gebildete Ausgleichsposten als Gewinnvortrag. Kapitalangleichungsbuchungen 2013:

Forderungen aus Lieferungen und Leistungen	11 900 €			
Rückstellung für Provisionen	20 000 €	an	Gewinnvortrag	6 370 €
			USt	22 800 €
			Steuerrückstellungen	2 730 €

Zusätzlich sind noch die in 2013 gemachten Fehler zu beseitigen. Dabei sind die im Jahr 2013 als umsatzsteuerfrei gebuchten Erlöse von 47 600 € auf steuerpflichtige Umsätze umzubuchen.

Die von der Betriebsprüfung zum 31.12.2012 aktivierte Forderung aus Fuhrleistungen wurde von der GmbH im Januar 2013 bei Rechungserteilung gebucht. Um eine Doppelerfassung zu vermeiden, ist diese Buchung zu stornieren.

Lt. Sachverhalt ergibt sich zum 31.12.2013 eine Provisionsrückstellung von insgesamt 35 000 €. Da zum 31.12.2012 eine solche von 20 000 € gebildet worden war, besteht ein Aufstockungsbedarf von 15 000 €. Bisher wurden in 2013 20 000 € zugeführt (von 40 000 € auf 60 000 €), sodass 5 000 € rückgängig zu machen sind.

Umbuchungen:

Steuerfreie Umsätze	47 600 €	an	Umsatzerlöse (19 v. H.)	40 000 €
			Umsatzsteuer	7 600 €

| Umsatzerlöse (19 %) | 10 000 € | an | Forderungen aus Liefer. und L. | 11 900 € |
| USt | 1 900 € | | | |

| Rückstellung für Provisionen | 5 000 € | an | Sonst. betriebl. Aufwendungen | 5 000 € |

2. Forschung und Entwicklung

Handelsrecht

Aus dem bisherigen allgemeinen **Bilanzierungsverbot** für **nicht entgeltlich** erworbene immaterielle Vermögensgegenstände des Anlagevermögens ist durch das BilMoG ein spezielles Bilanzierungsverbot für selbst geschaffene Marken, Drucktitel, Verlagsrechte, Kundenlisten oder vergleichbare immaterielle Vermögensgegenstände des Anlagevermögens geworden (§ 248 Abs. 2 Satz 2 HGB); damit kommen Aufwendungen, die den originären Geschäfts- oder Firmenwert verbessern oder zu seiner Entstehung führen und beitragen, für eine Aktivierung **wie bisher** nicht in Betracht. Für alle übrigen selbst geschaffenen immateriellen Vermögensgegenstände des Anlagevermögens ergibt sich aus § 248 Abs. 2 Satz 1 HGB nunmehr ein **Aktivierungswahlrecht**.

Der betragsmäßige Rahmen, in dem das Aktivierungswahlrecht ausgeübt werden kann, ergibt sich aus § 255 Abs. 2a HGB. Die Aktivierung erfolgt mit den Herstellungskosten, die bei der **Entwicklung** des immateriellen Vermögensgegenstands angefallen sind und unter Beachtung des § 255 Abs. 2 HGB. Ein **Aktivierungsverbot** besteht für **Forschungsaufwendungen** sowie für den Fall, dass Forschung und Entwicklung nicht verlässlich voneinander unterschieden werden können.

Nach § 255 Abs. 2 HGB sind Herstellungskosten die Aufwendungen, die durch den Verbrauch von Gütern und die Inanspruchnahme von Diensten für die Herstellung eines Vermögensgegenstands, seine Erweiterung oder für eine über seinen ursprünglichen Zustand hinausgehende wesentliche Verbesserung entstehen. Dazu gehören die Materialkosten, die Fertigungskosten und die Sonderkosten der Fertigung sowie angemessene Teile der Materialgemeinkosten, der Fertigungsgemeinkosten und des Werteverzehrs des Anlagevermögens, soweit dieser durch die Fertigung veranlasst ist. Bei der Berechnung der Herstellungskosten dürfen angemessene Teile der Kosten der allgemeinen Verwaltung sowie angemessene Aufwendungen für soziale Einrichtungen des Betriebs, für freiwillige soziale Leistungen und für die betriebliche Altersversorgung einbezogen werden, soweit diese auf den Zeitraum der Herstellung entfallen. Forschungskosten (hier 300 000 €) und Vertriebskosten dürfen nicht einbezogen werden.

Da für die Verwaltungskosten ein Wahlrecht besteht und in der HB ein möglichst hohes Eigenkapital ausgewiesen werden soll, werden diese in die Herstellungskosten einbezogen. Damit ergibt sich folgende Zugangsbewertung:

Fertigungskosten: Gehälter Entwicklungspersonal (Einzel- und Gemeinkosten)	230 000 €
Materialkosten: Material für die Entwicklung (Einzel- und Gemeinkosten)	150 000 €
Anteilige produktionsbezogene Abschreibungen	40 000 €
Verwaltungskosten für die Entwicklung	15 000 €
Herstellungskosten	435 000 €

Da es sich um abnutzbares Anlagevermögen handelt, sind planmäßige Abschreibungen (§ 253 Abs. 3 HGB bzw. Absetzungen für Abnutzung (§ 7 Abs. 1 EStG) zu berücksichtigen. Diese betragen für 2013: 435 000 €/5 = 87 000 €; davon 1/12 für einen Monat: 7 250 €.

Der Bilanzansatz zum 31. 12. 2013 beträgt sodann (435 000 € ./. 7 250 €) 427 750 €.

Buchungen für die Handelsbilanz:

Selbst geschaffene gewerbliche Schutzrechte	435 000 €	an	Andere aktivierte Eigenleistungen	435 000 €
Planmäßige Abschreibung	7 250 €	an	Selbst geschaffene gewerbliche Schutzrechte	7 250 €

Steuerrecht

Der Ansatz selbst geschaffener immaterieller Wirtschaftsgüter ist steuerlich nicht zulässig (§ 5 Abs. 2 EStG). Im steuerrechtlichen Jahresabschluss sind die gesamten Aufwendungen sofort abziehbare Betriebsausgaben.

Latente Steuern

Da es sich bei der GmbH um eine Kapitalgesellschaft handelt, ist § 274 Abs. 1 Satz 1 HGB zu beachten. Für passive latente Steuern im handelsrechtlichen Jahresabschluss ist von 30 % von 427 750 € auszugehen: 128 325 €. Buchung:

Steuern vom Einkommen und Ertrag	128 325 €	an	Passive latente Steuern	128 325 €

Von bilanzierten aktiven und passiven latenten Steuern gehen keine steuerrechtlichen Wirkungen aus. Eine Übernahme in die Steuerbilanz findet nicht statt (kein Wirtschaftsgut, keine wirtschaftliche Verursachung im abgelaufenen Wirtschaftsjahr; Schmidt/Weber-Grellet, § 5 EStG Rn. 270 „Latente Steuern").

3. Grundstücke

Handelsrecht

Unter Berücksichtigung der Nebenkosten von 50 000 € ergeben sich für die GmbH rein formal Anschaffungskosten in Höhe von 50 001 € (§ 253 Abs. 1 i. V. m. § 255 Abs. 1 HGB). Gleichwohl darf nicht unbeachtet gelassen werden, dass das Grundstück tatsächlich einen viel höheren Wert hat. Insoweit ergibt sich ein unentgeltlicher Erwerb. Ein unentgeltlicher Erwerb (d. h. ein Erwerb ohne Gegenleistung) führt zu einer Vermögensmehrung, die nach herrschender Meinung bei vorsichtiger und zurückhaltender Bewertung einen Bilanzausweis rechtfertigen kann. Auch das GmbH-Gesetz erlaubt bei Sacheinlagen eine Aktivierung im Rahmen der Werthaltigkeit des eingelegten Gegenstands (vgl. § 19 Abs. 4 Satz 4 Satz 5 GmbH-Gesetz). Da das Handelsrecht lediglich Überbewertungen verbietet, besteht somit bei Sacheinlagen ein Wahlrecht zwischen den Anschaffungskosten (50 001 €) und dem höheren Verkehrswert (fiktive Anschaffungskosten). Diese fiktiven Anschaffungskosten betragen hier 920 000 € (800 000 € zzgl. Erwerbsnebenkosten von 120 000 €).

Da die GmbH einen möglichst hohen Kapitalausweis wünscht, erfolgt nachfolgend die Bewertung mit 920 000 €. Nach dem Sachverhalt entfallen davon auf

den Grund und Boden: 25 % = 229 999 €,

das Gebäude: 75 % = 690 000 €.

Da bei dieser – von der GmbH gewünschten Vorgehensweise – keine verdeckte Einlage vorliegt, ist die Differenz zu den tatsächlichen Anschaffungskosten von 50 001 € als Kapitalrücklage (869 999 €) auszuweisen. Einlagebuchung:

Grundstücke	229 999 €			
Geschäftsbauten	690 000 €	an	Sonst. betriebl. Aufwand	50 000 €
			Kapitalrücklagen	869 999 €

Im Rahmen der Folgebewertung ist das Gebäude planmäßig abzuschreiben (§ 253 Abs. 3 HGB). Dass das Gebäude noch eine Nutzungsdauer von 100 Jahren hat, hindert nicht gleichwohl entsprechend der steuerlichen Regelung von 50 Jahren Nutzungsdauer auszugehen und das Gebäude mit jährlich 2 % abzuschreiben. Dies wird nach den Hinweisen zum Sachverhalt von der GmbH ausdrücklich gewünscht und führt auch nicht zu handelsrechtlich untersagten Überbewertungen.

Die AfA wird dann in HB und StB übereinstimmen (siehe unten!).

Steuerrecht

Die steuerliche Bewertung ergibt sich aus § 8 Abs. 1 KStG i.V. m. § 6 Abs. 1 Nr. 5 Satz EStG. Danach hat die steuerliche Bewertung der Einlage mit dem Teilwert zu erfolgen. Dies erfolgt unter Berücksichtigung der zu diesem Zeitpunkt aufzuwendenden Anschaffungsnebenkosten (BFH v. 29.4.1999 IV R 63/97, BStBl 2004 II 639, H 6.7 „Wiederbeschaffungskosten" EStH). Der Teilwert beträgt somit 920 000 € und ist unter Berücksichtigung der geleisteten Zahlungen (51.000 €) anzusetzen. Die AfA richtet sich nach § 7 Abs. 1 Satz 5 und § 7 Abs. 4 Satz 1 Nr. 2a EStG. Die vor der Einlage als Werbungskosten in Anspruch genommene AfA (48 000 €) mindert die AfA-Bemessungsgrundlage. Das soll nach Beck'scher Bilanzkommentar 8. Auflage 2012, Anm. 222 zu § 253 HGB auch für die HB gelten. Die AfA berechnet sich dann wie folgt:

Gebäudeeinlagewert	690 000 €
Bis zur Einlage in Anspruch genommene AfA	./. 48 000 €
Bemessungsgrundlage	642 000 €
AfA 2 %	12 840 €

Buchung

| Planmäßige Abschreibungen | 12 840 € | an | Geschäftsbauten | 12 840 € |

Gem. 27 Abs. 1 KStG ist die Einlage im **steuerlichen Einlagekonto** zu erfassen. Darüber ergeht eine gesonderte Feststellung (§ 27 Abs. 2 KStG).

Auswirkungen beim Gesellschafter Max Müller

Durch die Einlage haben sich die Anschaffungskosten für seine GmbH-Beteiligung um 869 999 € erhöht. Das ist von Bedeutung, wenn er die GmbH-Anteile veräußert.

Gleichzeitig hat er durch die Übereignung des Grundstücks auf die GmbH ein privates Veräußerungsgeschäft getätigt, das nach § 22 Nr. 2 i.V. m. § 23 Abs. 1 Satz 5 Nr. 2 EStG steuerpflichtig ist. Denn die Einlage gilt als Veräußerung. Der Veräußerungsgewinn gehört zu den sonstigen Einkünften und ist wie folgt zu berechnen:

Einlagewert des Grundstücks	869 999 €
Erhaltene Kaufpreiszahlung	+ 1 €
Eigene Anschaffungskosten abzüglich AfA 400 000 € ./. 48 000 €	./. 352 000 €
Gewinn aus privatem Veräußerungsgeschäft	518 000 €

Jahresüberschuss Handelsbilanz

Vorgang	Handelsbilanz	Steuerliche Auswirkungen
Vorläufiger Jahresüberschuss lt. Sachverhalt	100 000 €	100 000 €
Steuerfreie Umsätze	./. 47 600 €	./. 47 600 €
Umsatzerlöse 19 %	+ 40 000 €	+ 40 000 €
Umsatzerlöse 19 %	./. 10 000 €	./. 10 000 €
Sonst. betriebl. Erträge (Rückstellungen)	+ 5 000 €	+ 5 000 €
Andere aktivierte Eigenleistungen	+ 435 000 €	
Planmäßige Abschreibungen (Anhängervorrichtung)	./. 7 250 €	
Latente Steuern vom Einkommen und Ertrag	./. 128 325 €	
Sonst. betriebl. Aufwand	+ 50 000 €	+ 50 000 €
Planmäßige Abschreibung Gebäude	./. 12 840 €	./. 12 840 €
Zwischenergebnis	423 985 €	124 560 €
KSt- und GewSt-Vorauszahlungen		0 €
Zu versteuerndes Einkommen		124 560 €
GewSt 15 %	./. 18 684 €	./. 18 684 €
KSt 15 %	./. 18.684 €	./. 18.684 €
Jahresüberschuss	386 617 €	87 192 €

Buchung:

Steuern vom Einkommen und Ertrag	37 368 € an	Steuerrückstellungen	37 368 €

Überleitungsrechnung von der HB zum steuerlichen Jahresüberschuss

Bilanzposten	HB 31.12.2012	Steuerecht 31.1.2012	GuV-Posten	Gewinnunterschied
Immat. Vermögensgegenstände	427 750 €	0 €	Andere aktivierte Eigenleistungen	./. 427 750 €
Passive latente Steuern	128 325 €	0 €	Steuern v. Eink. und Ertrag	+ 128 325 €
Saldo Gewinnunterschied				./. 299 425 €
Jahresüberschuss lt. HB				+ 386 617 €
Steuerlicher Jahresüberschuss				87 192 €

Teil III: A B C OHG

Allgemeines

Die Gewinnermittlung bei einer OHG richtet sich nach §§ 238 ff. HGB und erstreckt sich auf deren Gesamthandsvermögen. Die Gewinnverteilung richtet sich nach §§ 120, 121 HGB (gesetzliche Gewinnverteilung), die jedoch nach § 109 HGB vertraglich abbedungen werden kann. Im vorliegenden Fall haben die Gesellschafter eine Gewinnverteilung nach Köpfen („zu gleichen Teilen"), jedoch eine Vorabverzinsung der Kapitalkonten (vgl. § 121 Abs. 1 HGB) ausgeschlossen.

Die steuerliche Gewinnermittlung erfolgt gem. § 5 Abs. 1 EStG ebenfalls nach §§ 238 ff. HGB; darüber hinaus sind steuerliche Besonderheiten zu beachten (§ 5 Abs. 6 EStG). Die zivilrechtlichen Vereinbarungen sind grundsätzlich auch für die steuerrechtliche Gewinnverteilung zugrunde zu legen. Daneben ist steuerrechtlich aber § 15 Abs. 1 Satz 1 Nr. 2 zweiter Halbsatz EStG zu beachten; es handelt sich um Vergütungen der Gesellschaft an den Gesellschafter für Tätigkeiten des Gesellschafters im Dienst der Gesellschaft u. a. Diese sind in die steuerliche Gewinnermittlung einzubeziehen.

Das Betriebsvermögen einer gewerblich tätigen Personengesellschaft wird nicht nur durch die im Gesamthandseigentum der Mitunternehmer stehenden Wirtschaftsgüter gebildet. Nach ständiger Rechtsprechung zählen hierzu vielmehr auch Wirtschaftsgüter, die einem Mitunternehmer zustehen, die jedoch geeignet und bestimmt sind, dem Betrieb der Personengesellschaft (Sonderbetriebsvermögen I) oder der Beteiligung des Mitunternehmers (Sonderbetriebsvermögen II) zu dienen (BFH v. 23. 5. 1991 IV R 94/90, BStBl 1991 II 800, v. 23. 1. 1992 XI R 36/88, BStBl 1992 II 721, R 4.2 Abs. 2 EStR).

1. Lastenanhänger

Umsatzsteuer

Die Überlassung des Anhängers an die OHG führt nicht zu einem Leistungsaustausch im umsatzsteuerlichen Sinn (§ 1 Abs. 1 Nr. 1 UStG). Denn C erhält für die Überlassung kein Sonderentgelt, vielmehr ist die Leistung mit der Gewinnbeteiligung abgegolten (Abschn. 1.6 Abs. 3 Sätze 2 und 3 UStAE). Daraus folgt ferner, dass C kein Unternehmer ist i. S. v. § 2 Abs. 1 UStG. Daraus folgt ferner, dass es keine Vorsteuerabzugsberechtigung für C gibt.

Einkommensteuer

Bei dem Anhänger handelt es sich um Sonderbetriebsvermögen I (SBV I) des C. Da er sich nicht im Gesamthandsvermögen der OHG befindet, aber gleichwohl Betriebsvermögen der OHG darstellt, ist er in einer Sonderbilanz des C auszuweisen. Die Buchführungspflicht einer Personenhandelsgesellschaft erstreckt sich dabei auch auf das Sonderbetriebsvermögens eines Gesellschafter (§ 141 AO, H 5.1 „Buchführungspflicht einer Personengesellschaft" EStH).

Bei Wirtschaftsgütern, die im Laufe eines Wirtschaftsjahres veräußert werden oder die aus dem Betriebsvermögen ausscheiden, kann für dieses Jahr nur der Teil des auf ein Jahr entfallenden AfA-Betrags abgesetzt werden, der dem Zeitraum zwischen dem Beginn des Jahres und der Veräußerung bzw dem Ausscheiden entspricht (R 7.4 Abs. 8 Satz 1 EStR). Für 2013 ergibt sich eine anteilige AfA für 3 Monate: 4 800 €/4 = 1 200 €. ¼ davon ergeben 300 €.

Buchung: AfA an Pkw-Anhänger 300 €

Anschließend ist der Restbuchwert (3 600 € ./. 300 € =) 3 300 € auszubuchen.

Buchung: Außergewöhnliche AfA an PKW-Anhänger 3 300 €

Die für die Rechtsberatung entstandenen Kosten sind betrieblich verlasst (vgl. § 4 Abs. 4 EStG) und stellen somit Betriebsausgaben dar. Sie betreffen jedoch das Sonderbetriebsvermögen des C und sind deshalb Sonderbetriebsausgaben des C. Die in der Rechnung gesondert ausgewiesene USt kann C nicht als Vorsteuer geltend machen, da er – wie ausgeführt – kein Unternehmer ist. Da die Rechnung am 31. 12. 2013 noch nicht bezahlt war, ergibt sich im Sonderbetriebsvermögen des C eine Sonstige Verbindlichkeit (§ 5 Abs. 1 Satz 1 EStG i.V. m. § 246 Abs. 1 HGB).

Buchung (im Bereich des SBV):

Sonstiger betrieblicher Aufwand an Sonstige Verbindlichkeiten 238 €

Im Sonderbereich des C ergibt sich somit ein Gesamtverlust von 3 838 €.

Die OHG ist Versicherungsnehmerin der Betriebsunterbrechungsversicherung. Ihr steht deshalb die Versicherungsleistung zu. Der Betrag ist sowohl handels- wie auch steuerrechtlich im Gesamthandsvermögen als Ertrag zu erfassen. Die Voraussetzungen für eine Rückstellung liegen nach § 249 HGB nicht vor. Weder muss die erhaltene Versicherungsleistung möglicherweise zurückgezahlt werden, noch hat C ausreichend begründete Ansprüche.

Korrekturbuchung (sowohl handels- wie steuerrechtlich):

Rückstellungen an Sonstige betriebliche Erträge 5 000 €

Hierdurch erhöht sich der Gewinn der OHG im Gesamthandsbereich um 5 000 €.

2. Grundstücksverunreinigung

Für die Beseitigung der Grundstücksverunreinigung ist ein Rückstellung für ungewisse Verbindlichkeiten nach § 249 Abs. 1 Satz 1 HGB zu bilden. Dies gilt auch für die Steuerbilanz (5 Abs. 1 Satz 1 EStG).

Eine Rückstellung für ungewisse Verbindlichkeiten ist R 5. 7 EStR danach nur zu bilden, wenn

1. es sich um eine Verbindlichkeit gegenüber einem anderen oder eine öffentlich-rechtliche Verpflichtung handelt,
2. die Verpflichtung vor dem Bilanzstichtag wirtschaftlich verursacht ist,
3. mit einer Inanspruchnahme aus einer nach ihrer Entstehung oder Höhe ungewissen Verbindlichkeit ernsthaft zu rechnen ist und
4. die Aufwendungen in künftigen Wirtschaftsjahren nicht zu Anschaffungs- oder Herstellungskosten für ein Wirtschaftsgut führen (§ 5 Abs. 4b EStG).

Die vorgenannten Voraussetzungen sind hier erfüllt. Es liegt ein bestandskräftiger Bescheid des Ordnungsamtes vor mit der konkreten Verpflichtung, den Schaden innerhalb eines halben Jahres zu beseitigen. Der Schadensverursachung erfolgte im Sommer 2013.

Wie Rückstellungen zu bewerten sind, ergibt sich für das Handelsrecht aus § 253 Abs. 1 und 2 HGB, für das Steuerrecht aus § 6 Abs. 1 Nr. 3a EStG i.V. m. R 6. 11 EStR.

Handelsrechtlich erfolgt die Bewertung mit dem nach kaufmännischer Beurteilung notwendigen Erfüllungsbetrag (§ 253 Abs. 1 Satz 2 HGB), das ist bei Sachleistungs- und Sachwertverpflichtungen der im Erfüllungszeitpunkt voraussichtlich aufzuwendende Geldbetrag und bei Geldleistungsverpflichtungen der Rückzahlungsbetrag (=Nennwert). Durch die Verwendung des Begriffs „Erfüllungsbetrag" wird klargestellt, dass bei der Rückstellungsbewertung künftige Preis- und Kostensteigerungen unter Vernachlässigung des Stichtagsprinzips zu berücksichtigen sind. Es ist stets von den Vollkosten auszugehen.

Die handelsrechtlichen Bewertungsregeln für Rückstellungen gelten nicht für die Aufstellung der Steuerbilanz. Das **Steuerrecht** verfügt über eigenständige Bewertungsregelungen, die die handelsrechtlichen Regelungen verdrängen (§ 5 Abs. 6 EStG). Einkommensteuerrechtlich erfolgt die Bewertung mit den Einzelkosten und angemessenen Teilen der notwendigen Gemeinkosten (§ 6 Abs. 1 Nr. 3a Buchst. b EStG). Ferner dürfen durch die ausdrückliche Ergänzung in § 6 Abs. 1 Nr. 3a Buchst. f EStG künftige Preis- und Kostensteigerungen nicht berücksichtigt werden.

Eine Abzinsungsverpflichtung besteht weder handels- noch steuerrechtlich, da die Beseitigung der Verunreinigung innerhalb eines halben Jahres zu erfolgen hat (§ 253 Abs. 2 Satz 1 HGB, § 6 Abs. 1 Nr. 3a Buchst. e Satz 1, 2. Halbsatz EStG).

Aus der vorliegenden Kostenaufstellung ergeben sich nur Einzelkosten und notwendige Gemeinkosten, so dass die Bewertung in HB und StB identisch ist.

20 Stunden x 25 € (Bruttolohn 21 € zuzüglich 4 € Arbeitgeberanteil)	500 €
Deponiekosten netto (Vorsteuer ist kein Aufwand, § 9b Abs. 1 EStG)	300 €
Gartenbauarbeiten netto	1 000 €
Summe	1 800 €

Buchung:

Sonstiger betrieblicher Aufwand an Rückstellungen 1 800 €

Hieraus resultiert eine Gewinnminderung in Höhe von 1 800 €.

3. Termingeschäft

Da der vom 18.11.2013 datierende Vertrag am 31.12.2013 noch von keiner Seite erfüllt ist, liegt am 31.12.2013 ein sog. schwebendes Geschäft vor. Schwebende Geschäfte werden nicht bilanziert, es sei denn, aus ihnen droht ein Verlust (§ 249 Abs. 1 Satz 1 i.V.m. § 252 Abs. 1 Nr. 4 HGB). Das ist der Fall in Höhe der Differenz zwischen dem vereinbarten Verkaufspreis und dem zu erwartenden höheren Einkaufspreis: 6 000 €. Die Buchung ist nicht zu beanstanden.

Demgegenüber bestimmt § 5 Abs. 4a EStG, dass derartige Rückstellungen steuerlich nicht gebildet werden dürfen. Sollte in der steuerlichen Buchführung eine Rückstellung gebildet worden sein, ist dort folgende Stornierung vorzunehmen:

Rückstellungen an sonstiger betrieblicher Aufwand 6 000 €

Mehrgewinn im steuerlichen Bereich 6 000 €

4. Werbeaktion

Ein aktiver Rechnungsabgrenzungsposten darf nicht gebildet werden. Die Voraussetzungen nach § 250 Abs. 1 HGB und § 5 Abs. 5 Nr. 1 EStG sind nicht erfüllt, insbesondere fehlt am Merkmal „Aufwand für eine bestimmte Zeit". Die Nachwirkungen der Werbeaktion sind zu vage.

Korrekturbuchung:

Werbeaufwand an Aktiver Rechnungsabgrenzungsposten 2 000 €

Das führt zu einer Gewinnminderung in Höhe von 2 000 €

5. Austritt des C

Scheidet ein Gesellschafter durch Kündigung aus (§ 131 Abs. 3 Nr. 3 HGB), wächst sein Anteil am Gesellschaftsvermögen den übrigen Gesellschaftern zu; die Gesellschaft besteht fort. Dem ausscheidenden Gesellschafter steht ein Abfindungsanspruch zu (§ 105 Abs. 3 HGB i.V.m. § 738 Abs. 1 BGB). Steuerlich ergeben sich für die verbleibenden Gesellschafter Anschaffungen bezüglich der dem C zuzurechnenden Anteile an den vorhandenen Wirtschaftsgütern der OHG (vgl. § 39 Abs. 2 Nr. 2 AO). Für den ausscheidenden Gesellschafter ergibt sich eine Veräußerung, die nach §§ 16, 34 EStG tarifbegünstigt ist. Zahlen die verbleibenden Gesellschafter mehr als der Anteil des C einschließlich seines Anteils am Firmenwert und den stillen Reserven wert ist (z. B. wie hier, um den C „loszuwerden") ergeben sich für sie gleicher Höhe sofort abziehbare Betriebsausgaben. Die Mehrzahlung gehört mit zum steuerbegünstigten Veräußerungsgewinn des ausscheidenden Gesellschafters.

Zunächst ist das Kapitalkonto des C zum 31.12.2013 zu ermitteln. Dazu sind die Änderungen aus den Tz. 1-4 auszuwerten.

Vorgang	HB	StB
Vorläufiger Gewinn lt. HB und StB	120 000 €	120 000 €
Sachverhalt 1	+ 5 000 €	+ 5 000 €
Sachverhalt 2	./. 1 800 €	./. 1 800 €
Sachverhalt 3		+ 6 000 €
Sachverhalt 4	./. 2 000 €	./. 2 000 €
Berichtigter Gewinn	121 200 €	127 200 €

Gewinnverteilung in der HB:

Vorgang	Summe	A	B	C
Gewinn lt. HB	121 200 €	40 400 €	40 400 €	40 400 €

Das Kapitalkonto des C im Gesamthandsvermögen entwickelt sich wie folgt:

Vorgang	Handelsbilanz	Steuerbilanz
Vorläufiges Kapital am 31.12.2013	100 000 €	100 000 €
Gewinnanteil	40 400 €	42 400 €
Endgültiges Kapital am 31.12.2013	140 400 €	142 400 €

Nachstehend ergeben sich die steuerlichen Auswirkungen auf den Veräußerungsgewinn des C, die Nachaktivierungen bei A und B sowie die Höhe der sofort abziehbare Betriebsausgaben in Gestalt von (SBA) für A und B. Relevant ist hierbei das steuerliche Kapital des C, weil nur dieses steuerverstrickt ist.

Anspruch des C	200 000 €
Stl. Kapital des C im Gesamthandsvermögen	./. 142 400 €
Ergibt stpfl. Veräußerungsgewinn des C	57 600 €
Davon Nachaktivierung Maschinen	5 000 €
Davon Nachaktivierung Geschäftsausstattung	7 000 €
Davon Rest sofort abziehbare Betriebsausgaben	45 600 €
Ergibt wieder	57 600 €

Hiernach erzielt C einen nach §§ 16, 34 EStG tarifbegünstigten Veräußerungsgewinn in Höhe von 57 600 €.

Buchung zum 31.12.2013 für die StB:

Kapitalkonto C	142 400 €			
Maschinen	5 000 €			
Geschäftsausstattung	7 000 €			
S. b. Aufwand	45 600 €	An	S. Verbindlichk.	200 000 €

Die steuerliche Gewinnverteilung gestaltet sich für 2013 wie folgt:

Endgültige Steuerliche Gewinnverteilung:

Vorgang	Summe	A	B	C
Gewinn lt. OHG-StB (GHV)	127 200 €	42 400 €	42 400 €	42 400 €
Sonderbilanz C	./. 3 838 €			./. 3 838 €
Veräußerungsgewinn	57 600 €			57 600 €
Sonderbetriebsausg.	./. 45 600 €	./. 22 800 €	./. 22 800 €	
Stl. Gewinnanteile	135 362 €	19 600 €	19 600 €	96 162 €

Sodann kann die endgültige StB der OHG erstellt werden:

OHG-Steuerbilanz 31.12.2013

Aktiva		Passiva	
Bebaute Grundstücke	250 000 €	Kapital A	119 600 €
Gebäude	150 000 €	Kapital B	119 600 €
Maschinen	205 000 €	Rückstellungen*	20 800 €
Geschäftsausstattung	307 000 €	Verbindlichkeiten	610 000 €
Vorräte	90 000 €	Sonst. Vblk.	200 000 €
Forderungen	58 000 €		
Kasse/Bank	10 000 €		
Bilanzsumme	1 070 000 €		1 070 000 €

* Die Rückstellungen setzen sich wie folgt zusammen:

Bestand lt. vorläufiger Bilanz	30 000 €
Sachverhalt 1	./.5 000 €
Sachverhalt 2	+1 800 €
Sachverhalt 3	./.6 000 €
Neuer Bestand	20 800 €

Anmerkungen:

1. Umsatzsteuer

Die Übertragung von Gesellschaftsrechten (hier von C auf A und B) ist zwar eine Leistung im wirtschaftlichen Sinne (denn sonst wäre sie nicht nach § 4 Nr. 8 Buchst. f UStG befreit), hier ist sie aber nicht steuerbar, da C kein Unternehmer ist. Denn die Gesellschafterstellung in einer OHG allein führt nicht zur umsatzsteuerlichen Unternehmereigenschaft.

2. Handelsbilanz

Die handelsrechtliche Gewinnverteilung stellt sich wie folgt dar:

Vorgang	Summe	A	B	C
Gewinn lt. OHG-HB	121 200 €	40 400 €	40 400 €	40 400 €
Betriebsausgaben	./. 47 600 €	./. 23 800 €	./. 23 800 €	
Gewinnanteile HB	73 600 €	16 600 €	16 600 €	40 400 €

Dass sich vorstehend Betriebsausgaben von 47 600 € ergeben (statt 45 600 € wie in der StB) liegt daran, dass das Kapital des C in der HB 140 400 € (statt 142 400 € in der StB) beträgt. Denn der auf C entfallende Anteil an der Drohverlustrückstellung in Höhe von 2 000 € ist hälftig von A und B zu tragen.

Lösung der Prüfungsaufgabe aus dem Gebiet der Buchführung und des Bilanzwesens

Anlage

Kaufmann Henrik Mai

Vorläufiger Jahresüberschuss 2013 (Ergebnis der Handelsbilanz)	60 000 €
Einzelsachverhalt 1 „Grundstück mit Lagerhalle"	
Anlagenabgang	./. 20 000 €
Sonst. betriebl. Erträge (Aktivierung Lagerhalle)	+ 20 000 €
Sonst. betriebl. Aufwendungen (Kürzung, da HK Lagerhalle)	+ 12 000 €
Abschreibung Gebäude (Korrektur)	+ 725 €
Einzelsachverhalt 2 „LKW Lieferwagen"	
Abschreibungen Sachanlagen	+ 6 000 €
Außerplanmäßige Abschreibungen	./. 13 580 €
Sonst. betriebl. Erträge	+ 10 000 €
Einzelsachverhalt 3 „Produktionsmaschine"	
Sonst. betriebl. Erträge (Minderung PRAP)	+ 22 375 €
Abschreibungen Sachanlagen	+ 4 166 €
Sonst. betriebl. Aufwand (Keine Verbindlichkeit)	+ 15 000 €
Jahresüberschuss lt. HB	**116 686 €**
Unterschiede HB/StB	
Einzelsachverhalte 1 und 4	
Auflösung der § 6b-Rüklage	+ 10.000 €
Übertragung auf Lagerhalle	./. 6.000 €
AfA Lagerhalle	+ 75 €
Einzelsachverhalt 2	
Weniger außerplanm. Abschreibung bzw. AfaA	+ 230 €
AfA LKW	./. 230 €
Sonderabschreibung nach § 7g EStG	./. 9 600 €
Einzelsachverhalt 3	
AfA	+ 2 084 €
Minderung sonst. betriebl. Erträge	./. 24 999 €
Steuerlicher Jahresüberschuss	**88 246 €**
Außerbilanzielle Korrektur (Steuerfreier Teil der § 6b-Rücklage)	./. 4 000 €
Zu versteuernder Gewinn	**84 246 €**

Steuerberaterprüfung 2008/2014

Prüfungsaufgabe aus dem Gebiet der Buchführung und des Bilanzwesen

I: Mega-GmbH

Sachverhalt:

Satzungszweck der Mega-GmbH (M-GmbH) mit Sitz und Geschäftsleitung in München (Bayern) ist die Herstellung und der Vertrieb von Gartengeräten.

Bei der M-GmbH handelt es sich um eine kleine Kapitalgesellschaft im Sinne des § 267 Abs. 1 HGB (das Betriebsvermögen der M-GmbH überschreitet jedoch seit Jahren die Grenzen des § 7g EStG); das Wirtschaftsjahr entspricht dem Kalenderjahr.

Das Stammkapital in Höhe von 50 000 € wurde im Gründungsjahr (2001) voll eingezahlt.

Alleiniger Gesellschafter ist Herr Klein (K), der gleichzeitig auch seit der Gründung als Geschäftsführer der M-GmbH bestellt und im Gesellschaftsvertrag zivilrechtlich wirksam vom Selbstkontrahierungsverbot nach § 181 BGB befreit ist.

Gewinnausschüttungen wurden für 2012 nicht beschlossen und sind auch für 2013 nicht vorgesehen.

K wendet sich an Sie als Steuerberater/-in der M-GmbH und bittet um Überprüfung der nachfolgend dargestellten Einzelsachverhalte hinsichtlich deren bilanziellen Behandlung.

K wünscht im Jahr 2013 einen möglichst hohen Eigenkapitalausweis in seiner Handelsbilanz (1. Priorität) und einen möglichst niedrigen steuerlichen Gewinn (2. Priorität). Um langjährige Rechtsbehelf- bzw. Klageverfahren zu vermeiden, soll steuerrechtlich in Zweifelsfällen nach der Verwaltungsauffassung entschieden werden.

Tag der Bilanzaufstellung ist der 31. 3. 2014.

Aufgabe:

1. Nehmen Sie zu den nachfolgend dargestellten Einzelsachverhalten unter Hinweis auf die einschlägigen handels- und steuerrechtlichen Vorschriften Stellung.

2. Geben Sie dabei die jeweils noch erforderlichen (Korrektur-)Buchungen in der Handels- und Steuerbilanz für das Jahr 2013 an.

   Sollte gegebenenfalls ein abweichender steuerlicher Abschluss erforderlich sein, sind (ausgehend von dem handelsrechtlichen Abschluss) die dafür notwendigen Buchungen ebenfalls anzugeben.

3. Stellen Sie zu jedem Einzelsachverhalt die Gewinnauswirkungen der von Ihnen vorgenommenen Korrektur-)Buchungen auf den handelsbilanziellen bzw. steuerbilanziellen Jahresüberschuss 2013 zusammen (Bilanzposten-Methode oder Gewinn- und Verlust-Posten-Methode).

Die Auswirkungen auf die Steuerrückstellungen sowie die Bilanzierung latenter Steuern (Steuerabgrenzung nach § 274 HGB) sind dabei nicht darzustellen.

4. Sollten im Rahmen der Einkommensermittlung für 2013 außerbilanzielle Änderungen erforderlich sein, sind diese begründet anzuführen und die Auswirkungen auf das zu versteuernde Einkommen der M-GmbH darzustellen.

5. Stellen Sie im Einzelsachverhalt 3. auch die bei der Landschaftsbau OHG durch die Grundstücksübertragung erforderlichen steuerlichen Bilanzansätze zum 31.12.2013 dar.

HINWEISE:

Die M-GmbH versteuert ihre Umsätze nach vereinbarten Entgelten und führt ausschließlich zum Vorsteuerabzug berechtigende Umsätze aus. Die von – der M-GmbH erhaltenen Rechnungen erfüllen sämtliche Voraussetzungen der §§ 14 ff. UStG.

Auf gewerbesteuerliche, umsatzsteuerliche und grunderwerbsteuerliche Probleme sowie die steuerlichen Auswirkungen beim Gesellschafter K ist nicht einzugehen.

Eine Übertragung etwaiger steuerfreier Rücklagen ist in 2013 nicht vorgesehen.

Cent-Beträge sind auf volle €-Beträge auf- oder abzurunden.

Einzelsachverhalte:

In der vorläufigen Handels-/Steuerbilanz der M-GmbH zum 31.12.2013 sind von Ihnen die nachfolgenden Einzelsachverhalte noch zu überprüfen. Sofern sich aus dem Sachverhalt nichts anderes ergibt, wurden noch keine Buchungen vorgenommen.

1. Am 1.3.2013 hat die M-GmbH in Augsburg (Bayern) eine neue Filiale eröffnet. Zu diesem Zweck hat sie ein bislang zu Wohnzwecken genutztes Gebäude (Baujahr 1960) angemietet (befristet bis zum 28.2.2023, nicht verlängerbar). Die folgenden erforderlichen Umbauarbeiten wurden alle bis zum 1.3.2013 fertiggestellt und erfolgten vereinbarungsgemäß auf eigene Rechnung der M-GmbH:

▶ Die M-GmbH ließ einige Türen ersetzen, die zwar noch nicht abgenutzt waren, aber farblich nicht zum Firmenlogo passten. Die neuen Türen haben die M-GmbH 5 000 € zzgl. 950 € Umsatzsteuer gekostet und unterliegen einer betriebsgewöhnlichen Nutzungsdauer von 12 Jahren. Gemäß dem Mietvertrag darf die M-GmbH diese Türen bei Beendigung des Mietverhältnisses nicht ausbauen und hat gegenüber dem Vermieter auch keinen Anspruch auf Entschädigung nach § 951 BGB.

▶ Um die Waren vom Lager im Untergeschoss in die Verkaufsräume im Erd- und Obergeschoss besser transportieren zu können, wurde für 15 000 zzgl. 2 850 € Umsatzsteuer ein Lastenaufzug eingebaut (betriebsgewöhnliche Nutzungsdauer: 10 Jahre).

Da der Vermieter nach Ablauf des Mietverhältnisses beabsichtigt, das Gebäude wieder zu Wohnzwecken zu vermieten, ist die M-GmbH bei Beendigung des Mietvertrages verpflichtet, diesen Lastenaufzug wieder zu entfernen. Hierfür betragen die voraussichtlichen Kosten nach den derzeitigen Preisverhältnissen 4 000 € netto, im Jahre 2023 voraussichtlich 7 500 €. Der von der Bundesbank gem. § 253 Abs. 2 HGB festgestellte Zinssatz beträgt 4 %.

▶ In den Verkaufsräumen waren zudem noch Ladeneinbauten für 40 000 € zzgl. 7 600 € Umsatzsteuer erforderlich (betriebsgewöhnliche Nutzungsdauer unstreitig: 8 Jahre).

Diesbezüglich ist die M-GmbH bei Beendigung des Mietverhältnisses nicht zum Ausbau verpflichtet, eine Entschädigung (§ 951 BGB) durch den Vermieter ist allerdings nicht vorgesehen.

Die M-GmbH buchte die angefallenen Kosten in 2013 wie folgt:

Sonstige betriebliche Aufwendungen	60 000 €		
Vorsteuer	11 400 €		
		an Bank	71 400

2. K hatte im Oktober 2011 einen Anteil an der Gartenbau GmbH in Höhe von 0,8 % für einen Kaufpreis von 20 000 € erworben und diesen in seinem Privatvermögen gehalten. Da sich die Gartenbau GmbH sehr positiv entwickelt hat und der Anteil sich als „gewinnbringende Investition" herausstellte, legte K diesen Anteil zum 25.1.2013 zur Stärkung des Betriebskapitals in seine M-GmbH verdeckt ein. Der Verkehrswert (= Teilwert) zum 25.1.2013 beträgt 40 000 €, zum Bilanzstichtag 45 000 € und zum Tag der Bilanzerstellung (= 31.3.2014) bereits 47 000 €. Bei der M-GmbH wurde dieser Vorgang buchmäßig bisher nicht erfasst, weil die Übertragung ohne Entgelt erfolgte.

Die Gartenbau GmbH beschloss am 15.4.2013 eine Ausschüttung für das Jahr 2012 (Ausschüttungszeitpunkt: 10.5.2013). Die M-GmbH erhielt nach Abzug der Kapitalertragsteuer in Höhe von 2 000 € und des Solidaritätszuschlags i. H. v. 110 € eine Gutschrift auf ihrem Bankkonto von 10 890 €. Eine zutreffende und ordnungsgemäß ausgestellte Steuerbescheinigung liegt der M-GmbH vor; hierauf wurde u. a. auch eine Verwendung des steuerlichen Einlagekontos i. S. d. § 27 KStG i. H. v. 5 000 € bescheinigt.

Die M-GmbH buchte die Gewinnausschüttung in 2013 wie folgt:

Bank 10 890 € an Erträge aus Wertpapieren 10 890 €

3. Die M-GmbH ist zu 40 % an der Landschaftsbau OHG (OHG) beteiligt. Die OHG (Wirtschaftsjahr = Kalenderjahr) führt zur Darstellung der Beteiligungsverhältnisse ein Festkapitalkonto (Kapitalkonto I) und für die übrigen Geschäftsvorfälle ein variables Konto (Kapitalkonto II). Im Betriebsvermögen der OHG sind bisher keine stillen Reserven vorhanden. Die weiteren Gesellschafter der OHG sind ausschließlich natürliche Personen.

Die M-GmbH hatte ein unbebautes Grundstück zum 1.1.2006 für (umgerechnet) 30 000 € erworben und hierauf ein Gebäude für insgesamt 180 000 € errichtet (Fertigstellung zum 1.7.2009). Das bisher von der M-GmbH genutzte Gebäude wurde bisher zutreffend nach § 7 Abs. 4 Satz 1 Nr. 1 EStG linear mit 3 % abgeschrieben. Ende des Jahres 2013 wurde dieses bebaute Grundstück nicht mehr von der M-GmbH benötigt und deshalb zum 31.12.2013 (Übergang von Nutzen und Lasten) von der M-GmbH auf die OHG übertragen (Verkehrswert = Teilwert zum 31.12.2013 für den Grund und Boden 150 000 € und für das Gebäude 250 000 €).

Im Rahmen dieser Übertragung auf die OHG übernahm diese eine mit dem Grundstück zusammenhängende Verbindlichkeit der M-GmbH von 50 000 € und überwies an die M-GmbH einen Betrag von 150 000 €. Zudem erfolgte bei der OHG auf dem Kapitalkonto I der M-GmbH bei der OHG eine Gutschrift in Höhe von 200 000 €.

Die M-GmbH buchte diesen Vorgang in 2013 wie folgt:

Verbindlichkeit	50 000 €			
Bank	150 000 €	an	Grund und Boden	30 000 €
			Gebäude	161 100 €
			Sonst. betr. Erträge	8 900 €

Bei für diesen Vorgang eventuell erforderlichen Korrekturbuchungen soll nach dem Willen der KG in der HB und der StB der GmbH einheitlich verfahren werden.

Der auf die M-GmbH entfallende Gewinnanteil aus der 40 %-igen OHG-Beteiligung für das Jahr 2013 ist zutreffend berücksichtigt.

Die OHG aktivierte den Grund und Boden sowie das Gebäude mit dem Teilwert.

4. Zum 31.12.2013 befinden sich im Lager der M-GmbH unter anderem noch fünf Garten-Traktoren, die zwar schon hergestellt, aber noch nicht veräußert worden sind. K hat für die M-GmbH im Rahmen der Inventur folgende Bewertung vorgenommen:

Materialkosten	8 000 €
Fertigungslöhne	9 000 €
	17 000 €

Die fünf Garten-Traktoren wurden daher in der Bilanz unter „Fertige Erzeugnisse und Waren" mit 17 000 € und als Bestandserhöhung nach § 275 Abs. 2 Nr. 2 HGB erfasst.

Der für steuerliche Zwecke zutreffend aufbereitete Betriebsabrechnungsbogen weist folgendes Bild auf:

Materialkosten	500 000 €
Materialgemeinkosten	10 000 €
Fertigungslöhne	600 000 €
Fertigungsgemeinkosten	360 000 €
Verwaltungskosten	22 050 €
Vertriebskosten	14 700 €

Bei der Ermittlung der Verkaufspreise wird auf die Selbstkosten ein durchschnittlicher Gewinnaufschlag von 25 % vorgenommen.

5. Der Bestand der Forderungen aus Lieferungen und Leistungen (alle Umsätze zu 19 % Umsatzsteuer) beträgt zum 31.12.2013 150 000€. Für das pauschale Ausfallrisiko können aufgrund der Erfahrungen der vergangenen Wirtschaftsjahre 2 % des Forderungsbestandes angesetzt werden.

Im Forderungsbestand ist eine Forderung mit dem Nennwert von 11 900 € gegen die Firma Gartenwunder-GmbH enthalten, die im November 2013 beim Amtsgericht München Insolvenzantrag gestellt hat. Das Insolvenzverfahren wurde daraufhin am 27.12.2013 förmlich eingeleitet.

Nachdem K hiervon erfahren hatte, hat er die Forderung am 4.1.2014 zur Tabelle angemeldet. Der eingesetzte Insolvenzverwalter hat gegenüber K mitgeteilt, dass die Gläubiger der Firma Gartenwunder-GmbH voraussichtlich nur mit einer Quote von 20 % rechnen können.

Am 15.1.2014 ist eine weitere Forderung in Höhe von 2 000 €, die im Forderungsbestand zum 31.12.2013 enthalten ist, überraschend ausgefallen, da an diesem Tag das völlig unterversicherte Unternehmen des Schuldners vollständig abgebrannt ist.

Die M-GmbH buchte aufgrund dieser Feststellungen (2 % von 150 000 € + 2 000 €) zum 31.12.2013 wie folgt:

Sonst. betr. Aufwendungen   5 000 €

                    an   Forderungen   5 000 €

Teil II: B-GmbH

1. Aufgabe (Grundfall):

Die B-GmbH (B), ein Maschinenbauunternehmen mit Sitz und Geschäftsleitung in Mannheim (Baden-Württemberg) hat am 31.10.2013 einen Vertrag mit der US-amerikanischen Firma U über die sofortige Lieferung einer Fertigungsmaschine nach North Carolina geschlossen. Der Kaufpreis beträgt 10 Mio. US-Dollar und wird in dieser Währung fakturiert. Zahlungstermin ist der 31.1.2014.

Am Tag des Vertragsschlusses soll der Preis (Wechselkurs) für einen US-Dollar 0,80 € betragen.

Variante a)   Am 31.12.2013 beträgt der Devisenkassamittelkurs für einen US-Dollar 0,70 €.

Variante b)   Am 31.12.2013 beträgt der Devisenkassamittelkurs für einen US-Dollar 0,90 €.

Beide Werte verändern sich zum 31.1.2014 nicht mehr.

Frage 1:

Wie bucht B den Vorgang am 31.10.2013 handels- und steuerrechtlich?

Frage 2:

Wie bucht sie in den beiden Alternativen in ihrer Handels- und Steuerbilanz zum 31.12.2013?

2. Aufgabe (Abwandlung des Grundfalles):

Um das Währungsrisiko abzusichern, erwirbt B mit dem Kontrakt eine "Put"-Option, mit der sie das Recht erhält, am 31.1.2014 10 Mio. US-Dollar zu einem Preis von je 0,80 €/Dollar verkaufen zu können und zahlt hierfür 150 000 €.

Frage 1:

Wie ist der Optionserwerb handels- und steuerrechtlich zu behandeln (auch buchhalterisch)?

Frage 2:

Wie hat jetzt der handels- und steuerbilanzielle Ausweis am 31.12.2013 bei den Alternativen a) und b) zu erfolgen? Ändert sich die Beurteilung am 31.1.2014?

Hinweis: Die Umsatzsteuer ist in beiden Aufgaben nicht zu berücksichtigen.

Teil III: Armaturen-GmbH

Sachverhalt:

Die Armaturen-GmbH (A-GmbH) mit Sitz und Geschäftsleitung in Stuttgart (Baden-Württemberg) ist ein Hersteller von Gasdruckarmaturen. Sie wurde am 1.1.2006 mit einem Stammkapital von 5 Millionen € gegründet; das Stammkapital wurde vollständig eingezahlt.

Bei der A-GmbH entspricht das Wirtschaftsjahr dem Kalenderjahr. Die Gewinne sind in der Vergangenheit immer vollständig an die Gesellschafter ausgeschüttet worden.

Die Geschäftsleitung der A-GmbH möchte den bislang einheitlich geführten Betrieb der A-GmbH in der Weise umstrukturieren, dass die Grundstücke, die Produktion und die Beteiligung in jeweils eigenständige Personengesellschaften überführt werden, soweit die Umstrukturierung in Kapitalgesellschaften nicht günstiger ist. Die A-GmbH soll nur noch als Holding fungieren. Ziel ist es, durch diese Umstrukturierungen die einzelnen Bereiche wirtschaftlicher führen zu können.

Die Endstruktur soll folgendes Aussehen haben:

	A-GmbH (Mutter)	
Gesellschaft Grundstücksverwaltung (Tochter)	Gesellschaft Produktion (Tochter)	Gesellschaft Beteiligungsverwaltung (Tochter)

Die A-GmbH soll jeweils 100 % der Anteile an den Untergesellschaften halten. Die Gesellschaft Grundstücksverwaltung soll die Grundstücke an die nutzenden Gesellschaften entgeltlich überlassen.

Die Wirtschaftsgüter der A-GmbH sollen bis auf das Bankkonto in das jeweilige Betriebsvermögen der Untergesellschaften überführt werden, die A-GmbH soll im Gegenzug ausschließlich die Beteiligung an den Untergesellschaften halten. Dabei möchte die Geschäftsleitung in der Steuerbilanz der A-GmbH lediglich das Bankkonto und die Beteiligungen ausgewiesen haben, die Handelsbilanz soll diesen Ansätzen so weit wie möglich entsprechen.

Durch die Umstrukturierung sollen – wenn möglich – keine Steuern entstehen, d. h. es sollen so weit wie möglich die Buchwerte fortgeführt und keine stillen Reserven aufgedeckt werden.

Die Umstrukturierung soll zum 1.1.2015 vorgenommen werden, dabei sind Zwischengesellschaften, die in die vorgesehene Endstruktur zu überführen sind, nicht erwünscht. Um lange Verfahren mit den Finanzbehörden zu vermeiden, soll in Zweifelsfällen die Auffassung der Verwaltung der Beurteilung zu Grunde gelegt werden.

Die einheitliche Handels- und Steuerbilanz der A-GmbH zum 31.12.2013 hatte folgendes Aussehen:

Bilanz A-GmbH zum 31.12.2013 in €

Patente	30 000	Stammkapital	5 000 000
Grund- und Boden	1 000 000		
Gebäude	1 020 000		
Maschinen	400 000		
Betriebs- und Geschäftsausstattung	250 000	Verbindlichkeiten aus Anschaffung von Patenten	30 000
Beteiligung	1 000 000	Verbindlichkeiten aus Beteiligungserwerb	500 000
Rohstoffe	400 000		
Forderungen aus Lieferungen	500 000		
Sonstige Vermögensgegenstände	800 000		
Bank	130 000		
	5 530 000		5 530 000

Erläuterung der einzelnen Bilanzposten:

Patente

Bei den Patenten handelt es sich um drei Fertigungsverfahren, die am 15.1.2013 für jeweils 11 000 € erworben wurden. Die Nutzung der Patente wurde der A-GmbH auf 11 Jahre eingeräumt. Der Teilwert der drei Patente beträgt jeweils 20 000 €.

Grundstücke

Das Grundstück mit der Fabrikationshalle und das Grundstück mit dem Verwaltungsgebäude wurden am 10.1.2006 von einer Bank erworben.

Für das Fabrikationsgrundstück entrichtete die A-GmbH 1 500 000 €, wovon auf den Grund und Boden 700 000 € entfielen.

Für das Verwaltungsgrundstück entrichtete die GmbH 1 000 000 €, auf den Grund und Boden entfielen von dem Kaufpreis 300 000 €.

Nach den Unterlagen der Bank wurde sowohl das Fabrikationsgebäude als auch das Verwaltungsgebäude mit Bauantrag vom 2.5.2002 am 1.7.2004 fertig gestellt. Der Teilwert des Grund und Bodens, auf dem das Fabrikationsgebäude steht, beträgt im gesamten Jahr 2014 1 000 000 €, der Teilwert des Grund und Boden des Verwaltungsgebäudes 400 000 €.

Der Teilwert des Fabrikationsgebäudes beträgt aufgrund der schlechten Isolierung und den damit verbundenen extrem hohen Energiekosten zum Ende des Jahres 2014 und bis auf Weiteres 250 000 €, der Teilwert des Verwaltungsgebäudes beträgt 550 000 €.

Für beide Gebäude beträgt die tatsächliche Nutzungsdauer ab Anschaffung noch 25 Jahre.

Maschinen

Die 10 Maschinen M1 bis M10 wurden allesamt im Januar 2006 erworben und in Betrieb genommen. Die Anschaffungskosten der Maschinen haben jeweils 200 000 € betragen und werden linear auf die zehnjährige Nutzungsdauer abgeschrieben. Der Teilwert der Maschinen entspricht dem Buchwert.

Betriebs- und Geschäftsausstattung

Bei der Betriebs- und Geschäftsausstattung entspricht der Teilwert dem Buchwert.

Beteiligung

Im Jahr 2012 konnte die A-GmbH preisgünstig eine Beteiligung in Höhe von 30 % an der gerade im Kurswert verfallenen X-AG erwerben. Der Kaufpreis betrug 1 000 000 €. Da sich der Aktienkurs wieder erholte und sich auf hohem Niveau stabilisierte, hat sich der Wert der Beteiligung verdoppelt. Die Anschaffung der Beteiligung wurde zur Hälfte über ein Bankdarlehen finanziert. Die X-AG ist ein Lieferant für Rohbauteile für Armaturen, wobei die A-GmbH jederzeit auf andere Lieferanten zugreifen könnte und sich für jede Lieferung Vergleichsangebote zu fremdüblichen Bedingungen machen lässt.

Aus dem Erwerb der Beteiligung ist noch eine Verbindlichkeit in Höhe von 500 000 € passiviert.

Rohstoffe, Forderungen, sonstige Vermögensgegenstande und Bank

Die Bilanzposten Rohstoffe, Forderungen, sonstige Vermögensgegenstande und Bank ändern sich von Bilanzstichtag zu Bilanzstichtag nur sehr geringfügig. Der Buchwert entspricht hier dem Teilwert.

Verbindlichkeiten aus der Anschaffung von Patenten

Aus der Anschaffung der Patente besteht noch eine Restverbindlichkeit.

Eigenentwicklungen

Die A-GmbH hat für den Herstellungsprozess von Gasdruckarmaturen in 2008 einige Verfahren neu entwickelt und dabei die Entwicklungskosten in 2008 in vollem Umfang als Betriebsausgaben abgesetzt. Ein Konkurrenzunternehmen wäre bereit, für diese Verfahren 500 000 € zu bezahlen.

Aufgabe:

1. Stellen Sie unter Hinweis auf die einschlägigen handels- und steuerrechtlichen Vorschriften dar, welche Alternativen zur Umsetzung der vorgesehenen Struktur möglich sein können und wägen Sie die steuerlichen Vor- bzw. Nachteile der einzelnen Alternativen gegeneinander ab. Legen Sie dabei dar, warum ggf. einzelne Alternativen als Umstrukturierungsmaßnahmen rechtlich nicht möglich sind.

2. Begründen Sie unter Hinweis auf die einschlägigen handels- und steuerrechtlichen Vorschriften, weiche Alternative Sie der Geschäftsleitung der A-GmbH als Umstrukturierung mit der geringsten steuerlichen Auswirkung vorschlagen wollen. Entwickeln Sie – ausgehend von der steuergünstigsten Alternative – die aus der Umstrukturierung entstehenden handelsrechtlichen und steuerrechtlichen Bilanzansätze der Gesellschaften Grundstücksverwaltung, Produktion, Beteiligungsverwaltung und der Holding A-GmbH zum 1.1.2015. Erläutern Sie jeweils unter Angabe der gesetzlichen Vorschriften die Bilanzansätze.

HINWEISE:

Auf umsatzsteuerliche Probleme ist nicht einzugehen.

Cent-Betrage sind auf volle E-I3etrage zu runden.

Für die Lösung ist die Rechtslage des Veranlagungszeitraums 2013 zu Grunde zu legen.

Steuerberaterprüfung 2008/2014

Lösung der Prüfungsaufgabe aus dem Prüfungsgebiet der Buchführung und des Bilanzwesens

Verfasser: Steuerberater Jörg Koltermann

Teil I: Mega-GmbH

1. Mietereinbauten

Das **Vollständigkeitsgebot** nach § 246 Abs. 1 HGB legt für sämtliche Vermögensgegenstände und Schulden eine handelsrechtliche Bilanzierungspflicht fest. Nach § 246 Abs. 1 i.V.m. § 242 Abs. 1 HGB hat der Kaufmann **sein** Vermögen zu bilanzieren, also das, was ihm zivilrechtlich oder wirtschaftlich gehört. Wirtschaftlicher Eigentümer ist, wer den zivilrechtlichen Eigentümer von jeder Einwirkung auf die Sache ausschließen kann, also wenn Besitz, Gefahr, Nutzen und Lasten bei ihm liegen (BFH v. 8.3.1977 VIII R 180/74, BStBl 1977 II 629). Dies gilt aufgrund des **Maßgeblichkeitsgrundsatzes** (§ 5 Abs. 1 EStG) auch für die Bilanzierung von Wirtschaftsgütern in der Steuerbilanz. Darüber hinaus bestimmt § 39 Abs. 2 Nr. 1 AO, dass beim Auseinanderfallen von rechtlichem und wirtschaftlichem Eigentum, das wirtschaftliche Eigentum Vorrang hat.

Da die Umbaumaßnahmen in einem gemieteten Gebäude stattfanden, ist zu prüfen, ob und inwieweit die M-GmbH bei ihr bilanzierungspflichtige Vermögensgegenstände bzw. Wirtschaftsgüter geschaffen hat.

Für die Behandlung von **Mietereinbauten und -umbauten** gilt immer noch das Schreiben des BMF v. 15.1.1976 (BStBl 1976 I 66). Danach hat der Mieter seine Aufwendungen auf die Mietsache grundsätzlich zu aktivieren, sofern es sich nicht um Erhaltungsaufwand (R 21.1 EStR) oder um die Schaffung eines immateriellen Wirtschaftsgutes handelt. Die Aktivierung erfolgt entweder als Scheinbestandteil, Betriebsvorrichtung, sonstiger Mietereinbau oder als aktiver Rechnungsabgrenzungsposten. Die Aktivierung als sonstiger Mietereinbau kann darauf beruhen, dass der Mieter entweder wirtschaftlicher Eigentümer der Baumaßnahme ist oder die Baumaßnahme in einem Nutzungs- und Funktionszusammenhang mit dem Betrieb des Mieters steht. Wirtschaftliches Eigentum setzt die Befugnis zur ausschließlichen Nutzung und einen Anspruch auf Wertersatz bei vorzeitiger Beendigung der Nutzung voraus (BFH v. 20.11.2003 III R 4/02, BStBl 2004 II 305).

Die Aktivierung als Rechnungsabgrenzungsposten ist erforderlich, wenn die Kosten des Mieters mit der geschuldeten Miete verrechnet werden. Erfolgt die Aktivierung als sonstiger Mietereinbau, richtet sich die AfA nach den für Gebäude geltenden Grundsätzen, d.h. nach § 7 Abs. 5a i.V.m. Abs. 4 EStG (BFH v. 15.10.1996 VIII R 44/94, BStBl 1997 II 533, v. 11.6.1997 XI R 77/96, BStBl 1997 II 774 s. auch H 4.2 (3) „Mietereinbauten" EStH und H 7.4 „Mietereinbauten" EStH).

a) Türen

Bei den Aufwendungen für die **neuen Türen** handelt es sich um sofort abziehbare Erhaltungsaufwendungen, da sie bereits vorhandene Teile ersetzen und erfolgen, um das Gebäude in einem ordnungsmäßigen Zustand zu erhalten (R 21.1 Abs. 1 EStR). Die buchmäßige Behandlung bei der M-GmbH ist nicht zu beanstanden.

b) Lastenaufzug

Der **Lastenaufzug** stellt eine Betriebsvorrichtung dar, da das Gewerbe unmittelbar mit ihm ausgeübt wird (§ 68 Abs. 2 Satz 1 Nr. 2 BewG). Er gehört zu den selbständigen Gebäudeteilen (R 4.2 Abs. 3 Satz 3 Nr. 1 EStR) und gilt als bewegliches Wirtschaftsgut. Nach Auffassung der Finanzverwaltung stehen Betriebsvorrichtungen stets im wirtschaftlichen Eigentum des die Betriebsvorrichtung einbauenden Mieters.

Die M-GmbH muss den Lastenaufzug deshalb mit den Herstellungskosten aktivieren, deren Umfang sich aus § 255 Abs. 2 Satz 1 HGB ergibt. Dem folgt auch das Steuerrecht (R 21.1 Abs. 2 EStR, BMF v. 18. 7. 2003, BStBl 2003 I 386).

Es ist von Herstellungskosten von 15 000 € auszugehen. Die in Rechnung gestellte Umsatzsteuer ist als Vorsteuer verrechenbar, da die Leistung für das Unternehmen der M-GmbH und zur Erbringung steuerpflichtiger Leistungen der M-GmbH erfolgte. Die Vorsteuerbeträge gehören nach § 9b Abs. 1 EStG nicht zu Herstellungskosten. Die AfA richtet sich nach § 7 Abs. 1 EStG (lineare AfA) und beträgt bei zehn Jahren Nutzungsdauer jährlich 1 500 €. Im Herstellungsjahr kann AfA nur zeitanteilig beansprucht werden (§ 7 Abs. 1 Satz 4 EStG).

Kontenentwicklung:

Zugang März 2013	15 000 €
AfA 10 % = 1 500 €, 10/12 von 1 500 €	./. 1 250 €
Bilanzansatz 31. 12. 2013	13 750 €

Für die Verpflichtung, nach Ablauf des Mietvertrages in zehn Jahren den ursprünglichen Zustand wiederherzustellen, muss die M-GmbH eine Rückstellung für ungewisse Verbindlichkeiten bilden (§ 249 Abs. 1 Satz 1 HGB, § 5 Abs. 1 Satz 1 EStG, R 5.7 Abs. 2 EStR). Es handelt sich um eine „**Rückstellung für Miet- und Pachtanlagenbeseitigung**". Der Aufwand für die spätere Beseitigung muss durch entsprechende Rückstellungszuführungen auf die Miet- bzw. Pachtdauer verteilt werden. Dabei sind Preissteigerungen vom Jahr der Steigerung an zu berücksichtigen. Für vergangene Jahre ist der anteilige Betrag im Jahr der Preissteigerung nachzuholen (R 6.11 Abs. 2 Satz 5 EStR).

Die Zuführungen müssen linear vorgenommen werden; zusätzlich ist in der Steuerbilanz mit 5,5 % jährlich abzuzinsen (§ 6 Abs. 3a Buchst. e EStG). Die Abzinsung kann nach in dem BMF-Schreiben vom 26. 5. 2005 (BStBl 2005 I 699 Rz 2, 8, 24 und 28 i. V. m. Tab. 2) dargelegten Grundsätzen vorgenommen werden. In der Handelsbilanz sind ebenfalls die lineare Ansammlung und die Abzinsung vorzunehmen. In der HB ist allerdings von Anfang an rückstellungsfähig der Erfüllungsbetrag; außerdem ist der von der Bundesbank festgestellte Zinssatz zugrund zu legen (§ 253 Abs. 1 Satz 2 HGB). Der Maßgeblichkeitsgrundsatz nach § 5 Abs. 1 Satz 1 EStG wird insoweit durch den Bewertungsvorbehalt nach § 5 Abs. 6 EStG verdrängt.

Steuerliche Bewertung

Da die Verpflichtung erst am 28. 2. 2023 zu erfüllen ist, beträgt die jährliche Zuführung 1/10 von 4 000 € = 400 €, für das Wirtschaftsjahr 2013 anteilig 10/12 = 333 € (Ausgangsbetrag für

StB). Bei der für die Steuerbilanz gebotenen Abzinsung ist von einer Restlaufzeit von 9 Jahren und 2 Monaten auszugehen, so dass zwischen den Vervielfältigern für 9 und 10 Jahre interpoliert werden muss:

Vervielfältiger für 10 Jahre	0,585	
Vervielfältiger für 9 Jahre	0,618	0,618
Unterschied	0,033	
2/12	0,0055	./. 0,0055
Vervielfältiger für 9 Jahre und 2 Monate		0,6125
Anteiliger Jahresbetrag (wie oben)		x 333 €
Rückstellungsansatz 31.12.2013 (augerundet)		**204 €**

Handelsrechtliche Bewertung

Hier ist – wie ausgeführt – vom Erfüllungsbetrag in Höhe von 7 500 € auszugehen. Die jährlichen Zuführungen betragen sodann 750 €; für 2013 ergeben sich 10/12 von 750 € = 625 €. Nach den Regeln der Finanzmathematik erfolgt bei einem Zinssatz von 4 % die Abzinsung nach folgender Formel:

$$\frac{\text{Erfüllungsbetrag}}{1{,}04^{\text{Restlaufzeit}}}$$

Das Ergebnis ist der anzuwendende Divisor.

Bei einer Restlaufzeit von 10 Jahren beträgt der Divisor 1,4802

Bei einer Restlaufzeit von 9 Jahren beträgt der Divisor 1,4233

Differenz 0,0569; davon 2/12 = 0,0094

Der Divisor für 9 Jahre und 2 Monate beträgt sodann 1,4233 + 0,0094 = 1,4327. Es ergibt sich folgende Rückstellung für die HB:

625 € / 1,4327 = 436 €.

c) Ladeneinbauten

Da die Nutzungsdauer der **Ladeneinbauten** nur acht Jahre beträgt, die Mietdauer hingegen noch zehn Jahre, ist die M-GmbH wirtschaftliche Eigentümerin der Ladeneinbauten, denn sie kann während der Nutzungsdauer den Vermieter, der zivilrechtlicher Eigentümer ist, von jeder Einwirkung auf die Sache ausschließen. Die M-GmbH ist somit zur Aktivierung der Herstellungskosten berechtigt und verpflichtet. Die Annahme eines Scheinbestandteils kommt nicht in Betracht, da nicht von einem nur vorübergehenden Einbau ausgegangen werden kann. Nach acht Jahren sind die Ladeneinbauten wertlos (H 7.1. „Scheinbestandteile" EStH, BMF v. 15.1.1976 a. a. O.). Es liegt vielmehr ein selbständiges **unbewegliches** Wirtschaftsgut vor (R 7.1 Abs. 6 EStR). Dies hat zur Folge, dass sich die AfA nach den für Gebäude geltenden Grundsätzen richtet und zeitanteilig zu beanspruchen ist (§ 7 Abs. 4 und 5a EStG, H 7.4 „Mietereinbauten" EStH, § 7 Abs. 4 Satz 1 letzter Halbsatz i. V. m. Abs. 1 Satz 4 EStG). Handelsrechtlich wird entsprechend verfahren (§ 253 Abs. 3 HGB), so dass Handels- und Steuerbilanz übereinstimmen. Die AfA für 2013 beträgt im Hinblick auf die 8-jährige Nutzungsdauer jährlich 1/8 von 40 000 € = 5 000 €, davon 10/12 = 4 167 €. Kontenentwicklung:

Zugang März 2013	40 000 €
AfA	./. 4 167 €
Bilanzansatz 31. 12. 2013	35 833 €

Weil die M-GmbH nicht verpflichtet ist, die Ladeneinbauten wieder zu entfernen, ist keine Rückstellung für Miet- und Pachtanlagenbeseitigung zu bilden.

> **HINWEIS:**
> Absetzungen für Abnutzung für Ladeneinbauten, Schaufensteranlagen, Gaststätteneinbauten, die nach dem 31. 12. 1994 angeschafft oder hergestellt wurden, sind, sofern keine abweichenden Einzelregelungen in den AfA-Tabellen getroffen wurden, nach einer betriebsgewöhnlichen Nutzungsdauer von sieben Jahren (AfA-Satz 14 %) zu bemessen. Dies gilt vorbehaltlich einer kürzeren Gesamtmietdauer auch, wenn diese Wirtschaftsgüter Mietereinbauten sind (BMF v. 30. 5. 1996, BStBl 1996 I 643).

d) Korrekturbuchungssatz

Erforderlicher Korrekturbuchungssatz für die HB :

Lastenaufzug	13 750 €	an	sonst. betriebl. Aufwendungen	54 564 €
Ladeneinbauten	35 833 €		Rückstellung für Anlagenbeseitigung	436 €
AfA	5 417 €			

Überleitung von der Handelsbilanz zur Steuerbilanz:

Rückstellung für Anlagenbeseitigung	232 €	an	sonst. betriebl. Ertrag	232 €

Auswirkungen auf den Jahresüberschuss:

	HB	StB
Bilanzposten-Methode		
Lastenaufzug	+ 13 750 €	+ 13 750 €
Ladeneinbauten	+ 35 833 €	+ 35 833 €
Rückstellung für Anlagenbeseitigung	./. 436 €	./. 204 €
Mehrgewinn	+ 49 147 €	49 379
GuV-Methode		
AfA	./. 5.417 €	./. 5.417 €
sonst. betriebl. Aufwendungen	+ 54 564 €	+ 54 564 €
sonst. betriebl. Ertrag		+ 232 €
Mehrgewinn	+ 49 147	+ 49 379 €

2. Anteil an der Gartenbau-GmbH

Für die Lösung wird unterstellt, dass K den GmbH-Anteil in notariell beurkundeter Form an die M-GmbH abgetreten hat (§ 15 Abs. 3 GmbHG).

a) Verdeckte Einlage

Unentgeltliche Erwerbe von fremden Dritten stellen **handelsrechtlich** anschaffungsähnliche Vorgänge dar, die in der Regel mit dem (vorsichtig geschätzten) Verkehrswert zu erfassen sind. Unentgeltliche Erwerbe von Gesellschaftern stellen hingegen Einlagen dar, die **erfolgsneutral** unter den Kapitalrücklagen nach § 272 Abs. 2 Nr. 4 HGB auszuweisen sind. Erfolgen diese in bar oder durch Überweisung, ist der gezahlte bzw. überwiesene Betrag anzusetzen, was Unterbewertungen von Einlagen (verdeckte Einlagen) unmöglich macht. Dasselbe sollte m. E. für Sacheinlagen gelten, für die dann der **Verkehrswert im Zeitpunkt der Einlage** gilt. Gleichwohl sind Unterbewertungen von Sacheinlagen mangels gesetzlicher Regelung nicht ausdrücklich verboten (im Gegensatz zu Überbewertungen, §§ 240 Abs. 1 und 2, 242 Abs. 1 HGB).

Da die Einlage erfolgt, um die Eigenkapitalausstattung der M-GmbH zu verbessern, also offensichtlich der Erhöhung der Kreditwürdigkeit dienen soll, wird im vorliegenden Fall handelsrechtlich von einem Wert für die Sacheinlage von 40 000 € ausgegangen.

Steuerrechtlich sind Einlagen eines Gesellschafters in das Vermögen seiner Kapitalgesellschaft nach § 6 Abs. 1 Nr. 5 EStG zu bewerten (§ 8 Abs. 1 Satz 1 KStG). Da K an der M-GmbH nicht mit mindestens 1 % beteiligt ist und die private Anschaffung weniger als drei Jahre zurückliegt, greift § 6 Abs. 1 Nr. 5 Buchst. a EStG: Die Einlage ist mit dem Teilwert (= 40 000 €), höchstens aber mit den Anschaffungskosten (= 20 000 €) zu bewerten. Im vorliegenden Fall ist somit von 20 000 € auszugehen. Damit wird erreicht, dass die im privaten Bereich entstandenen stillen Reserven nicht unbesteuert bleiben.

Die Buchung erfolgt nicht auf dem Konto „Wertpapiere" sondern auf dem Konto „Beteiligungen", da Geschäftsanteile an einer GmbH nicht durch Wertpapiere verbrieft sind.

Korrekturbuchungen für die Handelsbilanz:
Beteiligungen an Kapitalrücklagen 40 000 €

Überleitung von der Handels- in die Steuerbilanz:
Ausgleichsposten (Kapitalrücklagen) an Beteiligungen 20 000 €

Durch die Einlage erfolgt ein Zugang beim **steuerlichen Einlagekonto** i. S. v. § 27 KStG. Fraglich könnte die Höhe des Zugangs sein: 20 000 € oder 40 000 €. Würde die M-GmbH ihren Anteil an der Gartenbau-GmbH für 40 000 € veräußern und anschließend den Betrag an K auszahlen, würde sie körperschaftsteuerlich einen Gewinn von 20 000 € realisieren, der allerdings zu 95 % körperschaftsteuerfrei wäre (§ 8b Abs. 3 KStG); für K ergäbe sich bei einem Zugang im steuerlichen Einlagekonto von 40 000 € eine einkommensteuerfreie Einlagenrückgewähr (§ 20 Abs. 1 Nr. 1 Satz 3 EStG). Dies würde dem Zweck des § 6 Abs. 1 Nr. 5 EStG zuwiderlaufen. Für das steuerliche Einlagekonto ist deshalb m. E. von einem Zugang von 20 000 € auszugehen; denn in diesem Fall würde die Auszahlung der 40 000 € an K i. H. v. 20 000 € zu einer der Abgeltungssteuer unterliegenden Ausschüttung i. S. v. 20 Abs. 1 Nr. 1 EStG führen.

b) Ausschüttung

Im Zeitpunkt des Gewinnverteilungsbeschlusses war die M-GmbH Eigentümerin der Anteile an der Gartenbau-GmbH, so dass ihr die Gewinnausschüttung zusteht und ihr steuerlich in vollem Umfang zuzurechnen ist; dass sie in 2012 noch nicht Eigentümerin war, ist unbeachtlich (§ 20 Abs. 5 EStG).

Zu den Erträgen aus Beteiligungen gehört grundsätzlich die Bruttoausschüttung, das wäre hier also der Betrag von 13 000 €. Die einbehaltenen Steuerabzugsbeträge i. H. v. insgesamt 2 110 € stellen Steueraufwand dar. Stammt die Ausschüttung aus dem steuerlichen Einlagekonto, liegt jedoch insoweit gem. § 20 Abs. 1 Nr. 1 Satz 3 EStG keine steuerpflichtige Einnahme vor, sondern eine (nicht steuerbare) Einlagenrückgewähr, die zu einer Minderung der Anschaffungskosten bzw. des Buchwerts der Beteiligung führt (H 6.2 „Ausschüttung aus dem steuerlichen Einlagekonto" EStH und H 20.2 „Einlagenrückgewähr" EStH). Das gilt sowohl für die Handels- wie auch für die Steuerbilanz, so dass sich in der Handelsbilanz für den Anteil an der Gartenbau-GmbH ein Wertansatz i. H. v. 35 000 € und in der Steuerbilanz von 15 000 € ergibt. Diese Wertansätze stellen gleichzeitig die Bewertungsobergrenze dar, wodurch sich eine Zuschreibung oder Wertaufholung i. S. v. § 253 Abs. 5 HGB bzw. § 6 Abs. 1 Nr. 1 Satz 1 EStG zum 31. 12. 2013 von selbst verbietet. Eine Zuschreibung oder Wertaufholung würde eine vorausgegangene Teilwertabschreibung voraussetzen.

Die richtige Buchung wäre gewesen:

Bank	10 890 €	an	Erträge aus Beteiligungen	8 000 €
Steueraufwand	2 110 €	an	Beteiligungen	5 000 €

Korrekturbuchung somit:

Steueraufwand	2 110 €	an Beteiligungen	5 000 €
Erträge aus Beteiligungen	2 890 €		

Auswirkungen auf den Jahresüberschuss

	HB	StB
Bilanzposten		
Beteiligungen	+ 35 000 €	+ 15 000 €
Kapitalrücklage	./. 40 000 €	./. 40 000 €
Ausgleichsposten		+ 20 000 €
Saldo	./. 5 000 €	./. 5 000 €
Posten der GuV		
Erträge aus Beteiligungen	./. 2 890 €	./. 2 890 €
Steueraufwand	./. 2 110 €	./. 2 110 €
Saldo	./. 5 000 €	./. 5 000 €

Im Rahmen der körperschaftsteuerlichen Einkommensermittlung ist zu beachten, dass die Gewinnausschüttung bei der M-GmbH nach § 8b Abs. 1 Satz 1 KStG steuerfrei ist, dass aber 5 % der Gewinnausschüttung als nicht abziehbare Betriebsausgaben zu behandeln sind (§ 8b Abs. 5

Satz 1 KStG). Ferner ist zu beachten, dass die in der Buchführung als Aufwand behandelten Steueranrechnungsbeträge (Kapitalertragsteuer, Solidaritätszuschlag) gem. § 10 Nr. 2 KStG das Einkommen nicht mindern dürfen, also dem Jahresüberschuss wieder hinzuzurechnen sind. Auf das Einkommen ergeben sich somit folgende Auswirkungen:

Hinzurechnung gem. § 10 Nr. 2 KStG	2 110 €
Steuerbefreiung nach § 8b Abs. 1 KStG	./. 8 000 €
Nicht abziehbare Betriebsausgaben 5 %	+ 500 €
Gesamt	./. 5 390 €

3. Beteiligung an der Landschaftsbau OHG

a) Bilanzansatz des Grundstücks bei der M-GmbH bis zur Übertragung

Der Buchwert des Grund und Bodens zum 31.12.2013 entspricht den Anschaffungskosten: 30 000 €. Für das Gebäude ergibt sich unter Berücksichtigung der zwingend vorzunehmenden AfA nach § 7 Abs. 4 Satz 1 Nr. 1 EStG zum 31.12.2013 folgender Buchwert:

HK 1.7.2009	180 000 €
AfA 2009 (1/2 von 5 400 €)	./. 2 700 €
AfA 2010 – 2012 (3 x 5 400 €)	./. 16 200 €
Buchwert 31.12.2012	161 100 €
AfA 2013	./. 5 400 €
Buchwert 31.12.2013	155 700 €

Korrekturbuchung in 2013:
AfA an Gebäude 5 400 €

b) Grundstücksübertragung auf OHG

Am 31.12.2013 hat das bebaute Grundstück einen Verkehrswert von 400 000 €. Von der OHG erhält die M-GmbH als Gegenleistung:

Überweisung	150 000 €
Schuldübernahme	50 000 €
Gesellschaftsrechte (Gutschrift auf Kapitalkonto I)	200 000 €
Summe	**400 000 €**

Handelsrechtlich handelt es sich um eine vollentgeltliche Übertragung, und zwar um eine Veräußerung bezüglich der Überweisung und der Schuldübernahme (= 50 % des Verkehrswerts). Hinsichtlich der Gutschrift auf dem Kapitalkonto I liegt ein Tausch vor. Handelsrechtlich besteht nach herrschender Meinung beim Tausch ein Wahlrecht für den Wertansatz des eingetauschten Gegenstands: Neben der Buchwertfortführung kommt auch die Gewinnrealisierung in Betracht (Ellrott/Brendt, Beck'scher Bilanzkommentar Rz 142).

Steuerlich ist § 6 Abs. 5 Satz 3 Nr. 1 EStG zu beachten. Soweit die Übertragung aus dem Betriebsvermögen des Übertragenden (hier die M-GmbH) gegen Gewährung von Gesellschaftsrechten (oder unentgeltlich) in das Betriebsvermögen des Übernehmenden (hier die Landschaftsbau OHG) erfolgt, ist die Buchwertfortführung zwingend vorgeschrieben (BMF v. 8.12.2011, BStBl 2011 I 1279). Daraus folgt, dass die OHG zu 50% die Buchwerte fortführen muss (Grund und Boden 15 000 €, Gebäude 77 850 €, Summe 92 850 €). Eine Gewinnrealisierung tritt insoweit bei der M-GmbH nicht ein; allerdings erhöht der Betrag von 92 850 € den Buchwert der Beteiligung an der Landschaftsbau OHG.

Da die OHG das erhaltene Grundstück handelsrechtlich zulässigerweise mit dem Teilwert von 400 000 € angesetzt hat, muss sie in einer negativen Ergänzungsbilanz für die M-GmbH entsprechende Minderwerte für Grund und Boden und Gebäude ausweisen.

Ein Anwendungsfall für § 6 Abs. 5 Satz 5 EStG ergibt sich nicht, da sich der Anteil der M-GmbH an dem Grundstück nicht erhöht, sondern – im Gegenteil – von 100% auf 40% **vermindert**. Wenn die Ergänzungsbilanz eingerichtet ist, scheidet jetzt auch künftig die Anwendung von § 6 Abs. 5 Satz 4 EStG aus.

Für die übrigen 50% der Übertragung ergibt sich eine normale Veräußerung bei der M-GmbH und eine normale Anschaffung bei OHG. Damit realisiert die M-GmbH einen Veräußerungsgewinn von (200 000 € ./. 92 850 € =) 107 150 €. Die OHG hat den Grund und Boden insoweit mit 75 000 € und das Gebäude mit 125 000 € zu erfassen (= 200 000 €).

c) Bilanzierung bei der OHG

Gesamthandelsbilanz OHG zum 31.12.2013

Grund und Boden	150 000 €	Kapitalkonto I M-GmbH	200 000 €
Gebäude	250 000 €	Verbindlichkeit	50 000 €
Bank	./. 150 000 €		

Soweit die Buchwertfortführung geboten ist, ergeben sich folgende Minderwerte für die Ergänzungsbilanz:

	Grund und Boden	Gebäude
anteiliger Teilwert	75 000 €	125 000 €
anteiliger Buchwert	./. 15 000 €	./. 77 850 €
Minderwerte (stille Reserven)	60 000 €	47 150 €

Ergänzungsbilanz für M-GmbH 31.12.2013

Minderkapital	107 150 €	Grund und Boden	60 000 €
		Gebäude	47 150 €

d) Bilanzierung der Beteiligung bei der M-GmbH

Beteiligungen an Personengesellschaften gelten steuerlich nicht als Wirtschaftsgüter. Derartige Bilanzansätze nehmen am Betriebsvermögensvergleich nicht teil: Teilwertabschreibungen sind steuerlich kein Aufwand, Zuschreibungen kein Ertrag (BFH v. 22.1.1981 IV R 160/76, BStBl 1981 II 427, v. 6.11.1985 I R 242/81, BStBl 1986 II 333). Hiernach dürften sie in Steuerbilanzen gar nicht angesetzt werden. In der Praxis werden derartige Beteiligungen jedoch als solche bilanziert und in der Steuerbilanz des Beteiligten nach der sog. Spiegelbildmethode geführt. Der Bilanzposten „Beteiligung" weist dann alle Veränderungen durch Gewinn- und Verlustzuweisungen (erfolgswirksam) sowie Entnahmen und Einlagen (erfolgsneutral) entsprechend der Veränderung des Kapitalkontos in der Bilanz der Personengesellschaft spiegelbildlich auf dem Konto „Beteiligung" aus. Ergänzungsbilanzen sind in die Spiegelbildmethode einzubeziehen.

Die M-GmbH muss deshalb in ihrer Steuerbilanz zum 31.12.2013 den Buchwert der Beteiligung an der Landschaftsbau OHG (statt um 200 000 €) um 92 850 € aufstocken. Dementsprechend hat die M-GmbH bei der OHG ein steuerliches Kapital von 200 000 € ./. 107 150 € = 92 850 € (Spiegelbildmethode).

e) § 6b-Rücklage bei M-GmbH

Soweit die Übertragung des Grundstücks auf die Landschaftsbau OHG eine Anschaffung bzw. Veräußerung darstellt, kommt bei der veräußernden M-GmbH die Bildung einer Rücklage nach § 6b EStG in Betracht. Voraussetzung ist, dass das veräußerte Wirtschaftsgut mindestens sechs Jahre zum Anlagevermögen des Veräußerers gehört hat (§ 6b Abs. 4 Satz 1 Nr. 2 EStG). Das war **nur beim Grund und Boden** der Fall. Hier ergibt sich folgender Veräußerungsgewinn:

Erlös	75 000 €
Buchwert	15 000 €
Veräußerungsgewinn	60 000 €

Ein Ansatz in der HB (als Sonderposten mit Rücklageanteil) ist nach Streichung der §§ 247 Abs. 3, 273 HGB und Aufgabe der formellen Maßgeblichkeit mit § 5 Abs. 1 EStG n. F. durch das BilMoG nicht mehr zulässig.

f) Buchungen bei der M-GmbH

Da nach dem Willen der GmbH Handels- und Steuerbilanz nach Möglichkeit einheitlich sein sollen, wird auch in der Handelsbilanz die Buchwertfortführung dargestellt. Danach hätte die M-GmbH in der HB folgerichtig gebucht:

Bank	150 000 €	an Grund und Boden	30 000 €
Verbindlichkeiten	50 000 €	Gebäude	155 700 €
Beteiligung OHG	92 850 €	sonst. betriebl. Erträge	107 150 €

Korrekturbuchung für HB und StB somit:

Beteiligung OHG	92 850 €	an sonst. betriebl. Erträge	98 250 €
AfA Gebäude	5 400 €		
Zusätzliche Buchung für die StB:			
sonst. betriebl. Aufwendungen	60 000 €	an Rücklage § 6b EStG	60 000 €

Auswirkungen auf den Jahresüberschuss in der StB:

Bilanzposten	StB
Beteiligung OHG	+ 92 850 €
Rücklage § 6b EStG	./. 60 000 €
Mehrgewinn	32 850 €

Posten der GuV	
AfA	./. 5 400 €
sonstige betriebliche Aufwendungen	./. 60 000 €
sonstige betriebliche Erträge	+ 98 250 €
Mehrgewinn	32 850 €

Auswirkungen auf den Jahresüberschuss in der HB:

Bilanzposten	
Beteiligung OHG	+ 92 850 €
Mehrgewinn	92 850 €

Posten der GuV	
AfA	./. 5 400 €
Sonstige betriebliche Erträge	+ 98 250 €
Mehrgewinn	92 850 €

Hinweis.

Wegen der Rücklagenbildung in der StB kommt für die Handelsbilanz die Passivierung latenter Steuern in Betracht (§ 274 HGB). Darauf war hier laut Aufgabenstellung nicht einzugehen.

4. Garten-Traktoren

Fertige und unfertige Erzeugnisse eines Produktionsbetriebs gehören zum **Umlaufvermögen** und sind mit den Herstellungskosten zu bewerten (§ 6 Abs. 1 Nr. 2 EStG, § 255 Abs. 2 HGB). Herstellungskosten sind danach die Aufwendungen, die durch den Verbrauch von Gütern und die Inanspruchnahme von Diensten für die Herstellung eines Erzeugnisses entstehen. Sie setzen sich zusammen aus den Materialkosten einschließlich der notwendigen Materialgemeinkosten und den Fertigungskosten (insbesondere den Fertigungslöhnen) einschließlich der notwendigen Fertigungsgemeinkosten (R 6.3 Abs. 1 EStR). Ebenso wie die Anschaffungskosten werden auch die Herstellungskosten von den tatsächlichen Ausgaben abgeleitet.

Nicht zu den Herstellungskosten gehören die Vertriebskosten. Für die Aufnahme der Verwaltungskosten in die Herstellungskosten besteht handelsrechtlich ein Wahlrecht (§ 255 Abs. 2 Satz 3 HGB). Steuerrechtlich sind nach R 6.3 Absatz 1 EStÄR in die Herstellungskosten eines Wirtschaftsgutes auch Teile der angemessenen Kosten der allgemeinen Verwaltung, der angemessenen Aufwendungen für soziale Einrichtungen des Betriebs, für freiwillige soziale Leistungen und für die betriebliche Altersversorgung (vgl. R 6.3 Absatz 3 EStÄR) einzubeziehen.

Es wird von den Finanzbehörden der Länder nicht beanstandet, wenn bis zur Verifizierung des damit verbundenen Erfüllungsaufwandes, spätestens aber bis zu einer Neufassung der Einkommensteuerrichtlinien bei der Ermittlung der Herstellungskosten nach der Richtlinie R 6.3 Absatz 4 EStR 2008 verfahren wird, also eine wahlweise Einbeziehung der genannten Kosten in die Herstellungskosten stattfindet (BMF v. 25. 3. 2013, BStBl 2013 I 296). Da die KG einen möglichst niedrigen Gewinn für 2013 anstrebt, bleiben nachfolgend die Verwaltungskosten bei der Ermittlung der Herstellungskosten unberücksichtigt. Unberücksichtigt bleibt stets der Gewinnzuschlag, weil sonst ein nicht realisierter Gewinn ausgewiesen würde, was nach § 252 Abs. 1 Nr. 4 HGB unzulässig ist.

Die Gemeinkosten werden durch prozentuale Zuschläge auf die Einzelkosten erfasst. Im vorliegenden Fall ergeben sich folgende Gemeinkostenzuschläge:

▶ Materialgemeinkostenzuschlag: 10 000 €/500 000 € = 2 %
▶ Fertigungsgemeinkostenzuschlag: 360 000 €/600 000 € = 60 %

Für die fünf Traktoren ergeben sich folgende Herstellungskosten:

Materialeinzelkosten	8 000 €
Materialgemeinkosten 2 %	160 €
Fertigungseinzelkosten	9 000 €
Fertigungsgemeinkosten 60 %	5 400 €
Herstellungskosten	22 560 €
bisher angesetzt	17 000 €
Erhöhungsbetrag für Fertigerzeugnisse	5 560 €

Hierdurch erhöht sich der Jahresüberschuss für 2013 um 5 560 € (§ 275 Abs. 2 Nr. 2 HGB).

Korrekturbuchungssatz:

Fertigerzeugnisse und Waren	5 560 € an	Bestandsveränderung Fertigerzeugnisse und Waren	5 560 €

Auswirkungen auf den Jahresüberschuss:

	HB/StB
Bilanzposten	
Fertigerzeugnisse und Waren	5 560 €
Posten der GuV	
Bestandsveränderung Fertigerzeugnisse und Waren	5 560 €

5. Forderungen

Forderungen sind mit den Anschaffungskosten zu bewerten (§ 6 Abs. 1 Nr. 2 EStG). Die Anschaffungskosten entsprechen dem Nennwert (alternativ: dem gemeinen Wert der hingegebenen Wirtschaftsgüter, § 6 Abs. 6 Satz 1 EStG). Ist der Teilwert niedriger, muss dieser handelsrechtlich angesetzt werden (§ 253 Abs. 4 HBG, Niederstwertprinzip). Steuerlich ist Voraussetzung für eine Abschreibung auf den niedrigeren Teilwert, dass eine voraussichtlich dauernde Wertminderung vorliegt (§ 6 Abs. 1 Nr. 1 Satz 2 EStG). Bei den Forderungen sind zur Teilwert-Ermittlung zu berücksichtigen:

- Ausfallrisiko,
- Möglichkeit der Skonti-Inanspruchnahme,
- Zinsverlust,
- künftige Mahn- und Beitreibungskosten.

Die Wertminderungen müssen am Bilanzstichtag vorgelegen haben. Nicht Voraussetzung ist, dass sie am Bilanzstichtag auch bekannt waren (§ 252 Abs. 1 Nr. 4 HGB). Deshalb sind wertaufhellende Erkenntnisse bis zum Bilanzaufstellungstag zu berücksichtigen; wertbeeinflussende Ereignisse zwischen Bilanzstichtag und Bilanzaufstellungstag müssen unbeachtet bleiben.

Die Forderungsbewertung kann bzw. muss

- einzelfallbezogen (größere Forderungen),
- pauschal aufgrund der Erfahrungen der Vorjahre (viele Kleinforderungen) oder
- in einem gemischten Verfahren (teils einzelfallbezogen, im Übrigen pauschal)

erfolgen.

a) Einzelbewertung

Bezüglich der Forderung über 2 000 € kommt eine Vollabschreibung nicht in Betracht, da diese erst am 15. 1. 2014, also nach dem Bilanzstichtag 31. 12. 2013, wertlos geworden ist (Stichtagsprinzip, § 252 Abs. 1 Nr. 3 HGB). Der Brand ist ein wertbeeinflussendes Ereignis.

Die Forderung gegenüber der Firma Gartenwunder-GmbH unterliegt spätestens ab dem 27. 12. 2013 wegen des eingeleiteten Insolvenzverfahrens einem erhöhten Ausfallrisiko, so dass für sie eine Einzelbewertung in Betracht kommt. Dass K erst nach dem Bilanzstichtag vom eingeleiteten Insolvenzverfahren erfahren hat, ist als sog. bessere Erkenntnis zu berücksichtigen. Hiernach kommt eine Abschreibung im Umfang von 80 % in Betracht. Die Umsatzsteuer ist demgegenüber gem. § 17 Abs. 1 Satz 1 Nr. 1 i.V. m. Abs. 2 Nr. 1 UStG in voller Höhe zu berichtigen, denn bei Eröffnung eines Insolvenzverfahrens gelten die betroffenen Forderungen ungeachtet einer möglichen Quote in voller Höhe als uneinbringlich (Abschn. 17.1 Abs. 15 Satz 1 UStAE). Im Einzelnen:

Forderung gegen Firma Gartenwunder-GmbH	11 900 €
USt-Korrektur	./. 1 900 €
Verbleiben	10 000 €
Ausfall 80 %	./. 8 000 €
Bilanzansatz 31. 12. 2013	2 000 €

b) Pauschalbewertung

Bei einer Pauschalbewertung von Forderungen kommt eine Umsatzsteuerkorrektur nicht in Betracht (Abschn. 17.1 Abs. 5 Satz 7 UStAE).

Lösung der Prüfungsaufgabe aus dem Prüfungsgebiet der Buchführung und des Bilanzwesens

Forderungsbestand am 31. 12. 2013		150 000 €	
einzeln bewertete Forderung		./. 11 900 €	2 000 €
verbleiben		138 100 €	138 100 €
Darin enthaltene USt (19/119)		./. 22 050 €	
Forderungen netto		116 050 €	
Ausfallrisiko 2 %		./. 2 321 €	./. 2 321 €
Forderungsansatz 31. 12. 2013			137 779 €
bisheriger Ansatz			145 000 €
Korrekturbedarf			7 221 €

Korrekturbuchung:

Umsatzsteuer	1 900 €			
sonst. betriebl. Aufwand	5 321 €	an	Forderungen	7 221 €

Auswirkungen auf den Jahresüberschuss:

	HB/StB
Bilanzposten	
Forderungen	./. 7 221 €
Umsatzsteuer	+ 1 900 €
Saldo	./. 5 321 €

Auswirkungen auf GuV:

sonstiger betrieblicher Aufwand	./. 5 321 €

Zusammenstellung der Gewinnauswirkungen aufgrund der vorgenommenen Korrekturen (in €):

	HB	StB
SV 1	+ 49.147	+ 49.379
SV 2	./. 5 000	./. 5 000
SV 3	+ 92 850	+ 32 850
SV 4	+ 5 560	+ 5 560
SV 5	./. 5 321	./. 5 321
Ergebnis lt. Buchführung	+ 137.236	+ 77 468
SV 2 Anwendung des KStG		./. 5 390
Auswirkungen auf das zu versteuerndes Einkommen		+ 72.078

Auf latente Steuern (§ 274 HGB) war nicht einzugehen.

Teil II: B-GmbH

Sachverhalt 1 (Grundfall)

Frage 1:

Bei dem am 31.10.2013 abgeschlossenen Kaufvertrag handelt es sich um ein **Verpflichtungsgeschäft**. Verpflichtungsgeschäfte werden **nicht gebucht**. Erst das nachfolgende Erfüllungsgeschäft stellt einen buchungspflichtigen Geschäftsvorfall dar. Durch die – lt. Sachverhalt „sofortige Lieferung" – ist die Forderung aus dem Kaufvertrag entstanden und die Gewinnrealisierung eingetreten; auf die Fälligkeit der Forderung kommt es nicht an (§ 252 Abs. 1 Nr. 5 HGB). Für die wertmäßige Erfassung gilt der Umrechnungskurs vom 31.10.2013. Buchung am 31.10.2013 somit:

Forderungen aus Lieferungen und Leistungen (LuL) an Umsatzerlöse 8 Mio. €

Frage 2 Variante a):

Handelsrechtliche Behandlung

Als im Umlaufvermögen angesiedelte Vermögensgegenstände sind Forderungen höchstens mit den Anschaffungskosten (hier 8 Mio. €) oder dem niedrigeren „beizulegenden Wert" zu bewerten (§ 253 Abs. 4 Satz 2 HGB). Es gilt das strenge **Niederstwertprinzip**. Der beizulegende Wert beträgt am 31.12.2013 nach Umrechnung von Dollar in Euro an Hand des Devisenkassamittelkurses 7 Mio. € (vgl. § 256a HGB) und ist handelsrechtlich zwingend anzusetzen. Es wird dafür im vorliegenden Fall das Konto „Abschreibungen" gewählt, da von einer unüblichen Wertminderung ausgegangen wird (§ 275 Abs. 2 Nr. 7 Buchst. b HGB).

Vorbereitende Abschlussbuchung am 31.12.2013:

Abschreibung an Forderungen aus LuL 1 Mio. €

Steuerrechtliche Behandlung

Dem handelsrechtlich „beizulegenden Wert" entspricht im Steuerrecht der Teilwert. Steuerlich sind Teilwertabschreibung nur zulässig bei nachgewiesener **voraussichtlich dauernder Wertminderung** (§ 6 Abs. 1 Nr. 1 und 2 EStG). Beim **Umlaufvermögen** liegt eine dauernde Wertminderung vor, wenn die Wertminderung bis zum **Zeitpunkt der Aufstellung der Bilanz** oder dem vorangegangenen Vereinnahmungszeitpunkt anhält (wertaufhellende Erkenntnis). Da am 31.1.2014 die Wertminderung realisiert wurde, kann zum 31.12.2013 von einer dauernden Wertminderung und einem Teilwert der Forderung von 7 Mio. € ausgegangen werden.

Vorbereitende Abschlussbuchung am 31.12.2013:

Abschreibung an Forderungen aus LuL 1 Mio. €

Frage 2 Variante b):

Am 31.12.2013 hat die Forderung einen Teilwert von 9 Mio. €. Bewertungsobergrenze sind handels- wie steuerrechtlich jedoch die Anschaffungskosten, hier 8 Mio. €. Ein Überschreiten dieses Betrages zum Bilanzstichtag ist nicht zulässig (§ 253 Abs. 1 Satz 1 HGB, § 5 Abs. 1 Satz 1 i.V.m. § 6 Abs. 1 Nr. 2 Satz 1 EStG). Es ist nichts zu veranlassen.

Sachverhalt 2 (Abwandlung)

Frage 1:

Ansprüche aus Optionsgeschäften stellen selbständige immaterielle Wirtschaftsgüter dar. Sie sind beim Erwerb gewinnneutral mit den Anschaffungskosten zu erfassen (§ 255 Abs. 1 HGB, § 5 Abs. 1 Satz 1 EStG). Bei Nichtausübung, d. h. bei Verfall ergeben sich abzugsfähige Betriebsausgaben (§ 4 Abs. 4 EStG). Zu buchen ist bei Erwerb:

Immaterielle Vermögensgegenstände an Bank 150 000 €

Bei Verfall ist zu buchen:

Sonst. betriebl. Aufwand an immaterielle Vermögensgegenstände 150 000 €

Frage 2 Variante a):

Es gehört zur kaufmännischen Übung, Geschäfte (Grundgeschäfte), die einem Kursrisiko unterliegen, durch Sicherungsgeschäfte mit einem gegenläufigen Risiko abzusichern. Die Chancen und Risiken aus dem Grund- und Sicherungsgeschäft werden im handelsrechtlichen Jahresabschluss kompensatorisch in Bewertungseinheiten zusammengefasst. Wenn die kompensatorische Bewertung insgesamt zu einem positiven Ergebnis führt, ist der Gewinn nach § 252 Abs. 1 Nr. 4 HGB nur zu berücksichtigen, wenn er am Abschlussstichtag realisiert ist, ein Verlust hingegen mindert das Ergebnis sofort.

In § 5 Abs. 1a EStG wird zur Klarstellung festgeschrieben, dass diese handelsrechtliche Praxis zur Bildung von Bewertungseinheiten auch für die steuerliche Bilanzierung gilt. § 5 Abs. 1a EStG statuiert damit eine Pflicht zur Bildung von Bewertungseinheiten in der Steuerbilanz bei Micro-, Makro- und Portfolio-Hedging. Die im handelsrechtlichen Jahresabschluss zur Absicherung finanzwirtschaftlicher Risiken gebildeten Bewertungseinheiten werden somit für die Besteuerung übernommen.

Als Folgeänderung bestimmt § 5 Abs. 4a Satz 2 EStG, dass ein nach Bildung von Bewertungseinheiten verbleibendes negatives Ergebnis, bei dem es sich technisch um eine Rückstellung handelt, nicht dem Passivierungsverbot nach § 5 Abs. 4a unterliegt.

Bei der hier zu beurteilenden Put-Option handelt es sich um einen sog. Micro-Hedge, weil er ein einzelnes Grundgeschäft absichert (hier das Devisenrisiko). Von Macro-Hedge spricht man, wenn mehrere gleichartige Grundgeschäfte abgesichert werden. Beim Portfolio-Hedging wird ein komplettes Wertpapier-Depot durch ein gegenläufiges Sicherungsgeschäft gegen Kursverluste geschützt.

Bei Anwendung von Einzelbewertung und Niederstwertprinzip müsste die Forderung auf 7 Mio. € abgeschrieben werden (Verlust 1 Mio. €). Andererseits wäre der Wert der Put-Option zum 31.12.2013 um 1 Mio. € gestiegen, wobei die Wertsteigerung aber mangels Realisierung nicht erfasst werden dürfte. Da beide Bilanzpositionen in einem Sicherungszusammenhang stehen, würde bei Eingang der Zahlung (7 Mio. €) der Verlust von 1 Mio. € durch einen Gewinn in gleicher Höhe bei Ausübung der Put-Option neutralisiert. Deshalb darf die Forderung im vorliegenden Fall gem. § 5 Abs. 1a EStG nicht auf den niedrigeren Teilwert von 7 Mio. € abgeschrieben werden.

Frage 2 Variante b):

Hier wäre das Sicherungsgeschäft nicht erforderlich gewesen, so dass die Option am Fälligkeitstag als wertlos verfällt. Die Frage der Teilwert-Abschreibung stellt sich hier nicht, so dass die Bildung einer Bewertungseinheit nach Maßgabe des § 5 Abs. 1a EStG nicht in Betracht kommt.

Teil III: Armaturen-GmbH (A-GmbH)

Aufgabe 1:

Der sachliche Anwendungsbereich des UmwStG bestimmt sich bei Umwandlungen von inländischen Rechtsträgern nach den Umwandlungsmöglichkeiten des UmwG. Für Rechtsträger mit Sitz im Inland sind in § 1 Abs. 1 UmwG die folgenden Umwandlungsarten vorgesehen:

- die Verschmelzung (§§ 3-14 UmwStG),
- die Aufspaltung, Abspaltung, Ausgliederung (§§ 15-16 UmwStG),
- die Vermögensübertragung (§§ 20- 23 UmwStG) und
- der Formwechsel.

Darüber hinaus können Umstrukturierungen u. a. nach folgenden Vorschriften erfolgen:

- durch Neugründung von Gesellschaften und Veräußerung der einzelnen Wirtschaftsgüter an diese,
- durch Einbringung nach §§ 20 und 24 UmwStG,
- im Wege der Realteilung nach § 16 Abs. 3 Satz 2 EStG,
- durch Übertragung von einzelnen Wirtschaftsgütern nach § 6 Abs. 5 Satz 2 und 3 EStG
- durch unentgeltliche Übertragung von Betrieben bzw. Teilbetrieben nach § 6 Abs. 3 EStG.

Da steuerbegünstigte Umwandlungen in vielen Fällen voraussetzen, dass von der Umwandlung ein **Betrieb oder Teilbetrieb** betroffen ist, sind die nachfolgenden Ausführungen von allgemeiner Bedeutung und bei der Lösung zu beachten:

1. Teilbetrieb i. S. d. UmwStG ist die Gesamtheit der in einem Unternehmensteil einer Gesellschaft vorhandenen aktiven und passiven Wirtschaftsgüter, die in organisatorischer Hinsicht einen selbstständigen Betrieb, d. h. eine aus eigenen Mitteln **funktionsfähige** Einheit, darstellen. Zu einem Teilbetrieb gehören alle **funktional** wesentlichen Betriebsgrundlagen sowie diesem Teilbetrieb nach wirtschaftlichen Zusammenhängen zuordenbaren Wirtschaftsgüter. Die Voraussetzungen eines Teilbetriebs sind nach Maßgabe der einschlägigen Rechtsprechung unter Zugrundelegung der **funktionalen Betrachtungsweise** aus der Perspektive des übertragenden Rechtsträgers zu beurteilen (EuGH vom 15. 1. 2002, C-43/00, EuGHE I S. 379; BFH vom 7. 4. 2010, I R 96/08, BStBl 2011 II S. 467). Zu den funktional wesentlichen Betriebsgrundlagen sowie den nach wirtschaftlichen Zusammenhängen zuordenbaren Wirtschaftsgütern können auch Anteile an Kapitalgesellschaften gehören. Darüber hinaus gilt für Zwecke des § 15 UmwStG als Teilbetrieb ein Mitunternehmeranteil sowie eine 100 %-Beteiligung an einer Kapitalgesellschaft (Rd-Nr. 15.02 in BMF v. 11. 11. 2011, BStBl 2011 I 1314). Ein **Teilbetrieb** erfordert somit einen mit einer gewissen Selbständigkeit ausgestatteten organisch geschlossenen Teil des Gesamtbetriebs, der für sich **allein lebensfähig** ist (R 16.3 EStR, ständige Rechtsprechung, vgl. nur BFH v. 13. 2. 1996 VIII R 39/92, BStBl 1996 II 409 m. w. N.). Ob ein Betriebsteil die für die Annahme eines Teilbetriebs erforderliche Selbständigkeit besitzt, ist nach dem Gesamtbild der Verhältnisse

– im Fall der Veräußerung beim Veräußerer – zu entscheiden (BFH v. 15. 3. 1984 IV R 189/81, BStBl 1984 II 486, v. 13. 2. 1980 I R 14/77, BStBl 1980 II 498). Den Abgrenzungsmerkmalen – z. B. räumliche Trennung vom Hauptbetrieb, gesonderte Buchführung, eigenes Personal, eigene Verwaltung, selbständige Organisation, eigenes Anlagevermögen, ungleichartige betriebliche Tätigkeit, eigener Kundenstamm – kommt je nachdem, ob es sich um einen Fertigungs-, Handels- oder Dienstleistungsbetrieb handelt, unterschiedliches Gewicht zu (vgl. z. B. BFH v. 24. 8. 1989 IV R 120/88, BStBl 1990 II 55, v. 15. 3. 1984 IV R 189/811, BStBl 1984 II 486).

2. Die Einbringung eines Betriebs oder Teilbetriebs liegt nur vor, wenn **alle Wirtschaftsgüter**, die wesentliche Betriebsgrundlagen des Betriebs oder Teilbetriebs bilden, mit eingebracht werden; es genügt nicht, der Gesellschaft diese Wirtschaftsgüter nur zur Nutzung zu überlassen. Bei der Einbringung eines Betriebs oder Teilbetriebs sind auch die dazugehörenden Anteile an Kapitalgesellschaften mit einzubringen, sofern diese wesentliche Betriebsgrundlagen des Betriebs oder Teilbetriebs sind (Rd-Nr. 20.06 in BMF v. 11. 11. 2011, BStBl 2011 I 1314).)

3. Zu den wesentlichen Grundlagen eines Betriebs gehören in Umwandlungsfällen solche Wirtschaftsgüter nicht, die **funktional** gesehen für den Betrieb oder Teilbetrieb **nicht** erforderlich sind (anders bei §§ 16, 34 EStG, der eine **quantitative** Auslegung des Begriffs der wesentlichen Betriebsgrundlagen verlangt, und Wirtschaftsgüter allein wegen des Umfangs ihrer stillen Reserven als wesentliche Betriebsgrundlagen behandelt wissen will). Das bedeutet, dass ein Wirtschaftsgut beispielsweise im Rahmen der Anwendung der §§ 15 und 20 UmwStG nicht schon allein deshalb eine wesentliche Betriebsgrundlage ist, weil in ihm erhebliche stille Reserven ruhen. In Umwandlungsfällen gilt die rein **funktionale Betrachtungsweise**.

Vor diesem Hintergrund muss vorab die Frage beantwortet werden, ob die Bereiche Verwaltung von Grundvermögen, Produktion und Verwaltung von Beteiligungen als drei Teilbetriebe angesehen werden könnten.

Der Bereich Verwaltung von **Grundvermögen** scheidet von vornherein als ein Teilbetrieb aus, da er schon begrifflich keine betriebstypischen Aktivitäten entfaltet. Da die **Beteiligung** an der X-AG nur 30 % umfasst, kann insoweit ebenfalls kein Teilbetrieb vorliegen.

Aber auch der Bereich **Produktion** stellt keinen Teilbetrieb dar, da ihm der Grundbesitz als funktional wesentliche Betriebsgrundlage entzogen und in eine eigene Gesellschaft überführt werden soll. Ob die 30%ige Beteiligung an der X-AG eine funktional wesentliche Betriebsgrundlage oder nur eine Finanzanlage darstellt, kann vor diesem Hintergrund offen gelassen werden; sie könnte – falls sie in den Produktionsbereich überführt würde (was nicht beabsichtigt ist) – die fehlende Teilbetriebseigenschaft der Produktion nicht heilen, weil der Grundbesitz fehlt. Für eine wesentliche Betriebsgrundlage spräche, dass die Beteiligung über 25 % umfasst und damit wesentliche Einflussnahme auf die Geschäftsführung ermöglicht. Für eine bloße Finanzanlage spräche, dass die Lieferbeziehungen fremdüblichen Bedingungen unterstellt sind und bei jeder neuen Auftragsvergabe mehrere Angebote eingeholt werden.

a) Spaltung

Eine Spaltung des Betriebs der A-GmbH gem. § 15 UmwStG in drei selbständige Kapitalgesellschaften mit den Bereichen Verwaltung von Grundvermögen, Produktion, Verwaltung von Beteiligungen ist nicht möglich.

Voraussetzung für die Nichtaufdeckung der stillen Reserven und die Anwendung von § 15 UmwStG ist, dass auf die übernehmende Gesellschaft ein Teilbetrieb übertragen wird und dass ein Teilbetrieb bei der übertragenden Gesellschaft verbleibt (§ 15 Abs. 1 Satz 2 UmwStG).

Diese Voraussetzungen liegen im Sachverhalt wie eingangs dargestellt nicht vor, denn bei der A-GmbH handelt es sich um einen einheitlich geführten Betrieb ohne eigenständige Teilbetriebe. Das gilt auch für die Beteiligung an der X-AG, die nur 30 % des Nennkapitals umfasst und damit keinen Teilbetrieb darstellt (§ 15 Abs. 1 Satz 3 UmwStG).

b) **Neugründung von Tochtergesellschaften und Veräußerung der Wirtschaftsgüter an die Tochtergesellschaften**

Diese grundsätzlich zulässige Vorgehensweise führt zur Aufdeckung aller stillen Reserven, die – abgesehen von der Beteiligung an der X-AG, für die § 8b Abs. 2 und 3 KStG gilt – als laufender Gewinn von der A-GmbH zu versteuern sind. Die Bildung einer Rücklage nach § 6b EStG kann von der A-GmbGH nur für die Grundstücksveräußerungen in Anspruch genommen werden. § 6b Abs. 10 EStG, der auch für die Veräußerung von Anteilen an Kapitalgesellschaften gilt, steht nur Personenunternehmen zu. Die übrigen bilanzierten Wirtschaftsgüter mit stillen Reserven erfüllen offensichtlich nicht die Voraussetzungen für die Anwendung von § 6b EStG.

Bei der Veräußerung der Grundstücke fällt außerdem Grunderwerbsteuer an (§ 1 GrEStG).

Diese Lösung ist nicht empfehlenswert.

c) **Einbringung in Kapital- oder Personengesellschaften**

Die Anwendung der §§ 20, 24 UmwStG mit dem Ziel, die drei Bereiche Verwaltung von Grundvermögen, Produktion, Verwaltung von Beteiligungen in drei Kapital- oder Personengesellschaften einzubringen, erfordert die Teilbetriebseigenschaft dieser Bereiche, die wie eingangs ausgeführt, nicht vorliegt.

d) **Realteilung der A-GmbH in die Bereiche Grundbesitzverwaltung, Produktion, Beteiligungsverwaltung**

Von der Regelung der **Realteilung** nach § 16 Abs. 3 Satz EStG können auch Kapitalgesellschaften Gebrauch machen, soweit sie an einer **Mitunternehmerschaft beteiligt** sind, die einer Realteilung unterzogen werden soll. Die unmittelbare Realteilung einer Kapitalgesellschaft unter Anwendung von § 16 Abs. 3 Satz 2 EStG ist nicht möglich.

e) **Unentgeltliche Übertragung der drei Bereiche auf neu gegründete Tochtergesellschaften nach § 6 Abs. 3 EStG**

Die Anwendung des § 6 Abs. 3 EStG, der bei unentgeltlicher Übertragung eines Betriebs oder Teilbetriebs die Buchwertfortführung vorschreibt, scheitert vorliegend daran, dass wie eingangs ausgeführt, die A-GmbH bezüglich ihrer drei Bereiche nicht über Teilbetriebe verfügt.

f) Neugründung von drei Einmann-GmbH & Co. KG's und Übertragung der mit stillen Reserven behafteten Wirtschaftsgütern nach § 6 Abs. 5 Satz 3 Nr. 1 EStG

Bei dieser Vorgehensweise gründet die A-GmbH für jeden der drei Bereiche (Grundstücksverwaltung, Produktion, Beteiligungsverwaltung) jeweils eine GmbH & Co. KG sowie **eine einzige Komplementär-GmbH**, die in den drei vorgenannten KGs die Komplementärstellung einnimmt. Dabei fungiert die A-GmbH jeweils zu 100 % als Kommanditistin der KG, während die Komplementär-GmbH sich ohne Kapital- und Vermögensbeteiligung an den KGs beteiligt. Nun können die einzelne Wirtschaftsgüter gem. § 6 Abs. 5 Satz 3 Nr. 1 EStG zu Buchwerten von der A-GmbH auf die jeweiligen KGs übertragen werden. § 6 Abs. 5 Satz 5 und 6 EStG steht dem nicht entgegen, weil die hinter der KG stehende A-GmbH vor der Übertragung an den Wirtschaftsgütern in vollem Umfang beteiligt war und nach der Übertragung mittelbar über die KG in gleichem Umfang an den Wirtschaftsgütern beteiligt bleibt.

Zu beachten ist hierbei, dass sich bei Übertragung der Patente und des selbst geschaffenen immateriellen Wirtschaftsguts auf die GmbH & Co. KG (Produktion) und gleichzeitiger Übernahme von Verbindlichkeiten (hier 30 000 €) durch die KG Teilentgeltlichkeit ergäbe. Denn die **Buchwertfortführung** erfordert **Unentgeltlichkeit** oder **Gewährung von Gesellschaftsrechten**. Um die Buchwertfortführung auch bezüglich der Patente und des selbst geschaffenen immateriellen Wirtschaftsguts zu ermöglichen, muss die A-GmbH unter Anwendung von § 6 Abs. 5 Satz 2 EStG die Verbindlichkeit von 30 000 € in ihr **Sonderbetriebsvermögen II** bei der KG überführen. Dadurch ist sichergestellt, dass die Übertragung der Patente und des immateriellen Wirtschaftsguts **unentgeltlich** bzw. **gegen Gewährung von Gesellschaftsrechten** und damit zum Buchwert ohne Realisierung stiller Reserven erfolgen kann.

Die Zuordnung der Verbindlichkeit zum Sonderbetriebsvermögen der A-GmbH bei der KG erfolgt dabei nur steuerlich; handelsrechtlich bleibt die Verbindlichkeit gem. § 242 Abs. 1 HGB ein Passivposten in der Handelsbilanz der A-GmbH. Dasselbe gilt für die mit der Beteiligung an der X-AG zusammenhängende Verbindlichkeit von 500 000 €, die auf die GmbH & Co. KG (Beteiligungsverwaltung) übergehen soll.

Im Fall der A-GmbH ist die Bildung von **Ergänzungsbilanzen** nach § 6 Abs. 5 Satz 4 EStG entbehrlich, weil sie ohnehin mittelbar und unmittelbar Alleineigentümerin der KG ist und somit die Versteuerung sämtlicher stiller Reserven durch sie sichergestellt ist.

Soweit Grundbesitz übertragen wird, könnte sich eine Grunderwerbsteuerpflicht ergeben (vgl. die Erwerbsvorgänge nach § 1 GrEStG). Aufgrund der Sonderregelung des § 5 Abs. 2 GrEStG, nach der bei einem Übergang eines Grundstücks in ein Gesamthandsvermögen nur insoweit Grunderwerbsteuer anfällt, als der bisherige Alleineigentümer nicht mehr an dem Grundstück beteiligt ist, ergibt sich im vorliegenden Fall **keine Grunderwerbsteuerpflicht**. Denn die A-GmbH bleibt auch nach der Übertragung ihres Grundbesitzes auf die KG **mittelbar Alleineigentümerin**.

Vom Gesamtergebnis her lässt sich feststellen, dass die vorstehend beschriebene Vorgehensweise ein geeigneter Weg zur gewünschten Umstrukturierung der A-GmbH ist.

g) Neugründung von drei Einmann-GmbH & Co. KGs und komplette Überführung der mit stillen Reserven behafteten Wirtschaftsgüter in Sonderbetriebsvermögen

Die Ausgangssituation entspricht der unter f) beschriebenen Vorgehensweise. Hier werden dann allerdings die einzelnen Wirtschaftsgüter gem. § 6 Abs. 5 Satz 2 EStG **unmittelbar in das**

Sonderbetriebsvermögen der A-GmbH bei der jeweiligen KG zu Buchwerten überführt. Da insoweit kein Rechtsträgerwechsel stattfindet, ist die Buchwertfortführung zwingend.

Mangels Eigentümerwechsels ergibt sich auch kein grunderwerbsteuerbarer Vorgang.

Bei dieser Lösung verlassen die (in das Sonderbetriebsvermögen der KGs ausgelagerten) Wirtschaftsgüter nicht das handelsrechtliche Vermögen der A-GmbH, d. h. die A-GmbH muss dieselben Wirtschaftsgüter nach § 242 Abs. 1 HGB in ihrer Handelsbilanz weiterhin ausweisen. Die Vorgaben der Geschäftsleitung, weitestgehend Identität zwischen Handels- und Steuerbilanz zu erlangen, lassen sich hierdurch nicht erreichen.

Aufgabe 2:

Aus alledem ergibt sich, dass die unter f) beschriebene Lösung den Vorgaben der Geschäftsleitung am nächsten kommt. Folgende Umstrukturierungsschritte werden im Einzelnen erforderlich:

a) GmbH & Co. KG Grundstücksverwaltung

Da die Übertragung zum 1.1.2015 erfolgen soll, sind zunächst die Buchwerte des Grundbesitzes bei der A-GmbH im Einzelnen zum 31.12.2014 zu ermitteln (BW = Buchwert):

	Grund und Boden Fabrikgrundstück	Grund und Boden Verwaltungsgrundstück
BW 31.12.2013	700 000 €	300 000 €
Teilwert 31.12.2014	1 000 000 €	400 000 €
Bilanzansatz 31.12.2014 somit	700 000 €	300 000 €

	Gebäude Fabrikation	Gebäude Verwaltung
Ausgangsbetrag	800 000 €	700 000 €
AfA 8 Jahre x 4 %	./. 256 000 €	./. 224 000 €
BW 31.12.2013 (Summe 1 020 000 €)	544 000 €	./. 476 000 €
AfA 2014	./. 32 000 €	./. 28 000 €
BW 31.12.2014	512 000 €	448 000 €
Teilwert 31.12.2014	250 000 €	550 000 €
Teilwertabschreibung?	262 000 €	

Die AfA von 4 % beruht auf § 7 Abs. 4 Satz 2 EStG.

Für das Fabrikationsgebäude ist zu prüfen, ob eine Teilwertabschreibung auf 250 000 € in Betracht kommt. Handelsrechtlich ist eine solche geboten, wenn die Wertminderung von Dauer ist (§ 253 Abs. 3 Satz 3 HGB). Davon kann nach dem Sachverhalt ausgegangen werden, da Verbesserungen nicht absehbar sind. Auch nach dem Steuerrecht dürfen Teilwertabschreibungen nur bei dauernder Wertminderung vorgenommen werden (§ 6 Abs. 1 Nr. 1 EStG). Die Finanzverwaltung geht von einer dauernden Wertminderung aus, wenn – vereinfacht ausgedrückt – der **Teilwert unter dem halben Buchwert** liegt (BMF v. 25.2.2000, BStBl 2000 I 372, Tz. 6). Das ist hier der Fall. Halber Buchwert: ¹/₂ von 512 000 € = 256 000 €, Teilwert 250 000 €. Damit ist eine Teilwertabschreibung in Höhe von 262 000 € vorzunehmen.

Nach Gründung der GmbH & Co. KG (Grundstücksverwaltung) wird der Grundbesitz zum 1.1.2015 zu Buchwerten gem. § 6 Abs. 5 Satz 3 Nr. 1 EStG in die KG eingebracht. Dies erfolgt gegen Gewährung von Gesellschaftsrechten (Gegenbuchung auf dem Kapitalkonto) oder unentgeltlich.

> **HINWEIS:**
> Soweit die höchstrichterliche Rechtsprechung (siehe BFH v. 17.7.2008 I R 77/06, NWB EN 42/2008 S. 331) die Einbringung eines Wirtschaftsguts als Sacheinlage in eine KG ertragsteuerlich auch insoweit als Veräußerungsgeschäft ansieht, als ein Teil des Einbringungswerts in eine Kapitalrücklage eingestellt worden ist, betrifft dies nur die Einbringung von Gegenständen des Privatvermögens.

Die KG setzt in ihrer Eröffnungsbilanz zum 1.1.2015 die Buchwerte der A-GmbH vom 31.12.2014 an und setzt Bewertungen und Abschreibungen wie eine Rechtsnachfolgerin fort. Im Einzelnen ergeben sich folgende Kontenentwicklungen:

	Gebäude Fabrikgrundstück	Gebäude Verwaltungsgrundstück
Einbringungswert 1.1.2015	700 000 €	300 000 €
BW 31.12.2015	700 000 €	300 000 €

	Gebäude Fabrikation	Gebäude Verwaltung
Einbringungswert 1.1.2015	250 000 €	448 000 €
AfA	./. 21 520 €	28 000 €
BW 31.12.2015	228 480 €	420 000 €

Bezüglich der AfA für das Fabrikgebäude ist wegen der vorgenommenen Teilwertabschreibung eine Änderung der Bemessungsgrundlage eingetreten. Gemäß § 11c Abs. 2 EStDV mindert der Betrag der Teilwertabschreibung die ursprüngliche Bemessungsgrundlage:

Ursprünglich Bemessungsgrundlage	800 000 €
Teilwertabschreibung	./. 262 000 €
Neue Bemessungsgrundlage	538 000 €
AfA 4 %	21 520 €

Da die A-GmbH als Kommanditistin das komplette Gesamthandsvermögen der KG hält und die Komplementär-GmbH nicht am Vermögen der KG beteiligt ist, hat sich der Anteil der A-GmbH an den Wirtschaftsgütern vor und nach der Übertragung nicht geändert, so dass es nicht zu einem Teilwert-Ansatz nach § 6 Abs. 5 Satz 5 und 6 EStG kommt.

Da die GmbH & Co. KG (Grundstücksverwaltung) den Grundbesitz der GmbH & Co. KG (Produktion), der GmbH & Co. KG (Beteiligungsverwaltung) sowie der Holding-A-GmbH zur Nutzung überlässt, sind entsprechende Mietverträge abzuschließen. Ein Anwendungsfall des § 15 Abs. 1 Satz 1 Nr. 2 EStG (Mietzahlungen als Vergütungen) ergibt sich hierdurch nicht, da die Grundstücksüberlassung nicht vom Gesellschafter an die Personengesellschaft erfolgt, sondern von der GmbH & Co. KG (Grundstücksverwaltung) an ihre Schwestergesellschaften bzw. an ihre Gesellschafterin, also der umgekehrte Fall des § 15 Abs. 1 Satz 1 Nr. 2 EStG vorliegt.

b) GmbH & Co. KG Produktion

Nach Gründung der GmbH & Co. KG Produktion werden die für den Produktionsbetrieb erforderlichen Wirtschaftsgüter, in denen stille Reserven ruhen (Patente, selbst geschaffenes immaterielles Wirtschaftsgut), zum 1.1.2015 zu Buchwerten gem. § 6 Abs. 5 Satz 3 Nr. 1 EStG in die KG eingebracht. Für das selbsttgeschaffene immaterielle Wirtschaftsgut gilt dabei unverändert das Aktivierungsverbot des § 5 Abs. 2 EStG, d. h. keine Ansatz oder Ansatz mit 0 €. Für vor 2009 selbstgeschaffene immaterielle Wirtschaftsgüter (wie hier) gilt das auch für HB (§ 248 Abs. 2 HGB a. F.). Die Einbringung erfolgt gegen Gewährung von Gesellschaftsrechten (Gegenbuchung auf dem Kapitalkonto) und damit zu Buchwerten.

Die KG setzt in ihrer Eröffnungsbilanz zum 1.1.2015 die Buchwerte der A-GmbH vom 31.12.2014 an und setzt Bewertungen und Abschreibungen wie eine Rechtsnachfolgerin fort. Im Einzelnen ergeben sich folgende Kontenentwicklungen:

	Patente	Immaterielles WG
Einbringungswert 1.1.2015	27 000 €	0 €
AfA 2015 wie bisher	./. 3 000 €	0 €
BW 31.12.2015	24 000 €	0 €

Ferner muss die A-GmbH unter Anwendung von § 6 Abs. 5 Satz 2 EStG die Verbindlichkeit von 30 000 € in ihr Sonderbetriebsvermögen II bei der KG überführen. Dadurch ist sichergestellt, dass die Übertragung der Patente und des immateriellen Wirtschaftsguts unentgeltlich bzw. gegen Gewährung von Gesellschaftsrechten und damit zum Buchwert ohne Realisierung stiller Reserven erfolgen kann. Die Zuordnung der Verbindlichkeit zum Sonderbetriebsvermögen der A-GmbH bei der KG erfolgt dabei nur steuerlich; handelsrechtlich bleibt die Verbindlichkeit gem. § 242 Abs. 1 HGB ein Passivposten in der Handelsbilanz der A-GmbH.

Da die A-GmbH als Kommanditistin das komplette Gesamthandsvermögen der KG hält und die Komplementär-GmbH nicht am Vermögen der KG beteiligt ist, hat sich der Anteil der A-GmbH an den Wirtschaftsgütern vor und nach der Übertragung nicht geändert, so dass es auch hier nicht zu einem Teilwert-Ansatz nach § 6 Abs. 5 Satz 5 und 6 EStG kommt.

Die übrigen Wirtschaftsgüter, die keine stillen Reserven enthalten (Maschinen, Betriebs- und Geschäftsausstattung, Rohstoffe, Forderungen und sonstige Vermögensgegenstände) brauchen nicht in das Gesamthandsvermögen übertragen zu werden. Sie könnten auch von der A-GmbH an die KG zu fremdüblichen Bedingungen veräußert oder abgetreten werden. Da die Teilwerte den Buchwerten entsprechen, werden stille Reserven nicht realisiert. Üblicherweise wird das Anlagevermögen aber mit übertragen, so dass für die Lösung davon ausgegangen wird, dass auch Maschinen und Betriebs- und Geschäftsausstattung übergehen sollen.

c) GmbH & Co. KG Beteiligungsverwaltung

Nach Gründung der GmbH & Co. KG Beteiligungsverwaltung wird die Beteiligung an der X-AG zum 1.1.2015 zum Buchwert gem. § 6 Abs. 5 Satz 3 Nr. 1 EStG in die KG eingebracht. Dies erfolgt gegen Gewährung von Gesellschaftsrechten (Gegenbuchung auf dem Kapitalkonto) oder unentgeltlich.

Die KG setzt in ihrer Eröffnungsbilanz zum 1.1.2015 die Buchwerte der A-GmbH vom 31.12.2014 an und setzt Bewertungen und Abschreibungen wie eine Rechtsnachfolgerin fort. Im Einzelnen ergeben sich folgende Kontenentwicklungen:

	X-AG
Einbringungswert 1.1.2015	1 000 000 €
BW 31.12.2015	1 000 000 €

Ferner muss die A-GmbH unter Anwendung von § 6 Abs. 5 Satz 2 EStG die Verbindlichkeit von 500 000 € in ihr Sonderbetriebsvermögen II bei der KG überführen. Dadurch ist sichergestellt, dass die Übertragung der Beteiligung an der X-AG unentgeltlich bzw. gegen Gewährung von Gesellschaftsrechten und damit zum Buchwert ohne Realisierung stiller Reserven erfolgen kann. Die Zuordnung der Verbindlichkeit zum Sonderbetriebsvermögen der A-GmbH bei der KG erfolgt dabei nur steuerlich; handelsrechtlich bleibt die Verbindlichkeit gem. § 242 Abs. 1 HGB ein Passivposten in der Handelsbilanz der A-GmbH.

HINWEIS EXKURS:
Würde die Verbindlichkeit dem Gesamthandsvermögen der KG zugeführt, ergäbe sich Teilentgeltlichkeit im Umfang von 500 000/2 000 000 € = 25 % und damit ein laufender Gewinn bei der A-GmbH von 250 000 €, auf den allerdings § 8b Abs. 2 und 3 KStG anwendbar wären. Für die KG würde sich eine Buchwertfortführung im Umfang von 750 000 € ergeben, die um eigene Anschaffungskosten von 500 000 € aufzustocken wäre: Ansatz der Beteiligung an der X-AG bei der KG somit 1 250 000 €.

Da die A-GmbH als Kommanditistin das komplette Gesamthandsvermögen der KG hält und die Komplementär-GmbH nicht am Vermögen der KG beteiligt ist, hat sich der Anteil der A-GmbH an der X-AG vor und nach der Übertragung nicht geändert, so dass es auch hier nicht zu einem Teilwert-Ansatz nach § 6 Abs. 5 Satz 5 und 6 EStG kommt.

d) Behandlung der Komplementär-GmbH

Wie bereits ausgeführt genügt zur Errichtung der drei GmbH & Co. KGs eine einzige (zusätzliche) Komplementär-GmbH neben der A-GmbH. Denn die A-GmbH kann nicht gleichzeitig die Kommandisten- und Komplementärstellung einnehmen. Diese Komplementär-GmbH müsste mit einem Mindestkapital von 25 000 € ausgestattet werden (§ 5 Abs. 1 GmbHG).

HINWEIS EXKURS:
Vom Erfordernis des Mindeststammkapitals von 25 000 € besteht eine Ausnahme bei Gründung einer GmbH in Form der **Unternehmergesellschaft (haftungsbeschränkt)**, hier genügt 1 €. Voraussetzung dabei ist, dass die GmbH im Rechtsverkehr als haftungsbeschränkte Unternehmergesellschaft bezeichnet ist, dass keine Sacheinlagen erfolgen und dass gesetzlich vorgeschriebene Rücklagen gebildet werden.

Die Anteile an der Komplementär-GmbH sind dem **Sonderbetriebsvermögen II** der A-GmbH bei einer der drei GmbH & Co. KGs zuzuordnen. Dabei kann die A-GmbH wählen, welcher KG sie den Vorzug gibt. Handelsrechtlich bleibt das Sonderbetriebsvermögen weiterhin unmittelbares Eigentum der A-GmbH und ist von ihr in der Handelsbilanz zu erfassen.

e) **Eröffnungsbilanzen der Gesellschaften zum 1.1.2015**

GmbH & Co. KG Grundstücksverwaltung

Grund und Boden Fabrikgrundstück	700 000 €
Grund und Boden Verwaltungsgebäude	300 000 €
Fabrikationsgebäude	250 000 €
Verwaltungsgebäude	448 000 €

GmbH & Co. KG Produktion

Patente	27 000 €
immaterielle Wirtschaftsgüter	0 €
Maschinen	200 000 €
Betriebs- und Geschäftsausstattung	250 000 €

Sonderbilanz der A-GmbH bei der KG Produktion

Verbindlichkeiten (Patenteanschaffung)	30 000 €

GmbH & Co. KG Beteiligungsverwaltung

Beteiligung an der X-AG	1 000 000 €

Sonderbilanz der A-GmbH bei der KG Beteiligungsverwaltung

Beteiligung an der Komplementär-GmbH	25 000 €
Verbindlichkeiten aus der Beteiligungsanschaffung	500 000 €

Die Handelsbilanzen der drei KGs entsprechen den Steuerbilanzen, jedoch ohne die Sonderbilanzen. Die Sonderbilanzansätze werden handelsrechtlich weiter im Vermögen und in der Handelsbilanz der A-GmbH geführt (§ 242 Abs. 1 HGB).

Handelsbilanz der Holding A-GmbH zum 1.1.2015

Bilanzposten	Wert
Beteiligung an GmbH & Co. KG (Grundstücksverwaltung)	Kapitalkonto bei KG: 1 698 000 €
Beteiligung an GmbH & Co KG (Produktion)	Kapitalkonto bei KG ohne Sonderbilanz: 477 000 €
Beteiligung an GmbH & Co. KG (Beteiligungsverwaltung)	Kapitalkonto bei KG ohne Sonderbilanz: 1 000 000 €
Beteiligung an Komplementär-GmbH	25 000 €
Verbindlichkeit aus Anschaffung X-AG	500 000 €
Verbindlichkeit aus Anschaffung Patente	30 000 €

Steuerbilanz der Holding A-GmbH 1.1.2015

Bilanzposten	Wert
Beteiligung an GmbH & Co. KG (Grundstücksverwaltung)	Kapitalkonto bei KG: 1 698 000 €
Beteiligung an GmbH & Co KG (Produktion)	Kapitalkonto bei KG zuzüglich Sonderbilanzkapital: (477 000 ./. 30 000 =) 447 000 €
Beteiligung an GmbH & Co. KG (Beteiligungsverwaltung)	Kapitalkonto bei KG zuzüglich Sonderbilanzbilanzkapital: (1 000 000 + 25 000 ./. 500 000 =) 525 000 €

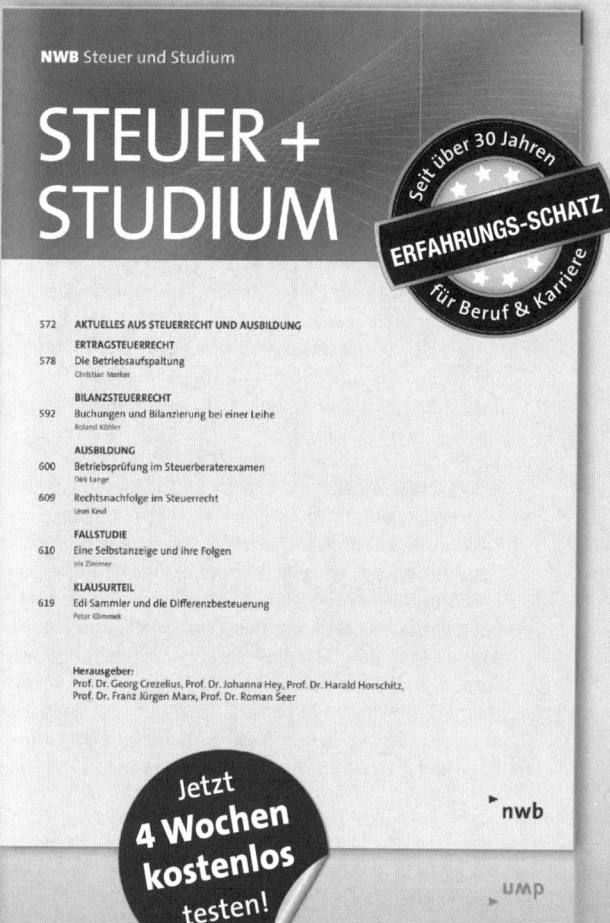

Steuerfachkurs

Vortragen wie die Profis!

Der optimale Einstieg in die mündliche Steuerberaterprüfung

Den ersten Eindruck in der mündlichen Prüfung machen Sie mit dem Kurzvortrag. Sorgen Sie dafür, dass er gut wird! Obgleich er nur 1/7 der mündlichen Prüfung ausmacht, ist er – psychologisch gesehen – der wichtigste Teil. Ist diese Hürde gut genommen, sind die Prüfer dem Kandidaten gegenüber gleich positiver eingestellt und dieser gewinnt an Sicherheit.

Jedoch bleiben Ihnen nicht mehr als 10 Minuten, um den bestmöglichen ersten Eindruck zu machen! Daher darf das Halten von Kurzvorträgen – die Zeiteinteilung, die Gewichtung der einzelnen Aspekte eines Themas, das freie Sprechen – bei der Vorbereitung nicht fehlen. Dieser Band enthält 87 exemplarische Kurzvorträge zu Themen aus Ertragsteuer-, Handels-/Bilanzsteuerrecht, Umsatzsteuer- und Verfahrensrecht sowie zu anderen Rechtsthemen. Bewusst wurde auf das Ausformulieren von Kurzvorträgen in diesem Band verzichtet, um ein stures Auswendiglernen zu vermeiden und das freien Sprechen zu forcieren.

Inklusive Themenübersicht der letzten Prüfungsjahre!

Der optimale Kurzvortrag
Möllenbeck · Puke · Richter · Walkenhorst · Marx
8. Auflage. 2013. VII, 183 Seiten. € 29,90
ISBN 978-3-482-**53698**-4
Online-Version inklusive

Online-Version inklusive
Im Buch: Freischaltcode für die digitale Ausgabe in der NWB Datenbank.

Bestellen Sie jetzt unter **www.nwb.de/go/shop**

Bestellungen über unseren Online-Shop:
Lieferung auf Rechnung, Bücher versandkostenfrei.

NWB versendet Bücher, Zeitschriften und Briefe CO₂-neutral. Mehr über unseren Beitrag zum Umweltschutz unter www.nwb.de/go/nachhaltigkeit

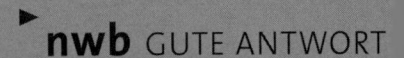

▶ **nwb** GUTE ANTWORT